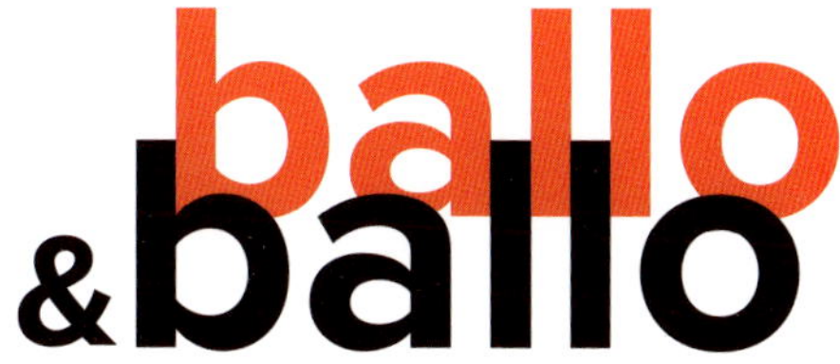

AF413622

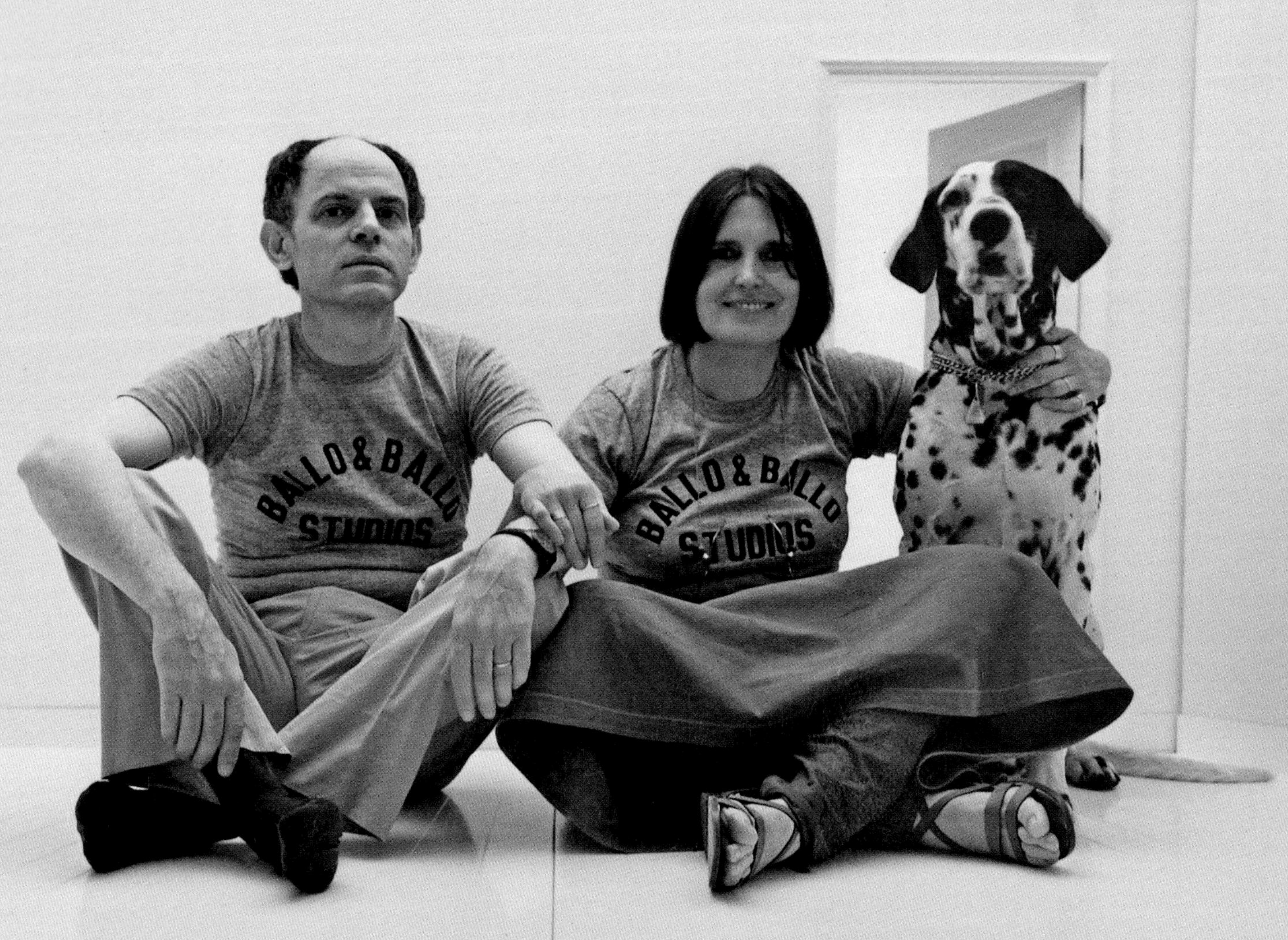
BALLO & BALLO
STUDIOS
BALLO & BALLO
STUDIOS

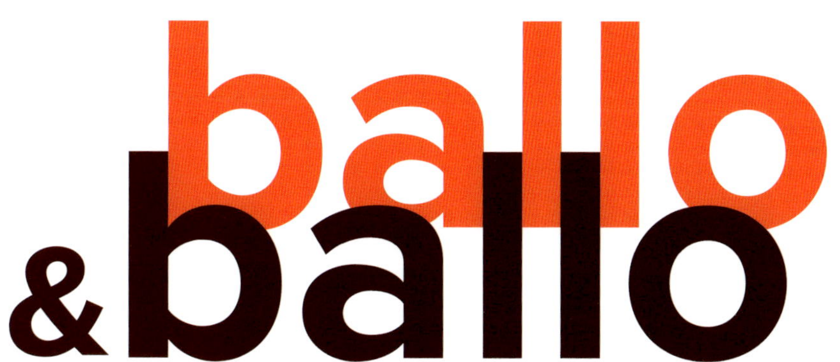

ballo & ballo

fotografia e design a Milano

photography and design in Milan

1956–2005

a cura di / edited by
Silvia Paoli

SilvanaEditoriale

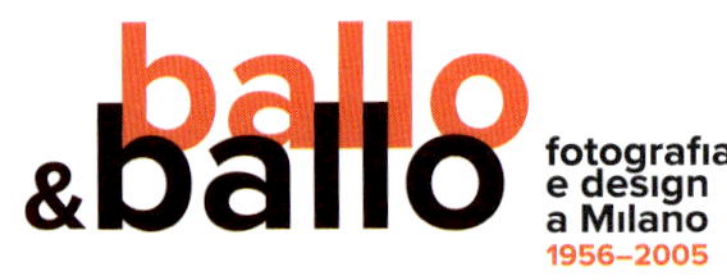

MILANO, CASTELLO SFORZESCO
Sala Viscontea e Sala Pilastri

14 giugno – 3 novembre 2024

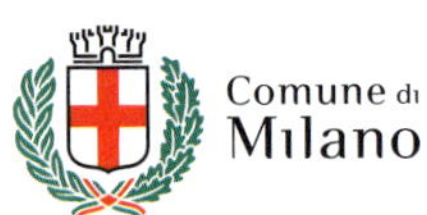

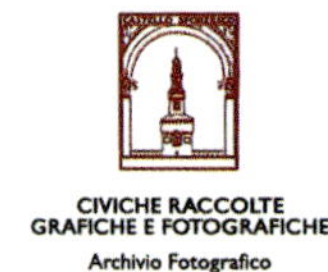

SilvanaEditoriale

Sindaco
Giuseppe Sala

Assessore alla Cultura
Tommaso Sacchi

Direttore Cultura
Domenico Piraina

Responsabile supporto strategico
Caterina Concone

Ufficio Stampa
Elena Conenna

**Musei del Castello, Musei
Archeologici e Museo
del Risorgimento**

Direttrice
Francesca Tasso

Segreteria
Maria Iacovelli

Affari generali
Lucia Baratti

Unità Amministrativa
Rachele Autieri, *Responsabile*
Daniela Cervesato
Sabrina Cosi
Antonia Marisa Franzò
Antonella Riccio

*Unità Conservazione Castello
e Valorizzazione Collezioni*
Danka Giacon, *Conservatrice
responsabile*

Ufficio Eventi e Logistica
Francesca Jonadi
Arlex Mastrototaro
Emanuela Sivalli

Ufficio Comunicazione e Didattica
Maria Grazia Basile
Claudia Ferrari
Laura Gatti

Ufficio Contratti
Paola Matteucci
Pieranne Mucciarelli
Anna Teresa Spina

Civico Archivio Fotografico

Conservatrice
Silvia Paoli

Staff
Alberto Di Bello
Diletta Cerizzi
Marzia Cotugno
Stefano Martinelli
Alberto Montanari
Giuseppina Simmi

Prestiti
Elisa Errico

Direttore generale
Michele Pizzi

Direttore editoriale
Sergio Di Stefano

Direzione mostre
Nicolò Sponzilli

Art director
Giacomo Merli

Registrar
Sara Girelli
Marianna Palermo

Comunicazione e promozione
Alessandra Olivari

Comunicazione digitale
Guido Guzzo

*Servizi generali, amministrazione
e controllo*
Giorgio Mattioli

Con il sostegno di
Strategia Fotografia 2023
*avviso pubblico promosso
dalla Direzione Generale Creatività
Contemporanea del Ministero
della Cultura*

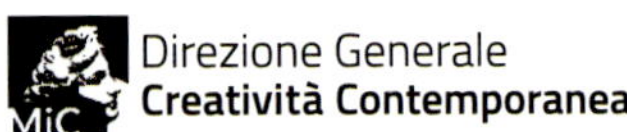

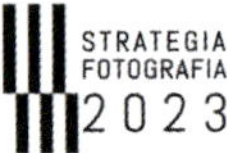

MOSTRA A CURA DI
Silvia Paoli

*Ricerche archivistiche
e bibliografiche*
Beatrice Balbi
Sofia Brugo

*Progetto dell'allestimento
e della messa in scena*
Studio Azzurro:
- Fabio Cirifino, Laura Marcolini,
direzione artistica
- Daniele De Palma, Michelangelo
Sangiorgi, *collaborazione al progetto*
- Fabio Cirifino, *direzione della
fotografia e progetto luci*
- Monica De Benedictis,
Michelangelo Sangiorgi, *montaggio
e postproduzione racconti video*
- Daniele De Palma, *progetto tecnico
allestitivo*
- Erica Gariboldi, *produzione
e coordinamento*
- Alice Biancardi, Maria Tiberi, Michele
Guglielmi, *elaborazioni grafiche
di progetto*

Racconti video e interviste
Studio Azzurro

Progetto grafico
Annamaria Ardizzi
Letizia Abbate

Riproduzioni fotografiche
Luca Postini

Assicurazione
Lloyd's Insurance Company S.A.

Trasporti
Apice

*Realizzazione dell'allestimento
e apparati tecnologici*
E20 Progetti

Ufficio Stampa
Studio Esseci di Sergio Campagnolo

Digital advertising
Davide Pinzuti
Luciana Saccomani
Theia Studio

Personale di sala
Biennale Services

ALBO DEI PRESTATORI

Civica Raccolta delle Stampe
"A. Bertarelli" - Castello Sforzesco,
Milano
Civiche Raccolte d'Arte Applicata -
Castello Sforzesco, Milano
Civico Archivio Fotografico -
Castello Sforzesco, Milano
Comune di Sesto San Giovanni -
Settore Cultura
Fondazione ADI, Milano
Museo di Fotografia
Contemporanea,
Milano-Cinisello Balsamo
Archivio Cesare Colombo
Collezione Marina e Francesco Ballo
Collezione Corraini
Collezione Oscar Gariboldi
Collezione Mario Gorni
Collezione Monica Fumagalli
Iliprandi
Collezione Oliviero Toscani
Edizioni Condé Nast

RINGRAZIAMENTI

*I produttori e la curatrice della
mostra desiderano esprimere
la loro gratitudine ai direttori, ai
funzionari, al personale dei musei,
delle biblioteche e degli archivi,
e a tutti coloro che hanno reso
possibile questa esposizione,
in particolare*
Alessia Alberti, Elena Albricci,
Stefano Battaini, Marina Ballo
Charmet, Rosanna Bianchi Piccoli,
Stefano Bernardoni - Bottega
Immagine, Giampiero Bosoni,
Andrea Cancellato, Osvalda
Centurelli, Maddalena Cerletti,
Claudia Colecchia, Anna Elisabetta
Colella, Sabina Colombo,
Silvia Colombo, Pietro Corraini,
Susanna Crisanti, Francesca Del
Gaudio, Nicoletta Di Bella, Isabella
Fiorentini, Alessandra Fontaneto,
Monica Fumagalli Iliprandi, Giuliana
Garavaglia, Monica Gasperini,
Lodovico Gualzetti, Gabriella Guerci,
Silvia Lelli, Alessandra Lucchini,
Francesco Lucchini, Fiorella Mattio,
Marta Ordine, Anty Pansera,
Stefano Parise, Chiara Pecorini,
Andrea Piccardo, Stefano Porri,
Valentina Ricetti, Valter Rosa, Carole
Simonetti, Marta Sironi, Brunella
Toscani, Oliviero Toscani

*Si ringraziano inoltre per la
preziosa collaborazione al progetto*
Civica Biblioteca d'Arte di Milano
Fondazione Albini

*Un particolare ringraziamento
va infine a*
Kate Ballo e Marc Scrivo
per la loro disponibilità

Si ringrazia
Corpo di Guardia del Castello
Sforzesco

Con il contributo di

Associazione Amici della Raccolta delle Stampe
Achille Bertarelli

CATALOGO A CURA DI
Silvia Paoli

Testi
Laura Marcolini (Studio Azzurro)
Silvia Paoli
Paola Proverbio
Alberto Saibene

Apparati
Sofia Brugo
Silvia Paoli

Il Castello Sforzesco, grazie alla generosa donazione dell'importante Archivio dello Studio Ballo+Ballo al Civico Archivio Fotografico, ospita un progetto espositivo che rende omaggio al lavoro di due maestri: Aldo Ballo e Marirosa Toscani. Questo studio fotografico ha contribuito a creare e diffondere a livello internazionale l'immagine del design italiano sin dai primi anni cinquanta.

L'esposizione mette in luce lo straordinario percorso dello Studio, durato mezzo secolo, attraverso fotografie e documenti originali, oggetti di design e riviste d'epoca. Le opere esposte testimoniano i livelli di assoluta eccellenza raggiunti dallo Studio Ballo+Ballo, che lo hanno reso il più importante in Italia per la fotografia di design. Attraverso le loro immagini, i fotografi hanno incarnato alla perfezione i fermenti e le dinamiche culturali che hanno caratterizzato l'evoluzione del design italiano, contribuendo in maniera fondamentale alla sua affermazione in ambito internazionale, tanto da essere chiamati a documentare il design italiano per la grande mostra, a esso dedicata, organizzata dal MoMa di New York nel 1972.

Il percorso espositivo, a cura di Studio Azzurro, si propone di ricostruire e mettere in scena il clima di una vera e propria "bottega" di lavoro, restituendo momenti, processi e attività di un "laboratorio" fotografico dallo stile inconfondibile.

Il risultato è uno spazio in cui le installazioni dialogano con i materiali originali esposti in bacheca e le fotografie, ricostruendo quel dinamismo che caratterizzava le attività dello Studio e che gli ha permesso di evolvere nel corso degli anni, mantenendo sempre le caratteristiche che lo rendevano unico e, probabilmente, irripetibile.

Vi invitiamo a visitare questa straordinaria esposizione, che gode anche del sostegno di Strategia Fotografia 2023, avviso pubblico promosso dalla Direzione Generale Creatività Contemporanea del Ministero della Cultura, e a immergervi nel mondo affascinante della fotografia e del design italiano.

TOMMASO SACCHI
Assessore alla Cultura del Comune di Milano

Following the generous donation of the Archivio Ballo+Ballo to the Civico Archivio Fotografico of Milan, the Castello Sforzesco is hosting an exhibition that pays tribute to the work of two masters: Aldo Ballo and Marirosa Toscani. Since the early 1950s, this photographic studio has helped to create and spread Italian design all over the world.

The exhibition highlights the Studio's extraordinary journey, which lasted half a century, through photographs and original documents, designer items, and period magazines. The works on display tell about the excellence achieved by Studio Ballo+Ballo, that became the most important Italian photographic studio specialising in design. Through their images, the photographers brilliantly captured the cultural dynamics and innovations of the ever-evolving Italian design, confirming its status as an international leader. Indeed, they were called upon to take photos of the designer items displayed in the great exhibition, dedicated to Italian design, held at MoMA, New York, in 1972.

Setup by Studio Azzurro, the exhibition aims to recreate the atmosphere of a real "workshop", capturing and showing the typical moments, processes, and activities of a photographic studio with a unique style.

The result is a space where installations interact with the original pieces and photographs on display, conveying the dynamism that characterised the Studio and allowed it to evolve over the years while staying true to itself, making it a perhaps unparalleled benchmark in the industry. We invite you to visit this exceptional exhibition, also supported by "Strategia Fotografia 2023", a public Call for Proposals launched by the Directorate-General for Contemporary Creativity of the Ministry of Culture, and immerse yourselves in the fascinating world of Italian photography and design.

TOMMASO SACCHI
Councillor for Culture of the Municipality of Milan

Il Civico Archivio Fotografico, fondato nel 1933, conserva circa un milione e trecentomila fotografie originali dal 1840 a oggi. Nell'arco dell'ultimo ventennio, l'Istituto ha dato vita ad attività di studio, conservazione e valorizzazione, organizzando mostre, conferenze, visite didattiche per far conoscere un inestimabile patrimonio, arricchitosi, specie negli ultimi anni, grazie a significative donazioni. Tra queste, l'importante lascito di Marirosa Toscani Ballo che nel 2022 ha donato al Civico Archivio Fotografico del Comune di Milano l'Archivio dello Studio Ballo+Ballo, esito del lavoro di tutta una vita. La donazione è stata interessata da un progetto di valorizzazione che comprende la catalogazione delle fotografie dell'archivio (negativi, provini, diapositive, positivi) e lo studio dei materiali archivistici correlati. Nel 2023 il progetto si è ampliato poiché l'Istituto ha partecipato al Bando Strategia Fotografia promosso dalla Direzione Generale Creatività Contemporanea del MIC (Ministero della Cultura) per l'Archivio Ballo+Ballo, risultando vincitore. Ha quindi proseguito le attività di studio e di valorizzazione che trovano compimento nell'attuale esposizione e nel relativo catalogo a stampa.

Aldo Ballo e Marirosa Toscani iniziano la loro attività di fotografi nei primi anni cinquanta, aprendo insieme quello che poi è divenuto il più rinomato studio fotografico per la fotografia di design e dell'oggetto di produzione industriale. Costruendo un loro inconfondibile stile, basato su uno still life rigoroso ed essenziale, contribuiscono all'affermazione del design italiano a livello internazionale, collaborando con architetti, designer, art director, e con importanti aziende e riviste di architettura e *interior design*.

Ricerche e studi hanno interessato l'archivio materiale, costituito da oltre 200.000 fotografie originali, da una biblioteca e da documenti di lavoro (come i quaderni inventariali), ponendo le basi per poter ricostruire il profilo professionale e culturale dello studio Ballo e dei loro fondatori, restituito

The Civico Archivio Fotografico of Milan, established in 1933, preserves approximately 1.3 million original photographs from 1840 to the present day. Over the last twenty years, the Institute has initiated study, conservation and valorisation activities, organising exhibitions, conferences and educational visits to promote a priceless heritage that has been enriched, especially in recent years, thanks to significant donations. These include the important bequest by Marirosa Toscani Ballo, who in 2022 donated the archive of Studio Ballo+Ballo, the result of a lifetime's work, to the Civico Archivio Fotografico. The donation was part of a valorisation project that included the cataloguing of the archive's photographs (negatives, proofs, slides, positives) and the investigation of related archival materials. In 2023, the project expanded as the Institute participated in the "Strategia Fotografia" Call promoted by the General-Directorate for Contemporary Creativity of the MIC (Ministry of Culture) with a proposal centred on the Archivio Ballo+Ballo, winning it. It then continued its study and valorisation activities, culminating in the current exhibition and its catalogue.

Aldo Ballo and Marirosa Toscani began their career as photographers in the early 1950s, opening together what later became the most renowned photographic studio specialising in design and industrial objects. Developing their unique style, based on rigorous and essential still lives, in collaboration with architects, designers, art directors, major companies and magazines in the fields of architecture and interior design, they confirmed the status of Italian design as an international leader.

Research and studies have focused on the physical archive, consisting of more than 200,000 original photographs, a library, and working documents (such as inventory notebooks), laying the foundations for retracing the professional and cultural profile of Studio Ballo and its founders, presented in the catalogue through in-depth studies, essays, a critical apparatus, and a

attraverso gli approfondimenti in catalogo, gli apparati scientifici, i saggi, le sequenze di immagini. Ciò che tuttavia ha caratterizzato, nella sua lunga storia, l'ambiente, il clima, le modalità di lavoro, ciò che, in sostanza, è immateriale e non tangibile, viene restituito, in mostra, con l'intervento di Studio Azzurro, le cui origini sono strettamente legate allo Studio Ballo. Attraverso una sequenza di set fotografici, video e installazioni, sono resi immediatamente presenti alcuni momenti delle attività dello Studio (i processi fotografici, il rapporto con gli oggetti di design – anche esposti in mostra – la costruzione degli allestimenti in studio, l'archiviazione, l'andirivieni indaffarato di Aldo, Marirosa e degli assistenti...). Ciò che non è archiviabile è così reso presente, tangibile, per poter percepire la qualità di un'esperienza unica, il "laboratorio" dello Studio Ballo, ma anche il clima e il modo di lavorare di un'era conclusa, quella della fotografia analogica.

Le sequenze di immagini, icastici "ritratti" di oggetti che hanno segnato la storia del design, consentono infine di cogliere l'evoluzione dello stile dei Ballo lungo tutto il secondo Novecento, insieme ai ritratti di designer e architetti che li hanno progettati. Le relazioni intrecciate con diversi enti e collezioni – come le Raccolte d'Arte Applicata, la Biblioteca d'Arte, la Raccolta Stampe "A. Bertarelli" del Castello Sforzesco, l'ADI Museum, il Museo di Fotografia Contemporanea (Mufoco), o le collezioni private, tra cui le edizioni Condé Nast e l'Archivio Cesare Colombo, quest'ultimo tra i recenti donatori all'Istituto – hanno cercato di valorizzare i rapporti che legano diversi enti e collezioni sia per gli studi sulla fotografia sia per la storia del design. È stato quindi possibile, grazie ai prestiti concessi, esporre materiali originali, oggetti, riviste, volumi, completando il percorso cronologico e storico, per un ritratto a tutto tondo di un periodo fondamentale per la storia dell'industria, del design, dell'arte e della cultura italiana tutta.

SILVIA PAOLI
Conservatrice del Civico Archivio Fotografico
e curatrice della mostra

FRANCESCA TASSO
Direttrice dei Musei del Castello,
Musei Archeologici e Museo del Risorgimento

series of images. What, however, has characterised the environment, the atmosphere, the working methods of the Studio throughout its long history – what is essentially immaterial and non-tangible – is conveyed with the help of Studio Azzurro, whose origins are closely linked to Studio Ballo. Through a sequence of photo sets, videos and installations, some moments of the Studio's activities (photographic processes, the relationship with designer items – also on display – the creation of setups, archiving, the busy comings and goings of Aldo, Marirosa and the assistants...) are re-evoked in the exhibition. What cannot be archived is thus made visible and tangible, allowing visitors to live a unique experience, exploring the "workshop" of Studio Ballo, but also perceiving the atmosphere and way of working of a bygone era, that of analogue photography.

The sequences of images, vivid "portraits" of items that have marked the history of design, together with those of the designers and architects who created them, allow visitors to grasp the evolution of the Ballo style throughout the second half of the 20th century. The intertwined relationships with various institutions and collections – such as the Collections of Applied Arts, the Art Library, the "A. Bertarelli" Prints Collection of the Castello Sforzesco, the ADI Museum, the Museo di Fotografia Contemporanea (Mufoco), or private collections, including Condé Nast editions and the Archivio Cesare Colombo, the latter being one of the recent donors to the Institute – have sought to strengthen the bond between institutions and collections focusing on both photography studies and design history. Thanks to the loans granted, it was possible to exhibit original materials such as items, magazines and volumes, thus offering, at the same time, a chronological and historical journey into Studio Ballo and a comprehensive profile of a fundamental period in the history of Italian industry, design, art, and culture.

SILVIA PAOLI
Curator of the Civico Archivio Fotografico
of Milan and curator of the exhibition

FRANCESCA TASSO
Director of the Musei of the Castello Sforzesco,
Museo Archeologico and Museo del Risorgimento

SOMMARIO

CONTENT

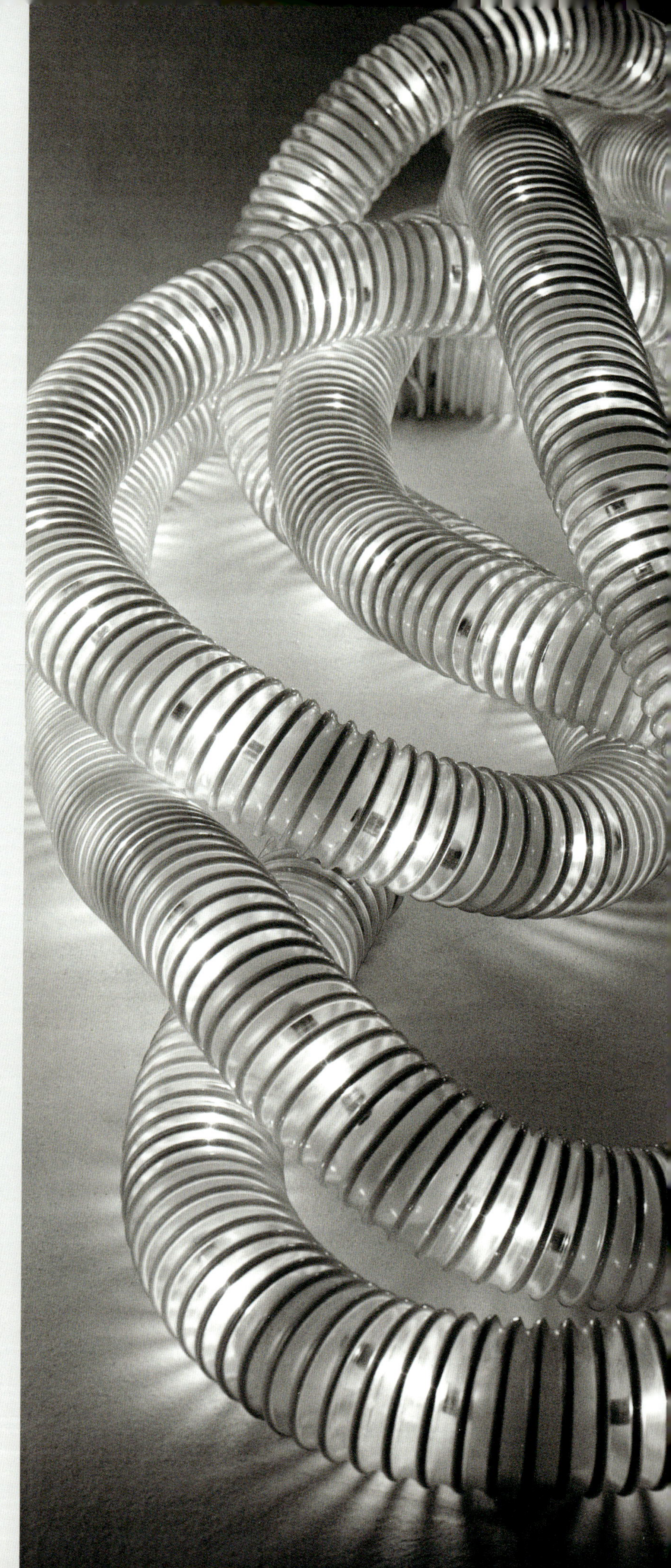

ALDO BALLO E MARIROSA TOSCANI: LA CREAZIONE DI UNO STILE

SILVIA PAOLI

ALDO BALLO AND MARIROSA TOSCANI: CREATION OF A STYLE

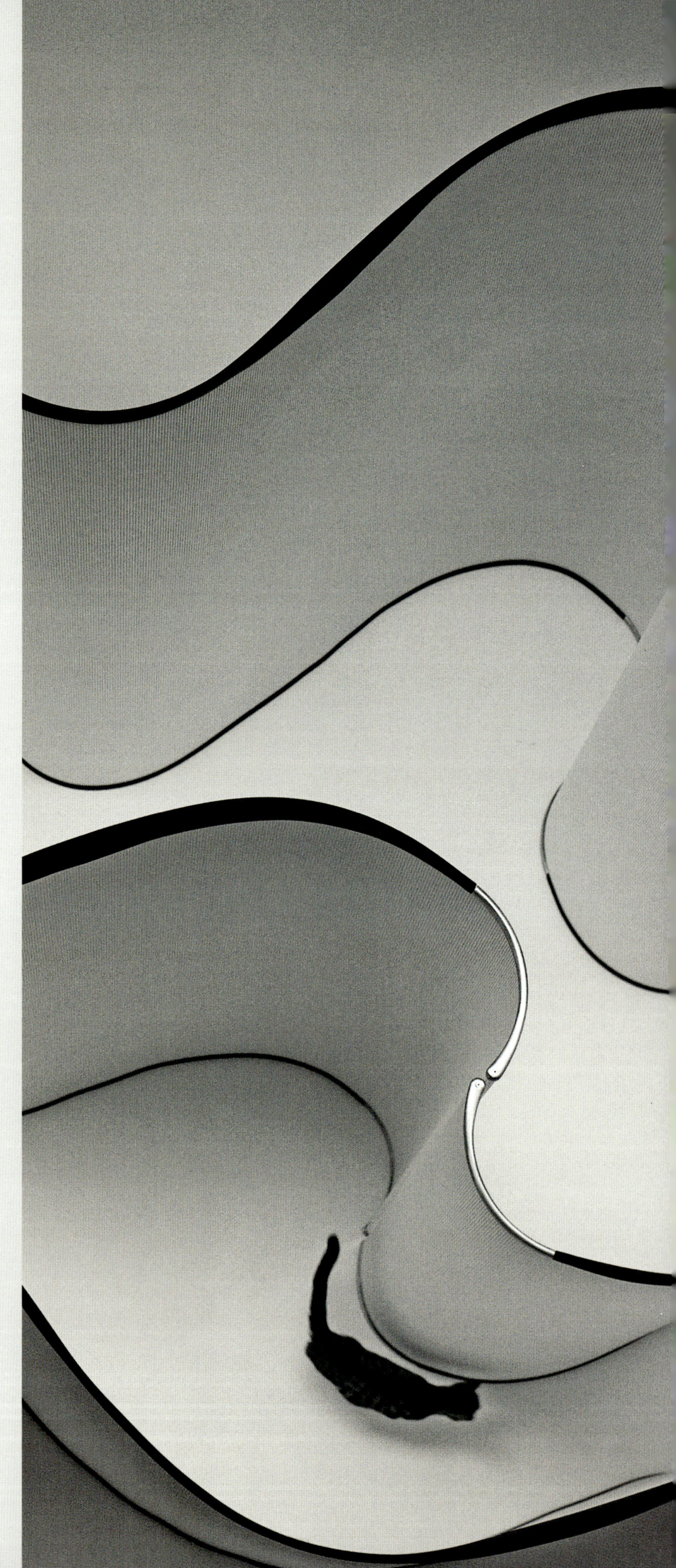

Novembre 1951: l'alluvione del Polesine devasta un'estesa area tra Venezia e Rovigo. Una ragazza appena ventenne parte in fretta da Milano per raggiungere i luoghi della catastrofe. Porta con sé pesanti macchine fotografiche e, arrivata sul luogo, si dimostra alla pari dei colleghi maschi (fig. 1). Viene subito notata, in un'Italia che solo da cinque anni ha concesso il voto alle donne, anche perché porta i pantaloni. Conosce bene il mestiere, lo ha imparato dal padre che ora è costretta a sostituire. Fedele Toscani, fotoreporter del "Corriere della Sera", si è ammalato seguendo Fausto Coppi al Giro d'Italia del 1949. La figlia maggiore, Marirosa, a diciotto anni lo sostituisce nella Rotofoto, l'agenzia che Fedele ha fondato nel 1945 dopo aver partecipato, con l'amico Vincenzo Carrese, alla fondazione della Publifoto[1]. Nel 1950 è quindi Marirosa che va a Barcellona per fotografare il Campionato del Mondo di automobilismo, mentre l'anno seguente riprende la tragedia del Polesine: una sua fotografia colpisce l'attenzione del pubblico e viene pubblicata anche sulla rivista "Life"[2]. La sorella Brunella continua gli studi liceali e aiuta Marirosa portando le fotografie al "Corriere della Sera"[3]. Le due sorelle sostengono

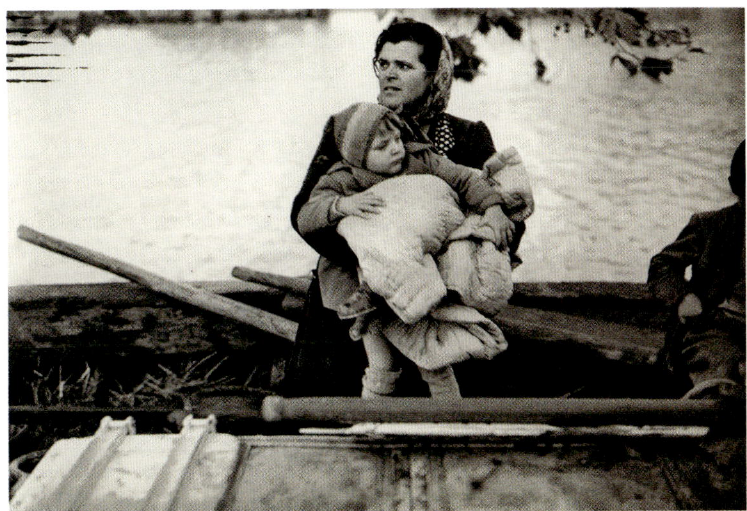

In November 1951, the Polesine region flooded, laying waste to a vast area stretching from Venice to Rovigo. A young woman, scarcely into her twenties, rushed from Milan to the disaster-struck region, lugging her heavy photography equipment with her. On arrival, she proved herself equal to her male colleagues and immediately garnered attention, in part because – in an Italy that had only given the vote to women five years earlier – she wore trousers (fig. 1). She knew her profession well, having learned from her father, Fedele Toscani, a news photographer for the *Corriere della Sera*, who had fallen ill while following Fausto Coppi on the 1949 Giro d'Italia. At just 18 years old, Marirosa, his eldest daughter, had taken over from him at Rotofoto, the agency Fedele had founded in 1945 after first founding Publifoto with his friend Vincenzo Carrese.[1] It was therefore Marirosa who went to Barcelona in 1950 to photograph the World Motor-racing Championships, and who captured the Polesine tragedy the following year. One of her photos in particular caught the public's attention, and was even published in *Life* magazine.[2] Her sister Brunella was still in high school, but helped Marirosa by tak-

1. **Marirosa Toscani, *Alluvione del Polesine*, 1951**
1. Marirosa Toscani, *The Polesine Flood*, 1951

13

la famiglia ma Marirosa, nonostante tutto, nel 1951 si diploma al Liceo Artistico di Brera anche grazie all'aiuto di un giovane, diplomatosi allo stesso liceo tre anni prima e conosciuto nel 1950, Aldo Ballo, che frequenta la facoltà di Architettura del Politecnico, ma incontra gli amici, e Marirosa, a Brera, dove insegna il fratello Guido.

Arrivato nel 1940 a Milano dalla natìa Sicilia, appena dodicenne, con la numerosa famiglia, Aldo dovrà provvedere alle necessità familiari coniugando il lavoro con gli studi. Grazie a Marirosa, entra a far parte della Rotofoto tra 1950 e 1951, pur continuando a frequentare il Politecnico, dove conosce Massimo Vignelli, coetaneo di Marirosa, e con lei frequenta Bruno Munari, Gae Aulenti, Vittorio Garatti, Giancarlo Iliprandi, Enrico Tovaglieri[4]. Determinati a voler seguire una propria strada, Aldo e Marirosa cercano un loro spazio e sono accolti nel 1952 da Iliprandi nel suo studio in via Settembrini, condiviso con Tovaglieri[5]. Lavorano in proprio, pur continuando a collaborare con la Rotofoto, e sperimentano in diverse direzioni.

Aldo frequenta sin dal 1946 Marcello Piccardo a Monte Olimpino a Como, dove Piccardo ha iniziato nel 1945 a occuparsi di cinema d'animazione[6], insieme a Gianni Garbellini e Gennaro Oliveti: "Aldo era il fotografo del cinema [...] Gianni era lo scenografo [...] Gennaro era il montatore"[7]. Piccardo fonderà nel 1962 con Munari lo Studio di Monte Olimpino, laboratorio di ricerca e sperimentazione cinematografica e pubblicitaria, lavorando anche per Fiat, Olivetti, Tissot, Omega, La Rina-

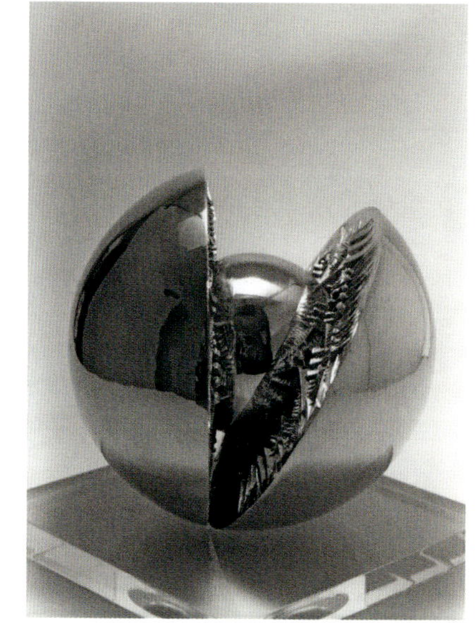

14

ing the photographs to the *Corriere della Sera*.[3] The two sisters supported the family, but, despite everything, Marirosa completed her diploma at the Liceo Artistico of Brera, aided by a young Aldo Ballo, who had graduated from the same school three years earlier and who she had met in 1950. Aldo was enrolled in the Polytechnic's Architecture faculty, but met with friends and Marirosa in Brera, where his brother Guido taught. In 1940, when he was just twelve, Aldo and his large family had left their native Sicily and moved to Milan, where he helped support his family by working, while also continuing his studies. Through Marirosa, he joined Rotofoto between 1950 and 1951, although he continued to study at the Polytechnic, where he also met Marirosa's peer, Massimo Vignelli. The pair also socialised with Bruno Munari, Gae Aulenti, Vittorio Garatti, Giancarlo Iliprandi and Enrico Tovaglieri.[4] Determined to follow their own path, Aldo and Marirosa sought their own workspace; in 1952, they joined Iliprandi in his studio on Via Settembrini, which he shared with Tovaglieri.[5] They set up their own business, while continuing to collaborate with Rotofoto, and exploring a variety of possibilities.

From 1946, Aldo regularly visited Marcello Piccardo at Monte Olimpino in Como, where Piccardo had been in charge of film animation since 1945,[6] alongside Gianni Garbellini and Gennaro Oliveti: "Aldo was the photographer for the cinema [...] Gianni was the set designer [...] Gennaro was the film editor".[7] In 1962, Piccardo, together with Munari, founded the Studio of Monte Olimpino, a film and advertising research and experimen-

2. Aldo Ballo, *Arnaldo Pomodoro, "Rotante con sfera interiore"*, 1969

2. Aldo Ballo, *Arnaldo Pomodoro, "Rotante con sfera interiore"*, 1969

3. Aldo Ballo, *Bruno Munari, scultura dalla Serie "Tensione e Compressione"*, 1990

3. Aldo Ballo, *Bruno Munari, sculpture from the "Tensione e Compressione" series*, 1990

scente. Fino al 1972 lo Studio favorirà l'incontro tra artisti e intellettuali come, oltre Aldo e Guido Ballo, Munari, Luigi Veronesi, Lucio Fontana, Mario Soldati, Giovanni Filippone, Ponina Tallone Ciliberti, Amneris Latis, Osvaldo Borsani.

Tra Brera, il Politecnico – i cui corsi, dovendo lavorare, non riuscirà a completare – Monte Olimpino e la Rotofoto, Aldo troverà terreno fertile per una formazione trasversale e non esclusivamente scolastica, passando attraverso la fotografia di reportage, la storia dell'arte e dell'architettura, le esperienze di scenografia e montaggio di immagini fotografiche per il cinema[8]. Il fratello Guido lo introdurrà inoltre nel mondo dei critici d'arte, degli architetti e degli artisti, di cui farà intensi ritratti e fotograferà molte opere: tra i molti, Gillo Dorfles (fig. 20, p. 198), Fontana, Alik Cavaliere (fig. 22, p. 199), Arnaldo e Gio' Pomodoro (fig. 2; fig. 4-5, p. 190), Gio Ponti (fig. 14, p. 195), Munari (fig. 3; fig. 4, p. 37), ma anche il Michelangelo della

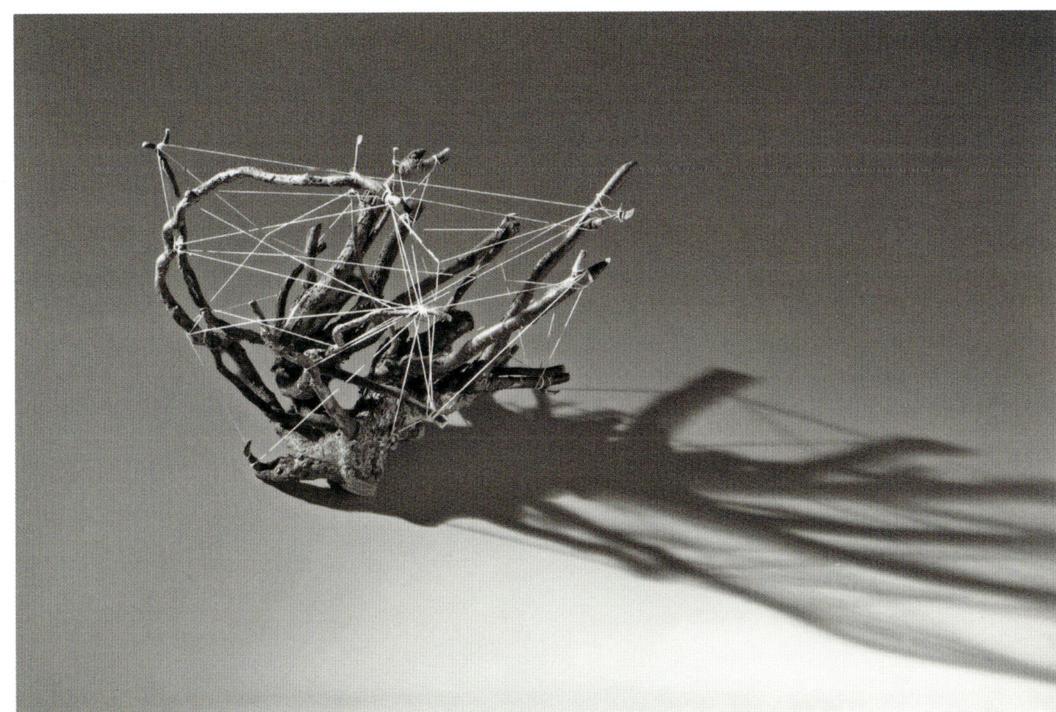

tation laboratory, working for Fiat, Olivetti, Tissot, Omega and La Rinascente. Until 1972, the Studio helped bring together artists and intellectuals such as Munari, Luigi Veronesi, Lucio Fontana, Mario Soldati, Giovanni Filippone, Ponina Tallone Ciliberti, Amneris Latis and Osvaldo Borsani, as well as Aldo and Guido Ballo.

Between Brera, the Polytechnic – whose courses he never completed due to his work commitments – Monte Olimpino and Rotofoto, Aldo found fertile soil for a wide-ranging and not exclusively academic education, ranging from press photography, history of art and architecture, and practice in designing sets and film-editing for cinema.[8] His brother Guido also introduced him to the world of art critics, architects and artists: he produced intense portraits of many of them, and photographed many artworks, including Gillo Dorfles (fig. 20, p. 198), Fontana, Alik Cavaliere (fig. 22, p. 199), Arnaldo and

Pietà Rondanini. Con Munari Aldo lavorerà in modo continuativo, fotografando quasi tutte le sue creazioni: da ricordare le fotografie realizzate, tra 1958 e 1959, per la serie delle *forchette* e per la serie dei gesti del *Supplemento al Dizionario italiano*, dove tra i "modelli" compaiono lo stesso Munari, Aldo Ballo, Giancarlo Iliprandi e la moglie Lalla Aldovrandi[9] (fig. 3 a-b, p. 37).
Nel 1953 Aldo e Marirosa si sposano e vanno ad abitare in un appartamento-studio in via Santa Croce[10]. Grazie agli amici di sempre, Munari, Vignelli, Aulenti, arrivano i primi incarichi. Nel 1954 Aldo inizia a lavorare con la rivista "Domus", con AGIP (poi con Eni dal 1958)[11], con Pirelli[12]. Si intensificano le collaborazioni con designer, architetti e grafici, come Pino Tovaglia e Bob Noorda, che li portano ad abbandonare definitivamente il reportage: "Tutti i nostri amici erano, e sono, architetti e designer. Il nostro mondo era quello e quindi quella fu anche la nostra specializzazione fotografica"[13]. Il reportage obbliga al rispetto di precise scadenze temporali: gli eventi vanno colti nel loro accadere, le fotografie consegnate ai giornali nel più breve tempo possibile. Aldo e Marirosa scelgono invece di definire tempi e spazi del proprio agire: la costruzione graduale dello studio, sempre più ampio, attrezzato e aggiornato sul piano tecnico, dove il lavoro fotografico raggiungerà livelli di precisione e organizzazione inimmaginabili per l'epoca, risponde a questo scopo, creare un luogo dove tempo e spazio possono essere rigorosamente determinati e controllati in vista del raggiungimento di risultati sempre più alti.

Gio' Pomodoro (fig. 2; fig. 4–5, p. 190), Gio Ponti (fig. 14, p. 195), Munari (fig. 3; fig. 4, p. 37), but also Michelangelo's Rondanini Pietà, to name just a few. Aldo continued to work with Munari, photographing almost all his works. Some stand-out photos are those produced between 1958 and 1959 for the *forchette* series and for the series of *gestures* for the *Supplemento al Dizionario italiano*, in which Munari, Aldo Ballo, Giancarlo Iliprandi and his wife Lalla Aldovrandi appeared as "models" (fig. 3 a–b, p. 37).[9]
In 1953, Aldo and Marirosa married and moved to a studio-apartment in Via Santa Croce.[10] Through the good offices of their long-time friends, Munari, Vignelli and Aulenti, the first assignments began to appear. In 1954, Aldo began working with *Domus* magazine, AGIP (and later Eni, from 1958)[11] and Pirelli.[12] More and more collaborations materialised with designers, architects and graphic artists, such as Pino Tovaglia and Bob Noorda, and as a result the couple definitively ceased their press photography work: "All our friends were, and are, architects and designers. That was our world, and so it was also our specialised field of photography".[13] Press photography demands very specific deadlines: the events must be captured as they happen, and the photos delivered to the newspapers within the shortest possible time. Aldo and Marirosa chose instead to define their own working times and spaces: to that end, the studio was gradually constructed, becoming increasingly large, well-equipped and technically up-to-date, making it possible to achieve levels of precision and organisation in their photographic work that were inconceivable for the

Nel 1954 La Rinascente crea il premio Compasso d'Oro, con la giuria composta da Gio Ponti, direttore di "Domus", Alberto Rosselli, direttore di "Stile Industria", Marco Zanuso. Dal 1955 al 1971 Ballo lavora per l'Ufficio pubblicità e comunicazione, uno degli ambienti più fecondi per lo sviluppo della grafica pubblicitaria, dove incontra Albe Steiner, Amneris Latis, Gianni Bordoli, Roberto Sambonet, Tomás Maldonado, Iliprandi, Adriana Botti Monti, Salvatore Gregorietti, Serge Libiszewski (detto "Libis") e Oliviero Toscani. Ballo collaborerà a lungo con Iliprandi e poi Gregorietti che, dopo aver frequentato la Kunstgewerbeschule di Zurigo, era divenuto assistente di Vignelli, fondatore nel 1965, con Noorda, dell'agenzia Unimark[14]. Molte immagini di Ballo trovano riscontro in progetti per la grafica pubblicitaria, sia con Iliprandi, che "traduce" graficamente le sue fotografie, progettate insieme prima, in fase di ripresa, e dopo, nella selezione finale sui negativi[15] (fig. 1-2, 3 a-b, pp. 188-189), sia con Gregorietti, che con lui realizza manifesti per La Rinascente (fig. 6, p. 190), per le Biennali di Venezia del 1970 e del 1971 (fig. 11, p. 193), per Alias nel 1985, questi ultimi esposti poi in mostra alla Galleria Marconi.
Nel 1940 Max Huber era arrivato a Milano, dalla Kunstgewerbeschule di Zurigo, per lavorare nello studio di Antonio Boggeri, nato nel 1933, vero e proprio laboratorio di formazione per grafici, fotografi, pubblicitari. Collabora poi con aziende (Olivetti, Eni, Rai), designer, architetti (Achille Castiglioni, Erberto Carboni) e si dedica all'insegnamento, anche all'Umanitaria. Nel 1950 disegna il logo de La

time, with the aim of creating a place where time and space could be rigorously determined and controlled in order to achieve increasingly improved results.
In 1954, La Rinascente created the Compasso d'Oro prize, with a jury composed of Gio Ponti, director of *Domus*, Alberto Rosselli, director of *Stile Industria*, and Marco Zanuso. From 1955 to 1971, Ballo worked for the Office of Advertising and Communication, one of the most fertile environments for the development of advertising graphic design, where he met Albe Steiner, Amneris Latis, Gianni Bordoli, Roberto Sambonet, Tomás Maldonado, Iliprandi, Adriana Botti Monti, Salvatore Gregorietti, Serge Libiszewski (known as "Libis") and Oliviero Toscani. Ballo collaborated for many years with Iliprandi and later with Gregorietti who, after studying at the Kunstgewerbeschule in Zurich, had become assistant to Vignelli, the co-founder – with Noorda – of the Unimark company in 1965.[14]
Many of Ballo's images are reflected in advertising graphic designs, both with Iliprandi – who "translated" into graphic form Aldo's photographs, which they designed together beforehand, during shooting, and also afterwards, when selecting the final negatives[15] (fig. 1-2, 3 a-b, pp. 188-189) – and with Gregorietti, with whom he produced posters for La Rinascente (fig. 6, p. 190), for the 1970 and 1971 Venice Biennales (fig. 11, p. 193), and for Alias in 1985 – with the latter works being exhibited subsequently at Galleria Marconi.
In 1940, Max Huber left the Zurich Kunstgewerbeschule and moved to Milan, where he worked in Antonio Boggeri's studio, which had been founded in 1933 and was a

Rinascente. Aldo lo ricorderà, in un'intervista inedita del gennaio 1994: Huber era stato per lui, soprattutto tra 1953 e 1954, un vero e proprio "maestro" per la sua formazione. Lo aveva incoraggiato ad avere una visione nitida, essenziale, luminosa e priva di ritocco, così come aveva fatto anche Giorgio Soavi, responsabile della sezione pubblicità della Olivetti[16]. Aldo si era quindi indirizzato verso lo still life cercando di formare e perfezionare costantemente un proprio "stile". Se l'oggetto deve essere "documentato" e quindi reso nelle sue caratteristiche tecniche (frequente è nelle fotografie di Aldo l'attenzione ai dettagli costruttivi), ciò non implica l'adozione di una rigida visione "neutrale", anonima, bensì la costruzione di precise regole compositive e stilistiche per la sua rappresentazione[17]. Basti analizzare la fotografia del 1956 del secchio disegnato da Roberto Menghi (cat. 1), vero e proprio emblema del "nuovo" stile[18]: l'oggetto, attraverso una visione ravvicinata, è decontestualizzato, illuminato da sinistra – di questa scelta Aldo discuterà con Michele Provinciali[19] – in un ambiente creato appositamente con l'adozione di un fondale neutro, in cui è appena intuibile il piano di appoggio. L'oggetto diviene scultura, monumento, secondo stilemi che hanno origine nella fotografia del secondo Ottocento (si pensi al "modello" Alinari), ma che si innestano, più modernamente, sulla *New Vision* di Moholy-Nagy, per l'uso sapiente della luce, controllata e direzionata all'interno dello studio. Se Moholy-Nagy aveva invitato a superare la semplice "riproduzione" fotografica, come ripetizione delle relazioni esistenti tra

real training workshop for graphic artists, photographers and publicists. He worked with companies (Olivetti, Eni and Rai), designers and architects (Achille Castiglioni and Erberto Carboni) and devoted himself to teaching, including at the Umanitaria society. In 1950, he designed La Rinascente's logo. Aldo spoke of him in an unpublished interview in January 1994: for him, Huber had been a true "master" during his training, particularly in 1953 and 1954. He had encouraged Aldo to have a clear, essential, luminous vision, without any retouching, as had Giorgio Soavi, head of Olivetti's advertising section.[16] Aldo then turned to still life, constantly seeking to create and perfect his own "style". While an object needed to be "documented" and its technical characteristics clearly depicted (Aldo's attention to construction details was a frequent feature of his photography), this by no means meant that he adopted an anonymous, rigid, "neutral" vision; rather he constructed precise compositional and stylistic rules for his depictions.[17] This can be seen by analysing the 1956 photograph of the bucket designed by Roberto Menghi (cat. 1), a veritable icon of the "new" style:[18] using a close-up vision, the object was decontextualised, lit from the left – a choice Aldo would discuss with Michele Provinciali[19] – in a purpose-built space with a neutral background, and positioned on a scarcely perceptible surface. The object becomes sculpture, monumental, with stylistic features based on late 19th-century photography (such as the Alinari "model"), but grafted in a more modern manner onto the *New Vision* of Moholy-Nagy in terms of its careful use of light, which is

oggetti, spazio, tempo, per promuovere invece la "produzione" fotografica, basata sull'uso creativo della luce, trattata come mezzo compositivo, indubbiamente è in questa direzione che vanno le fotografie dei Ballo[20]. Lontane da una mera catalogazione visiva degli oggetti, le fotografie di Aldo Ballo portano a spostamenti valoriali e a un vero e proprio cambio di paradigma nella fotografia di design. Se prima a Milano si andava da Elio Luxardo, rappresentante di una tradizione figurativa che imponeva pesanti scenografie per le fotografie di oggetti industriali[21], ora si va allo Studio Ballo, emblema della "nuova" fotografia, essenziale, pulita, aderente ai valori di "modernità" trasmessi dal nuovo design italiano. Caratteristiche che faranno esplicitare a Marirosa i nomi dei fotografi "amati", fonte d'ispirazione: Irving Penn, Ansel Adams ma anche, ricordando il proprio passato nel reportage, Weegee[22]. I metodi e gli insegnamenti del Bauhaus, diffusi a Milano anche grazie ad Antonio Boggeri, sono ora ripresi da Antonio Arcari nei corsi dell'Umanitaria, dove insegna insieme a Huber, Iliprandi, Provinciali. Arcari è tra i primi a riflettere sul rapporto tra fotografia e design, individuandone le diverse articolazioni e portando ad esempio le fotografie di Ballo, la cui funzione non è solo descrittiva, informativa, ma tesa a proporre una lettura critica degli oggetti attraverso i diversi "esiti" delle pagine pubblicitarie, su riviste, *house organ* aziendali, locandine, manifesti, grazie anche al confronto diretto con architetti e designer. I Ballo si pongono così al centro dei fermenti e delle dinamiche culturali che caratterizzano

19

controlled and directed within the studio context. While Moholy-Nagy advocated going beyond simple photographic "reproduction", as repetition of the existing relationships between objects, space and time and focusing instead on photographic "production" based on the creative use of light, which was approached as a compositional medium, Ballo's photographs unquestionably followed a similar direction.[20] Far from being a mere visual cataloguing of objects, Aldo Ballo's photographs led to a change of values and an outright paradigm shift in design photography. While originally everyone in Milan went to Elio Luxardo, proponent of a figurative tradition that insisted on cumbersome scenography for photos of industrial objects,[21] now they went to Studio Ballo, the symbol of the "new", simple, clean photography, that adhered to the values of "modernity" imparted by the new Italian design. These characteristics would lead Marirosa to share the names of the "favourite" photographers who inspired her and Aldo, including Irving Penn and Ansel Adams, as well as one linked to her own past in press photography; Weegee.[22] The Bauhaus methods and teachings, which were widely popular in Milan, in part thanks to Antonio Boggeri, were now adopted by Antonio Arcari in the courses at the Umanitaria society, where he taught alongside Huber, Iliprandi and Provinciali. Arcari was one of the first to reflect on the relationship between photography and design, identifying the various structures and using as an example Ballo's photographs, the function of which was not just descriptive or informative, but was intended to offer a critical interpretation

l'evoluzione del design italiano, contribuendo in maniera determinante, con le loro immagini, alla sua affermazione[23].

Nel 1955 Aldo lavora per i padiglioni Rai della Fiera di Milano[24], affidati ai fratelli Castiglioni, e inizia la collaborazione, durata molti anni, con Olivetti, per le riviste "Comunità" e "Urbanistica", grazie a Giorgio Soavi[25]. Nel 1956, quando inizia a lavorare con Barilla e Bertolli (con Erberto Carboni), trasloca con Marirosa in via Tristano Calco al 2 in un edificio appena costruito dagli amici architetti Gianemilio e Pietro Monti, Anna Maria Bertarini: qui costruiranno lo studio fotografico professionale più moderno, attrezzato ed efficiente di tutta Milano, dove rigore, disciplina, razionalità scientifica e ricerca continua della perfezione li porteranno a livelli di assoluta eccellenza[26].

Lo studio sarà anche luogo di formazione e di crescita culturale per tutti coloro che vi lavoreranno, "bottega" e "scuola" dove imparare un mestiere ma anche una modalità, uno stile di vita, di pensiero, di esistenza[27]. Nel 1957 nasce l'ADI (Associazione per il Disegno Industriale) a cui viene affidato il premio Compasso d'Oro nel 1958. Nello stesso periodo nascono e si affermano le maggiori aziende italiane di design che, grazie a straordinarie collaborazioni tra architetti, designer, grafici e pubblicitari, si affermeranno a livello internazionale[28].

Nel 1959 Aldo partecipa alla grande esposizione *Rassegna della fotografia italiana,* che si tiene a Sesto San Giovanni e comprende oltre seicento fotografie

of the objects through the different "outcomes" of the advertising pages, in magazines, company house organs, playbills and posters, thanks to direct comparison with architects and designers. The Ballos were thus at the heart of the cultural dynamics that characterised the evolution of Italian design, and their images contributed significantly to its successful establishment.[23]

In 1955, Aldo worked for the Rai pavilions at the Milan Fair, which were under the creative control of the Castiglioni brothers,[24] and also began a long-term collaboration with Olivetti, for the *Comunità* and *Urbanistica* magazines, thanks to the good offices of Giorgio Soavi.[25] In 1956, when Aldo began working with Barilla and Bertolli (alongside Erberto Carboni), he and Marirosa moved to 2 Via Tristano Calco, in a new building designed by their architect friends Gian Emilio and Pietro Monti, and Anna Maria Bertarini: here, they set up the most modern, well-equipped and efficient professional photography studio in the whole of Milan, in which rigour, discipline, scientific rationality and a ceaseless search for perfection brought them to a level of absolute excellence.[26]

The studio would also become a place for training and cultural growth for all those working there, a "workshop" and "school" where one could learn not only a profession, but also a method, a way of living, thinking and existing.[27] In 1957, ADI (the Association for Industrial Design) was established, and, in 1958, it entrusted the Compasso d'Oro prize. The same period also saw the creation of the main Italian design companies

dei maggiori fotografi italiani, ma anche al contemporaneo Primo Convegno Nazionale di Fotografia. Non interviene nel dibattito ma la mostra include la sua fotografia della macchina da scrivere Olivetti "Lettera 22" del 1957[29] (cat. 2), progettata da Marcello Nizzoli. L'immagine suscita al Convegno un acceso dibattito tra Cesare Colombo e Paolo Monti sulla fotografia pubblicitaria, poiché è l'emblema del nuovo modo di fare informazione pubblicitaria e testimonia la qualità delle campagne fotografiche promosse da Olivetti[30]. Il catalogo della mostra pubblica inoltre la fotografia "Elasticità" (fig. 4), sempre del 1957, dagli effetti grafici di grande dinamismo[31].

Aldo Ballo è già a questa data un fotografo affermato, un professionista. Non partecipa, tuttavia, alle diatribe tra amatori e professionisti che animano i circoli fotografici del dopoguerra né prende parte, in generale, a esposizioni e a iniziative organizzate da circoli e associazioni. Dirà, con un certo *understatement*: "La mia fotografia è una fotografia d'uso; cioè non è una fotografia che puoi fare e attacchi al muro perché è una bella fotografia, la mia fotografia serve per illustrare un oggetto e magari possibilmente anche vendere"[32]. Ciò ne condizio-

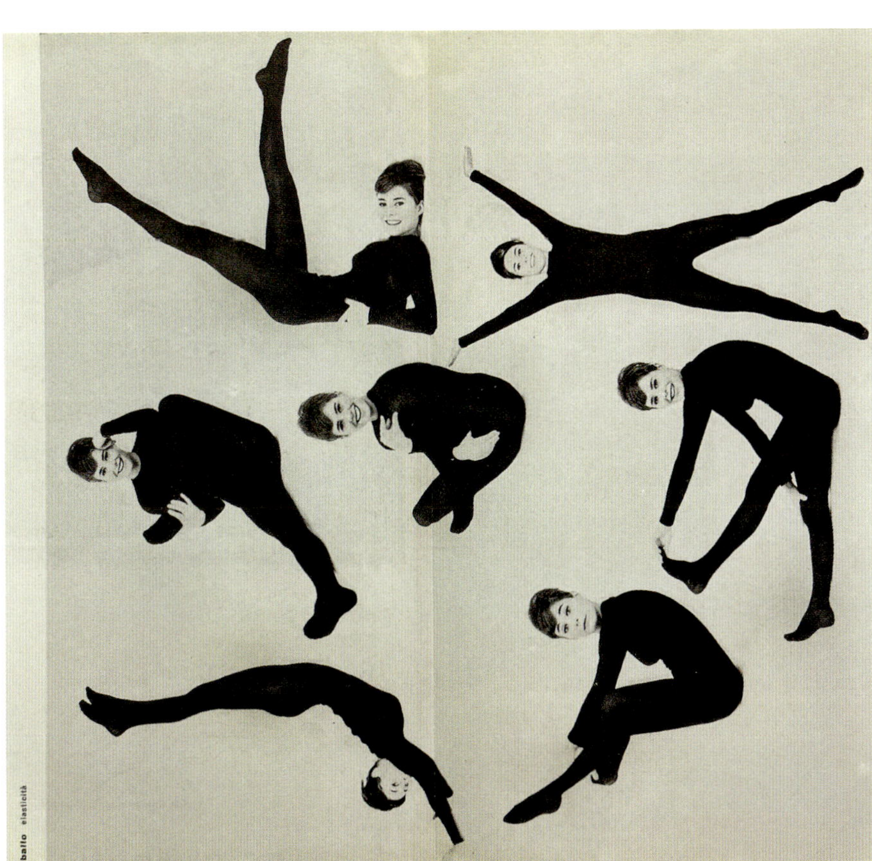

4. Aldo Ballo, *"Elasticità". Rosanna Armani posa per il lancio del mensile "Arianna" di Mondadori*, 1957
4. Aldo Ballo, *"Elasticità". Rosanna Armani poses for the launch of Mondadori's monthly magazine Arianna*, 1957

that, thanks to extraordinary collaborations between architects, designers, graphic artists and publicists, soon established themselves on an international level.[28]

In 1959, Aldo participated in the important *Rassegna della fotografia italiana* exhibition held at Sesto San Giovanni, which included more than 600 photographs by the top Italian photographers, and at the same time also participated in the First National Convention on Photography. He did not join the discussions, but the exhibition included his 1957 photograph of the Olivetti "Lettera 22" typewriter[29] (cat. 2) designed by Marcello Nizzoli. The image sparked a lively debate between Cesare Colombo and Paolo Monti at the Convention on the issue of advertising photography, since it was the symbol of the new way of providing advertising information and attested to the quality of the photographic campaigns promoted by Olivetti.[30] The exhibition catalogue also published the photograph "Elasticità" (fig. 4), also from 1957, with its exceptionally dynamic graphic effects.[31] Thus, by that time, Aldo Ballo was already an established photographer, a professional. Nevertheless, he did not participate in the arguments between amateurs and profes-

nerà la ricezione critica nella gran parte dei profili storici dedicati alla fotografia italiana – influenzati da modelli derivati dalla storia dell'arte – dove è appena nominato o assente, salvo rare eccezioni[33].

L'attività professionale lo porta però a fondare l'AFIP (Associazione Fotografi Italiani Professionisti) nel 1960 insieme a Paolo Monti, Gian Sinigaglia, Alfredo Pratelli, Mario Dainesi, Italo Pozzi, Davide Clari, Edoardo Mari (fig 7, p. 191). L'AFIP nasce in difesa della professione e Ballo ne farà parte fino agli anni settanta, collaborando anche alla definizione di un codice deontologico e dei tariffari di categoria[34].

Negli anni sessanta Aldo collabora con le riviste "Abitare", dal 1960, "Amica", dal 1961, e si dedica alla fotografia d'architettura – unita al reportage nelle indagini condotte su antichi contesti urbani – collaborando con l'Automobile Club d'Italia (ACI) per tre volumi della serie *Italia Nostra*: *Perugia*, *Milano dell'età spagnola*, *Torino Barocca*[35]. Arcari, in un articolo sulla rivista "Fotomagazin" del 1963, sottolinea come i volumi siano particolarmente riusciti grazie alla competenza e sensibilità di Ballo, capace di cogliere le relazioni tra singolo monumento e contesto, e offrire mirabili esempi di fotografia di scultura, grazie all'uso sapiente e calibrato della luce. Fotografare una sola epoca della storia di Milano non è facile ma Ballo vi riesce senza scadere nella fredda estrazione archeologica, mantenendo co-

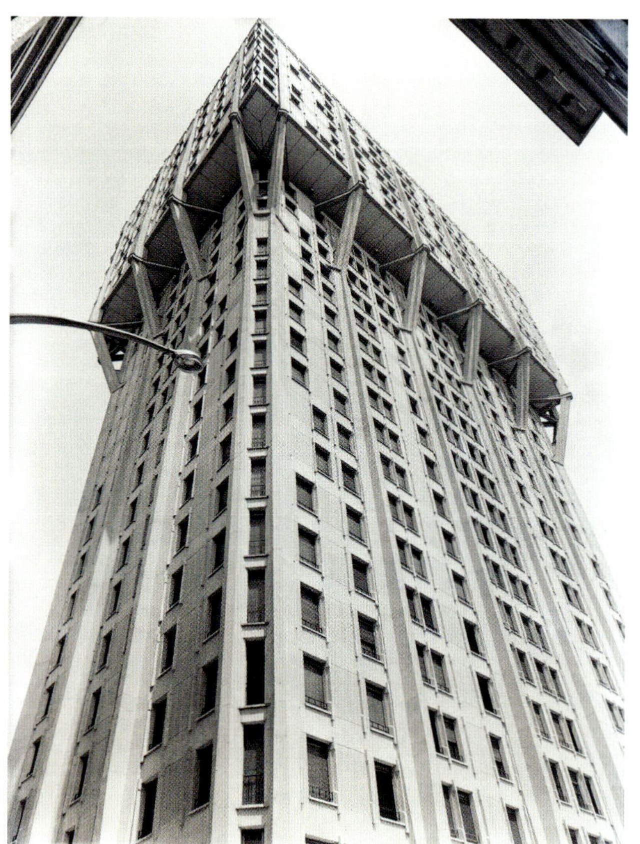

sionals that enlivened the post-war photographic circles, nor did he generally take part in exhibitions and initiatives organised by circles and associations. He would say, with a certain understatement: "My photography is a photography for use; in other words, it is not photography that you can do and then hang on the wall because it is a beautiful photo; my photography is used to illustrate an object, and perhaps also to sell it".[32] This would condition the critical reception of many of the historical profiles devoted to Italian photography – influenced by models drawn from the history of art – in which, apart from rare exceptions, he is absent or scarcely mentioned.[33]

His professional work, however, would lead him to co-found AFIP (the Association of Italian Professional Photographers) in 1960 with Paolo Monti, Gian Sinigaglia, Alfredo Pratelli, Mario Dainesi, Italo Pozzi, Davide Clari and Edoardo Mari (fig 7, p. 191). AFIP was set up to protect the profession, and Ballo would belong to it until the 1970s, taking part in defining a code of ethics and category rates.[34]

In the 1960s, Aldo collaborated with *Abitare* magazine from 1960, and *Amica* magazine from 1961, and concentrated on architectural photography – combined with press reporting on the investigations carried out on ancient urban environments – collaborating with the Automobile Club of Italy (ACI) for three books in the *Italia Nostra* series; namely

stante l'attenzione alle relazioni con il contesto urbano[36]. Alla città sua contemporanea dedica molti servizi fotografici: documenta i cantieri per la costruzione del grattacielo Pirelli dal 1955[37] al 1960, collaborando con Fedele Toscani e la Rotofoto[38]; gli edifici costruiti da Ignazio Gardella, Carlo De Carli, Marco Zanuso, i Monti (Gianemilio e Pietro, Anna Bertarini), Vito Latis, Luigi Caccia Dominioni, il gruppo BBPR (la Torre Velasca, fig. 5), Angelo Mangiarotti, Bruno Morassutti, Vico Magistretti, Vittorio Gregotti; il Quartiere Comasina IACP[39]. Inizia inoltre la collaborazione con lo Studio Albini-Helg-Piva fotografando nel 1970 le stazioni delle Linee 1 e 2 della Metropolitana Milanese, realizzate rispettivamente nel 1964 e nel 1969, nel 1980 l'allestimento della Pinacoteca del Castello Sforzesco (fig. 16, p. 196).
Nel 1964 Ballo inizia a collaborare con "Popular Photography Italiana". Pietro Donzelli guida la redazione, che include Gualtiero Castagnola e Piero Racanicchi; del comitato consultivo fanno parte, tra gli altri e oltre Ballo, Mario De Biasi, Lamberto Vitali[40]. Iliprandi è art director. La rivista è diretta dal 1966 da Lanfranco Colombo che, nel 1967, fonda "Il Diaframma", prima galleria italiana dedicata alla fotografia, dove Ballo esporrà nel 1968 insieme a Franco Bottino, Vanni Burkhart, Giorgio Colombo, Angelo Cozzi, De Biasi, Alberto Dell'Orto, Libis, Edoardo Mari, Mauro Masera, Monti, Edgardo Nessi, Ferdinando Scianna, Sinigaglia, Oliviero Toscani[41]. Galleria e rivista fanno parte di una strategia culturale che segna il superamento della cultura amatoriale e apre nuove prospettive critiche, strategia in cui Ballo,

Perugia, *Milano dell'età spagnola* and *Torino Barocca*.[35] In an article in a 1963 *Fotomagazin* journal, Arcari noted that the books were particularly successful thanks to Ballo's competence and sensitivity and his ability to capture the relationships between the individual monuments and the surroundings, providing splendid examples of sculpture photography through his skilful and calibrated use of light. Photographing one single period of Milan's history is not an easy task, but Ballo managed to do so without lapsing into a clinical focus on archaeological snippets, by keeping the focus on the relationships with the urban surroundings.[36] He produced many photoshoots devoted to his contemporary city surroundings: he documented the worksite during the construction of the Pirelli tower block from 1955[37] to 1960, in collaboration with Fedele Toscani and Rotofoto;[38] he also photographed the buildings constructed by Ignazio Gardella, Carlo De Carli, Marco Zanuso, the Montis (Gianemilio and Pietro, and Anna Bertarini), Vito Latis, Luigi Caccia Dominioni, the BBPR group (Torre Velasca, fig. 5), Angelo Mangiarotti, Bruno Morassutti, Vico Magistretti and Vittorio Gregotti; and the Quartiere Comasina IACP.[39] This period also saw the beginning of his collaboration with Studio Albini-Helg-Piva, photographing the stations of Lines 1 and 2 of the Milan Metropolitana built in 1964 and 1969, respectively, and in 1980 he captured the mounting of the Pinacoteca at Castello Sforzesco (fig. 16, p. 196). In 1964, Ballo began working with *Popular Photography Italiana*. The editorial team was headed by Pietro Donzelli and included Gualtiero Castagnola and Piero Racanicchi, while

lontano dalle vicende della cultura fotografica del dopoguerra, si riconosce pienamente. Nel 1966 entra a far parte del consiglio redazionale della rivista e vi pubblica le fotografie (fig. 2, p. 61) realizzate per il Gruppo OP fondato da Iliprandi insieme a studenti dell'Umanitaria[42]. Nello stesso anno esce il libro di poesie del fratello Guido, *Posta per gli amici*, con undici fotografie di Aldo[43] (fig. 2 a-d, p. 59). Movimenti di macchina, sovraesposizioni, doppie esposizioni, montaggi, mettono in luce, in queste immagini, un interesse sperimentale rivolto al *medium* e alle sue possibilità espressive, mai evidenziato dalla narrazione biografica ufficiale. Così come le fotografie per il gruppo OP lo avvicinano all'arte cinetica, a Julio Le Parc, visto alla Biennale di Venezia nel 1966, alle ricerche di Franco Grignani, le immagini per il fratello lo avvicinano alle ricerche di importanti fotografi contemporanei come Mario Giacomelli e Paolo Monti.

Dal 1966 collabora anche con "Ottagono", rivista fondata da otto storiche aziende del design: Arflex, Artemide, Bernini, Boffi, Cassina, Flos, ICF De Padova, Tecno. La dirige Sergio Mazza con Giuliana Gramigna e Noorda alla grafica; vi collaborano critici e storici dell'arte (Guido Ballo, Giulia Veronesi), altri fotografi (Giorgio Casali, Carla De Benedetti, Davide Clari, Mauro Masera)[44].

Nel novembre 1968 esce il primo numero di "Casa Vogue": la fotografia in copertina è di Ballo, che collaborerà con la rivista fino al 1993. In questo arco di tempo, Alex Libermann, Flavio Lucchini, Gregorietti, Isa Tutino, direttrice dal 1979, faranno

the advisory committee included not just Ballo, but also Mario De Biasi and Lamberto Vitali[40], amongst others. Iliprandi was art director. From 1966, the magazine was headed by Lanfranco Colombo who, in 1967, founded Il Diaframma, the first Italian gallery devoted to photography, where Ballo would exhibit in 1968 alongside Franco Bottino, Vanni Burkhart, Giorgio Colombo, Angelo Cozzi, De Biasi, Alberto Dell'Orto, Libis, Edoardo Mari, Mauro Masera, Monti, Edgardo Nessi, Ferdinando Scianna, Sinigaglia, and Oliviero Toscani.[41] Both the gallery and the magazine were part of a cultural strategy that marked a move beyond amateur culture and opened new critical perspectives. Ballo, who was far from the events of the post-war photographic culture, felt right at home in this new strategy. In 1966, he joined the magazine's editorial board, and the photographs (fig. 2, p. 61) he had produced for Gruppo OP, founded by Iliprandi and the students of the Umanitaria society, were published in the magazine.[42] In the same year, the book of poems by his brother Guido, *Posta per gli amici*, containing eleven photographs by Aldo, was published (fig. 2 a–d, p. 59).[43] In these images, the movements of machines, overexposures, double exposures and montages emphasise an experimental interest in the medium and its expressive possibilities that had never been shown by the official biographical account. Just as the photographs for Gruppo OP brought him closer to kinetic art, to Julio Le Parc, whose work he had seen at the 1966 Venice Biennale, and to the artistic evolution of Franco Grignani, the images for his brother brought him closer to the work

della rivista il più importante periodico italiano dedicato al design e all'arredamento. Aldo firmerà quasi tutte le copertine, le "aperture" redazionali (*Il punto di vista*), servizi pubblicitari e sull'arredamento di interni. La rivista si caratterizza per gli articoli rigorosamente documentati, l'attenzione ai fenomeni di costume, alle novità nel design e nell'arte contemporanea, segno di una riflessione colta cui fa da contrappunto la fotografia, in dialogo con i testi e mai subordinata[45]. È quindi il "luogo" ideale per cogliere l'evoluzione dello stile di Ballo, sensibile agli stimoli provenienti dall'arte del suo tempo (la pop art, l'arte cinetica, le novità dei gruppi Alchimia e Memphis) e delle avanguardie storiche[46], ma anche dalla frequentazione di artisti e gallerie[47] (fig. 1 a-f, pp. 38-39). Uno stile che si fonda sul rigoroso controllo della luce ma anche sulle capacità di estrarre, ridurre, eliminare per non inficiare la comprensione dell'oggetto, innalzato a icona significante di un'idea progettuale. "Estrarre" per mettere in risalto, "eliminare" il superfluo per "produrre", al termine di un processo altamente selettivo, l'"oggetto" fotografico a partire dall'oggetto reale che lì, nella fotografia, trova una nuova forma di vita[48]. Molteplici gli esempi (cat. 28, 34, 45, 47, 51, 54, 57, 60, 64) in cui l'oggetto rivive nei volumi, nella forma, pur su una superficie bidimensionale, così come gli esempi dove maggiore è l'attenzione compositiva, nel rapporto luce/ombra (cat. 69) o nella rivisitazione di "generi" figurativi (la natura morta) (cat. 44), fino ad arrivare alle ultime raffinate composizioni, tra andamenti curvilinei e delicati giochi di luce e

of important contemporary photographers such as Mario Giacomelli and Paolo Monti. From 1966, Ballo also joined forces with *Ottagono*, the magazine founded by eight historic design companies: Arflex, Artemide, Bernini, Boffi, Cassina, Flos, ICF De Padova, and Tecno. Sergio Mazza headed the magazine, with Giuliana Gramigna and Noorda in charge of graphics. Other collaborators included critics and art historians (Guido Ballo, Giulia Veronesi), and other photographers (Giorgio Casali, Carla De Benedetti, Davide Clari, and Mauro Masera).[44]

In November 1968, the first issue of *Casa Vogue* came out: the cover photograph was by Ballo, who would continue to work with the magazine until 1993. During this period, Alex Liberman, Flavio Lucchini, Gregorietti and Isa Tutino, who became editor-in-chief from 1979, would turn it into the most important Italian design and décor periodical. Aldo produced almost all the covers, the "editorials" (*Il punto di vista*), advertising and interior design shoots. The magazine was characterised by its rigorously documented articles, its focus on social phenomena, and on innovations in design and contemporary art, the mark of a cultivated reflection set off by photography that interacted with the texts but was never subordinate to them.[45] It is thus the ideal "place" to grasp the evolution of Ballo's style, which was responsive to the stimuli stemming from the art of his time (Pop Art, Kinetic Art, the innovations of the Alchimia and Memphis groups) and from the historical avant-gardes,[46] and also from his familiarity with artists and galleries (fig. 1 a–f, pp. 38–39).[47] It was

ombra (cat. 62, 68). L'eccellenza degli esiti non denuncia mai l'intero processo e tutto sembra leggero, gli oggetti paiono non soggiacere alle leggi di gravità, sebbene la visione sia costruita attraverso un regime scopico complesso, con scenografie realizzate all'interno di una precisa "scatola" prospettica: lo studio (con il "limbo", le pareti dagli angoli smussati, luci e attrezzature sofisticate), uno spazio che può cambiare continuamente, in dialogo con la "scatola" prospettica costituita dal banco ottico[49]. Dirà Aldo: "Secondo me la cosa più importante è questo cercare uno spazio simbolico. Il mio ideale è [...] lo spazio di Gianni Colombo. Che [...] è fatto con dei fili elastici neri [...] mossi da certi motori e che si avvolgono: e questo movimento, questo spazio che cambia, è una cosa che mi affascina e che, in fondo, in altra maniera, ha guidato gli spazi che ho dovuto creare attorno a degli oggetti"[50].

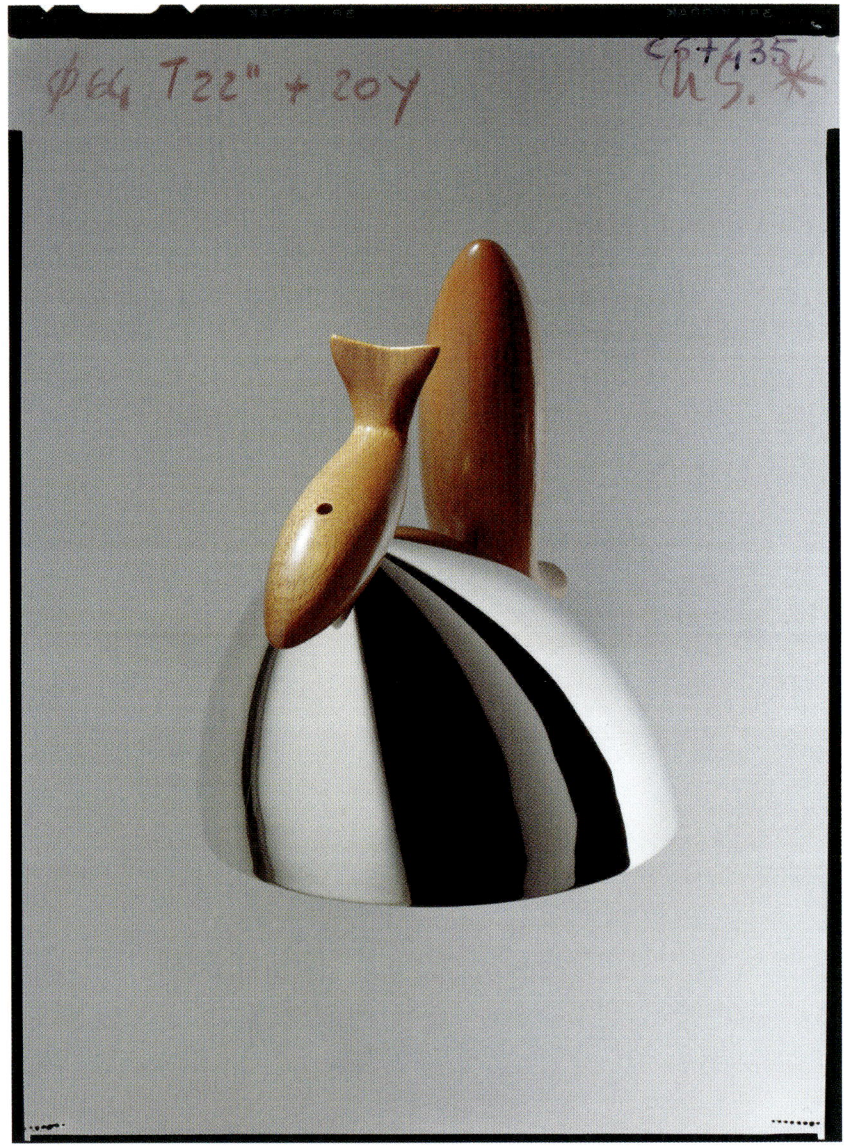

6. Aldo Ballo, *Bollitore "Pito" di Frank Gehry per Alessi*, 1992, diapositiva a colori in busta per archiviazione
6. Aldo Ballo, *"Pito" kettle by Frank Gehry for Alessi*, 1992, colour slide in archival envelope

a style based on rigorous control of light, but also on the ability to draw out, reduce, or eliminate, so as to not hinder the comprehension of the object, which was elevated to the level of an icon representing a design idea. "Drawing out" in order to highlight, "eliminating" the superfluous in order to "produce", at the end of a highly selective process, the photographic "object" based on the real object that, there, in the photograph, took on a new form of life.[48] There are countless examples (cat. 28, 34, 45, 47, 51, 54, 57, 60, 64) in which the object lives again in its three-dimensionality, in its shape, even though it is on a two-dimensional surface. There are equal numbers of examples with greater focus on composition, on the light/shadow relationship (cat. 69) or in the revisitation of figurative "genres" (still life) (cat. 44), ultimately reaching the final refined compositions, combining curvilinear patterns and delicate interplays of light and shade (cat. 62, 68). The excellence of the results never reveals the whole process, and everything seems weightless, the objects appear to escape the laws of gravity, even though the vision is constructed through a complex observational regime, with scenes created inside a precise perspectival "box": the studio (with its "limbo", or walls with rounded corners, and its lights and sophisticated equipment), a space that can continually change, intercommunicating with the perspectival "box", or in other words the view camera.[49] Aldo

Dagli still life alle articolate e impegnative composizioni dei *set* di oggetti e arredi (fig. 12-13, p. 194), per servizi pubblicitari o per il Salone del Mobile – dove Marirosa completa scenografie con particolari mai secondari – fino alla fotografia d'architettura (celebri i servizi sulle ville del Palladio, di Carlo Scarpa, di Le Corbusier) e a quella dedicata alle case di architetti e artisti (come Gio Ponti, Carlo Mollino, Remo Brindisi), "Casa Vogue" è, in ultima analisi, la rivista dell'"esposizione" continua e più che ventennale dei lavori dei Ballo. Dal 1975 alcuni servizi fotografici saranno firmati "Ballo&Ballo" mentre dal 1978 alcuni avranno la firma di Marirosa che, dopo molti anni passati nell'anonimato, pur contribuendo al lavoro dello Studio, anche per l'archivio[51] (fig. 6), riacquista la sua fisionomia autoriale.

Nel 1972 il catalogo della mostra *Italy: The New Domestic Landscape,* tenutasi al MoMA di New York a cura di Emilio Ambasz, presentava fotografie realizzate in gran parte da Aldo Ballo. Già noto a livello internazionale, grazie alla riconoscibilità e autorevolezza del proprio stile, per aver contribuito all'affermazione del design italiano, Ballo partecipa al catalogo sia con immagini di repertorio sia con nuove campagne fotografiche (fig. 7). La mostra storicizza e promuove anche commercialmente il design attraverso la "visione" di Ballo: i suoi icastici "ritratti" di oggetti, di assoluta originalità, diffondono la storia dell'industria italiana[52].

Ballo partecipa poi a iniziative dedicate alla fotografia d'architettura e nel 1979 tiene un seminario durante la manifestazione internazionale *Venezia '79. La Foto-*

would say: "For me, the most important thing is this search for a symbolic space. My ideal is [...] Gianni Colombo's space, which [...] is made with black elastic threads [...] moved by certain motors, and that wrap around each other: and this movement, this changing space, is something that fascinates me and that, at heart, in another way, has guided the spaces that I had to create around objects".[50]

In the final analysis, from its still lifes to the complex and demanding compositions of the sets of objects and furnishings (fig. 12–13, p. 194), for advertising campaigns or for the Salone del Mobile – where Marirosa completed set designs with carefully selected details – to the architecture photography (the photoshoots at the villas by Palladio, Carlo Scarpa and Le Corbusier are particularly famous) and the photos focusing on the homes of architects and artists (such as Gio Ponti, Carlo Mollino, Remo Brindisi), *Casa Vogue* was the magazine that continually, over more than twenty years, "exhibited" the works of the Ballos. From 1975, certain photoshoots would be signed "Ballo&Ballo", while from 1978 others would be signed by Marirosa who, after many years in the shadows – despite contributing to the work of the Studio, and also to the archive (fig. 6),[51] – reclaimed her status as author.

In 1972, the catalogue of the exhibition *Italy: The New Domestic Landscape*, curated by Emilio Ambasz and held at the MoMA in New York, presented photographs that were largely taken by Aldo Ballo. By that time, thanks to the recognisable and authoritative

grafia, la cui direzione artistica è affidata all'International Center of Photography (ICP) di New York diretto da Cornell Capa. L'evento celebra la fotografia del XX secolo nelle sue valenze artistiche, comunicative, autoriali attraverso decine di mostre personali e tematiche, conferenze, seminari che si tengono a Palazzo Fortuny, dove Sandro Mescola intende costituire un "centro sperimentale di educazione e documentazione fotografica"[53]. Ballo tiene il seminario dal titolo *Interior Photography with Ambient Light/ Fotografia d'interni con luce ambientale*, durante il quale porta gli allievi a fotografare ville e palazzi veneti[54]. Gli altri seminari sono tenuti da rinomati fotografi, tra cui Erich Lessing, Marc Riboud, Luigi Veronesi, Lee Friedlander, Romeo Martinez, Nathan Lyons, Duane Michals, Arnold Newman, Nino Migliori, Eva Rubinstein, Italo Zannier, Stephen Shore, Gianni Berengo Gardin, Harold Edgerton, Giorgio Lotti, Lucien Clergue, Mario De Biasi,

7. *Quaderno d'inventario "5. Anno 1970-1976"*

7. *Inventory notebook "5. Anno 1970-1976"*

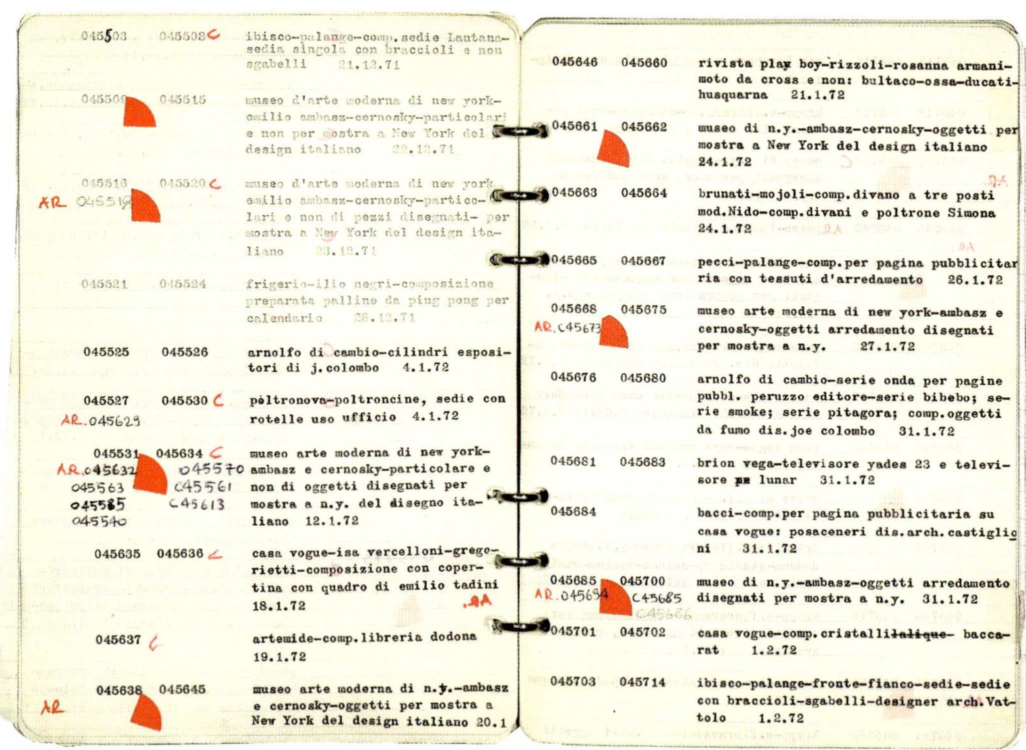

nature of his style Ballo was already known internationally as having contributed to the establishment of Italian design, and he featured in the catalogue with both stock images and new photographic campaigns (fig. 7). The exhibition gave historical significance to design and also promoted it commercially through Ballo's "vision": his completely original realistic "portraits" of objects promulgated the history of Italian industry.[52]

Ballo then participated in initiatives devoted to architecture photography, and in 1979 he held a seminar during the international event *Venezia '79. La Fotografia*, under the artistic direction of the New York International Center of Photography (ICP), headed by Cornell Capa. The event celebrated 20th-century photography, its artistic significance, and its value in terms of communication and authorship, through dozens of solo shows as well as through themed talks, lectures and seminars held at Palazzo For-

Ernst Haas, Helmut Gernsheim, Lisette Model, Oliviero Toscani. Nel 1981 Ballo tiene un corso sulla fotografia di architettura al Centro di Documentazione di Palazzo Fortuny. I docenti (con relativo corso) sono, oltre lui: Paolo Monti ("fotografia architettonica"). Willy Ronis ("fotoreportage, teoria e pratica"), Gian Sinigaglia ("riproduzione d'arte"), Fulvio Roiter ("reportage"), Franco Fontana ("creatività nel paesaggio urbano")[55].

Nel 1980 partecipa alla grande mostra *Fotografia e immagine dell'architettura* che si tiene alla Galleria d'Arte Moderna di Bologna, a cura di Gabriele Basilico, Gaddo Morpurgo, Italo Zannier. Nella sezione del catalogo *Il fotografo come testimone e critico visivo dello spazio* sono pubblicate sue fotografie realizzate in collaborazione con Massimo Vignelli nella villa palladiana di Caldogno dove, nei saloni con gli affreschi di Giovanni Fasolo, sono ambientati tavoli e sedie disegnati da Gae Aulenti per Knoll International. Nel breve testo che le accompagna Ballo spiega come in questo caso abbia curato l'ambientazione dei pezzi e il loro rapporto compositivo in relazione a uno spazio reale poiché questo "comunica [...] autonomamente un proprio valore estetico"[56]. Per vent'anni si è occupato invece di fotografia d'interni, rappresentando mobili e oggetti di design in spazi ricostruiti integralmente all'interno del proprio studio, trovando quest'attività tutt'altro che ripetitiva: "Reinventare uno spazio artificialmente, ad imitazione dello spazio reale e con tutti gli elementi della realtà, è un'operazione stimolante anche perché

tuny, where Sandro Mescola hoped to create an "experimental centre of photographic education and documentation".[53] Ballo held the seminar entitled *Interior Photography with Ambient Light/Fotografia d'interni con luce ambientale*, during which he took the students to photograph Venetian villas and palazzos.[54] The other seminars were held by renowned photographers, including Erich Lessing, Marc Riboud, Luigi Veronesi, Lee Friedlander, Romeo Martinez, Nathan Lyons, Duane Michals, Arnold Newman, Nino Migliori, Eva Rubinstein, Italo Zannier, Stephen Shore, Gianni Berengo Gardin, Harold Edgerton, Giorgio Lotti, Lucien Clergue, Mario De Biasi, Ernst Haas, Helmut Gernsheim, Lisette Model and Oliviero Toscani. In 1981, Ballo gave a course on architecture photography at Palazzo Fortuny's Centre of Documentation. As well as Ballo, the professors (and their related courses) included: Paolo Monti (architectonic photography), Willy Ronis (press photography, theory and practice), Gian Sinigaglia (art reproduction), Fulvio Roiter (press photography), and Franco Fontana (creativity in the urban landscape).[55]

In 1980, Ballo took part in the important exhibition *Fotografia e immagine dell'architettura* at Bologna's Galleria d'Arte Moderna, curated by Gabriele Basilico, Gaddo Morpurgo and Italo Zannier. In a section *Il fotografo come testimone e critico visivo dello spazio*, the catalogue included photographs by Ballo, produced in collaboration with Massimo Vignelli, and shot in the Palladian villa of Caldogno, where Knoll International tables and chairs designed by Gae Aulenti had been set up in the salons with their Giovanni Fasolo frescoes. In the

permette, mediante un metodo di lavoro di tipo scenografico, un ampio grado di sperimentazione"[57]. Tutto torna, e la formazione di Aldo, tra Brera, il Politecnico e Monte Olimpino, sostiene e determina le sue scelte. In queste fotografie lavora abilmente sulla scenografia suggerita dall'ambiente, inserendo l'architettura in una composizione unitaria senza ridurla a mero "fondale"[58]. Dirà Gae Aulenti: "I suoi interni respiravano, aveva una concezione dello spazio 'intelligente'"[59].

Negli stessi anni, tra il 1979 e il 1981, affermato maestro, Ballo esegue un'importante "galleria" di ritratti di architetti e designer con cui ha lavorato: Gae Aulenti, Cini Boeri, Mario Bellini, Achille Castiglioni, Vico Magistretti, Angelo Mangiarotti, Enzo Mari, Alessandro Mendini, Giovanni Offredi, Afra e Tobia Scarpa, Ettore Sottsass, Marco Zanuso (cat. 71-76). Le modalità compositive aggiornano e rinnovano la tradizione ottocentesca del ritratto in studio, che prevedeva di comporre una scena con oggetti e arredi indicativi dello *status* sociale delle persone ritratte, davanti a pesanti tendaggi o fondali dipinti. Qui, invece, lo spazio aereo e luminoso, creato dal fondale bianco e dalla luce morbida, definisce la scena il cui *punctum* (come direbbe Roland Barthes) è dato dallo sguardo di chi è ritratto, centro del perfetto equilibrio compositivo tra oggetti, ombre, luci, colori. Nel 1982 saranno Aldo e Marirosa a entrare in una "galleria" di ritratti — a suggellare la loro appartenenza allo "stato maggiore della fotografia italiana" —, quella dei ventiquattro fotografi milanesi che hanno collaborato, nell'arco di vent'anni, con la testata "Abitare", ritratti dallo Studio Tollini[60].

brief accompanying text, Ballo explains how he had staged the pieces in this case, and their compositional interconnection in relation to a real space since this "autonomously [...] communicates its own aesthetic value".[56] For twenty years, on the contrary, Ballo had dealt with photographing interiors, depicting designer furniture and objects in spaces that had been entirely reconstructed within his own studio, finding this process to be anything but repetitive: "Reinventing a space artificially, in imitation of the real space, and with all the elements of reality, is a stimulating process, in part because, through a set-design type of working method, it enables a great level of experimentation".[57] It all added up, and Aldo's training, at Brera, the Polytechnic and Monte Olimpino, upheld and determined his choices. In these photographs, he works skilfully on the setting suggested by the surroundings, inserting the architecture in a uniform composition without reducing it to a mere "backdrop".[58] Gae Aulenti would say: "His interiors breathed, he had an 'intelligent' concept of space".[59] During the same years, between 1979 and 1981, Ballo — by now an acknowledged master — produced an important "gallery" of portraits of architects and designers with whom he had worked: Gae Aulenti, Cini Boeri, Mario Bellini, Achille Castiglioni, Vico Magistretti, Angelo Mangiarotti, Enzo Mari, Alessandro Mendini, Giovanni Offredi, Afra and Tobia Scarpa, Ettore Sottsass and Marco Zanuso (cat. 71–76). The compositional methods updated and renewed the 19th-century tradition of the studio portrait that called for the creation of a scene, with objects and furnishings to indicate the social status of the sitters, and heavy

Nel gennaio 1994 Aldo Ballo tiene una lezione al Politecnico di Milano, al corso di Marco Albini. Il documento che ne costituisce la trascrizione, inedito, è una testimonianza unica sul suo lavoro, un lungo, intelligente e ironico racconto[61]. La nipote Marina lo ritrae il 12 aprile 1994 alla festa di compleanno del fratello Guido: il volto è segnato, scavato (fig 23, p. 199). Aldo morirà il 16 ottobre dello stesso anno. Marirosa continuerà a lavorare con passione fino alla metà degli anni 2000, collaborando col fratello Oliviero, lavorando in proprio (per molte aziende, tra cui Miscela d'Oro, San Carlo, PAM) e dedicandosi alla valorizzazione e alla conoscenza del lavoro di Aldo e dello Studio. Morirà il 4 febbraio 2023, dopo aver donato l'archivio dello Studio Ballo – la sua vita – al Civico Archivio Fotografico di Milano nel giugno 2022.

A lei, questo libro, e la mostra, sono dedicati.

drapery or painted backdrops behind them. Here, on the contrary, the airy and light-filled space created by the white backdrop and soft light define the scene, whose *punctum* (as Roland Barthes called it) is given by the sitter's gaze, at the centre of the perfect compositional balance between objects, shadows, lights and colours.

In 1982, it was Aldo and Marirosa who became part of a "gallery" of portraits, sealing their entry into the "general staff of Italian photography"; this was the gallery of the twenty-four Milanese photographers who, over a period of twenty years, had collaborated with the newspaper *Abitare*, photographed by Studio Tollini.[60]

In January 1994, Aldo Ballo held a lecture at the Milan Polytechnic, as part of Marco Albini's course. The previously unpublished transcript of that lecture is a unique record of his work; a long, intelligent and ironic account.[61] His niece Marina captured him on film, on 12 April 1994, at the birthday party for his brother Guido: his face is lined and gaunt (fig 23, p. 199). Aldo would die on 16 October of the same year. Marirosa continued to work with enthusiasm until the mid-2000s, working with her brother Oliviero, and on her own account (for numerous companies, including Miscela d'Oro, San Carlo and PAM) and devoting herself to showing and promoting the work of Aldo and the Studio. She would die on 4 February 2023, after having donated the Studio Ballo archive – her life's work – to the Civico Archivio Fotografico of Milan in June 2022.

This book and the exhibition are dedicated to her.

[1] Fondata nel 1939: cfr. https://asisp.intesasanpaolo.com/publifoto/info/il-progetto (21/04/2024); Del Buono 2000.

[2] Cfr. *Floods Bring Disaster* 1951, pp. 39-43. Il mese precedente l'immagine è pubblicata senza crediti su "Il Messaggero" (Cfr. Ceroni 1951, p. 3) con la didascalia *Un gruppo di bovini, sorpreso dalla piena nel Polesine, nuota fra la corrente in cerca di salvezza.*

[3] Cfr. *La testimonianza di due outsiders...*, dattiloscritto [2009], Milano, Civico Archivio Fotografico (d'ora in poi CAFMi), Archivio Ballo+Ballo.

[4] Cfr. Tutino 2009.

[5] Iliprandi si diploma in Scenografia all'Accademia di Brera nel 1953, dopo essersi già diplomato in pittura nel 1949: cfr. Iliprandi 2015, p. 266.

[6] Cfr. Piccardo 1992; Studio Azzurro, Intervista a Oliviero Toscani, 2009, CAFMi, Archivio Ballo+Ballo.

[7] Cfr. Piccardo 1970, s.p.

[8] Aldo Ballo dirà di sé: "Volevo fare del cinema e quindi decisi di cominciare a farmi un poco di esperienza con la fotografia ...e mi sono fermato qui. Si era negli anni Cinquanta: in pieno mito dell'operatore cinematografico che poi poteva diventare regista" (Rebuzzini 1979, p. 57); e in un'intervista condotta per la Rai da Carla Cerati: "All'inizio volevo fare il cinegiornale [...]" (cfr. *Dietro l'obiettivo* 1983 [Filmati e audiovisivi]).

[9] Cfr. *Le forchette* di Munari 1958 e 1959; Munari 1958 e 1963.

[10] Archivio Camera di Commercio di Milano Monza Brianza Lodi (d'ora in poi ACCMi), Fondo Registro Ditte, fascicolo n. 540760.

[11] Cfr. Tomassini 2022; Tomassini, Caselli 2022.

[12] Ballo è protagonista di un insolito reportage durante un viaggio lungo il Po, insieme allo scrittore Renzo Biasion, pubblicato sull'*house organ* della Pirelli: cfr. Biasion 1957. Per tutte le *Committenze,* si veda l'elenco completo nel presente volume.

[13] Rebuzzini 1979, p. 58.

[14] Ghianda 2017; Gregorietti 2017a; Gregorietti 2017b; Piazza 2017. Del 1972 sono i *Caroselli Facis,* con la regia di Luciano Emmer, cui Ballo partecipa con Libis, Oliviero Toscani, Alfa Castaldi.

[15] Cfr. Baule 2023, p. 48. Per lui Ballo realizza dai primi anni cinquanta fotografie per manifesti, locandine, pieghevoli pubblicitari, oltre a stampare sue fotografie e documentare suoi allestimenti di mostre a La Rinascente.

[16] Ballo, *Gli spazi della cultura...,* 1994, dattiloscritto, CAFMi, Archivio Ballo+Ballo: "Così ho dovuto inventare il tavolo luminoso [...] solo successivamente ho usato il grandangolo e sono passato al colore". Dal 1959 i Ballo realizzeranno più scatti uguali per ciascun soggetto fotografato, in bianco e nero (con negativi 6 x 6 o 13 x 18) e a colori (con diapositive 13 x 18), spesso ripetendo più volte la ripresa a colori. I negativi in bianco e nero, eseguiti fino ai primi anni 2000, costituivano il *fil rouge* per la definizione

[1] Founded in 1939: cf. https://asisp.intesasanpaolo.com/publifoto/info/il-progetto (04/21/2024); Del Buono 2000.

[2] *Floods Bring Disaster* 1951, pp. 39–43. One month earlier, the image had been published uncredited in *Il Messaggero* (Ceroni 1951, p. 3) with the caption: *A group of cattle, caught in the Polesine floods, swim through the current in search of safety.*

[3] *La testimonianza di due outsiders...*, typed text [2009], Milan, Civico Archivio Fotografico (from now on CAFMi), Archivio Ballo+Ballo.

[4] See Tutino 2009.

[5] Iliprandi obtained his diploma in Set Design from the Accademia di Brera in 1953, having already graduated in painting in 1949: cf. Iliprandi 2015, p. 266.

[6] See Piccardo 1992; Studio Azzurro, Interview with Oliviero Toscani, 2009, CAFMi, Archivio Ballo+Ballo.

[7] Piccardo 1970, n.p.

[8] Aldo Ballo would say of himself: "I wanted to do film and so I decided to start by getting a little experience with photography ... and I stopped here. This was the 1950s, at the height of the myth that a cinema projectionist could go on to become a film director [...]" (Rebuzzini 1979, p. 57); and in an interview by Carla Cerati for Rai: "At first, I wanted to make newsreels [...]" (*Dietro l'obiettivo* 1983 [Films and audiovisuals]).

[9] *Le forchette* by Munari 1958 and 1959; Munari 1958 and 1963.

[10] Archivio Camera di Commercio di Milano Monza Brianza Lodi (from now on ACCMi), Fondo Registro Ditte, file no. 540760.

[11] Tomassini 2022; Tomassini, Caselli 2022.

[12] Ballo played a leading role in an unusual press report during a trip along the Po, together with the writer Renzo Biasion, published in Pirelli's house organ: cf. Biasion 1957. Regarding all the *Committenze*, see the complete list provided in this book.

[13] Rebuzzini 1979, p. 58.

[14] Ghianda 2017; Gregorietti 2017a; Gregorietti 2017b; Piazza 2017. Ballo participated with Libis, Oliviero Toscani and Alfa Castaldi in the *Caroselli Facis* series of 1972, directed by Luciano Emmer.

[15] Baule 2023, p. 48. In the early 1950s, Ballo produced photographs for posters, playbills and advertising pamphlets for Iliprandi, as well as printing his photographs and documenting the mounting of his exhibitions at La Rinascente.

[16] Ballo, *Gli spazi della cultura...*, 1994, CAFMi, Archivio Ballo+Ballo: "Thus I had to invent the lightbox [...] only later I used wide-angle and began using colour". From 1959, the Ballo couple would produce several identical shots for each subject they photographed, in black and white (with 6 × 6 or 13 × 18 negatives) and in colour (with 13 × 18 slides), often repeating the colour shots several times. The black and white negatives, produced until the early 2000s, were the common thread

formale dell'immagine, mentre le diapositive a colori servivano per la stampa sulle riviste. Gli scatti erano molteplici per poter conservare copie della ripresa (non sempre negativi o diapositive venivano restituiti). Cfr. la scheda sull'*Archivio Ballo+Ballo* nel presente volume.

[17] Cfr. la nozione di "stile documentario" in Lugon 2008, pp. 15-20; Somaini 2004, p. 590; Paoli 2008.

[18] D'Uffizi 2023, p. 58; Gramigna 1995.

[19] Ballo, *Gli spazi della cultura...*, 1994, cit.: "Io penso che la luce da sinistra venga perché noi scriviamo da sinistra verso destra (abbiamo bisogno quindi di avere la luce a sinistra) e anche i pittori [...] è giusto usare la luce a sinistra perché ti rende le cose anche più serene".

[20] Moholy-Nagy 2008, pp. 56-58.

[21] Ballo, *Gli spazi della cultura...*, 1994, cit.

[22] Didero 2011.

[23] Arcari 1975; Arcari 2010.

[24] Cesca 1995.

[25] Tutino 2009, p. 159.

[26] Aldo Ballo apre una ditta individuale denominata "Aldo Ballo Fotografia" e registrata alla Camera di Commercio di Milano il primo gennaio 1956 (ACCMi, Fondo Registro Ditte, fascicolo n. 540760). Il timbro "Aldo Ballo Fotografia via Tristano Calco 2 Milano" sarà presente al *verso* di tutte le sue fotografie (stampe positive) dal 1956 al 1994, anno della sua morte. L'ampliamento degli spazi e dell'attrezzatura, la loro qualità ed eccellenza – con la realizzazione della pedana e del fondale bianchi (il cosiddetto "limbo"), l'installazione del carroponte per le riprese dall'alto – è un tema costantemente sottolineato nelle testimonianze sullo Studio Ballo: cfr. Tutino 2009, pp. 161-162; Rebuzzini 1979; Calvenzi, Lazzarin 1977; Calvenzi, Lazzarin 1978; Basilico, Calvenzi, Cella, Lazzarin, 1979a e 1979b; Sottsass, Toscani Ballo 2007.

[27] Cfr. la testimonianza di Fabio Cirifino, che lavora con i Ballo dal 1964 al 1971 e sarà poi tra i fondatori di Studio Azzurro: "Aldo e Marirosa [...] hanno segnato con intensità non solo il mio modo di intendere la fotografia ma anche il mio modo di concepire un luogo di lavoro, vivo, pulsante, creativo, non distante dal mondo, attento all'esperienza degli altri: un luogo che privilegi i rapporti umani, che conservi quella manualità nel fare e quel rapporto diretto con persone e cose che è proprio della dimensione artigiana, del lavoro e che l'esperienza di Studio Azzurro ha, con consapevolezza, sostenuto e difeso come propria caratteristica" (Cirifino 2009, p. 31).

[28] Cfr. l'elenco delle *Principali committenze* nel presente volume.

[29] *Interventi sulla relazione di Colombo* 1961, tav. IV: la fotografia s'intitola *Pubblicità*. Dirà Marirosa Toscani: "La prima foto presa insieme fu con Giorgio Soavi, *art director* di Olivetti: non poteva sopportare il velluto rosso, voleva rigore e il bianco dietro. Mandò una grossa porta in vetro a noi per lo scatto

in the formal definition of the image, while the colour slides were used for printing in magazines. The reason for the multiple shots was so that they could keep copies of the shot (the negatives or slides were not always returned). See the entry on the Archivio Ballo+Ballo in this book.

[17] See the concept of "documentary style" in Lugon 2008, pp. 15–20; Somaini 2004, p. 590; Paoli 2008.

[18] D'Uffizi 2023, p. 58; Gramigna 1995.

[19] Ballo, *Gli spazi della cultura*, 1994, cit.: "I think that lighting from the left comes from the fact that we write from left to right (and so we need to have the light on the left) and even [for] painters [...] it is good to use light from the left because it makes things more serene".

[20] Moholy-Nagy 2008, pp. 56–58.

[21] Ballo, *Gli spazi della cultura...*, 1994, cit.

[22] Didero 2011.

[23] Arcari 1975; Arcari 2010.

[24] Cesca 1995.

[25] Tutino 2009, p. 159.

[26] Aldo Ballo opened an individual company named "Aldo Ballo Fotografia", which was registered in the Camera di Commercio di Milano on 1 January 1956 (ACCMi, Fondo Registro Ditte, file no. 540760). The mention "Aldo Ballo Fotografia via Tristano Calco 2 Milano" was stamped on the back of all his photographs (positive prints) from 1956 to 1994, the year of his death. The extension of the workspaces and increased equipment, and their quality and excellence – along with the creation of the white platform and backdrop (the so-called "limbo"), the installation of the gantry crane for overhead shots – is a theme that is constantly highlighted in reviews of Studio Ballo: Tutino 2009, pp. 161–162; Rebuzzini 1979; Calvenzi, Lazzarin 1977; Calvenzi, Lazzarin 1978; Basilico, Calvenzi, Cella, Lazzarin, 1979a, 1979b; Sottsass, Toscani Ballo, 2007.

[27] See the account by Fabio Cirifino, who worked with the Ballos from 1964 to 1971 and would later be one of the founders of Studio Azzurro: "Aldo and Marirosa [...] had a deep impact on not just my way of understanding photography, but also my way of conceiving a workplace that is alive, vibrant, creative, not removed from the world, and focuses on the experience of others: a place that prioritises human relationships, that preserves manual skill in doing things, and maintains that direct relationship with people and things that is peculiar to the artisan dimension, to the work, and that the experience of Studio Azzurro has consciously upheld and defended as its own characteristic" (Cirifino 2009, p. 31).

[28] See the list of *Main Commissions* in this book.

[29] *Interventi sulla relazione di Colombo* 1961, plate IV: the photograph is entitled *Pubblicità*. Marirosa Toscani would say: "The first photo we took together was with Giorgio Soavi, art director at Olivetti: he could not bear

[30] della Lettera 22 [da cui verrà il 'tavolo luminoso']" (Didero 2011).

[30] *Interventi sulla relazione di Colombo* 1961, p. 66.

[31] *Rassegna della fotografia italiana* 1959, s.p. La modella ripresa è Rosanna Armani e posa per il lancio del mensile "Arianna" di Mondadori, nato nel 1957 e con cui Aldo collabora.

[32] Ballo, *Gli spazi della cultura...*, 1994, cit.

[33] Cfr. Colombo 1961, *Tra sogno e bisogno* 1986, *La fabbrica di immagini* 1988, Colombo 1995, 2001, 2005, 2010; Calvenzi, Lazzarin 1977e 1978, Calvenzi 2004; *Ballo+Ballo* 2009b.

[34] Cfr. Cartella AFIP [1972], CAFMi, Archivio Paolo Monti; Calvenzi 2004.

[35] Cfr. Ballo, Caizzi 1960; Ballo, Gurrieri 1962; Ballo 1965.

[36] Cfr. Arcari 1963, p. 30: Ballo riesce a "toccare direttamente, attraverso un'attiva e prolungata esperienza, il valore e il significato di un preciso rapporto tra l'uomo, la sua civiltà, e la casa [...] gli oggetti di cui si circonda".

[37] Cfr. Riboldi 2020.

[38] Cfr. *Il Centro Pirelli* 1960.

[39] Cfr. Gramigna, Mazza 2001.

[40] Cfr. Paoli 2024.

[41] *15 professionisti* 1968. Cfr. anche: *25 anni di attività* 1992.

[42] Aldo Ballo 1966; Iliprandi 1966.

[43] Cfr. Guido Ballo 1966.

[44] Cfr., per alcuni di loro, Proverbio, Ceriani 2020a.

[45] Cfr. Bellini 2013a, 2013b; Fergonzi 2013.

[46] Cfr. Bertelli 2009.

[47] Del 1977 è una sorta di *performance* di Aldo Ballo allo Studio Marconi, all'inaugurazione della mostra, a cura di Gianni Berengo Gardin, Mario Carrieri, Oliviero Toscani, *Fotografia su commissione. Pratica / Milano '77*: Ballo esegue istantanee Polaroid ritraendo i presenti – tra cui Emilio Tadini, Gregorietti, Nanda Vigo, Iliprandi, Gabriele Basilico, Cesare Colombo, Carla Cerati, Enrico Cattaneo, i componenti dello Studio Ballo – poi subito appese ai muri della galleria (cfr. Sanesi 1977).

[48] Cfr. Frizot 2004; *Aldo Ballo. La foto con l'anima*, dattiloscritto, [1974], CAFMi, Archivio Ballo+Ballo.

[49] Principalmente una Sinar 13 x 18.

[50] Ballo, *Gli spazi della cultura...*, 1994, cit.

[51] Marirosa compilava gli inventari dei negativi e delle diapositive, annotando anche sui contenitori dettagli tecnici come l'apertura del diaframma e il tempo di esposizione.

[52] Cfr. *Italy: The New Domestic Landscape* 1972; Chiesa Proverbio 2023; D'Uffizi 2023.

[53] Lettera di Sandro Mescola [...] 1979, CAFMi, Archivio Ballo+Ballo.

[54] Molti sono i servizi fotografici di Ballo dedicati a ville venete pubblicati su "Casa Vogue": cfr. in particolare il n. 111 (ottobre 1980) dedicato al quarto centenario della morte di Andrea Palladio, con servizi sulle

red velvet, he wanted rigour and white in the background. He sent a large glass door to us for the shot of the 'Lettera 22' [the source of the 'light table']" (Didero 2011).

[30] *Interventi sulla relazione di Colombo* 1961, p. 66.

[31] *Rassegna della fotografia italiana* 1959, n.p. The model depicted is Rosanna Armani, posing for the launch of Mondadori's monthly magazine *Arianna*, created 1957, with which Aldo collaborated.

[32] Ballo, *Gli spazi della cultura...*, 1994, cit.

[33] Colombo 1961, *Tra sogno e bisogno* 1986, *La fabbrica di immagini* 1988, Colombo 1995, 2001, 2005, 2010; Calvenzi, Lazzarin 1977 and 1978, Calvenzi 2004; Ballo+Ballo 2009b.

[34] Folder AFIP [1972], CAFMi, Archivio Paolo Monti; Calvenzi 2004.

[35] Ballo 1960; Ballo-Gurrieri 1962; Ballo 1965.

[36] Arcari 1963, p. 30: Ballo was able to "directly touch, through his extended activity and experience, the value and significance of a precise relationship between humans, their civilisation, and the home [...] the objects they surround themselves with".

[37] Riboldi 2020.

[38] *Il Centro Pirelli* 1960.

[39] Gramigna, Mazza 2001.

[40] Paoli 2024.

[41] *15 professionisti* 1968. See also: *25 anni di attività* 1992.

[42] Ballo 1966; Iliprandi 1966.

[43] Guido Ballo 1966.

[44] For some of them, cf. Proverbio, Ceriani 2020a.

[45] Bellini 2013a, 2013b; Fergonzi 2013.

[46] Bertelli 2009.

[47] In 1977, Aldo Ballo produced a sort of performance at Studio Marconi, at the opening of the *Fotografia su commissione. Pratica/Milano '77* exhibition curated by Gianni Berengo Gardin, Mario Carrieri and Oliviero Toscani: Ballo took Polaroid snapshots of the attendees – including Emilio Tadini, Gregorietti, Nanda Vigo, Iliprandi, Gabriele Basilico, Cesare Colombo, Carla Cerati and Enrico Cattaneo, the members of Studio Ballo – and then immediately hung them on the gallery walls (Sanesi 1977).

[48] Frizot 2004; *Aldo Ballo. La foto con l'anima*, typewritten text [1974], CAFMi, Archivio Ballo+Ballo.

[49] Mainly a Sinar 13 × 18.

[50] Ballo, *Gli spazi della cultura...*, 1994, cit.

[51] Marirosa compiled the inventories of negatives and slides, also noting the technical details on the containers, such as diaphragm aperture and exposure time.

[52] *Italy: The New Domestic Landscape* 1972; Chiesa, Proverbio 2023; D'Uffizi 2023.

[53] Letter from Sandro Mescola [...] 1979, CAFMi, Archivio Ballo+Ballo.

[54] *Casa Vogue* published many of Ballo's photoshoots

ville palladiane e sul Teatro Olimpico di Vicenza.

[55] Lettera di Sandro Mescola [...], 1981.

[56] Ballo 1980.

[57] Ballo 1980; cfr. Carloni 1976.

[58] Basilico 1980, p. 170. Nella medesima sezione della mostra sono presenti anche fotografie di Paolo Monti, Giorgio Casali, Cesare Colombo, Gianni Berengo Gardin, Luigi Ghirri, Mario Cresci, Guido Guidi, Paolo Gioli, Nino Migliori.

[59] Gae Aulenti, in Studio Azzurro 2009 [Filmati e audiovisivi].

[60] Cfr. *Fotografi* 1982.

[61] Ballo, *Gli spazi della cultura...*, 1994 cit.: del documento si sono citati ampi stralci nel presente saggio.

of Venetian villas: see, in particular, no. 111 (October 1980) dedicated to the 400-year anniversary Andrea Palladio's death, with photographs of Palladian villas, and of Teatro Olimpico in Vicenza.

[55] Letter from Sandro Mescola [...], 1981.

[56] Ballo 1980.

[57] Ballo 1980; cf. Carloni 1976.

[58] Basilico 1980, p. 170. In the same section of the exhibition, there were also photographs by Paolo Monti, Giorgio Casali, Cesare Colombo, Gianni Berengo Gardin, Luigi Ghirri, Mario Cresci, Guido Guidi, Paolo Gioli and Nino Migliori.

[59] Gae Aulenti, in Studio Azzurro 2009 [Films and audiovisuals].

[60] *Fotografi* 1982.

[61] Ballo, *Gli spazi della cultura*, 1994 cit: extensive excerpts from the document have been quoted in the present essay.

I *gesti* e le *forchette parlanti* di Bruno Munari, 1956-1959
Gestures and *Talking Forks* by Bruno Munari, 1956–1959

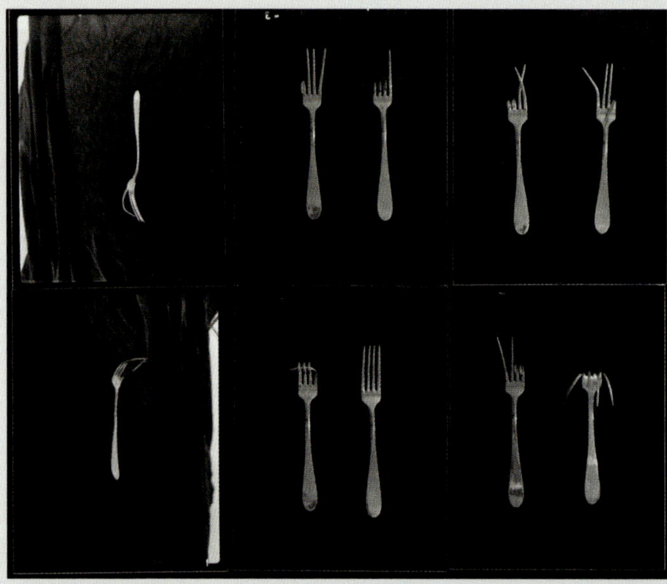

Aldo Ballo fotografa molte creazioni di Munari e tra queste le *forchette parlanti* – pubblicate nel 1957 per la prima volta sulla rivista "Domus" – e i *gesti* del *Supplemento al Dizionario italiano* – uscito in diverse edizioni tra 1958 e 1963 – accomunati dallo stesso gusto per l'ironia e il sovvertimento delle convenzioni. Fanno i "modelli", per i *gesti*, Munari, lo stesso Aldo, Giancarlo Iliprandi e la moglie Lalla Aldovrandi.

Aldo Ballo photographed many of Munari's creations, including the *Talking Forks* – first published in 1957 in the magazine *Domus* – and the *Gestures* for the *Supplement to the Italian Dictionary* – released in various editions between 1958 and 1963. Both works share a taste for irony and the subversion of conventions. The "models" for the *Gestures* were Munari, Aldo himself, Giancarlo Iliprandi, and his wife Lalla Aldovrandi.

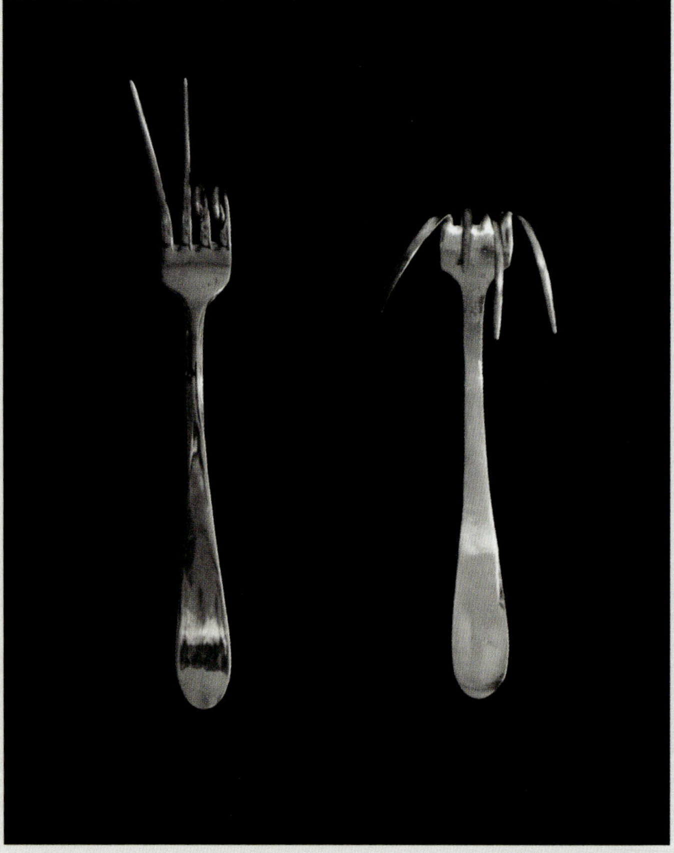

1-2. Aldo Ballo, *Le forchette parlanti di Bruno Munari*, 1956

1–2. Aldo Ballo, *Bruno Munari's Talking Forks*, 1956

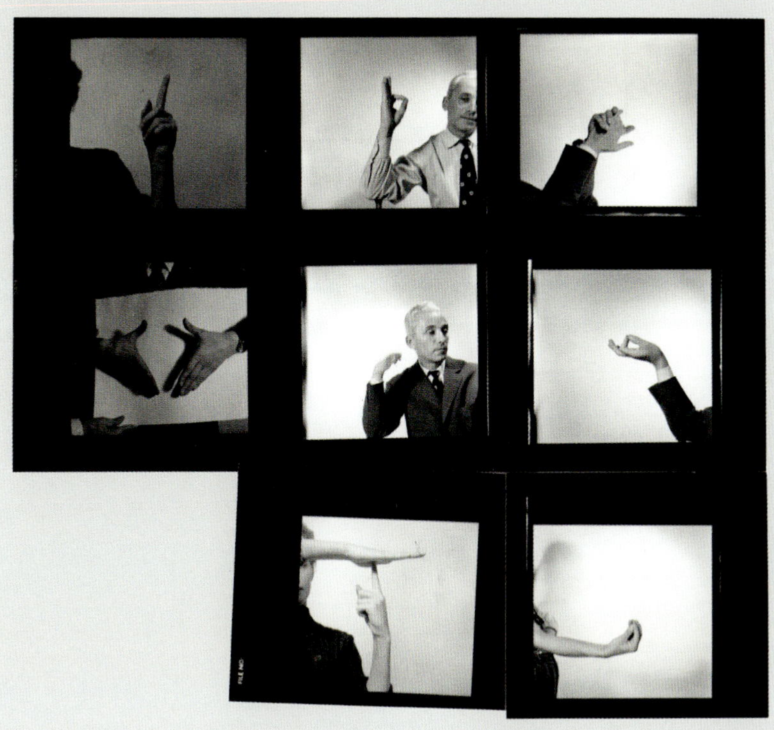
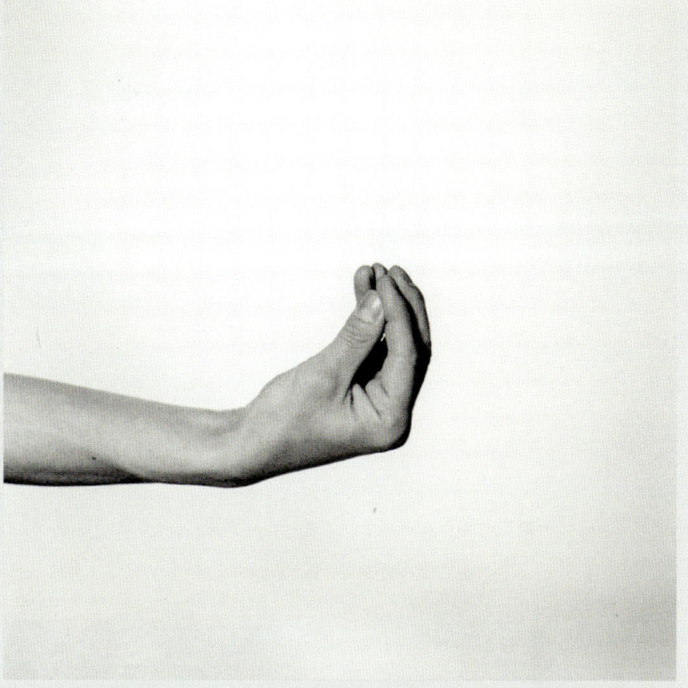

3 a-b. Aldo Ballo, *Bruno Munari: gesti per il "Supplemento al Dizionario Italiano"*, 1956-1958

3 a–b. Aldo Ballo, *Bruno Munari: Gestures for the "Supplement to the Italian Dictionary"*, 1956–1958

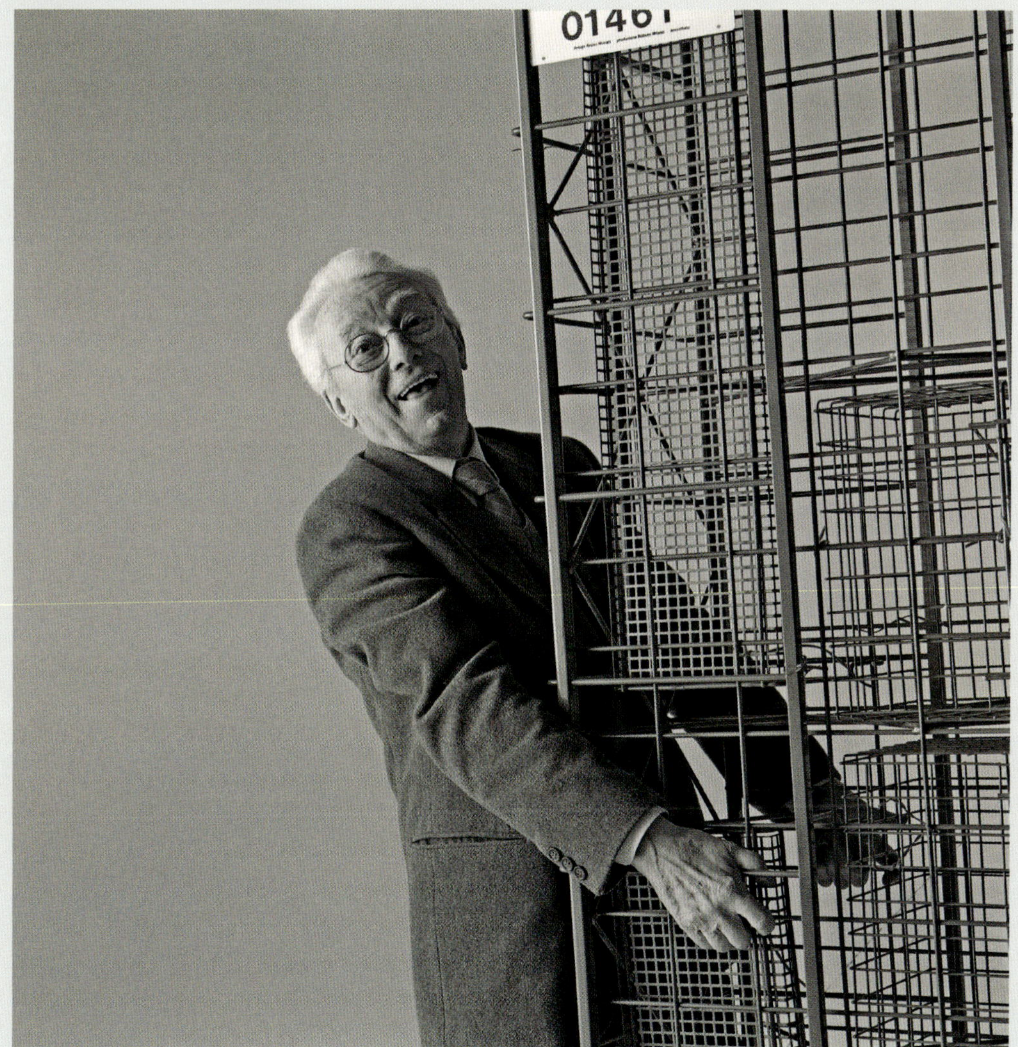

4. Aldo Ballo, *Bruno Munari*, 1990

4. Aldo Ballo, *Bruno Munari*, 1990

Durante l'inaugurazione della mostra, curata da Gianni Berengo Gardin, Mario Carrieri, Oliviero Toscani, *Fotografia su commissione. Pratica / Milano '77,* allo Studio Marconi a Milano, Aldo Ballo, in una sorta di performance, ritrae i presenti con istantanee Polaroid – tra cui sé stesso, Marirosa Toscani, i componenti dello Studio Ballo (Duilio Bitetto, Gianni Basso, Elio Basso, Franco Chimenti), Serge Libiszewski, Carla Cerati, Enrico Cattaneo, Gabriele Basilico, Cesare Colombo, Emilio Tadini, Giorgio Marconi – poi subito appese ai muri dello Studio.

During the opening of the exhibition curated by Gianni Berengo Gardin, Mario Carrieri and Oliviero Toscani, *Fotografia su commissione. Pratica / Milano '77*, at Studio Marconi in Milan, Aldo Ballo portrayed, in a sort of performance, the attendees with Polaroid snapshots – including himself, Marirosa Toscani, the members of the Studio Ballo (Duilio Bitetto, Gianni Basso, Elio Basso, and Franco Chimenti), Serge Libiszewski, Carla Cerati, Enrico Cattaneo, Gabriele Basilico, Cesare Colombo, Emilio Tadini, Giorgio Marconi – which were then immediately hung on the walls of the Studio.

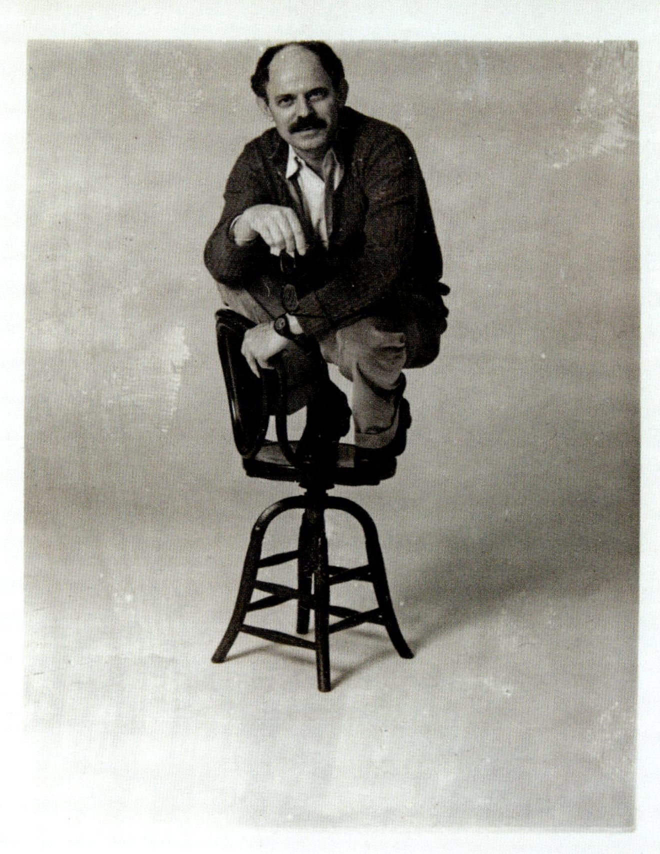

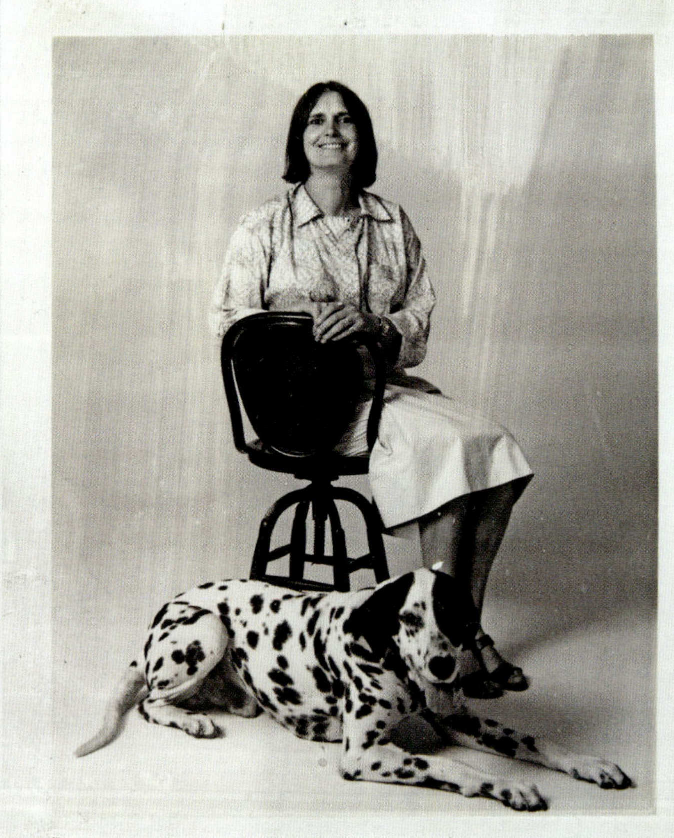

1 a-f. Aldo Ballo, *Dalla serie "Polaroid": Aldo Ballo, Marirosa Toscani*, a fronte, in alto: *Ritratto di gruppo (si riconoscono Duilio Bitetto, Gianni Basso, Elio Basso, Franco Chimenti), Gabriele Basilico*, in basso: *Serge Libiszewski e Carla Cerati con Enrico Cattaneo*, 1977

1 a–f. Aldo Ballo, *From the "Polaroid" series: Aldo Ballo, Marirosa Toscani*, on the right page, up: *Group portrait (including Duilio Bitetto, Gianni Basso, Elio Basso, Franco Chimenti), Gabriele Basilico*, bottom: *Serge Libiszewski, Carla Cerati with Enrico Cattaneo*, 1977

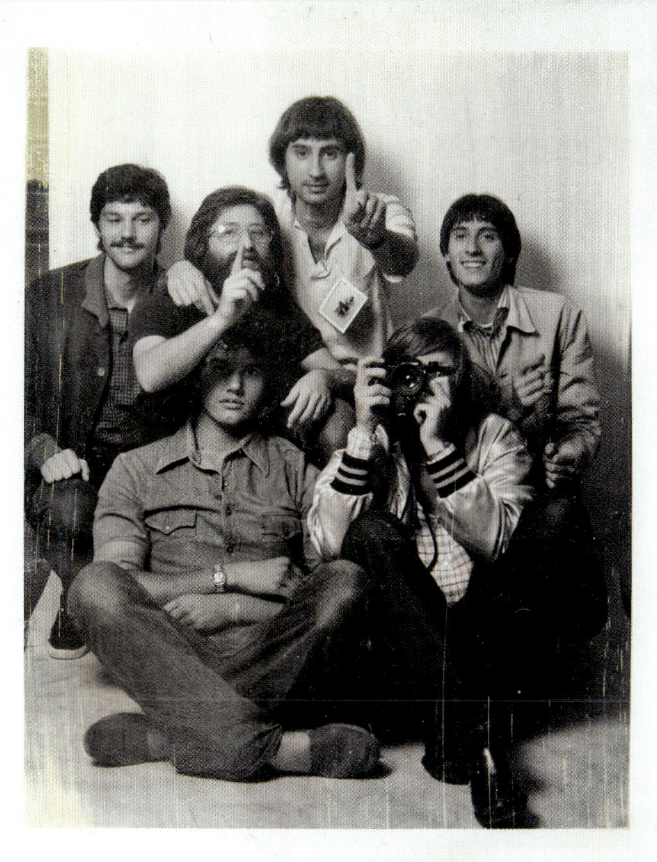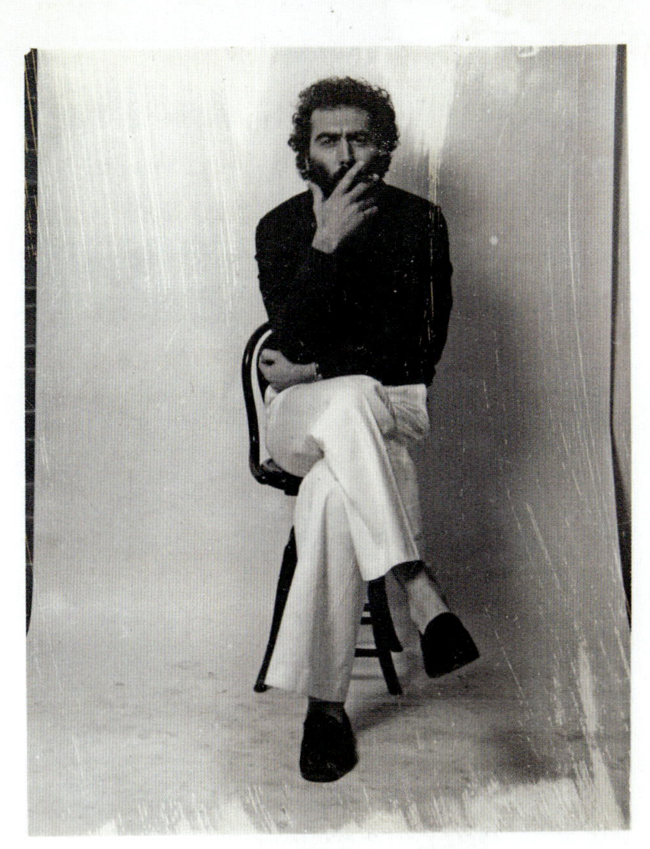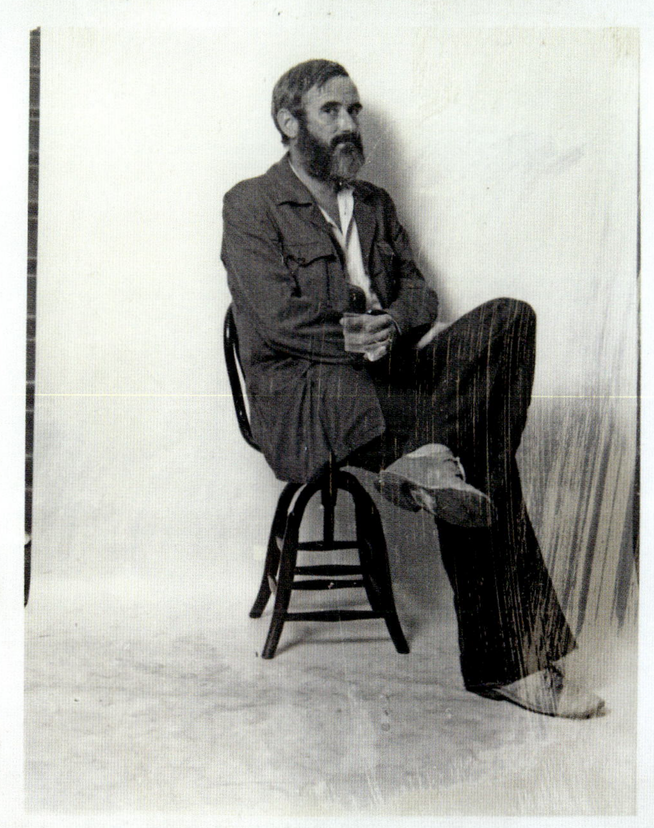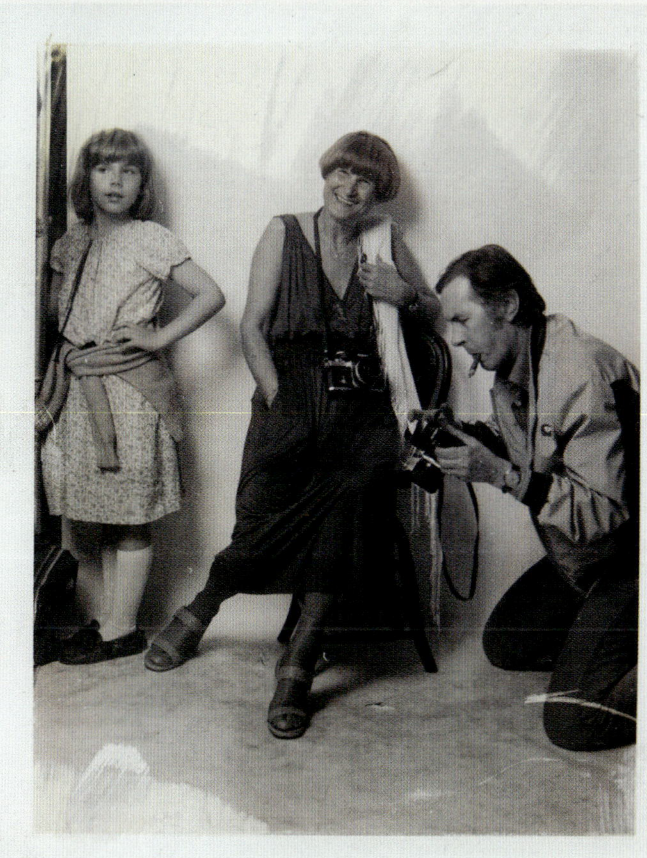

LO STUDIO BALLO E QUARANT'ANNI DI VITA MILANESE

ALBERTO SAIBENE

STUDIO BALLO AND FORTY YEARS OF LIFE IN MILAN

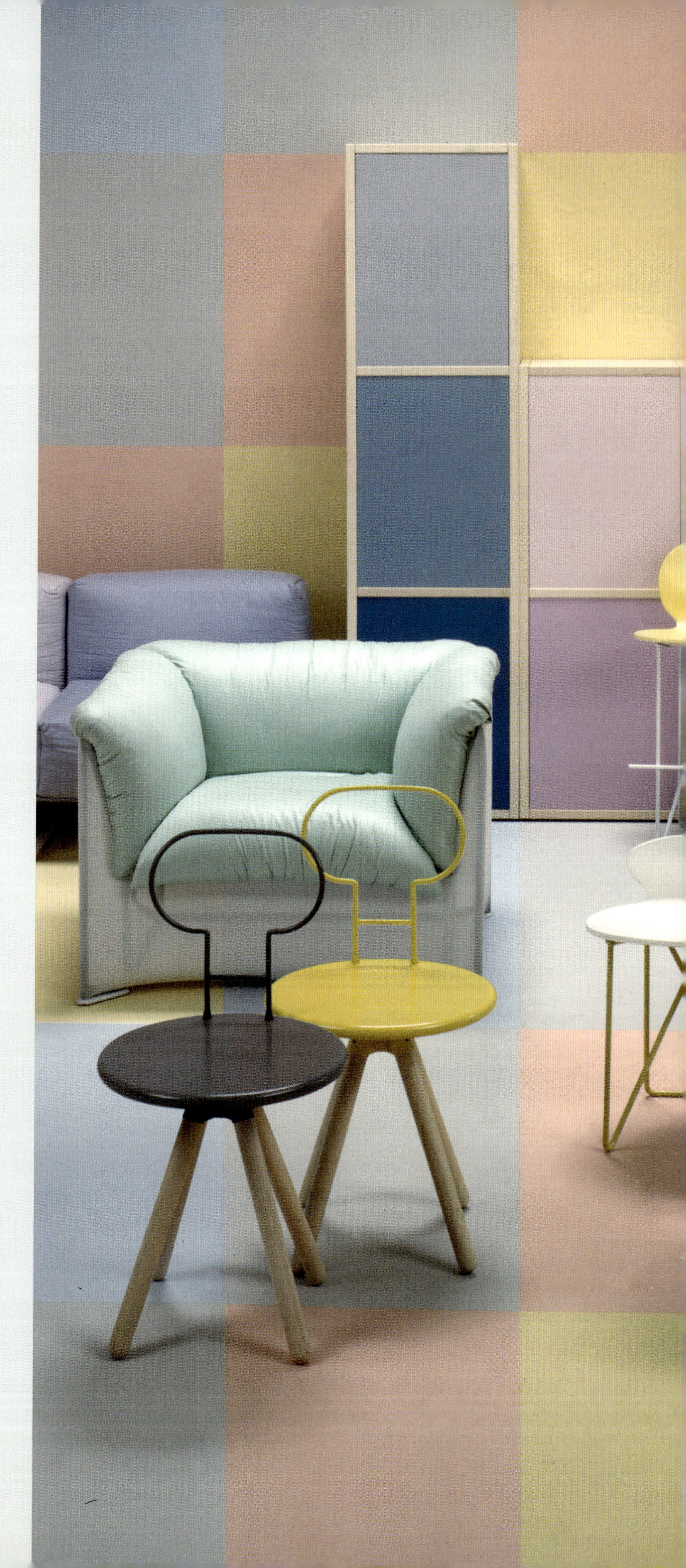

Sposarsi il 26 dicembre, l'anno è il 1953, non è forse la data migliore se si vogliono fare le cose in grande, ma nell'Italia ancora povera del Dopoguerra non era una scelta così singolare. Nel caso di Aldo e Marirosa Toscani Ballo, rispettivamente di 26 e 23 anni, possiamo supporre che non abbiano dovuto preoccuparsi di offrire un grande ricevimento a parenti e amici come Massimo Vignelli, Gae Aulenti, Vittorino Garatti, Giancarlo Iliprandi, Enrico Tovaglieri e al maggiore di loro Bruno Munari, testimoni di un amore sbocciato negli ambienti del Politecnico e dell'Accademia di Brera, dove una bohème milanese non sapeva ancora di essere la prima generazione di quella che nel XXI secolo sarebbe stata definita la 'classe creativa'. Le condizioni di partenza sono una nazione da ricostruire, il profumo della libertà dopo vent'anni di fascismo e autarchia, un collegamento ancora difficoltoso ma possibile con quel che nel frattempo avviene a Parigi, in giro per l'Europa o anche solo nella vicina Svizzera, mentre per gli Stati Uniti valgono soprattutto le pellicole di Hollywood, in un tempo in cui andare al cinema era quasi un'abitudine quotidiana. I luoghi di formazione sono due: l'Accademia di Belle Arti di Brera, al cui interno c'era allora un liceo artistico, e il Politecnico di Milano. In totale un centinaio di nuovi iscritti ogni anno e quindi la possibilità di conoscersi, stringere amicizia, pensare insieme al futuro, sognare. Tra i docenti del Politecnico ci sono Ernesto Nathan Rogers, la mente teorica della nuova architettura italiana nonché il direttore di "Casabella", Gio Ponti, direttore di "Domus" e agitatore culturale in servizio permanente nel mondo

Getting married on 26 December — the year was 1953 — is perhaps not the best date if you want to make it big, but it was quite frequent in post-war Italy, which was still reeling from poverty. In the case of Aldo and Marirosa Toscani Ballo, aged 26 and 23 respectively, we can assume that they did not have to worry about hosting a big wedding party with relatives and friends such as Massimo Vignelli, Gae Aulenti, Vittorino Garatti, Giancarlo Iliprandi, Enrico Tovaglieri and the eldest of them, Bruno Munari. They saw their love blossom in the environments of the Polytechnic University and the Accademia di Brera, where Milanese bohemians did not yet know that they were the first generation of what in the 21st century would be called the "creative class". The starting points were a nation to rebuild, the scent of freedom after twenty years of fascism and autarchy, and a still difficult, albeit possible, connection with the new culture emerging in Paris, all around Europe or merely in neighbouring Switzerland, while the United States mainly offered Hollywood films — at a time, as some may recall, when going to the cinema was almost a daily habit.

There were two main institutions of higher education: the Accademia di Belle Arti di Brera, which at the time housed the Liceo Artistico, and the Polytechnic University of Milan. A total of around one hundred new students enrolled each year, thus providing the opportunity to meet new people, make friendships, think about the future together, and dream. Teachers at the Polytechnic included Ernesto Nathan Rogers, the theorist

della progettazione, il preside Piero Portaluppi, rappresentante dell'*ancien régime*, il giovane e allora libero docente Marco Zanuso, il più promettente tra gli architetti della generazione venuta fuori dalla Seconda guerra mondiale. All'Accademia di Belle Arti di Brera insegnano, tra gli altri, docenti come Aldo Carpi, di ritorno dal campo di concentramento di Gusen, "un papà per tutti noi"[1], maestri del *rappel à l'ordre* degli anni venti come Achille Funi e Carlo Carrà, gli astrattisti Atanasio Soldati e Mauro Reggiani, scultori come Giacomo Manzù e Francesco Messina, lo storico dell'arte Guido Ballo, fratello di Aldo, nato nel 1914 e punto di riferimento per varie generazioni di artisti passati per l'Accademia, soprattutto per il suo lavoro di storicizzazione delle avanguardie, indispensabile per prendere le misure al presente. Un maestro senza cattedra è Bruno Munari, punto di collegamento tra arte, arti applicate, industria ed editoria.

Non è noto come i coniugi Ballo abbiano festeggiato il Capodanno, ma il 1954 si presenta ricco di prospettive. Per l'Italia è un anno di passaggio tra ricostruzione e boom economico, ma Milano marcia più veloce rispetto al resto del Paese ed è soprattutto qui che incomincia a prendere forma un'idea di società che ha il compito di unire industria e cultura, bellezza e vita quotidiana e di offrire un modo di vivere nuovo a una nazione che scontava, rispetto ai paesi più avanzati, un ritardo nell'ingresso nella modernità.

Il 1954 potrebbe essere definito l'anno 1 del design italiano. In quell'anno nasce, per

behind the new Italian architecture and editor of *Casabella*; Gio Ponti, editor of *Domus* and cultural agitator deeply involved in the world of design; dean Piero Portaluppi, embodying the *ancien régime*; the young and then independent lecturer Marco Zanuso, the most promising of a new generation of architects that came to the forefront after World War II. Among the teachers at the Accademia di Belle Arti di Brera were Aldo Carpi, a survivor of the Gusen concentration camp and "a father figure to us all";[1] masters of the *rappel à l'ordre* of the 1920s such as Achille Funi and Carlo Carrà; abstract artists Atanasio Soldati and Mauro Reggiani; sculptors such as Giacomo Manzù and Francesco Messina; art historian Guido Ballo, Aldo's brother, born in 1914 and a mentor to several generations of artists who attended the Accademia, especially for his effort to historicise the avant-garde movements, essential for understanding the present. A master without a professorship was Bruno Munari, a link between art, applied arts, industry, and publishing.

It is not known how the Ballo couple celebrated New Year's Eve, but 1954 was replete with opportunities. At that time, Italy was transitioning between post-war reconstruction and an economic boom, but Milan was frontrunning other areas of the country, and especially here a new idea of society began to take shape: it aimed to blend industry and culture, beauty, and everyday life, offering a new way of life to an underdeveloped nation that lagged behind the more advanced countries.

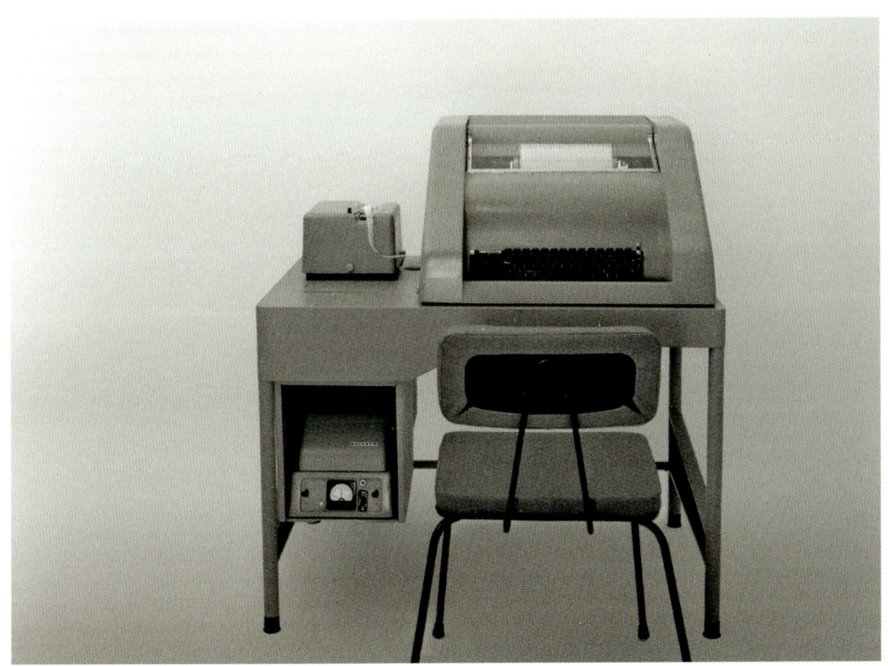

iniziativa di Alberto Rosselli, la rivista "Stile Industria" per approfondire i rapporti tra il mondo delle aziende e il disegno industriale. La rivista, che prosegue fino al 1963, è una delle sedi dove il design italiano prende coscienza di sé attraverso la puntuale rassegna degli oggetti prodotti nel nostro Paese e nel confronto con gli esempi stranieri (in particolare gli Stati Uniti e i paesi scandinavi) nei campi della grafica e della pubblicità. Quello che risulta chiaro fin dai primi numeri è che la fotografia è "lo strumento efficace nel processo formativo della nostra sensibilità rispetto alla forma e quindi al 'design'"[2]. L'affermazione può sembrare oggi quasi ovvia, ma se prendiamo in esame le campagne di comunicazione delle grandi aziende fino a tutti gli anni cinquanta, a prevalere sono l'illustrazione o la grafica. Due esempi: Marcello Dudovich, il maestro degli illustratori dell'epoca liberty, collabora con La Rinascente dagli anni venti fino al 1956; la Fiat per lanciare nel 1955 la 600, la prima utilitaria di massa, ricorre all'arte di Felice Casorati che ritrae la vettura sullo sfondo di una Torino notturna.

Sempre nel 1954 nasce, da un'intuizione di Gio Ponti, il premio Compasso d'Oro per valorizzare la qualità degli oggetti di produzione industriale. Fino ad allora era stata la Triennale di Milano a svolgere questo compito, ma mancava un riconoscimento che definisse una ten-

It should also be noted that 1954 marked the beginning of Italian design. In that year, at the initiative of Alberto Rosselli, the magazine *Stile Industria* was created to investigate the relationship between the corporate world and industrial design. Published up until 1963, it served as one of the platforms where Italian design became self-aware through the detailed review of items manufactured in Italy in comparison with international projects in the fields of graphics and advertising (specifically from the United States and Nordic countries). What becomes clear from the very first issues is that photography is "an effective tool in the formative process of our sensitivity towards shapes and thus 'design'".[2] This may sound self-evident today, but if we look at the communication campaigns of large companies throughout the 1950s, illustration or graphics prevailed. Two examples can be cited: Marcello Dudovich, master of illustrators of the Art Nouveau era, collaborated with La Rinascente from the 1920s until 1956; in 1955, to launch the 600, the first mass-produced utility car, Fiat hired artist Felice Casorati, who portrayed the car against the backdrop of Turin by night.
Also in 1954, Gio Ponti suggested to create a new award, the Compasso d'Oro, to highlight the quality of industrially produced items. Until then, it had been Triennale Milano

denza in atto. Non è un caso che sia La Rinascente a organizzare il premio: il grande magazzino che, dopo i bombardamenti del 1943 rinasce nel 1950 in piazza del Duomo, ha la volontà di educare i propri clienti a nuovi stili di vita e di essere un punto di riferimento per progettisti e aziende. Lo stimolo nasce dalla proprietà (la famiglia Borletti) ma soprattutto dal management, dove spicca la figura di Cesare Brustio, figlio di Umberto, che è a lungo amministratore delegato e presidente. È lui a rinnovare l'immagine del grande magazzino creando l'Ufficio Pubblicità e comunicazione, chiamando a collaborare grafici come Munari, Max Huber, Albe Steiner, Iliprandi, a intercettare dalla Svizzera Lora Lamm e Amneris Latis. A questi nomi bisogna aggiungere Roberto Sambonet che gira il mondo per conto dell'azienda per comprare manufatti antichi e moderni, compiendo un lavoro che oggi potremmo definire etnografico, necessario a organizzare le mostre dedicate alle nazioni che si svolgono annualmente al settimo piano del grande magazzino. La Rinascente diviene così uno dei luoghi

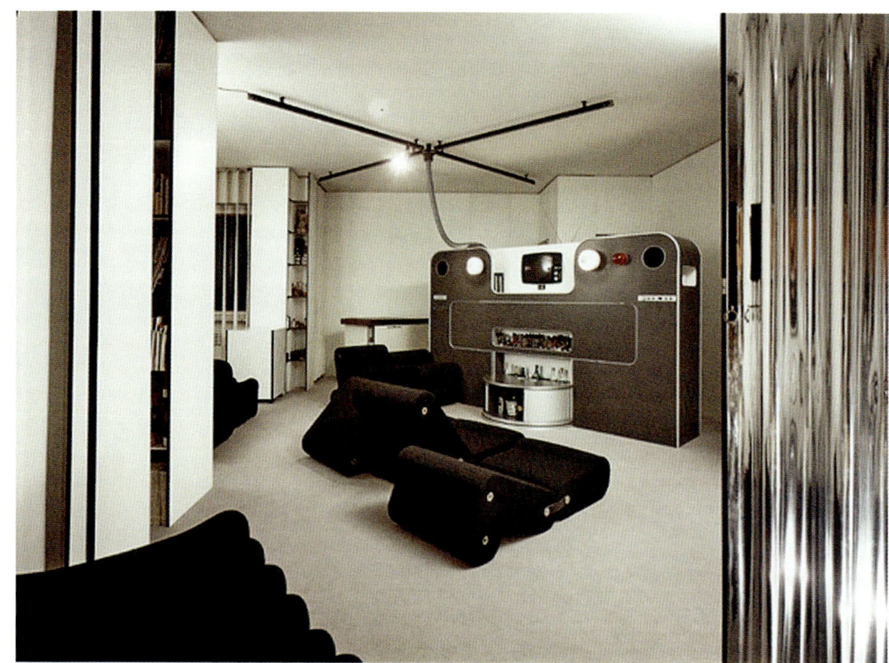

that had performed this task, but there were no specific prizes for designers, confirming an ongoing trend. It is no coincidence that the award was organised by La Rinascente: a department store that was rebuilt in 1950 in Piazza del Duomo after the bombings of 1943, with the aim of educating its customers about new lifestyles and becoming a benchmark for designers and companies. The owners (the Borletti family), but above all the managers – notably Cesare Brustio, son of Umberto, who served as CEO and president for a long time – played a key role in this process. It was the latter who renewed the department store's image by establishing the Advertising and Communication Office, calling in graphic designers such as Munari, Max Huber, Albe Steiner and Iliprandi, and recruiting Lora Lamm and Amneris Latis from Switzerland. Moreover, Roberto Sambonet was asked to travel the world on behalf of the company to purchase ancient and modern artefacts, carrying out work that nowadays might be defined as ethnographic,

3. Studio Ballo+Ballo, *Calcolatrice elettronica con stampante "Logos 68" di Mario Bellini per Olivetti*, 1973
3. Studio Ballo+Ballo, *Electronic printing calculator "Logos 68" by Mario Bellini for Olivetti*, 1973

di coagulo dove sta nascendo il moderno made in Italy, anche se, prendendo in esame la storia delle prime edizioni del Compasso d'Oro, emerge anche un mondo manifatturiero che si sta emancipando dalla tradizione artigiana, molto radicata nel nostro Paese, e che interessa in particolare il distretto del mobile della Brianza che lentamente si converte dal 'mobile in stile' a quello di design. Tra Milano e la Brianza nascono aziende di arredamento come Arflex (1947), dove fin dall'inizio è feconda la collaborazione di Marco Zanuso, la Tecno (1953) dei gemelli Fulgenzio e Osvaldo Borsani, la Danese (1957), fondata da Bruno Danese e Jacqueline Vodoz, con l'iniziale partecipazione di Franco Meneguzzo, l'iniziativa più culturalmente avanzata nel coniugare arte e design attraverso gli oggetti di Bruno Munari ed Enzo Mari. Aziende e designer che non hanno esitazioni nell'impostare le loro campagne di comunicazione utilizzando la fotografia, il che significava nella maggior parte dei casi rivolgersi allo Studio Ballo con sede, dal 1956, in un sotterraneo di via Calco, in un edificio

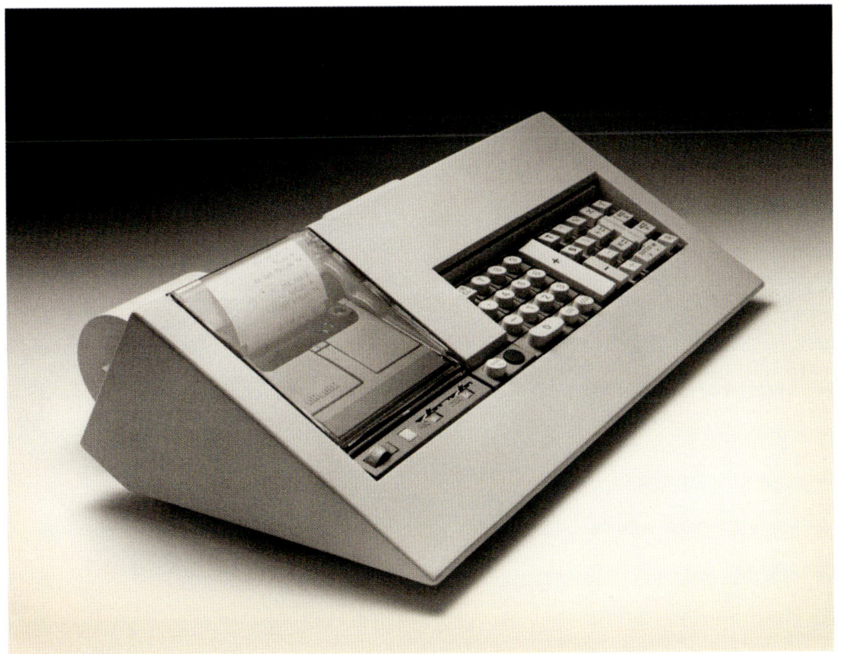

essential for organising exhibitions dedicated to nations, which were held annually on the seventh floor of the department store.
La Rinascente thus became a cultural hotspot for emerging modern Made in Italy. However, the history of the first editions of the Compasso d'Oro reveals a manufacturing industry that was emancipating itself from artisanal tradition, deeply rooted in Italy, especially in the Brianza furniture district, which was slowly evolving from "style furniture" into design-oriented products. Milan and Brianza saw the birth of furniture companies such as Arflex (1947), where Marco Zanuso's collaboration was productive right from the start; Tecno (1953), founded by the twins Fulgenzio and Osvaldo Borsani; and Danese (1957), established by Bruno Danese and Jacqueline Vodoz, initially with the participation of Franco Meneguzzo, which was the most innovative enterprise of the time, combining art and design through the works of Bruno Munari and Enzo Mari. Companies and

45

appena progettato dallo studio GPA Monti, dove al terzo piano vive la famiglia Ballo. "In quegli anni lontani soltanto Aldo Ballo aveva uno studio grande, ordinato, pulito; soltanto Aldo Ballo aveva e sapeva usare tutti gli apparecchi necessari, tutti gli obiettivi, tutte le luci, tutti i flash, tutte le camere oscure, tutti gli acidi e le acque, tutte le pellicole, le lastre, gli ingranditori, e così via. Insomma, tutti gli accorgimenti per fare una bella fotografia, una molto bella fotografia, una fotografia sicura, acuta, splendente, perfetta". La testimonianza è di Ettore Sottsass, che all'epoca veniva chiamato Ettorino per distinguerlo dal padre di cui portava lo stesso nome, che aggiunge: "Il bello di Aldo Ballo era che tutto quel possesso di tecnologie, lui, lo guardava con un po' di sospetto"[3].

Chi sono i primi clienti dello Studio Ballo, quelli su cui costruire un fatturato, reinvestire acquistando nuove attrezzature e formare giovani collaboratori diventando così un punto di riferimento per tutti? Fino ad allora non c'erano stati fotografi specializzati nel prodotto: o ci si rivolgeva a uno studio grafico 'integrato' come Boggeri o a un professionista come Giorgio Casali, strettissimo collaboratore di Gio Ponti, a partire dai primi anni cinquanta, nelle sue iniziative editoriali e non solo.

Bruno Munari, in una intervista del 1981 ha ricordato come: "noi operatori avevamo come punti di riferimento dove si lavorava bene e si potevano fare cose nuove: l'Olivetti, la Pirelli e La Rinascente, perché c'erano dei dirigenti culturalmente aggiornati"[4]. Già nei primissimi anni di attività lo Studio Ballo comincia a lavorare con queste tre

designers did not hesitate to base their communication campaigns on photography, which in most cases meant turning to Studio Ballo, founded in 1956 in a basement on Via Calco, in a new building designed by the GPA Monti studio, where the Ballo family lived on the third floor.

"In those distant years, only Aldo Ballo had a large, clean, tidy studio. Only Aldo Ballo had and knew how to use all the necessary equiptment, all the lenses, all the lights, all the flash techniques, all the darkrooms, all the acids and the solutions, all the films, the plates, the enlargers, and so on; in short, all the devices needed to take a beautiful photograph, a really beautiful, photograph, a dependable, penetrating, splendid photograph". The quote is by Ettore Sottsass, then called Ettorino to distinguish him from his father, who bore the same name. He adds that: "The nice thing about Aldo Ballo was the suspicious attitude he had towards at all the technology with a bit of suspicion".[3]

Who were Studio Ballo's first invoiceable clients, i.e. the ones who made it possible to reinvest in new equipment and training, becoming a benchmark for the industry? Until that time, there had been no photographers specialising in designer items. Companies either turned to an "integrated" graphic studio such as Boggeri or to a professional like Giorgio Casali, a close collaborator of Gio Ponti, from the early 1950s onwards, in his editorial projects and other activities.

In a 1981 interview, Bruno Munari recalled how "we operators benchmarked the compa-

aziende. Se c'è un primato bisogna forse attribuirlo alla Olivetti: l'azienda di Ivrea già nel 1931 apre a Milano, in via Palermo, un Ufficio Sviluppo e pubblicità, diretto da Renato Zveteremich. Sono chiamati a collaborare, nel corso degli anni trenta, il pittore Xanti Schawinsky (proveniente dal Bauhaus), Edoardo Persico, Marcello Nizzoli; gli architetti Luigi Figini, Gino Pollini, i BBPR, i grafici Bruno Munari e Luigi Veronesi, lo stampatore Modiano, lo studio grafico Boggeri (il primo a utilizzare abitualmente la tecnica del fotomontaggio). Il gruppo forma una 'Bauhaus italiana' in miniatura e nelle pratiche di lavoro in embrione si trovano tutte le figure professionali che, un po' alla volta, si renderanno autonome nel dopoguerra. A Zveteremich segue Leonardo Sinisgalli, l'ingegnere-poeta che proviene da un'azienda del gruppo Pirelli e che, nei suoi ricordi, alimenterà il mito di quel gruppo in cui accade per la prima volta che un'azienda divenga un luogo di produzione di cultura. Poi, dopo la guerra, l'ufficio di Milano conosce diverse stagioni e, a partire dagli anni cinquanta, collaborare con la Olivetti diviene il traguardo di tutti gli architetti, progettisti, grafici, fotografi e non solo per i compensi superiori agli standard. Per fare qualche nome tra i designer 'olivettiani' che hanno collaborato con lo Studio Ballo, soprattutto a partire dagli anni sessanta, ci sono Nizzoli, Sottsass, la Aulenti, Mario Bellini, anche se la personalità a cui Aldo Ballo deve l'inizio della collaborazione è Giorgio Soavi, all'epoca sposato con Lidia Olivetti, la figlia maggiore di Adriano, che, senza un ruolo definito, svolge per l'azienda di Ivrea soprattutto la funzione di talent scout.

nies where business went and where could try out new ideas. These included the likes of Olivetti, Pirelli, and La Rinascente, since their managers were culturally up-to-date".[4] Studio Ballo collaborated with these three companies right from the start. If there is a record, it must perhaps be attributed to Olivetti: as early as 1931, the Ivrea-based firm opened a Development and Advertising Office in Milan, in Via Palermo, coordinated by Renato Zveteremich. During the 1930s, painters Xanti Schawinsky (from the Bauhaus), Edoardo Persico, and Marcello Nizzoli; architects Luigi Figini, Gino Pollini, BBPR; graphic designers Bruno Munari and Luigi Veronesi; printer Modiano; and graphic studio Boggeri (the first to make wide use of the photomontage technique) were called upon to collaborate with the above-mentioned Office. The group was something of a small-scale "Italian Bauhaus" and the embryonic work practices reveal all the professionals that gradually became prominent in the post-war period. Zveteremich was followed by Leonardo Sinisgalli, the engineer-poet who worked for a company owned by Pirelli and, in his memoirs, would fuel the myth of that group in which, for the first time, a business environment became culturally relevant. Then, after the war, the Milan Office experienced various headwinds and, from the 1950s onwards, being hired by Olivetti became the goal of all architects, designers, graphic designers, and photographers, not only because it offered above-average salaries. The "Olivetti designers" who collaborated with the Studio Ballo, especially from the 1960s onwards, included Nizzoli,

Ballo collabora anche con la rivista "Comunità", un bimestrale tra politica, cultura e società di grande impatto fino a qualche anno dopo la morte di Adriano Olivetti (febbraio 1960). Gli anni cinquanta sono il decennio d'oro delle riviste promosse e finanziate dalle aziende. Insieme alle iniziative di Adriano Olivetti sono da ricordare la rivista "Pirelli", nata nel 1948, che affronta i grandi temi culturali del suo tempo nello sforzo di unire la cultura tecnico-scientifica a quella umanistica. La rivista "Pirelli" fa da battistrada a riviste aziendali come "Civiltà delle macchine" di Finmeccanica, fondata nel 1953 da Leonardo Sinisgalli, o "Il gatto selvatico" dell'Eni, nata nel 1955 e diretta da Attilio Bertolucci. Sfogliando queste riviste si avverte, tra i cinquanta e i sessanta, il tramonto della stagione dell'illustrazione e l'utilizzo sempre maggiore, fino a diventare pressoché esclusivo, della fotografia, in parte anche per i costi di riproduzione che si abbassano. Va anche rilevato che la diffusione della televisione, che comincia i suoi programmi nel 1954 e diviene il medium centrale in meno di dieci anni, cambia le abitudini del pubblico ma ancora prima il modo di guardare la realtà. Pirelli e AGIP (di proprietà dell'Eni) sono clienti dello Studio Ballo dal 1954, mentre la Rai lo diviene dall'anno successivo. La collaborazione con la Rai avviene soprattutto in occasione dell'allestimento degli

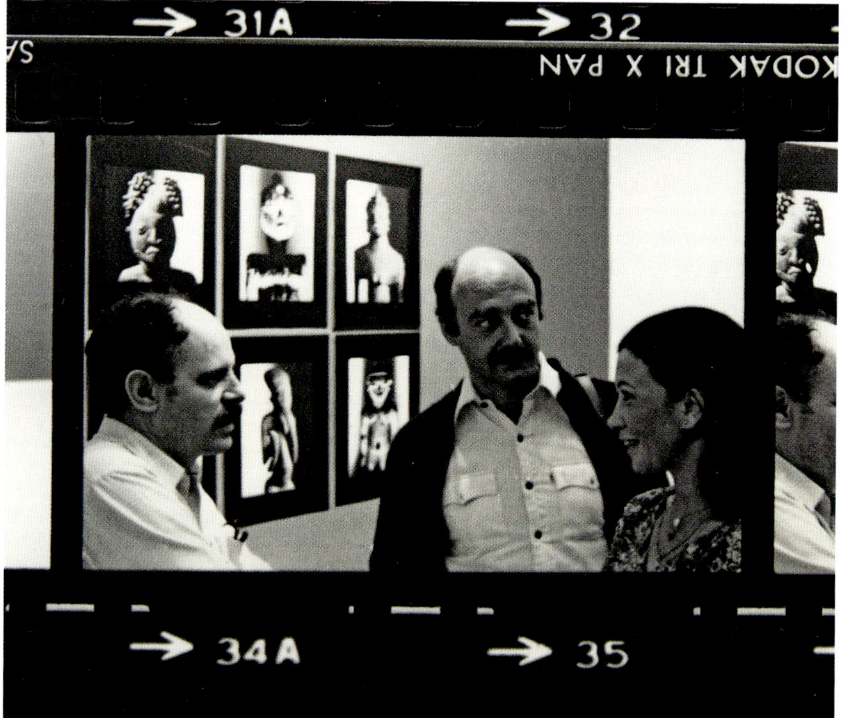

4. Studio Ballo+Ballo, *Aldo Ballo e Salvatore Gregorietti alla mostra "Fotografia su commissione. Pratica / Milano '77", Studio Marconi a Milano, 1977*

4. Studio Ballo+Ballo, *Aldo Ballo and Salvatore Gregorietti at the exhibition "Fotografia su commissione. Pratica / Milano '77" at Studio Marconi in Milan, 1977*

Sottsass, Aulenti, and Mario Bellini, to name but a few. However, the first collaboration with Aldo Ballo was established by Giorgio Soavi, who at the time was married to Lidia Olivetti, Adriano's eldest daughter and, without a defined role, mainly acted as a talent scout for the Ivrea-based company. Ballo also collaborated with *Comunità*, a bimonthly magazine on politics, culture, and society which remained significant until a few years after the death of Adriano Olivetti (February 1960). The 1950s were the golden decade of magazines promoted and financed by corporations. In addition to Adriano Olivetti's publications, it is worth mentioning that *Pirelli*, a magazine that tackled major cultural issues in an attempt to blend technical and scientific culture with humanities, debuted in 1948. *Pirelli* paved the way for corporate magazines such as Finmeccanica's *Civiltà delle macchine*, launched in 1953 by Leonardo Sinisgalli, or Eni's *Il gatto selvatico*, edited in 1955 by Attilio Bertolucci. Leafing through their pages one notices, between the 1950s and 1960s, the end of the illustration era and the increasing use of photography, which became widespread over time, partly due to the lower costs of reproduction. It should also be noted that the dissemination of television, which in Italy began broadcasting in 1954 and became the central medium

stand della Fiera Campionaria, l'appuntamento centrale del calendario milanese (l'equivalente della Design Week, nata da una sua costola). Non esiste un bel libro che racconti quell'epopea, lo straordinario campionario di architetture effimere attorno a cui nascono nuove professionalità, il seme da cui è nata una certa Milano di oggi. Sfogliando le immagini delle edizioni degli anni cinquanta si può constatare come, nonostante le minacce della Guerra Fredda, ritorni nel pubblico che affolla la manifestazione, a metà tra esposizione universale e sagra paesana, la fiducia nella scienza e della tecnica come strumento di collaborazione tra i popoli. I padiglioni della Rai sono affidati, tra il 1948 e il 1969, ai fratelli Castiglioni che in un esercizio di interdisciplinarità si avvalgono della collaborazione di grafici come Erberto Carboni, Max Huber, Pino Tovaglia, Enzo Mari, Iliprandi e della collaborazione costante di Aldo Ballo.

Alla fine degli anni cinquanta lo Studio Ballo, pur avendo solo cinque anni di vita, appare già consolidato e pronto ad assecondare i mutamenti sociali del decennio successivo, quando la velocità del cambiamento diviene impetuosa. Non è soltanto il boom economico, ma l'avvento di una generazione nata tra gli anni trenta e i quaranta, con scarsi ricordi della guerra e delle sue privazioni, che rende possibile l'avvento della società dei consumi in Italia. Per restare a Milano e al milieu che ci riguarda, è La Rinascente il sismografo del cambiamento: è qui che, tra le altre cose,

in less than ten years, had a huge impact on the public at large and reshaped the way people perceived reality. Pirelli and AGIP (owned by Eni) were clients of the Studio Ballo from 1954, while Rai became one the following year. Essentially, collaboration with Rai took place during the setup of stands at the Fiera Campionaria, i.e. the main event in Milan before the Design Week, that can be considered its offshoot. There is no comprehensive book that recounts that epic journey: it was both an extraordinary showcase of ephemeral architecture, around which new professions revolved, and the starting point for a new Milan. Leafing through the images of the 1950s editions, one can see how, despite the threats of the Cold War, faith in science and technology as a tool for collaboration between peoples is conveyed to the public attending the event, halfway between a universal exhibition and a country fair. The set-up of the Rai pavilions was entrusted, between 1948 and 1969, to the Castiglioni brothers who, with their interest in interdisciplinarity, called upon graphic designers such as Erberto Carboni, Max Huber, Pino Tovaglia, Enzo Mari, Iliprandi and, of course, Aldo Ballo.

Although Studio Ballo had only been operational for five years, at the end of the 1950s it had already become firmly established and ready to face the social transformations of the following decade, when the pace of change became increasingly fast. It was not only the economic boom, but also the rise of a generation born between the 1930s

si introduce il prêt-à-porter. A sostituire Amneris Latis arriva la giovane Adriana Botti insieme a brillanti coetanei come Salvatore Gregorietti e Oliviero Toscani, fratello di Marirosa, che hanno studiato alla Kunstgewerbeschule di Zurigo. Dalla Olivetti arriva Augusto Morello con il compito di creare un Ufficio Sviluppo (un luogo di sperimentazione per intercettare i nuovi consumi) dove i giovanissimi Mario Bellini e Italo Lupi fanno le loro prime (e già promettenti) prove. Passano per Milano i grafici americani, i coniugi Bruce e Pegge Hopper, mentre l'olandese Bob Noorda incontra la futura moglie Ornella e si ferma in città offrendo un contributo fondamentale all'immagine della Metropolitana Milanese, primo esempio di design diffuso e di conseguente educazione estetica.

Gli anni sessanta sono il decennio che trasforma gli italiani in un popolo di consumatori, anche se in questo periodo è da apprezzare lo sforzo pedagogico, che si perderà nei decenni successivi, compiuto attraverso la televisione, le enciclopedie a dispense e un gran numero di giornali, soprattutto femminili. Il modello è "Elle", il settimanale francese fondato nel 1945 da Hélène Lazareff che insegna alle donne a prendere consapevolezza del proprio ruolo, dei propri diritti e le accompagna verso il mondo del lavoro. In Italia la lotta per l'emancipazione femminile è più complicata: la famiglia, architrave della società, è un tabù difficile da infrangere. In quel decennio, e anche oltre, i Ballo collaborano con la più progressista "Arianna" (Mondadori) diretta da Lamberto Sechi, su cui scrive, tra gli altri, Billa Zanuso, o con le più

and 1940s, with little or no memory of the war and its hardships, that made the advent of a consumer society possible. Speaking of Milan and its cultural milieu, La Rinascente can be seen as a seismograph of change: it was here that, among other things, ready-to-wear apparel got off the ground. The position of Amneris Latis was taken over by Adriana Botti, who summoned talented designers like Salvatore Gregorietti and Oliviero Toscani, brother of Marirosa, who had studied at the Kunstgewerbeschule in Zurich. From Olivetti came Augusto Morello, with the task of creating a Development Office (an experimental venue for capturing new consumer trends) where the very young Mario Bellini and Italo Lupi carried out their first (and already promising) projects. American graphic designers also landed in Milan, such as the spouses Bruce and Pegge Hopper, while the Dutchman Bob Noorda met his future wife Ornella and stayed in the city, offering a fundamental contribution to the image of the Milan Metro, the first example of widespread design and ensuing aesthetic education.

The 1960s were a decade that transformed Italy into a nation of consumers, although a commendable pedagogical effort, which would be lost in the following years, was made by television, handout encyclopaedias and magazines (especially for women), to educate people. The model was *Elle*, the French weekly founded in 1945 by Hélène Lazareff, which taught women to become aware of their role and rights, and to navigate the business world. In Italy, the struggle for women's emancipation was real: the family,

tradizionaliste "Gioia" (Rusconi) e "Grazia" (Mondadori), ma la vera novità è la nascita delle riviste di arredamento che insegnano agli italiani a sbarazzarsi dei mobili della nonna o a farli convivere con le creazioni del neonato design italiano. Le foto dello Studio Ballo sono spesso sulla copertina di "Abitare", fondata da Piera Pieroni nel 1961 e proseguita da Franca Santi Gualtieri, o su quella di "Ottagono", trimestrale fondato nel 1966 da Sergio Mazza e Giuliana Gramigna con il contributo delle otto tra le più innovative aziende del mondo del design (Arflex, Artemide, Bernini, Boffi, Cassina, Flos, De Padova e Tecno), pressoché tutte clienti dello Studio Ballo e impegnate nell'affermazione dell'Italian Design.

"Nel loro ambiente, era quasi una regola desiderare di più di quanto fosse possibile acquistare. Non erano stati loro a deciderlo: era una legge della civiltà, un dato di fatto del quale la pubblicità in generale, le riviste, l'arte delle vetrine, lo spettacolo della strada, e perfino, sotto un certo aspetto, il complesso della produzione comunemente denominata culturale, erano le espressioni più conformi"[5]. È un brano tratto da *Le cose* (1965), folgorante e profetico esordio di Georges Perec in cui descrive una coppia di giovani parigini alle prese con la civiltà dei consumi ai suoi albori. Da un giorno all'altro le case da troppo vuote divengono troppo piene. Milano non è Parigi ma proprio alla metà del decennio nasce, fondata da Giovanni Gandini, la rivista "Linus", il primo mensile di fumetti e non solo italiano. La sede della rivista è in via della Spiga dove aprono le prime boutique del prêt-à-porter come Cose, Adriana, Dorothée

the cornerstone of society, was still an untouchable taboo. During that decade and beyond, the Studio Ballo partnered with the progressive magazine *Arianna* (Mondadori), edited by Lamberto Sechi and featuring journalists like Billa Zanuso, and with the more conservative *Gioia* (Rusconi) and *Grazia* (Mondadori). However, the real novelty was the creation of furnishing magazines that taught Italians how to get rid of their grandmothers' furniture or how to blend it with new designer pieces. Studio Ballo's photos are often found on the cover of *Abitare*, created by Piera Pieroni in 1961 and continued by Franca Santi Gualtieri, or *Ottagono*, a quarterly magazine edited in 1966 by Sergio Mazza and Giuliana Gramigna in partnership with eight of the most innovative companies in the design industry (Arflex, Artemide, Bernini, Boffi, Cassina, Flos, De Padova, and Tecno), virtually all of which were clients of Studio Ballo and engaged in promoting Italian Design.

"In the world that was theirs it was almost a regulation always to wish for more than you could have. It was not they who had decreed it; it was a social law, a fact of life, which advertising in general, magazines, window displays, the street scene and even, in a certain case, all those productions which in common parlance constitute cultural life, expressed most authentically"[5]. This is an excerpt from *Things* (1965), Georges Perec's dazzling and pioneering book, in which he describes a young Parisian couple grappling with the dawn of the consumer civilisation. Overnight, houses that were too empty

Bis o Gulp! (nome sintomatico) in via Santo Spirito. Anche nel mondo degli oggetti è in atto una rivoluzione, una rivoluzione a colori. Se ancora si possono fotografare in bianco e nero la radio "Cubo" e la tv "Black ST201" di Richard Sapper e Marco Zanuso per Brionvega, non è più possibile farlo con la poltrona "Sacco" di Zanotta o la macchina per scrivere "Valentine" di Ettore Sottsass, così come è necessario il colore per la straordinaria creatività della comunicazione di Botti e Gregorietti per La Rinascente, prima che l'azienda venga venduta nel 1969 al gruppo Fiat e si ritrovi ingabbiata in logiche aziendaliste che decretano la fine di una stagione leggendaria.

Il 1968 dello Studio Ballo avviene attraverso le pagine di "Casa Vogue", la rivista del gruppo Condé Nast fondata in quell'anno che ha come direttore editoriale Alex Libermann, direttore artistico Flavio Lucchini a cui succede Salvatore Gregorietti, ma la figura chiave è Isa Tutino, allora moglie dell'architetto Gio Vercelloni, che nel corso degli anni settanta ne diviene la direttrice. È una giornalista colta, curiosa, che sa stimolare la fantasia di Aldo Ballo non solo attraverso le foto di copertine, ma con le 'aperture', un punto di vista editoriale illustrato in cui si passa dalle foto di oggetti a quelle di ambienti, con l'accostamento tra oggetti e opere d'arte. La triangolazione Ballo (Aldo e Marirosa), Gregorietti, Tutino raggiunge risultati nuovi, che andrebbero ulteriormente indagati come sintomo di un gusto colto, confluenza di tre personalità distinte ma molto ben affiatate. Il fotografo dichiarò in seguito: "Con 'Casa Vogue', che in quel periodo faceva una grandissima informazione, si comincia ad accostare l'arte

become overcrowded. Milan is not Paris, but in the mid-1960s, *Linus*, the first monthly comic magazine in Italy, was launched by Giovanni Gandini. Its headquarters were in Via della Spiga, nearby prêt-à-porter boutiques such as *Cose*, *Adriana*, *Dorothée Bis*, or *Gulp*! (a symptomatic name) on Via Santo Spirito. Even in the design industry a revolution was underway – a revolution in colour. While the "Cubo" Radio and the "Black ST201" Tv by Richard Sapper and Marco Zanuso for Brionvega could still be photographed in black and white, it was no longer possible to do so with Zanotta's "Sacco" armchair or Ettore Sottsass's "Valentine" typewriter. Colour became essential for the highly creative communication campaigns by Botti and Gregorietti for La Rinascente, before the company was sold to the Fiat group in 1969 and found itself trapped in corporate logics that heralded the end of a legendary era.

In 1968, Studio Ballo's intense activity unfolds through the pages of *Casa Vogue*, the Condé Nast group magazine founded that year, with Alex Liberman as editorial director and Flavio Lucchini as artistic director, followed by Salvatore Gregorietti. However, the key figure was Isa Tutino, then the wife of architect Gio Vercelloni, who became its editor in the 1970s. She was a cultured and curious journalist who knew how to stimulate Aldo Ballo's imagination not only through cover photos but also through her "openings", a sort of illustrated editorials featuring photos of both items and environments, juxtaposing designer pieces with works of art. The "triptych" formed by the

5. Studio Ballo+Ballo, *Ettore Sottsass, mobile da soggiorno "Casablanca"*, 1981
5. Studio Ballo+Ballo, *Ettore Sottsass, "Casablanca" living room furniture*, 1981

agli oggetti. È stato un momento particolarmente felice. C'era proprio bisogno di una cosa così"[6].

La foto di gruppo della Milano cresciuta durante gli anni sessanta divenendo, nel decennio successivo, una (piccola) metropoli internazionale è idealmente scattata dai Ballo (che fotografano gli oggetti del catalogo alternando colore a bianco e nero) in occasione dell'inaugurazione della mostra, presso il MOMA, *Italy: The New Domestic Landscape,* a cura del critico argentino Emilio Ambasz, che aveva oltre-

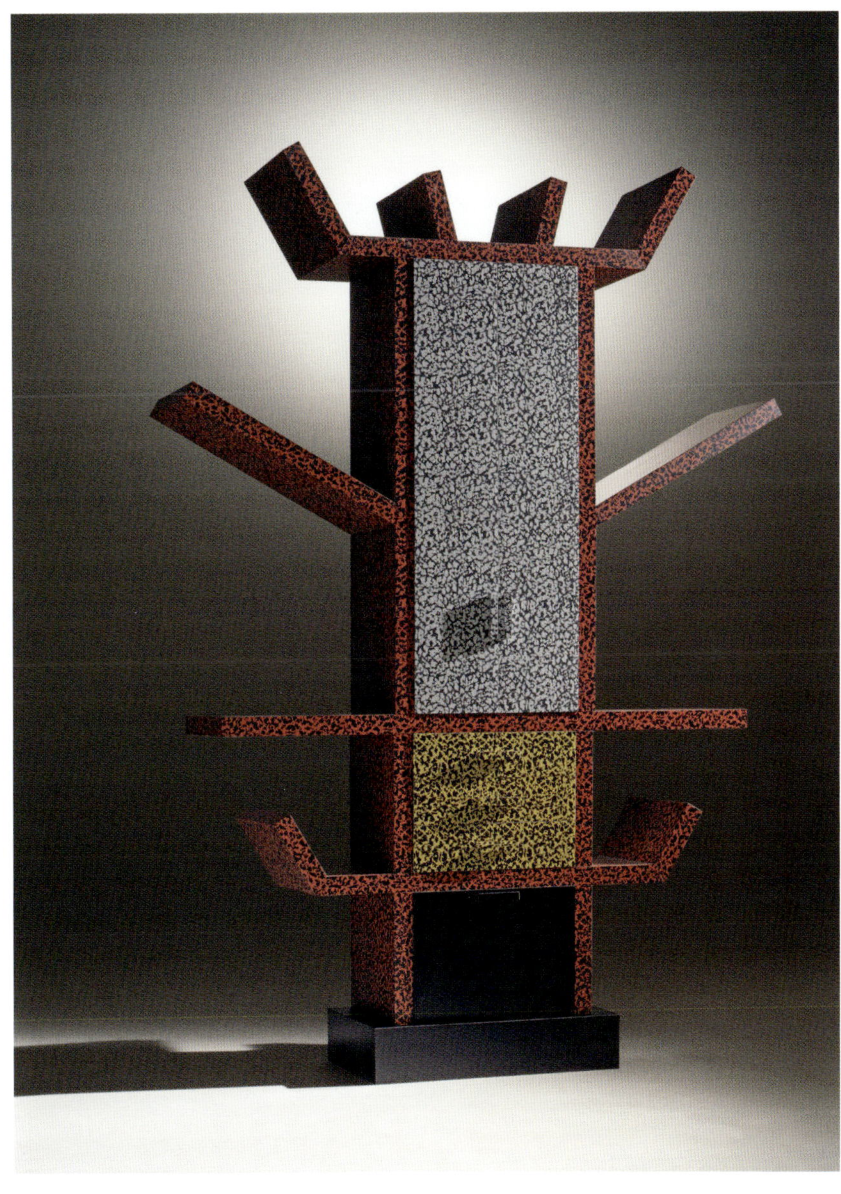

Ballos (Aldo and Marirosa), Gregorietti, and Tutino achieved unprecedented results, which should be further explored in the light of their refined taste, and as a convergence of three distinct yet highly compatible personalities. The photographer later said that: "With *Casa Vogue*, which was a great source of information in that period, art began to move closer to theobjects. It was a particularly happy period, just what was needed".[6]

passato da poco i trent'anni. È la primavera del 1972 e, a poco più di un quarto di secolo dalla fine della guerra, è il manifesto di un'Italia nuova di cui Milano è il centro
di irradiazione. Alla mostra partecipano le prime due generazioni di designer: quelli
che si erano formati tra guerra e dopoguerra (Magistretti, Zanuso, Aulenti, Sottsass,
Cini Boeri, Achille e Pier Giacomo Castiglioni), l'eternamente giovane Bruno Munari,
e la generazione successiva (Mari, Joe Colombo, Bellini), diventati adulti nell'era
della plastica. Nell'insieme il catalogo trasmette un'idea di futuro, è l'epoca delle

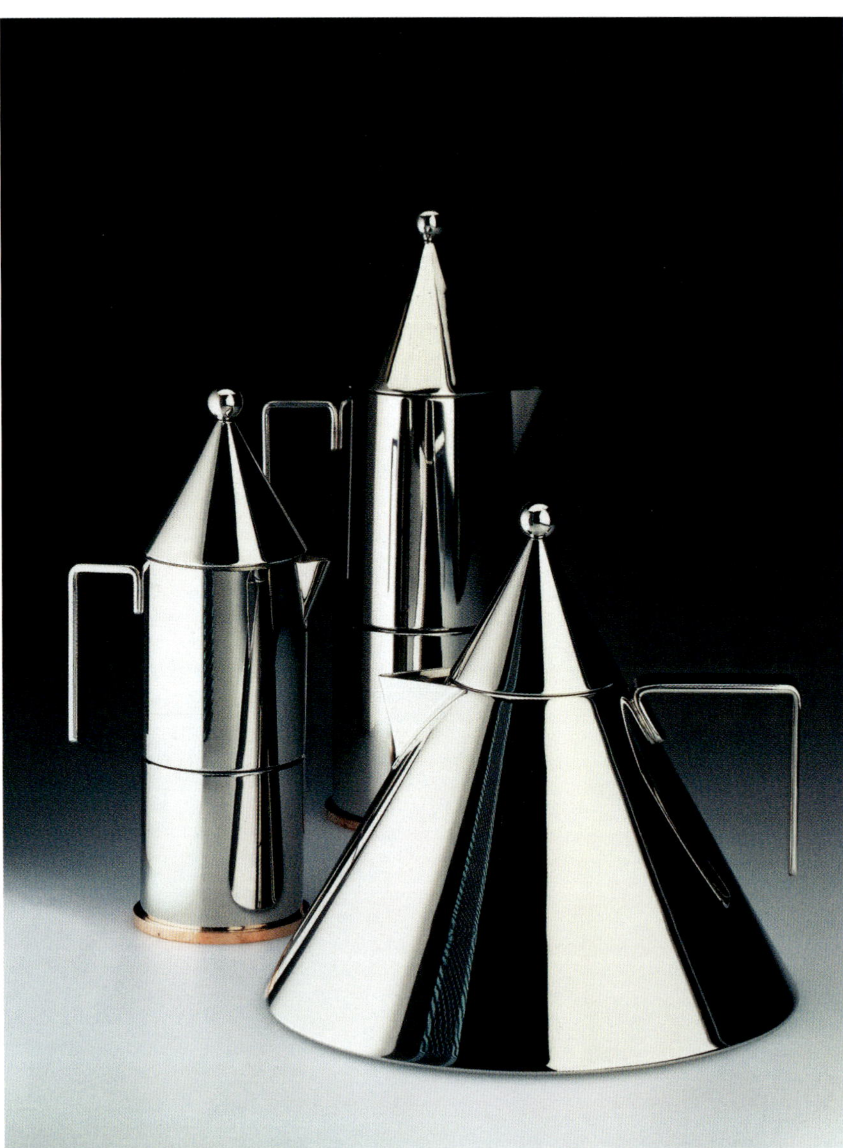

The group photo set in Milan, which developed during the 1960s and in the following
decade became a (small) international metropolis, was ideally taken by Studio Ballo
(who photographed the items in the catalogue, alternating between colour and black-
and-white images) on the occasion of the opening of the exhibition at the MoMA, *Italy:
The New Domestic Landscape,* curated by the Argentinean critic Emilio Ambasz, who
had just turned thirty. It was the spring of 1972 and, just over a quarter of a century after the end of the war, it embodied that new Italy of which Milan was the central hub.

missioni spaziali, e, tra le altre cose, di una nuova definizione degli spazi domestici: la centralità della cucina, l'arredo della stanza dei bambini, il ridimensionamento o l'abolizione della sala da pranzo. Tornando a Milano, a parte fare i dovuti confronti con quello che offre La Rinascente, si ritrovano quegli ambienti nei negozi classici preferiti dalla borghesia tradizionale come De Padova, Arform, Azucena, o negli showroom più all'avanguardia come B&B, Molteni, Dada. Le pagine di "Abitare", negli anni della direzione di Franca Santi, forniscono una perfetta esemplificazione di uno stile di vita che, nelle punte più estreme, aspira a essere radicale, ma naturalmente mai rivoluzionario.

Anche se l'educazione e il gusto di Aldo Ballo corrispondono alla lezione del Movimento moderno – la fotografia parte sempre dal disegno dell'oggetto – colpisce la naturalezza con cui si adegua al mutato clima della seconda metà degli anni settanta e del decennio successivo quando dapprima nasce l'architettura radicale – Adolfo Natalini lo ha definito: "il terzo occhio di intere generazioni di architetti e designers"[7] – poi il Movimento postmoderno. Gli oggetti ora hanno perso quel senso di necessità dei decenni precedenti: Pier Vittorio Tondelli ha sintetizzato gli anni ottanta nel titolo di un libro, *Un weekend postmoderno*, che esce nel 1989, l'anno in cui cade il muro di Berlino. Un corrispettivo lo si può trovare nella produzione e nelle scelte cromatiche di Studio Alchimia, fondato da Alessandro Guerriero nel 1976 che chiama a collaborare Alessandro Mendini, Andrea Branzi, il giovane Michele

The exhibition featured the first two generations of Italian designers; those who were trained between the war and the post-war period (Magistretti, Zanuso, Aulenti, Sottsass, Cini Boeri, Achille and Pier Giacomo Castiglioni), the eternally young Bruno Munari, and the younger generation (Mari, Joe Colombo, and Bellini), who grew up in the age of plastic. Overall, the catalogue conveys an idea of the future, consisting of space missions, and, among other things, brand-new domestic spaces, characterised by the central role of the kitchen, the furnishing of children's rooms, and smaller dining rooms, which often disappeared from the home. Returning to Milan, apart from making comparisons with La Rinascente and its offerings, these environments could be found in classic shops like De Padova, Arform, and Azucena, favoured by the traditional bourgeoisie, or in more avant-garde showrooms like B&B, Molteni, and Dada. During Franca Santi's editorship, the pages of *Abitare* encapsulated a lifestyle which, in its most extreme forms, aspired to be radical yet never revolutionary. Although Aldo Ballo's education and taste aligned with the principles of the Modern Movement – photography always starts with the design of the item – it's striking how naturally he adapted to the changing climate of the second half of the 1970s and the subsequent decade. This period first saw the emergence of radical architecture, described by Adolfo Natalini as: "the third eye of entire generations of architects and designers"[7], followed by the postmodern movement. Many items had by then lost that sense of necessity seen in previous

De Lucchi e Ettore Sottsass che, a sua volta, fonda, nel 1981, Memphis, il collettivo di designer e architetti.

Ballo trova sempre una soluzione per fotografare gli oggetti di Mendini o di Sottsass, piuttosto che il lavoro di Aldo Rossi per Alessi. Così nella sua testimonianza: "Eravamo tranquilli col nostro design, e Sottsass è venuto fuori con queste cose, portando un certo scompiglio. Devo dire che l'ha portato anche a me perché io allora cercavo di fare un'immagine che in qualche modo 'rompa' con la mia solita luce morbidissima", aggiungendo: "sono gli oggetti stessi che dichiarano di avere un certo tipo di immagine"[8]. Merito anche di uno studio a metà tra il laboratorio artigiano e la sala di montaggio cinematografica, con un molto milanese culto del lavoro ben fatto, e un maestro attorniato da un gruppo di giovani che lo aiutano a captare i segnali di quel che arriva da fuori. Non è un caso che Fabio Cirifino, collaboratore dello Studio dal 1964, abbia portato la lezione dei Ballo in Studio Azzurro (1982), di cui è stato uno dei fondatori, che ne è, per una parte, un proseguimento attraverso le installazioni e la videoarte. Ballo, a differenza di Marirosa, non fa in tempo a fotografare per "Colors" (1991), la rivista edita da Fabrica, centro di ricerca sulla comunicazione fondato da Luciano Benetton e Oliviero Toscani, evoluzione estrema del modello di comunicazione nato a Milano negli anni cinquanta e anche suo esito finale per il rovesciamento dei ruoli tra inserzioni pubblicitarie e contenuti giornalistici. Il congedo di una stagione fervorosa mi pare che sia da anticipare a qualche anno prima quando Aldo Ballo

decades: the 1980s are embodied in Pier Vittorio Tondelli's book, *Un weekend postmoderno*, published in 1989, the year the Berlin Wall fell. A counterpart can be found in the production and colour choices of Studio Alchimia, founded in 1976 by Alessandro Guerriero, who hired collaborators the likes of Alessandro Mendini, Andrea Branzi, the young Michele De Lucchi, and Ettore Sottsass. In turn, Sottsass founded Memphis, the design and architecture collective, in 1981.

Ballo always found a way to photograph Mendini or Sottsass's creations, or Aldo Rossi's works for Alessi. As he pointed out: "We were happy with our design and then Sottsass came up with these things and caused a certain upheaval. I must say that I was affected too, because I tried to create images breaking away somehow from my customary use of very gentle light", adding that, "it is the objects themselves that declare their desire for a certain type of image".[8] This is also thanks to a studio halfway between a workshop and a film editing room, with an all-Milanese reverence for well-done work, and a master surrounded by a group of young people who helped him keep up with innovations from all over the world. It is no coincidence that Fabio Cirifino, who went to work for the Studio in 1964, incorporated Ballo's teaching into Studio Azzurro (1982), of which he was one of the founders, carrying on his legacy through installations and video art. Unlike Marirosa, Ballo did not have time to take photographs for *Colors* (1991), the magazine published by Fabrica, the communication research centre founded by

fotografa col filtro di una luce morbida Mario Bellini, Cini Boeri, Alessandro Mendini, Ettore Sottsass, Achille Castiglioni, Marco Zanuso, Gae Aulenti, Angelo Mangiarotti, Enzo Mari, Vico Magistretti accanto ai loro oggetti più rappresentativi. Sono ritratti in posa, ma tutti, nonostante alcuni di loro siano conosciuti per un carattere non accomodante, hanno un'aria rilassata: conoscono il fotografo da troppo tempo per non essere certi che gli renderà un buon servizio.

[1] Iliprandi 2015, p. 7.
[2] Chiesa 2022, p. 199.
[3] Ettore Sottsass, in *Ballo+Ballo* 2009b, p. 84
[4] Intervista a Bruno Munari 21 maggio 1981 in Archivio Brustio - La Rinascente, Università Commerciale Luigi Bocconi, consultabile in www.munart.org/doc/bruno-munari-1981-intervista-rinascente.pdf.
[5] Perec (1965) 2011, p. 43.
[6] Tutino 2009, p. 161.
[7] Adolfo Natalini, in *Ballo+Ballo* 2009b, p. 95.
[8] Tutino 2009, p. 163.

Luciano Benetton and Oliviero Toscani. It was the latest evolution of the communication model rolled out in Milan during the 1950s and at once its final outcome, due to the reversal of roles between advertisements and journalistic content. The farewell to this vibrant age seems to be heralded by a photo, taken by Aldo Ballo a few years earlier using a soft light filter, portraying Mario Bellini, Cini Boeri, Alessandro Mendini, Ettore Sottsass, Achille Castiglioni, Marco Zanuso, Gae Aulenti, Angelo Mangiarotti, Enzo Mari, and Vico Magistretti next to their most iconic pieces. They are posing, but everyone — aside from the unaccommodating attitude of some of them — looks relaxed. They had known the photographer for too long not to be certain that he would do them justice.

[1] Iliprandi 2015, p. 7.
[2] Chiesa 2022, p. 199.
[3] Ettore Sottsass, in *ballo+ballo* 2009b, p. 84.
[4] Interview with Bruno Munari, 21 May 1981, from the Archivio Brustio - La Rinascente, Università Commerciale Luigi Bocconi, see: www.munart.org/doc/bruno-munari-1981-intervista-rinascente.pdf.
[5] Perec (1965) 1990, pp. 70–80.
[6] Tutino 2009, p. 161.
[7] Adolfo Natalini, in *ballo+ballo*, 2009b, p. 95.
[8] Tutino 2009, p. 163.

**Guido Ballo, *Posta per gli amici*,
Edizioni del Cavallino, Venezia 1966**
Guido Ballo, *Posta per gli amici*,
Edizioni del Cavallino, Venice, 1966

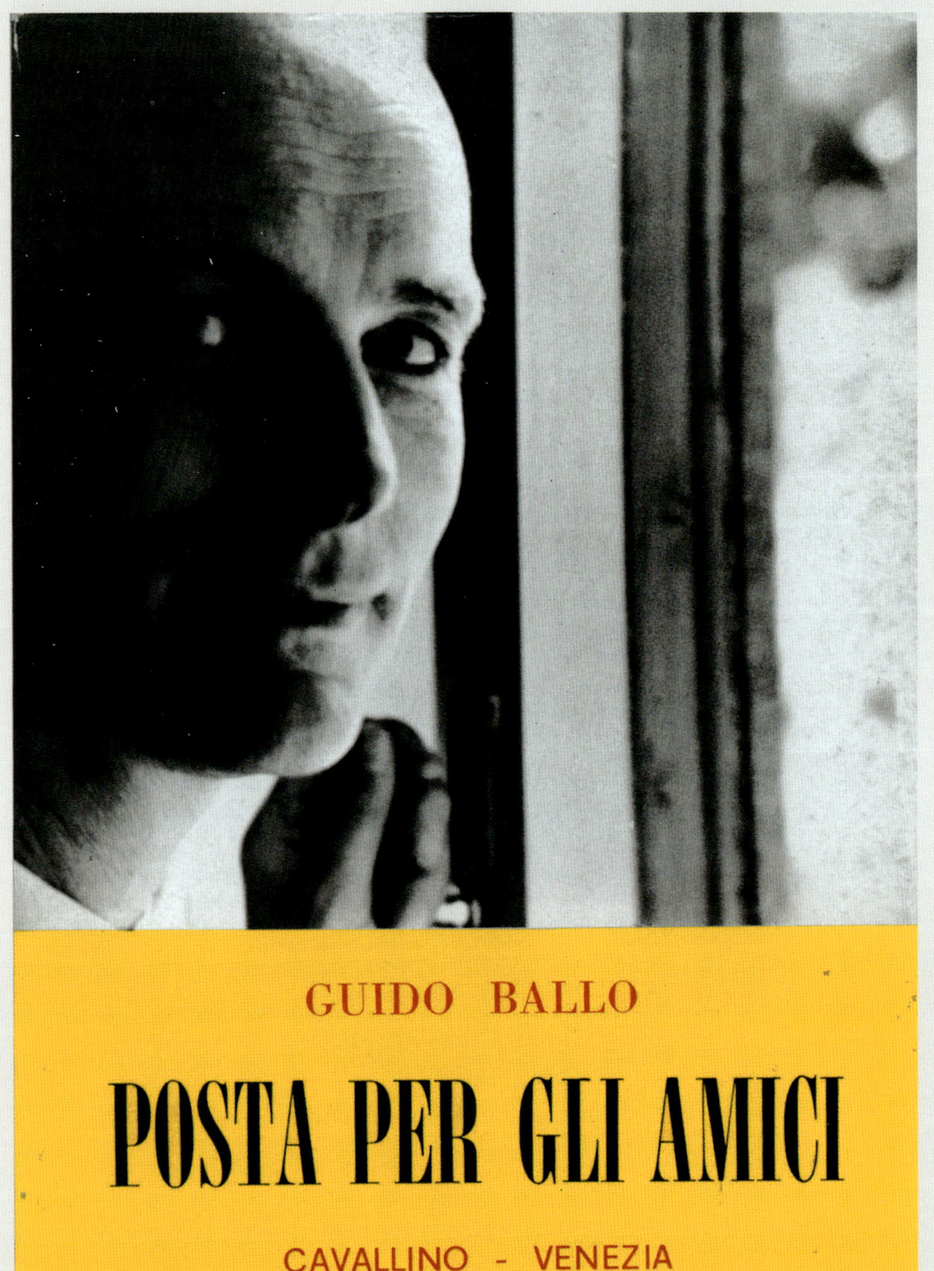

Aldo Ballo collabora a lungo col fratello Guido (1914-2010), critico d'arte, poeta e professore di storia dell'arte all'Accademia di Belle Arti di Brera, fotografando artisti e opere d'arte. Le poesie raccolte in *Posta per gli amici* sono accompagnate da undici sue fotografie poco conosciute, realizzate con movimenti di macchina, sovraesposizioni, doppie esposizioni, montaggi, vere e proprie sperimentazioni sul *medium* fotografico.

Aldo Ballo collaborated extensively with his brother Guido (1914–2010), an art critic, poet, and professor of art history at the Accademia di Belle Arti di Brera, capturing artists and works of art. The poems collected in *Posta per gli amici* are accompanied by eleven of his lesser-known photographs, created using camera movements, overexposures, double exposures, and montages, experimenting with the photography medium.

1. Guido Ballo, *Posta per gli amici*, con 11 foto-immagini di Aldo Ballo, Edizioni del Cavallino, Venezia 1966, copertina
1. Guido Ballo, *Posta per gli amici*, with 11 photo-pictures by Aldo Ballo, Edizioni del Cavallino, Venice, 1966, cover

2 a-d. Aldo Ballo, *Paesaggi [Sicilia, Milano], fotografie per Guido Ballo, "Posta per gli amici"*, 1966
2 a–d. Aldo Ballo, *Landscapes [Sicily, Milan], photographs for Guido Ballo "Posta per gli amici"*, 1966

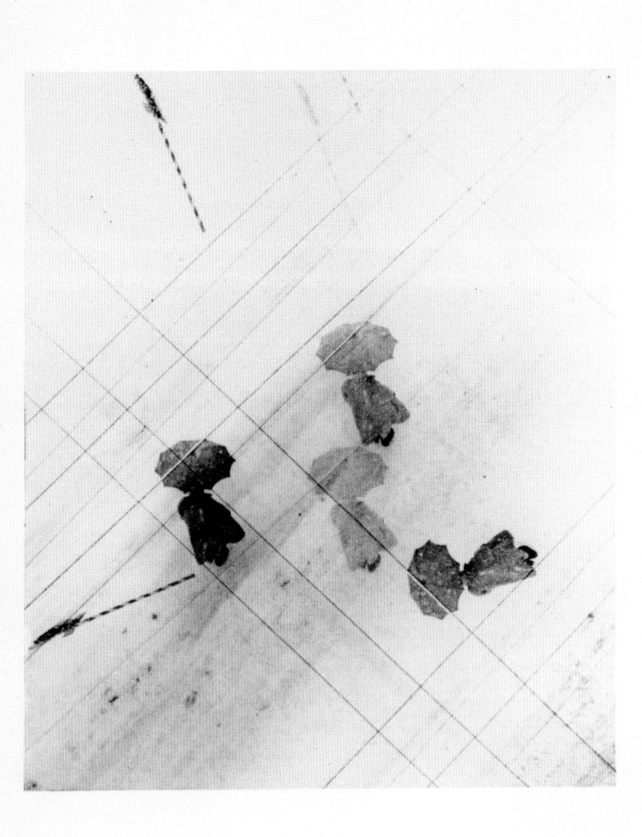
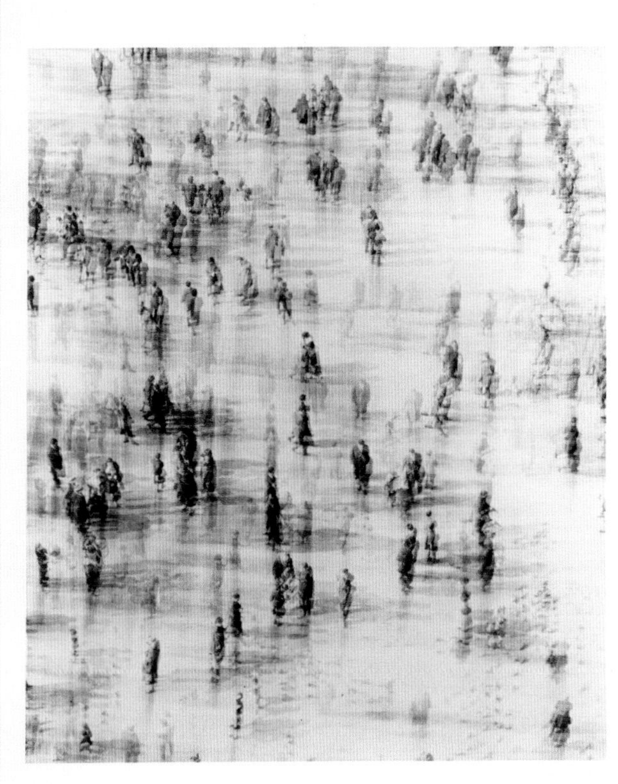
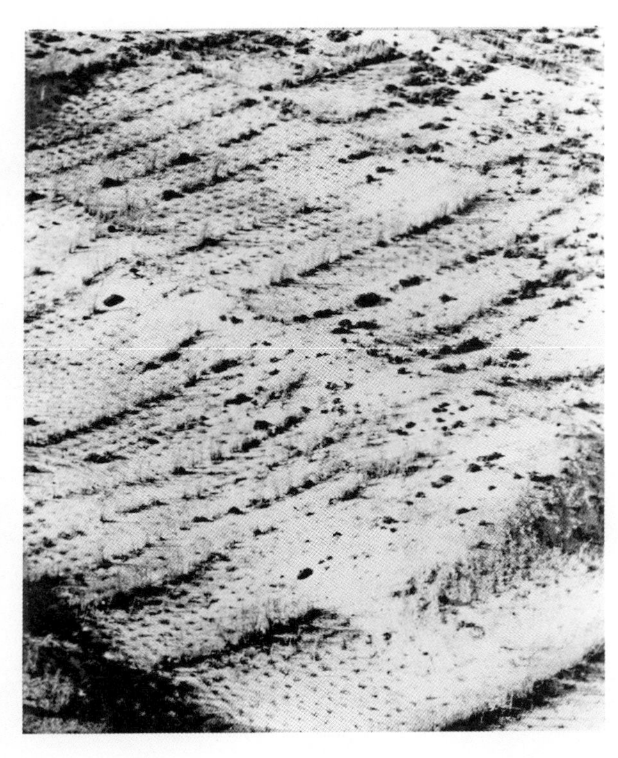
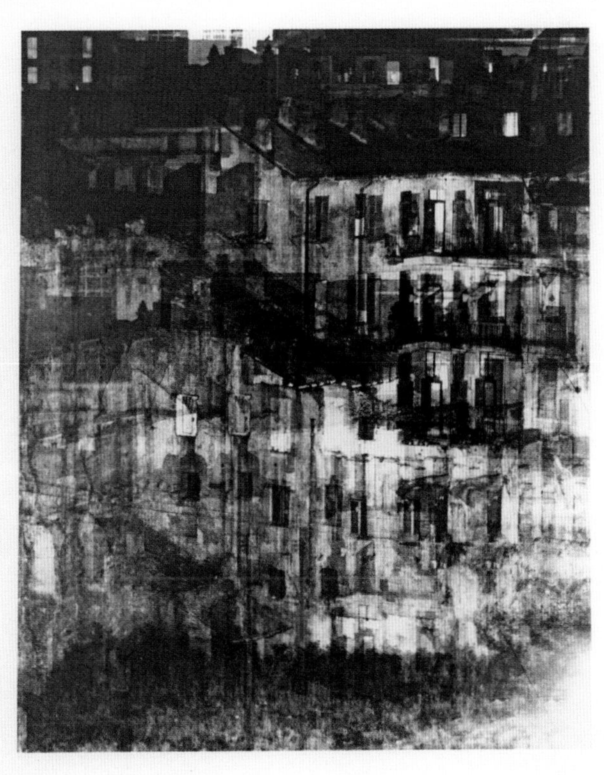

Gruppo OP, 1966
Gruppo OP, 1966

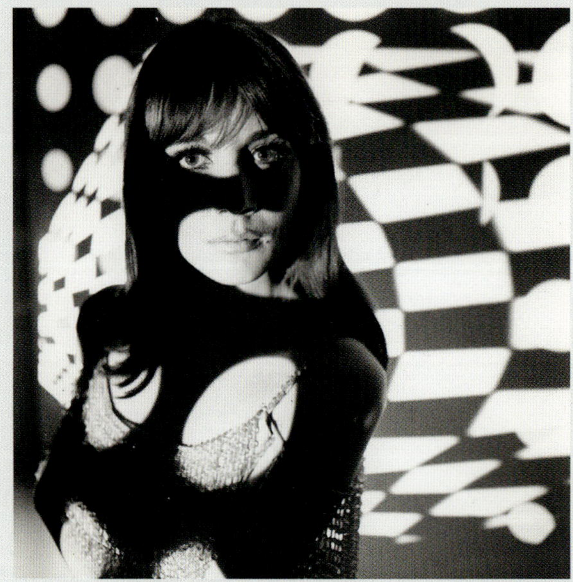

Nel 1966 Aldo Ballo entra a far parte del consiglio redazionale della rivista "Popular Photography Italiana", diretta da Lanfranco Colombo e di cui è art director Giancarlo Iliprandi, fondatore del Gruppo OP. Per lui realizza fotografie "optical", con modelle e proiezioni luminose, che lo avvicinano all'arte cinetica, a Julio Le Parc – visto alla Biennale di Venezia nel 1966 – e alle contemporanee ricerche di Franco Grignani.

In 1966, Aldo Ballo joined the editorial board of the magazine *Popular Photography Italiana*, edited by Lanfranco Colombo and with Giancarlo Iliprandi, founder of the Gruppo OP, as the art director. For this magazine he took "optical" photographs, with models and light projections, which brought him closer to kinetic art, Julio Le Parc – seen at the Venice Biennale in 1966 – and the contemporary research of Franco Grignani.

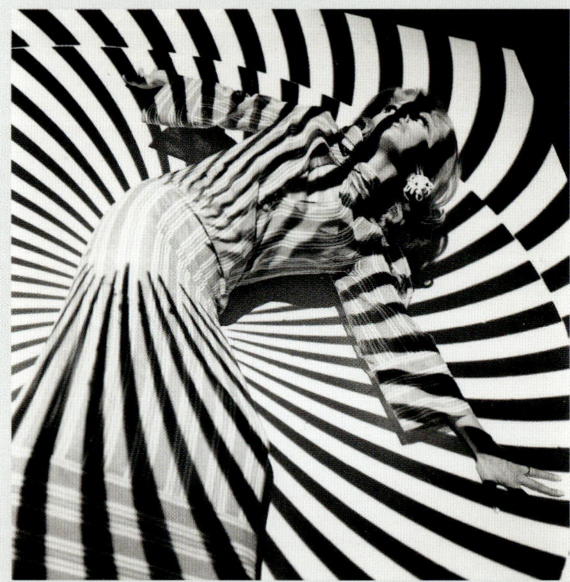

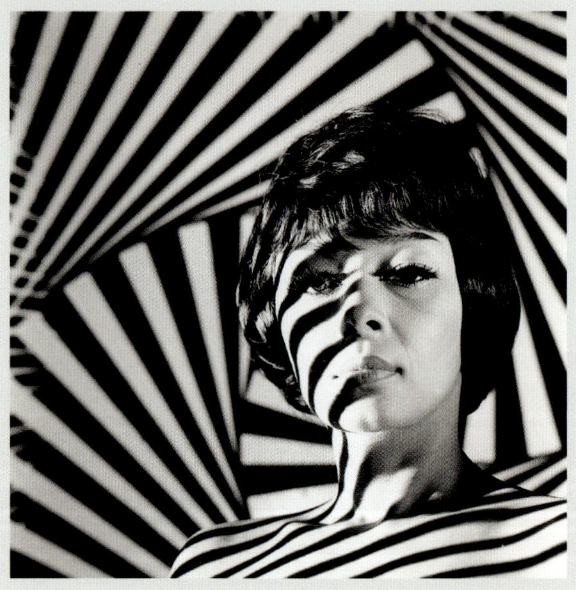

1 a–c. Aldo Ballo, *Modella e proiezioni luminose: campagna per Gruppo OP*, 1966

1 a–c. Aldo Ballo, *Model and light projections: campaign for the Gruppo OP*, 1966

Divertimento

Giancarlo Iliprandi

Il tema di questo articolo era già stato preannunciato e riguardava un intervento più diretto della macchina fotografica nella creazione di immagini optical.

Era anche stata analizzata una certa casistica, per poter stendere una sceneggiatura precisa, articolata in due categorie: immagini create in laboratorio, cioè nella camera oscura, ed altre aventi le caratteristiche più libere della ripresa diretta.

Tra le prime si trovano le sovrapposizioni di negativi, doppi o anche multipli, fissi oppure ruotati secondo vari centri; poi deformazioni ottenute per mezzo della stampa sopra superfici non piane o comunque inclinate secondo diverse angolazioni, infine quelle realizzate con l'ausilio tecnico di lenti « zoppe » appositamente approntate.

In seguito era nostra intenzione documentare le varie possibilità di ripresa da superfici ondulate oppure a piani discontinui, le altre derivate dalla deformazione prospettica in sede di stampa, le sovrapposizioni singole o abbinate ed infine le interruzioni e gli sfaldamenti ottici ormai noti da anni, come del resto tutti gli altri effetti sopra citati, a quanti conoscono il procedimento fotomaster.

Tra le immagini ottenute in sala di posa, per ripresa diretta, si prendevano in considerazione quelle composte da persone o cose rivestite da un particolare disegno ma soprattutto quelle ottenute mediante la proiezione di disegni, espressamente studiati, secondo varie angolazioni e con la possibilità di combinazioni ad incrocio, sopra superfici piane, sopra solidi e finalmente sopra persone.

Come è noto la proiezione accidentale o controllata delle ombre, a parte lo studio di cui è oggetto nella teoria prospettica, rientra sempre come elemento determinante nella composizione di una inquadratura; la proiezione voluta di particolari colori o disegni o ancora di ombre, con immagini ferme oppure in movimento, cioè usando diapositive o films, sopra oggetti o persone è certo di data più recente ma non è più neppure essa una scoperta. Da anni viene proposta nelle pagine sperimentali delle riviste specializzate e degli annuali, è servita al titolaggio di un famoso film di Bond ed attualmente tiene cartello in uno spettacolo notturno a Parigi. Però è l'unica che si presta ancora ad una infinita varietà di proposte e soluzioni, fuori dai rigidi schemi della geometria astratta.

Aldo Ballo, al quale la redazione aveva proposto questo servizio, ha giustamente preferito seguire la via più attuale; scartando tutta l'esemplifica-

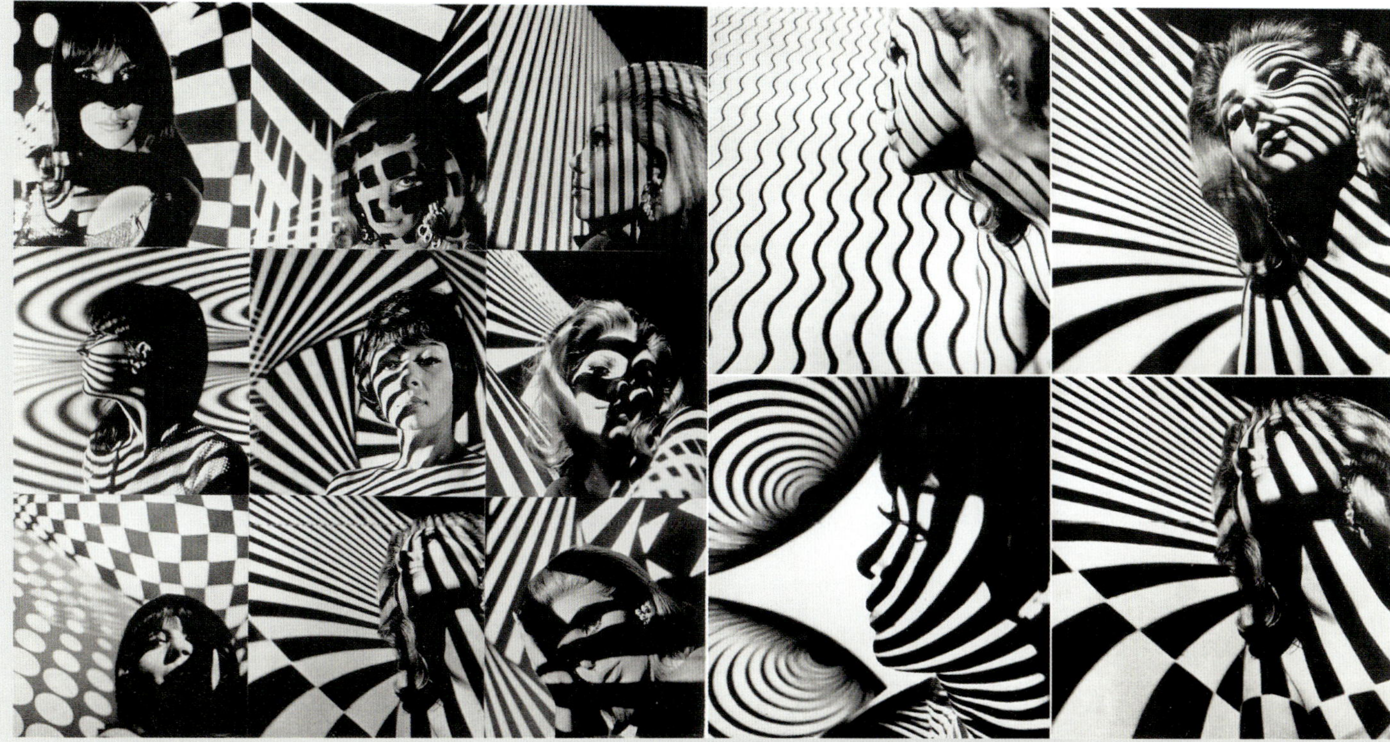

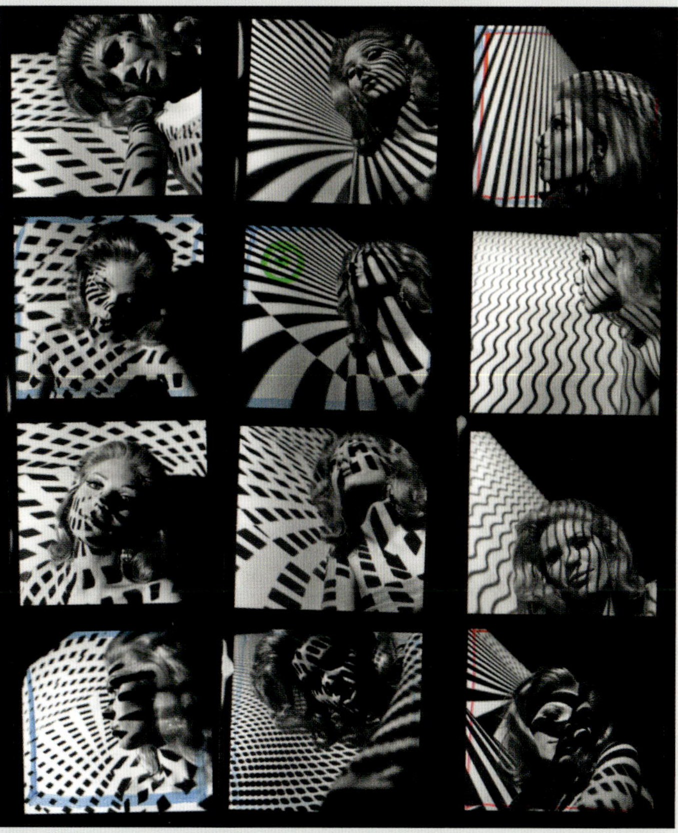

2. Giancarlo Iliprandi, *Divertimento*, in "Popular Photography Italiana", n. 108, giugno 1966, pp. 36-37, con fotografie di Aldo Ballo dedicate a proiezioni luminose del Gruppo OP

2. Giancarlo Iliprandi, "Divertimento", *Popular Photography Italiana* 108, June 1966, pp. 36–37, with photographs by Aldo Ballo dedicated to light projections of the Gruppo OP

3. Aldo Ballo, *Modella e proiezioni luminose: campagna per Gruppo OP*, 1966

3. Aldo Ballo, *Model and light projections: campaign for the Gruppo OP*, 1966

BALLO+BALLO E IL SISTEMA DEL DESIGN.
I casi Danese e Astori

PAOLA PROVERBIO

BALLO+BALLO AND THE DESIGN SYSTEM.
The Danese and Astori Cases

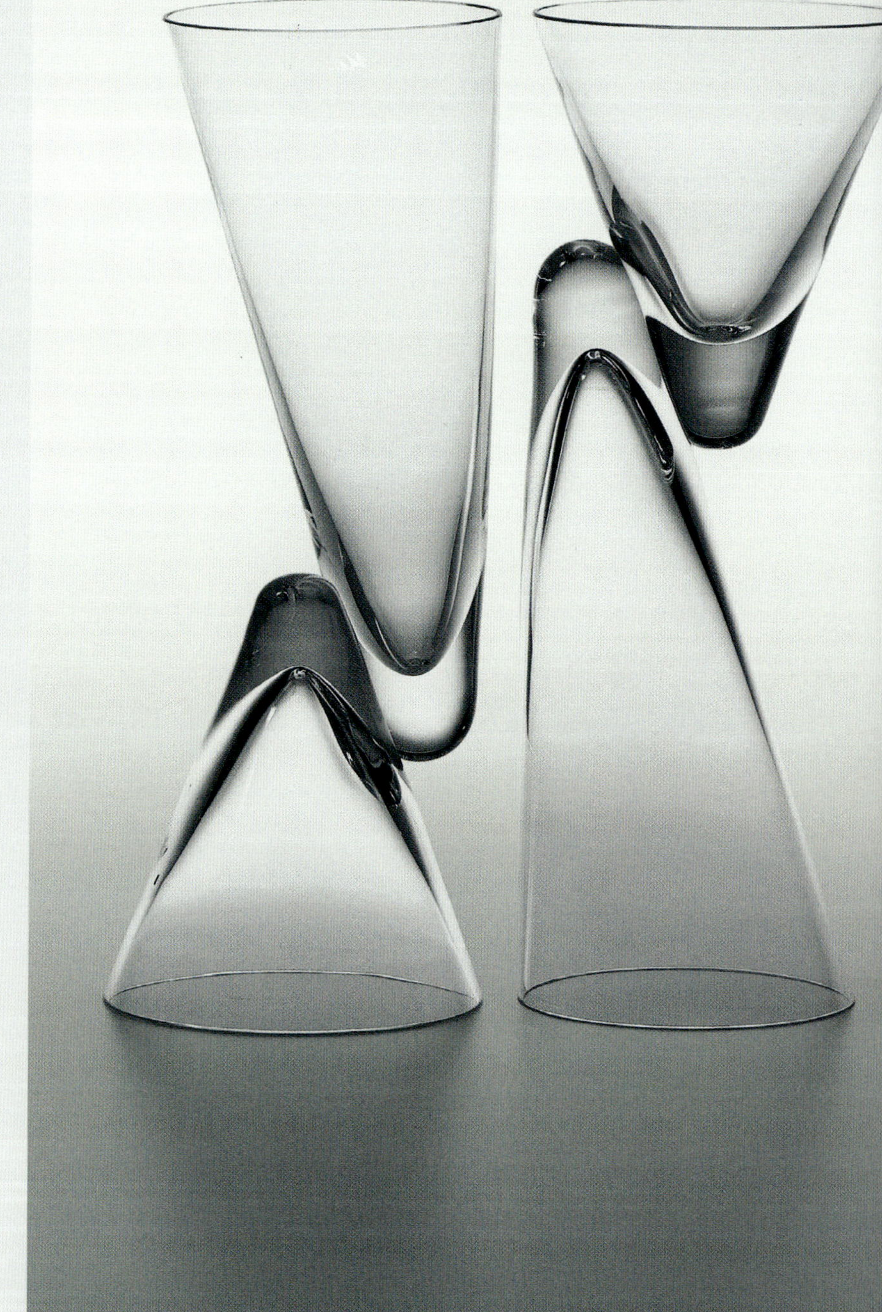

Nel 1972 viene allestita al MoMA di New York la mostra *Italy: The New Domestic Landscape - Achievements and Problems of Italian Design,* avvenimento fondamentale di quel periodo perché se da un lato consacra in via definitiva il design italiano a livello internazionale, dall'altro è ritenuto dal critico e storico Enzo Frateili "forse il primo episodio storico di una correlazione diretta fra produzione di design e una sua inquadratura teorico-critica, tramite il catalogo"[1].

L'intenzione del curatore, l'architetto di origine argentina Emilio Ambasz, è quella di far comprendere "che il design in generale, e quello italiano in modo particolare, significava qualcosa di più della semplice creazione di oggetti destinati a soddisfare esigenze funzionali ed emotive [...] non solo prodotto dell'intelligenza creativa, ma anche esercizio dell'immaginazione critica"[2].

Il riferimento di Frateili al catalogo della mostra non è casuale, dal momento che per Ambasz entrambi hanno pari importanza. Ed è per tale motivo che l'imponente *corpus* fotografico che qualifica la prima parte del volume – corrispondente dei 180 oggetti selezionati dalla produzione del decennio precedente in Italia – viene affidato dal curatore nella pressoché totalità allo Studio Ballo&Ballo (cat. 25).

Sottolinea Ambasz a più riprese nel catalogo: "Our heartfelt admiration and thanks go to Aldo Ballo, who photographed most of the objects for this book and made the enlargements shown in the exhibition containers"[3].

E poi ancora: "All color and black-and-white photographs of objects in this section of

In 1972, an exhibition entitled *Italy: The New Domestic Landscape - Achievements and Problems of Italian Design* was staged at the MoMa in New York. This was a fundamental event for the period because, while it definitively established Italian design on an international level, it was also considered by critic and historian Enzo Frateili to be "perhaps the first historical episode of a direct correlation between design production and its theoretical and critical framing, through the publication of a catalogue"[1].

The goal of the curator, Argentine-born architect Emilio Ambasz, was to make us understand "that design in general, and Italian design in particular, meant something more than the simple creation of objects made to satisfy functional and emotional needs [...] not only a product of creative intelligence, but also an exercise in critical imagination"[2].

Frateili's reference to the exhibition catalogue is not accidental, since for Ambasz both exhibition and catalogue are of equal importance. And it is for this reason that the impressive photographic *corpus* characterising the first part of the volume, illustrating the 180 objects selected from the previous decade's production in Italy, was entrusted by the curator almost entirely to Studio Ballo&Ballo (cat. 25).

Ambasz emphasises several times in the catalogue: "Our heartfelt admiration and thanks go to Aldo Ballo, who photographed most of the objects for this book and made the enlargements shown in the exhibition containers"[3].

And again: "All colour and black-and-white photographs of objects in this section of

the catalogue were specially taken by Aldo Ballo, Milan, with the exception of those indicated in the list of photograph credits on page 429"[4] (fig. 1).
Si noti, come all'epoca Ambasz si riferisse al solo Aldo (che firmava tutte le immagini che uscivano dallo studio come "Foto Aldo Ballo") perché lo Studio non aveva ancora assunto la denominazione di "Ballo&Ballo", adottata dal 1975.
Risulta in ogni caso inequivocabile come alla data di inaugurazione della mostra, l'inizio del decennio settanta, i Ballo avessero già raggiunto l'apice del successo, avendo chiaramente definito un'inconfondibile cifra espressiva nel loro ambito professionale della fotografia per i prodotti del design riferiti al mondo dell'arredo e dei suoi complementi[5].

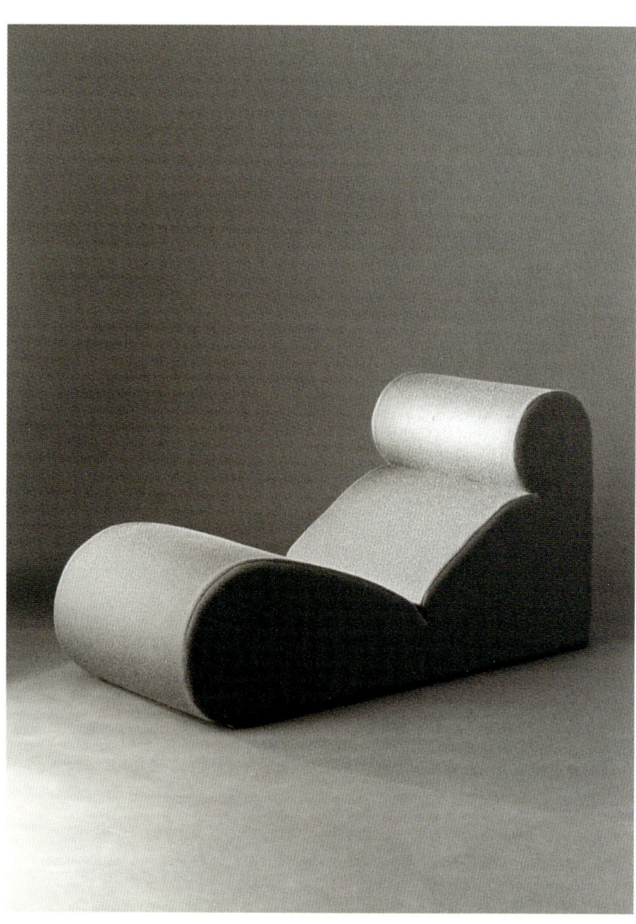

the catalogue were specially taken by Aldo Ballo, Milan, with the exception of those indicated in the list of photograph credits on page 429" (fig. 1).[4]
It should be noted, how at the time Ambasz referred only to Aldo (who signed all the images coming out of the studio as "Foto Aldo Ballo") because the Studio had not yet taken on the name "'Ballo&Ballo", adopted from 1975.
In any case, there can be no doubt that at the date of the opening of the exhibition, the beginning of the 1970s, the Ballo couple had already reached the peak of their success, having clearly defined an unmistakable expressive style in their professional field of photography for design products relating to the world of furniture and its accessories.[5]

Ancora di recente Ambasz ha dichiarato: "Lo avevo scelto perché era il miglior studio fotografico di oggetti esistente. Aldo e Marirosa Ballo erano fotografi molto dotati e il loro studio era tecnicamente molto ben attrezzato per la fotografia di prodotto"[6]. All'epoca della mostra, i Ballo conoscevano bene gli oggetti che sarebbero stati esposti, perché li avevano già fotografati durante gli anni sessanta per i cataloghi o le pubblicità delle relative aziende produttrici. In occasione della mostra, tuttavia, i due fotografi decidono per un'impostazione del set di ripresa diverso: pur non allontanandosi dalla cifra espressiva ben delineata e riconoscibile acquisita negli anni, scelgono diversi accorgimenti compositivi: in prevalenza gli still life sono realizzati rappresentando i pezzi o frontalmente o con una inclinazione a 45° per meglio apprezzarne i dettagli 'formali e tecnici' su ogni lato[7].

Risulta chiaro allora che questa storica mostra non sia stata solo la consacrazione del design italiano a livello internazionale, ma insieme la legittimazione dei Ballo. Ed è inoltre comprensibile perché lo stesso anno, l'azienda Facis (Gruppo Finanziario Tessile - Confezioni maschili Facis) avesse realizzato per Carosello[8] un'ampia serie di efficaci *réclame* dall'accattivante slogan "A ciascuno il suo guardaroba"; in particolare, la serie di tre spot riguardanti la categoria dei fotografi professionisti recitava: "Vi presenteremo 4 fotografi tra i più parlati d'Europa!", con Aldo Ballo – che viene ripreso mentre è al lavoro nel suo studio – insieme ad Alfa Castaldi, Sergio Libis e Oliviero Toscani. I brevi testi che accompagnano i filmati riassumono i tratti distintivi dello stile di Aldo, ma riferibili, oggi sappiamo, anche all'operato di Marirosa.

Ambasz recently stated: "I had chosen it because it was the best photography studio for objects in existence. Aldo and Marirosa Ballo were very gifted photographers and their studio was technically very well equipped for product photography".[6] At the time of the exhibition, the Ballo duo were well-acquainted with the pieces that were to be displayed, as they had already photographed them during the 1960s for catalogues or advertisements of the respective manufacturing companies. On the occasion of the exhibition, however, the two photographers decided on a different setup for the shooting set: while not deviating from the well-defined and recognisable expressive style developed over the years, they chose different compositional techniques. In the still life, for example, the items are depicted either frontally or at a 45° angle to better capture the "formal and technical" details on each side[7].

It is clear, then, that this historic exhibition was not only the consecration of Italian design on an international level, but at the same time the legitimisation of the Ballo husband and wife team. And it is also understandable why in the same year, when a company called Facis (Gruppo Finanziario Tessile - Confezioni Maschili Facis) produced an extensive series of effective advertisements for *Carosello*[8] with the catchy slogan "To each his wardrobe" – and in particular, the series of three adverts concerning the category of professional photographers – we can read: "We will introduce you to four of the most talked-about photographers in Europe!", with Aldo Ballo – filmed while at work

DALLA FASE PIONIERISTICA ALL'AFFERMAZIONE

Già il periodo pionieristico dei Ballo, che ha inizio con il 1954, era stato, tra incarichi di diverso genere, determinante per il tipo di collaborazioni che i due fotografi stabilirono sia con aziende storiche sia con altre di più recente costituzione e desiderose di farsi strada nel mondo del design.

Da un lato, infatti, Mariarosa ricorda: "All'inizio era stato abbastanza complicato, perché avevamo bisogno di guadagnare. Non selezionavamo le occasioni di lavoro, ci dedicavamo a diversi generi fotografici, anche perché il design non era ancora il fenomeno che sarebbe diventato di lì a pochi anni. Abbiamo quindi lavorato per il teatro e allo stesso tempo per l'industria alimentare: per la Simmenthal, la Bertolli e la Barilla con la quale all'epoca collaborava il bravissimo Erberto Carboni. Non ce ne rendevamo ancora conto, ma avevamo un chiaro interesse per l'oggetto ed era già evidente la nostra visione del modo in cui riprenderli"[9].

Tuttavia in un'intervista del 1994 Aldo ricordava che "negli anni '50 iniziava a Milano un certo boom dell'immagine e campagne pubblicitarie d'avanguardia erano presentate da Olivetti, La Rinascente, Pirelli"[10].
Il 1954 è una data significativa per il design italiano, basti ricordare due principali eventi: alla X Triennale viene organizzato il I Congresso internazionale dell'Industrial Design e viene istituito, nato da un'idea di Gio Ponti, il premio Compasso d'Oro da La Rinascente.

in his Studio – together with Alfa Castaldi, Sergio Libis and Oliviero Toscani. The short texts accompanying the films summarise the distinctive features of Aldo's style, but also refer, as we now know, to Marirosa's work.

FROM PIONEERING PHASE TO AFFIRMATION

The pioneering period of the Ballo couple, beginning in 1954, with its mix of assignments of various kinds, had already been decisive for the type of collaborations that the two photographers established with both historic companies and others more recently established and eager to make their way in the world of design.
Marirosa recalls: "In the beginning it was quite complicated, because we needed to earn a living. We didn't select our work opportunities, but dedicated ourselves to different genres of photography, in part because design was not yet the phenomenon it would become a few years later. So we worked for the theatre and at the same time for the food industry: for Simmenthal, Bertolli and Barilla, with whom the talented Erberto Carboni was working at the time. We didn't realise it yet, but we had a clear interest in the subject and our vision of how to shoot them was already evident".[9]
However, in a 1994 interview Aldo recalled that "in the 1950s a certain image boom was beginning in Milan and avant-garde advertising campaigns were being presented by Olivetti, La Rinascente, and Pirelli".[10]

Proprio la lunga collaborazione con il grande magazzino milanese, dal 1955 al 1971, costituisce un punto di svolta per il loro futuro: qui entrano in contatto con una serie di personalità che saranno cruciali per il perfezionamento del loro linguaggio espressivo, in particolare due grafici: da subito Max Huber e poi Salvatore Gregorietti, con i quali i Ballo collaboreranno a lungo e in molteplici occasioni; l'ufficio pubblicità de La Rinascente è inoltre occasione per conoscere il fotografo svizzero Serge Libiszewski (formatosi alla Kunstgewerbeschule Zurigo e trasferitosi nel 1956 a Milano su invito del grande magazzino stesso), le cui immagini erano particolarmente apprezzate da Aldo e Marirosa perché giudicate paradigmatiche per la loro essenzialità e linearità; si aggiungano alle figure citate quelle di Roberto Sambonet (con la cui azienda di famiglia i Ballo lavoreranno dal 1955 al 1973) e di Adriana Botti Monti, con la quale i Ballo collaborarono sia quando era art director presso La Rinascente sia quando, successivamente, lavorerà per la rivista "Casa Vogue".

Durante la seconda metà degli anni cinquanta i Ballo consolidano una rete di rapporti, inserendosi a pieno titolo nel vivace contesto culturale che caratterizzava Milano (a cui aveva fatto cenno Aldo nella sua ultima intervista del 1994), come co-protagonisti del nascente sistema del design che contribuiscono a definire grazie all'autorevolezza delle loro immagini.

In questo avvicinamento al mondo del progetto gioca un ruolo fondamentale la formazione di Aldo e Marirosa: entrambi avevano frequentato il liceo artistico di Brera

1954 was a significant date for Italian design: we need only recall two important events to show this: the first International Congress dedicated to industrial design was organised at the 10th Triennale and the Compasso d'Oro award was instituted by La Rinascente as the brainchild of Gio Ponti.

It was precisely the long collaboration with the Milanese department store, from 1955 to 1971, that constituted a turning point for their future: here they came into contact with a series of individuals who would be crucial for the refinement of their expressive language, and in particular two graphic designers. These, from the outset, were Max Huber from the beginning and then Salvatore Gregorietti, with whom the Ballo brothers collaborated for a long time and on many occasions; the advertising office at La Rinascente was also an opportunity to meet the Swiss photographer Serge Libiszewski (who trained at the Kunstgewerbeschule in Zurich and moved to Milan in 1956 at the invitation of the department store itself), whose images were particularly appreciated by Aldo and Marirosa because they were considered paradigmatic in terms of their essentiality and linearity. In addition to the aforementioned figures, there were also Roberto Sambonet (with whose family business the Ballos worked from 1955 to 1973) and Adriana Botti Monti, with whom the Ballos collaborated both when she was art director at La Rinascente and later when she worked for the magazine *Casa Vogue*.

During the second half of the 1950s, the Ballos consolidated a network of relationships,

e Aldo aveva intrapreso gli studi di Architettura al Politecnico di Milano; Marirosa era compagna di classe di Massimo Vignelli e Aldo era amico fin dai tempi dell'università di Giancarlo Iliprandi ed Enrico Tovaglieri, coi quali aveva condiviso, per un certo periodo, un appartamento. La loro cerchia di amicizie è quindi costituita fin dall'inizio da grafici, architetti e designer. Fin dal 1954 nelle agende di lavoro, dove i Ballo registrano puntualmente tutte le committenze, ricorrono i nomi di Marco Zanuso, Gae Aulenti, dal 1956 quello di Achille Castiglioni, ma dal 1955 anche quelli di artisti come Bruno Munari – conosciuto frequentando Marcello Piccardo a Monte Olimpino – che ai Ballo affidano le rappresentazioni fotografiche delle loro opere.

Una cerchia che va allargandosi grazie alla collaborazione con quelle aziende che rappresentano il "triangolo" della iniziale cultura progettuale italiana: oltre a La Rinascente, Olivetti e Pirelli.

Ricorda Marirosa: "con Adriano Olivetti c'era un folto gruppo di professionisti, intellettuali, anche nostri amici, come Giancarlo Buzzi. Alla Pirelli invece nel periodo in cui era presente il poeta Sinisgalli, tramite il passaparola, un amico in comune aveva proposto 'facciamoli provare a fotografare gli pneumatici'"[11].

Sono anche gli anni in cui nascono nuove aziende del design (che affiancano quelle storiche come Cassina, Arteluce, Boffi ecc.) e riviste specializzate ("Interni", "Abitare", "Ottagono", e, soprattutto importante per loro, "Casa Vogue").

Accanto dunque alle più longeve collaborazioni cominciano quelle con più piccole e

fitting right into the lively cultural context that characterised Milan (which Aldo had mentioned in his last interview in 1994) and as co-protagonists of the nascent design system that they helped to define thanks to the power of their images.

Aldo and Marirosa's background played a fundamental role in this approach to the world of design: both had attended the Liceo Artistico of Brera and Aldo had undertaken studies in architecture at the Polytechnic of Milano; Marirosa was Massimo Vignelli's classmate and Aldo had been friends since his university days with Giancarlo Iliprandi and Enrico Tovaglieri, with whom he had shared an apartment for a while. Their circle of friends thus consisted of graphic artists, architects and designers from the very beginning. As early as 1954, the names of Marco Zanuso, Gae Aulenti and, from 1956, Achille Castiglioni recurred in the work diaries, where the Ballos punctually record all the commissions, and from 1955 also artists such as Bruno Munari – whom they had met while frequenting Marcello Piccardo in Monte Olimpino – who entrusted the Ballos with photographic representations of their works.

This circle of acquaintances widened thanks to the collaboration with companies that we might define as the "triangle" of the early Italian design culture: in addition to La Rinascente, these included Olivetti and Pirelli.

Marirosa recalls: "with Adriano Olivetti there was a large group of professionals, intellectuals, including friends of ours, such as Giancarlo Buzzi. At Pirelli, on the other hand, during the

2. Studio Ballo+Ballo, *Posacenere "Cubo" di Bruno Munari per Danese*, 1959

2. Studio Ballo+Ballo, *Bruno Munari's "Cubo" ashtray for Danese*, 1959

spesso neonate aziende del design: tra il 1959 e il 1960 risultano dalle loro agende almeno 31 nuovi committenti. Il riconoscimento della specializzazione dei Ballo nella ripresa degli elementi di arredo comincia proprio "intorno agli anni sessanta, quando il discorso fotografico intorno alla professione si è fatto più chiaro e preciso. E dunque finì il periodo pionieristico"[12].

CON LA DANESE, UNA SINTONIA INTELLETTUALE

Fra i molti incarichi di quel periodo appare significativo, per capire in profondità non solo la filosofia della fotografia dei Ballo, ma soprattutto la loro rilevanza all'interno di quel clima culturale e operativo, quello con la società editrice di design Danese, fondata da Bruno Danese e dalla moglie Jacqueline Vodoz nel 1957 su suggerimento di Bruno Munari (cat. 48).

L'inizio della collaborazione con i Ballo risale al 1959 e prosegue in modo pressoché

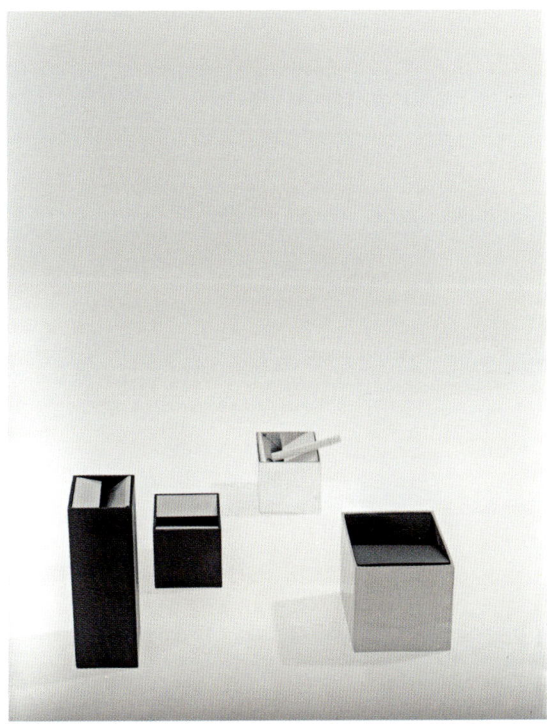

period in which the poet Sinisgalli was present, our arrival happened by word of mouth from a mutual friend who had suggested 'let's have them try to photograph tyres'"[11].

These were also the years in which new design companies were founded (flanked by the historic firms such as Cassina, Arteluce, Boffi, etc.), along with specialised magazines (*Interni*, *Abitare*, *Ottagono* and, especially important for them, *Casa Vogue*).

Thus, alongside the longer-lasting collaborations, new projects developed with smaller and often fledgling design companies: between 1959 and 1960 in their work diaries there were at least 31 new clients. Recognition of Ballos' specialisation in the shooting of furniture elements began "around the 1960s, when the photographic discourse around the profession became clearer and more precise. And thus ended the pioneering period".[12]

continuativo fino al 1987, anno in cui la coppia di imprenditori rinnova l'ultimo catalogo dei prodotti, vale a dire prima che decidano di cedere nel 1991 la società editrice a una multinazionale francese; fin dal principio della loro vicenda professionale, i Danese avevano ritenuto che fosse necessario avere un archivio costituito non solo dagli oggetti realizzati ma insieme da tutti i documenti cartacei che producevano: erano soprattutto le fotografie a rappresentare un patrimonio indispensabile per la comunicazione di quanto andavano facendo. Jacqueline era fotografa e all'epoca era già nota per i suoi reportage; si era impegnata in prima persona a scattare foto dei loro prodotti, ma volendo ottenere i più alti criteri fotografici di presentazione dell'oggetto, i Danese si affidarono in modo prevalente allo Studio Ballo[13] (fig. 2). Vodoz e Danese erano convinti che "il conservare fosse un sostegno indispensabile per il fare!"[14].

Per questo in tutte le occasioni espositive nel corso dei decenni, che fosse nel loro negozio-galleria di piazza San Fedele o in qualsiasi museo italiano o all'estero, per i Danese il racconto si fondava sulla rappresentazione fotografica, tanto quanto su quella degli oggetti presenti in mostra: "abbiamo costruito un archivio di immagini fin dall'inizio perché era necessario caricarsi, credere che quello che si stava facendo era qualcosa di particolare e molto importante che non poteva non avere una storia"[15]. Con tali presupposti è flagrante l'apporto dei Ballo al patrimonio di immagini della piccola società editrice. Allo stesso modo dei Danese,

WITH DANESE, AN INTELLECTUAL HARMONY

Among the many assignments of this period, the one with the design publishing company Danese, founded by Bruno Danese and his wife Jacqueline Vodoz in 1957 at the suggestion of Bruno Munari, is significant for an in-depth understanding not only of the philosophy of the Ballos' approach to photography, but above all their relevance within that cultural and operational climate (cat. 48).

The beginning of their collaboration with Aldo and Marirosa Ballo dates back to 1959 and continued almost continuously until 1987, the year in which the entrepreneurial couple renewed their last product catalogue; that is, shortly before they decided to sell the publishing company to a French multinational in 1991. From the very beginning of their professional career, the Danese couple had felt that it was necessary to have an archive consisting not only of the objects they produced but also of all the paper documents they produced: it was above all the photographs that represented an indispensable asset for communicating what they were doing. Jacqueline was a photographer and at the time was already well known for her reportages; she had undertaken to take photographs of their products herself, but wanting to achieve the highest photographic standards in the presentation of the object, Danese relied predominantly on the Studio Ballo (fig. 2).[13] Vodoz and Danese were convinced that "preserving was an indispensable support for doing!".[14]

Aldo e Marirosa attribuivano "una grandissima considerazione alle riviste, ai cataloghi, a tutto quello che serviva per mostrare degli oggetti d'uso con grande forza, con grande serietà"[16].

Tra le due coppie di imprenditori e fotografi si era instaurata fin dall'inizio una sintonia intellettuale durata circa trent'anni; le loro modalità di lavoro e di pensiero erano chiaramente affini.

Definiti "calvinisti" per il loro atteggiamento costantemente scrupoloso in tutto ciò che facevano, i Danese trovano senza dubbio una eco nel metodo rigoroso dei Ballo, per i quali questo stesso appellativo potrebbe risultare calzante.

Marirosa ricordava i Danese come "committenti molto determinati, ma allo stesso tempo con 'l'anima': era un bel rapporto umano [...] sia noi sia i Danese avevamo un grandissimo rispetto per il nostro lavoro, per ciò in cui eravamo impegnati. All'inizio il nostro interlocutore era Bruno, ma non ci davamo neanche del tu. Jacqueline, all'epoca, era già nota per i suoi reportage. Ricordo che prima ancora dell'esperienza della società Danese, Bruno aveva un negozio da queste parti, in viale Coni Zugna. Si occupava di ceramiche insieme a Franco Meneguzzo. Durante gli anni ottanta, per gli ultimi cataloghi, avevamo fotografato nuovamente molti oggetti, diventati ormai dei classici della produzione Danese. Lo abbiamo fatto però con uno spirito diverso, perché anche Bruno e Jacqueline volevano che si fotografasse in un certo modo. In ogni caso per *il* Ballo i committenti erano tutti interessanti e cercava di capire le loro

For this reason, in all the exhibitions organised over the decades, whether in their shop-gallery in Piazza San Fedele or in any museum in Italy or abroad, for Danese and Vodoz the story was based on photographic representation, as much as on that of the objects in the exhibition: "we put together an archive of images from the very beginning because it was necessary to charge ourselves, to believe that what we were doing was something special and very important [...] it could not not have a story".[15] With these assumptions, the Ballos' contribution to the image heritage of the small publishing company is more than clear. In the same way as Danese and Vodoz, Aldo and Marirosa attached "great consideration to magazines, to catalogues, to everything that was needed to show objects of use with great strength, with great professionalism".[16] An intellectual harmony had been established from the start between the two pairs of entrepreneurs and photographers that lasted about thirty years; their ways of working and thinking were clearly similar.

Dubbed "Calvinists" because of their constantly scrupulous attitude in everything they did, the Danese couple undoubtedly found an echo in the rigorous methods of the Ballos, for whom this same term would have been perfect.

Marirosa remembered the Danese team as "very determined clients, but at the same time with 'soul': there was a fine human relationship [...] both we and the Danese couple had a great respect for our work, for what we were engaged in. In the beginning

esigenze. Proprio per questo diceva: 'voglio interpretare l'oggetto e dargli un'anima', voleva che lo sapesse anche la stampa, anche la gente comune"[17]. Anche in questo caso traspare una forte congenialità tra le due coppie: se era stata la determinazione a spingere i Danese lungo il percorso scelto – si erano dati cinque anni di tempo per riuscire nella loro avventura commerciale imperniata sui piccoli oggetti di design, altrimenti, a fronte di un insuccesso, avrebbero abbandonato l'impresa – allo stesso modo i Ballo avevano deciso di andare controcorrente, privilegiando gli *still life* dell'oggetto rispetto al molto in voga *reportage* (dal quale in realtà proveniva Marirosa).

CON LA DRIADE, LA DIVULGAZIONE DI UN'ESTETICA

Un analogo rapporto di reciprocità e sintonia professionale ha segnato il rapporto tra i Ballo e la famiglia Astori, proprietaria della Driade (fig. 3).
L'azienda Driade è stata tra le avventure imprenditoriali più felici e riuscite del panorama italiano, fin dal momento dell'avvio nel 1968, quando tutti e tre i suoi componenti – Enrico Astori, Adelaide Acerbi e Antonia Astori, rispettivamente moglie e sorella di Enrico – si impegnarono in un progetto di impresa che configurarono consapevolmente proprio come un laboratorio estetico, rivolto allo sviluppo della ricerca sul tema dell'abitare nella sua totalità: dalle attrezzature ai mobili, dai complementi all'oggettistica[18]. Ciascuno di loro aveva un preciso compito all'interno dell'attività, quello di Adelaide riguardava la comunicazione e le pubbliche relazioni. Gli studi nel campo dell'arte e

our interlocutor was Bruno, but we didn't even use the familiar *tu* form. Jacqueline, at that time, was already known for her reportages. I remember that before working with the Danese company, Bruno had a shop around here, in Viale Coni Zugna. He dealt in ceramics together with Franco Meneguzzo. During the 1980s, for the last catalogues, we photographed many objects again that had become classics of Danese production. We did it in a different spirit, however, because Bruno and Jacqueline wanted them to be photographed in a certain way. In any case for Ballo *per se* the clients were all interesting and it tried to understand their needs. That's why it was said: 'I want to interpret the object and give it a soul'; they wanted the press too, and even ordinary people, to know this".[17] In this case too, a strong congeniality between the two couples transpires: if it was determination that pushed the Danese family along its chosen path – they had given themselves five years to succeed in their commercial adventure centred on small design objects, or they would abandon the enterprise in the face of failure – in the same way, the Ballo couple had decided to go against the tide, favouring still-life of objects over the much more fashionable reportage (from which field Marirosa actually came).

WITH DRIADE, THE DISSEMINATION OF AN AESTHETIC

A similar relationship of reciprocity and professional harmony marked the relationship between the Ballo couple and the Astori family, owners of Driade (fig. 3).

della fotografia avevano reso Adelaide conscia dell'importanza della qualità fotografica nella rappresentazione dei prodotti dell'azienda e più in generale nella costruzione dell'immagine stessa della Driade. Con intuito e dedizione aveva cercato sempre i migliori fotografi – o i più promettenti tra quelli giovani, tra questi anche Gabriele Basilico – a partire da due maestri, Aldo Ballo e Ugo Mulas, per trasmettere un messaggio di comunicazione che andasse oltre le mode.

In una delle sue ultime video interviste sulla figura di Adelaide Acerbi Astori, il marito Enrico aveva dichiarato: "Quando nasce Driade valutavo, sia io che l'Adelaide, *il* Ballo come il migliore fotografo di sala posa per fotografare l'oggetto"[19]. Conferma Antonia:

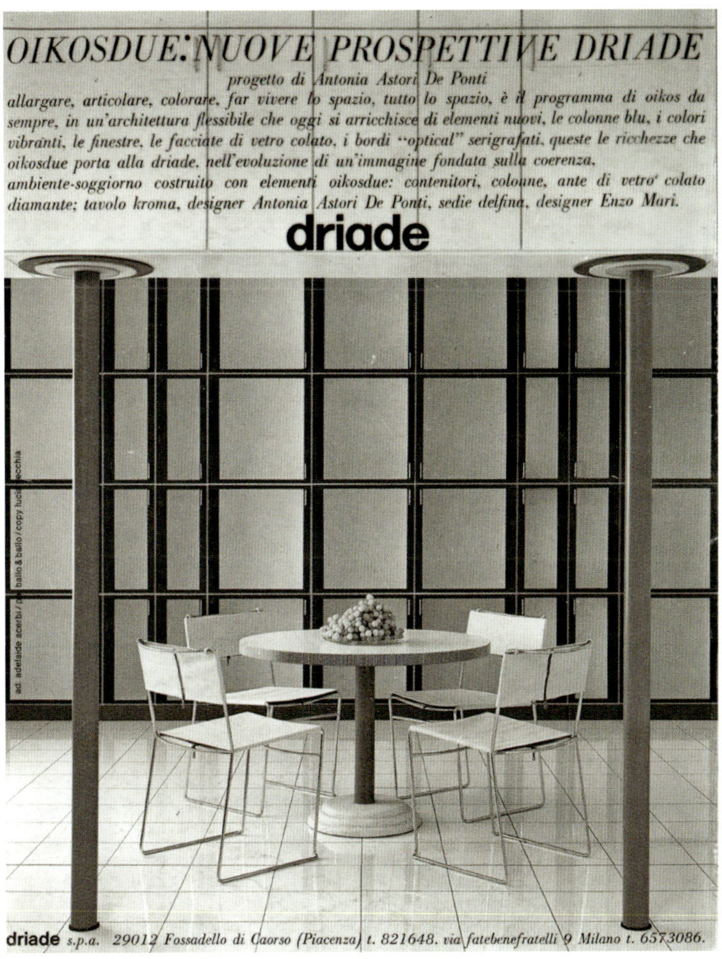

The Driade company has been one of the happiest and most successful entrepreneurial ventures on the Italian scene since its inception in 1968, when all three of its members – Enrico Astori, Adelaide Acerbi, and Antonia Astori, respectively Enrico's wife and sister – were committed to a business project that was consciously configured as an aesthetic workshop, aimed at developing research on the theme of living in its entirety: from equipment to furniture, and from accessories to objects.[18]

Each of them had a precise task within the business, Adelaide's being concerned with communication and public relations. Her studies in the field of art and photography made Adelaide aware of the importance of photographic quality in the representation of the com-

"Adelaide aveva un rapporto molto, molto intenso con i fotografi. Aveva delle affinità elettive molto forti. Se non scattavano queste affinità, credo che non avrebbe potuto lavorare"[20]. La scelta dei fotografi da parte di Adelaide si basava sul fatto di poter stabilire con loro un rapporto di collaborazione esclusiva e diretta.

Non si può che pensare che una tale affinità elettiva si fosse stabilita subito con i Ballo, dal momento che nel primo catalogo della azienda, curato da Adelaide nel 1971, le immagini sono appunto di Aldo e Marirosa (e alcune di Oliviero Toscani).

La scelta di Aldo, fratello dello storico dell'arte Guido Ballo con il quale Adelaide aveva studiato e si era laureata con una tesi su Bruno Munari, è presumibile che si fosse posta come inevitabile, dal momento che lo studio dei Ballo era all'epoca il palcoscenico sul quale veniva immortalata, in un flusso ininterrotto, la gran parte dei prodotti realizzati dalle industrie del design di quel decennio.

È ancora Enrico a sottolineare che "Per tantissimi anni Adelaide ha lavorato con Aldo e Marirosa Ballo. Facevano insieme gli still life e quindi lei era abituata a quell'estetica, a quella luce, questa luce diffusa di Piero della Francesca"[21].

Durante quel periodo Adelaide apprende, in particolare da Marirosa, come realizzare i suoi incisivi still life, arrivando a prefigurare il set fotografico come fosse un reale prodotto di tecnica fotografica[22]. È interessante inoltre notare come Adelaide (che non fotografò mai in prima persona) e Marirosa avessero l'abitudine di preparare accurati menabò per definire i set fotografici e l'effetto finale voluto. Adelaide

pany's products and more generally in the construction of the Driade image itself. With intuition and dedication, she always sought out the best photographers – or the most promising young ones, including Gabriele Basilico – starting with two noted professionals, Aldo Ballo and Ugo Mulas, to convey a message of communication that went beyond trends.

In one of his last video interviews about Adelaide Acerbi Astori, her husband Enrico had declared: "When Driade was established, both Adelaide and I evaluated Ballo as the best studio photographer to photograph objects".[19] Antonia confirms: "Adelaide had a very, very intense relationship with photographers. She had very strong elective affinities. If these affinities failed to emerge, I think she wouldn't have been able to work".[20] Adelaide's choice of photographers was based on the fact that she could establish an exclusive and direct relationship with them.

One can only assume that such an elective affinity was immediately established with the Ballos, since in the company's first catalogue, edited by Adelaide in 1971, the images are indeed by Aldo and Marirosa (and some by Oliviero Toscani).

The choice of Aldo, brother of the art historian Guido Ballo with whom Adelaide had studied and graduated with a thesis on Bruno Munari, is presumably an almost inevitable one, since the Studio Ballo was at the time the stage on which most of the products made by the design industries of that decade were being regularly immortalised.

Enrico again points out that "For many years Adelaide worked with Aldo and Marirosa

ritagliava le immagini degli oggetti sui quali stava lavorando e incollava tutto su grandi fogli bianchi[23]. Sulla base di questi bozzetti si confrontava con i fotografi per stabilire anche le luci del set. Per lei gli still life avevano la funzione di dare un'anima allo spazio[24].

Anche per Marirosa la fase preparatoria con gli schizzi e l'impaginato rappresentava un passaggio imprescindibile, lo definiva il "progetto corale": "Io disegnavo, facevo un menabò e insieme ragionavamo. [...] // Ballo cercava la luce, la composizione e io mi occupavo degli oggetti da inserire per far vivere l'immagine. Per alcune composizioni della Driade avevamo usato della frutta congelata, ma avevamo poi scoperto che si poteva ottenere lo stesso effetto ricoprendola con una particolare cera. Erano immagini che spesso venivano usate per il catalogo, ma non solo"[25].

Marirosa aveva sempre parlato con passione del "lavoro in cerchio", come amava ripetere, che di volta in volta erano in grado di stabilire lei, Aldo, e i vari interlocutori con cui stavano lavorando in quel momento, che fossero imprenditori, progettisti, grafici

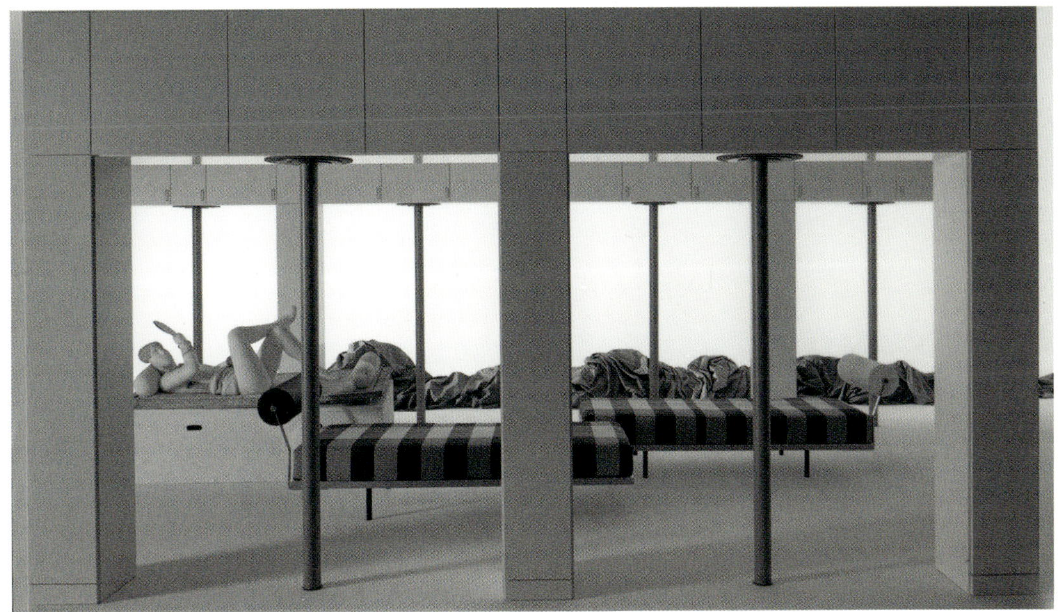

Ballo. They did still-lifes together and so she was used to that aesthetic, that light, that diffused Piero-della-Francesca-like light".[21]

During that period, Adelaide learnt, particularly from Marirosa, how to make her incisive still lives, coming to prefigure the photographic set as if it were a real product of photographic technique.[22] It is also interesting to note how Adelaide (who never herself took pictures) and Marirosa had the habit of preparing careful mock-ups to define the photographic sets and the desired final effect. Adelaide would cut out images of the objects she was working on and paste everything onto large white sheets.[23] On the basis of these sketches she would also discuss the lighting of the set with the photographers. For her, the still life had the function of giving a soul to the space.[24]

For Marirosa too, the preparatory phase with the sketches and the layout was an essential step: she called it the "choral project". "I would draw, make a mock-up and together we would discuss it. [...] Aldo was looking for the light, the composition, and I

o direttori di riviste, com'è avvenuto con Isa Tutino Vercelloni per "Casa Vogue", alla quale i Ballo diedero un indispensabile contributo (fig. 4).

È chiaro ormai come siano state tante le 'unicità' che hanno contraddistinto i Ballo con il loro 'punto di vista', a partire dal comune denominatore, rimasto fino alla fine lo stesso, il cercare di comprendere l'oggetto da riprendere per restituirlo nel migliore dei modi: "da solo, con un elemento di confronto, quando ci sembra opportuno o quando è richiesto, o ambientato. Prima di scattare lo guardiamo per giorni, lo abbandoniamo, lo riprendiamo e via via"[26].
Per riassumere tutte le 'unicità' è probabilmente sufficiente sottolineare ancora una volta che il loro approccio culturale alla fotografia di design è stato tale da essersi posto quale termine di paragone per tutti i fotografi, impegnati in questo genere, venuti dopo di loro portando lo Studio Ballo+Ballo a essere un'autentica 'scuola bottega' che rappresenta ancora oggi la loro importante eredità.

was in charge of the objects to be inserted to bring the image to life. For some Driade compositions we used frozen fruit, but we then discovered that you could achieve the same effect by covering it with a special wax. These were images that were often used for the catalogue, but not only that".[25]
Marirosa had always spoken passionately about "working in a circle", as she liked to repeat, a concept she would create in company with Aldo and the various interlocutors they were working with at the time, whether these were entrepreneurs, designers, graphic designers or magazine editors, as was the case with Isa Tutino Vercelloni for *Casa Vogue*, to which the Ballo couple made a vital contribution (fig. 4).

It is clear by now how many "unique" elements distinguished the work of the Ballo couple with their "point of view", starting from the common denominator, which remained the same until the end: the attempt to understand the object to be photographed in order to display it in the best possible way: "alone, with an element of comparison, when this seems appropriate or when it is required, or established. Before shooting we look at it for days, leave it aside, pick it up again and so on".[26]
To summarise all the "uniqueness", it is probably sufficient to emphasise once again that their cultural approach to design photography was such that it set a benchmark for all photographers engaged in this genre, who came after them leading the Studio Ballo+Ballo to be an authentic "workshop schoo" that still represents their important legacy today.

[1] Frateili 1989, pp. 108-109.

[2] Ambasz 1997, p. 26.

[3] Emilio Ambasz, in *The New Domestic Landscape* 1972, p. 15.

[4] Ivi, p. 24.

[5] In parallelo si muove con la stessa modalità Giorgio Casali che opera con Gio Ponti per la realizzazione del progetto fotografico della Domus.

[6] Chiesa, Proverbio 2023, p. 910; l'intervista è stata raccolta dalle autrici in data 16 gennaio 2023, Milano-New York.

[7] Chiesa, Proverbio 2023, p. 912.

[8] Si tratta degli episodi 1, 2 e 3 di Carosello *Facis. A ciascuno il suo guardaroba*, pubblicità del marchio di abbigliamento Facis [Filmati e audiovisivi].

[9] Dalla conversazione dell'autrice con Marirosa Toscani Ballo, Milano, 2018; dal 2013 al 2018 ci sono state diverse occasioni di incontro tra l'autrice e Marirosa Toscani, durante le quali era stato possibile raccogliere le informazioni riportate nel presente saggio.

[10] Mutti 1994.

[11] Sfriso 2003-2004, p. 184.

[12] Rebuzzini 1979, p. 58.

[13] Insieme ai Ballo, diverse altre figure autoriali hanno concorso a costruire il racconto dell'iconografia fotografica della società editrice, tra questi: Ugo Mulas, Davide Clari, Toni Nicolini, Ada Ardessi e Studio Azzurro.

[14] *Le goût de la communication* 2001.

[15] Ivi.

[16] Dichiarazione di Marirosa Ballo in E. Tremolada, *L'Adelaide*, 2018. https://www.audiovisiva.org/it/documentary/ladelaide [Filmati e audiovisivi].

[17] Dall'intervista dell'autrice a Mariarosa Ballo, 2018.

[18] Proverbio 2017, p. 151.

[19] Dichiarazione di Enrico Astori in Tremolada, *L'Adelaide* cit.

[20] Dichiarazione di Antonia Astori in Tremolada, *L'Adelaide* cit.

[21] Dichiarazione di Enrico Astori in Tremolada, *L'Adelaide* cit.

[22] Lupi 1995, p. 120.

[23] Dichiarazione di Fulvio Irace, in Tremolada, *L'Adelaide* cit.

[24] Enrico Astori, in Tremolada, *L'Adelaide* cit.

[25] Dall'intervista dell'autrice a Mariarosa Ballo, 2018.

[26] Rebuzzini 1979, p. 59.

[1] Frateili 1989, pp. 108–109.

[2] Ambasz 1997, p. 26.

[3] Emilio Ambasz, in *The New Domestic Landscape* 1972, p. 15.

[4] Ibidem, p. 24.

[5] Giorgio Casali worked with Gio Ponti on the *Domus* photographic project in the same vein.

[6] Chiesa, Proverbio 2023, p. 910; the interview was collected by the authors on 16 January 2023, Milan-New York.

[7] Chiesa, Proverbio 2023, p. 912.

[8] These were episodes 1, 2 and 3 of A *ciascuno il suo guardaroba* advertisements for the Facis clothing brand [Films and audiovisuals]. Translator's note: *Carosello* was a highly popular peak-time TV show presenting a series of creative advertisements. It was broadcast from 1957 to 1977 and drew audiences of up to 20 million.

[9] From the author's conversation with Marirosa Toscani Ballo, Milan, 2018; from 2013 to 2018 there were several occasions when the author met Marirosa Toscani, during which it was possible to gather the information presented in this essay.

[10] Mutti 1994.

[11] Sfriso 2003–2004, p. 184.

[12] Rebuzzini 1979, pp. 58.

[13] Together with Aldo and Marirosa Ballo, several other photographers contributed to the story of the publishing company's photographic iconography, among them: Ugo Mulas, Davide Clari, Toni Nicolini, Ada Ardessi and Studio Azzurro.

[14] *Le goût de la communication* 2001.

[15] ibidem.

[16] Statement by Marirosa Ballo in E. Tremolada, *L'Adelaide*, 2018. https://www.audiovisiva.org/it/documentary/ladelaide [Films and audiovisuals].

[17] From the author's interview with Marirosa Ballo, 2018.

[18] Proverbio 2017, p. 151.

[19] Statement by Enrico Astori in Tremolada, *L'Adelaide*, op. cit.

[20] Statement by Antonia Astori in Tremolada, *L'Adelaide*, 2018.

[21] Statement by Enrico Astori in Tremolada, *L'Adelaide*, op. cit.

[22] Lupi 1995, p. 120.

[23] Statement by Fulvio Irace, in Tremolada, *L'Adelaide*, op. cit..

[24] Enrico Astori, in Tremolada, *L'Adelaide*, op. cit.

[25] From the author's interview with Marirosa Ballo, 2018.

[26] Rebuzzini 1979, p. 59.

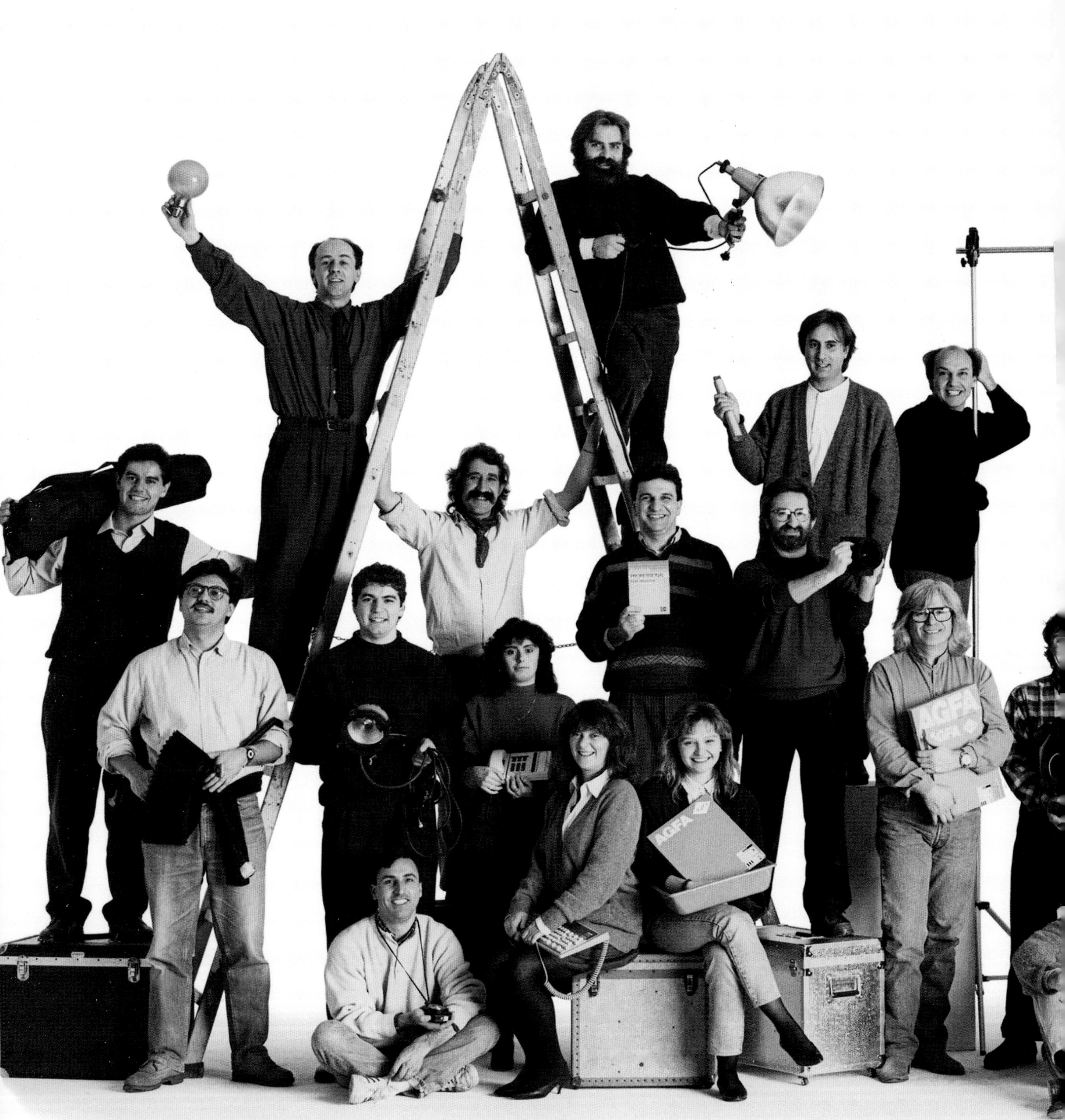

FOTOGRAFIE E DESIGN
PHOTOGRAPHS AND DESIGN

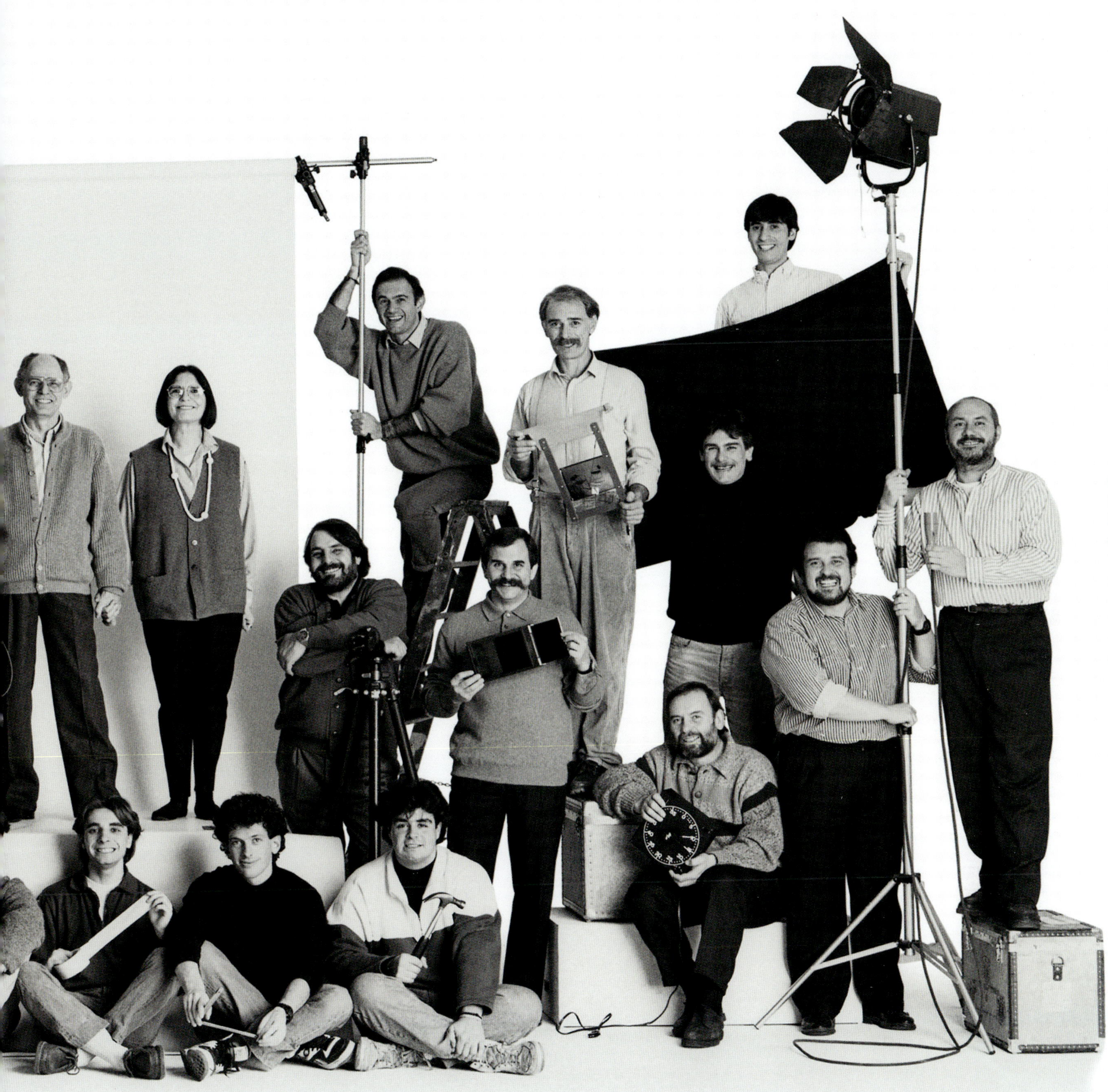

1. Studio Ballo+Ballo, 1956

Secchio
Roberto Menghi per Smalterie Meridionali,
Compasso d'Oro 1956

Bucket
Roberto Menghi for Smalterie Meridionali,
Compasso d'Oro 1956

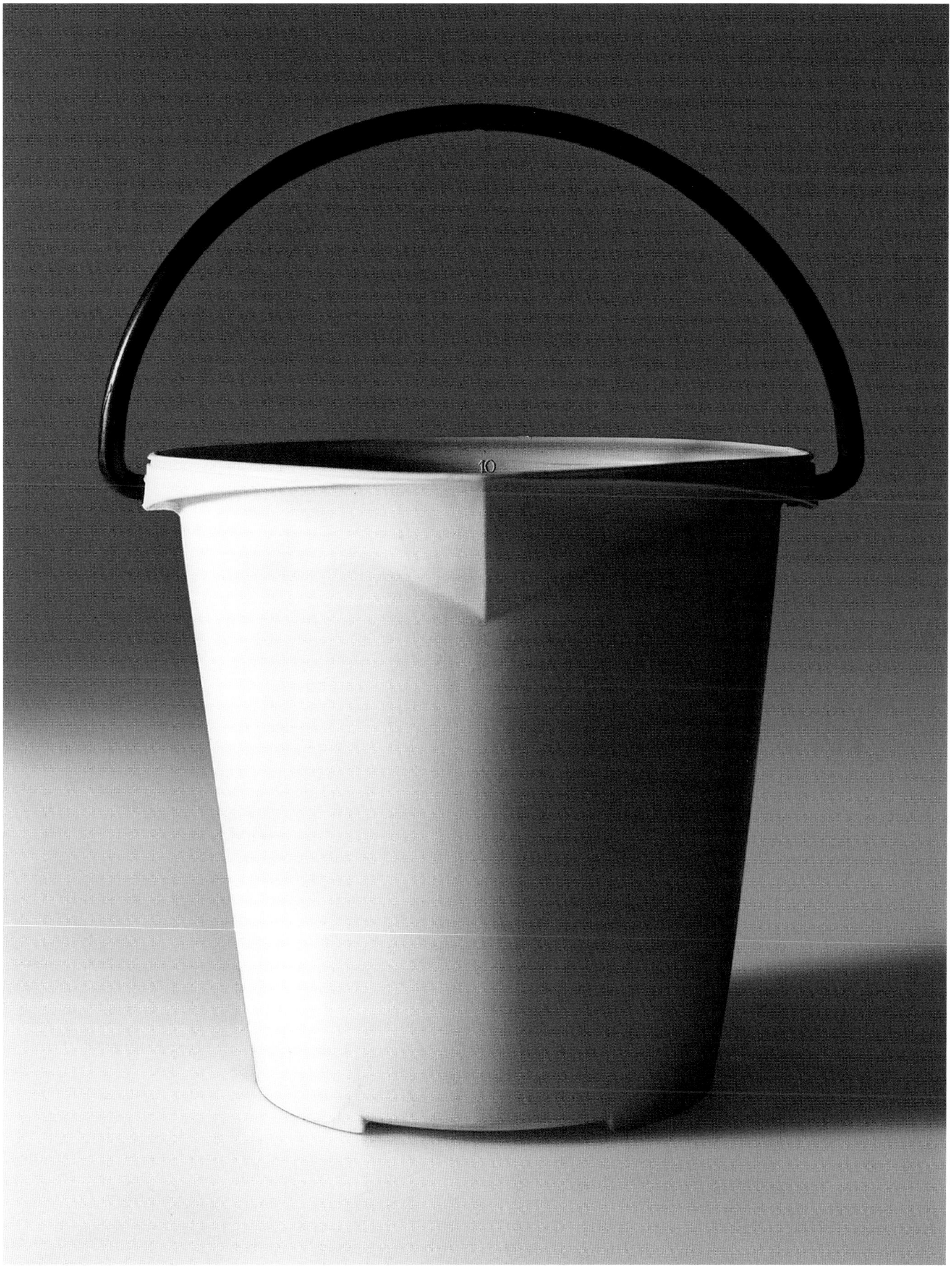

2. Studio Ballo+Ballo, 1957

Macchina per scrivere portatile "Lettera 22"
Marcello Nizzoli per Olivetti, Compasso d'Oro 1954

"Lettera 22" portable typewriter
Marcello Nizzoli for Olivetti, Compasso d'Oro 1954

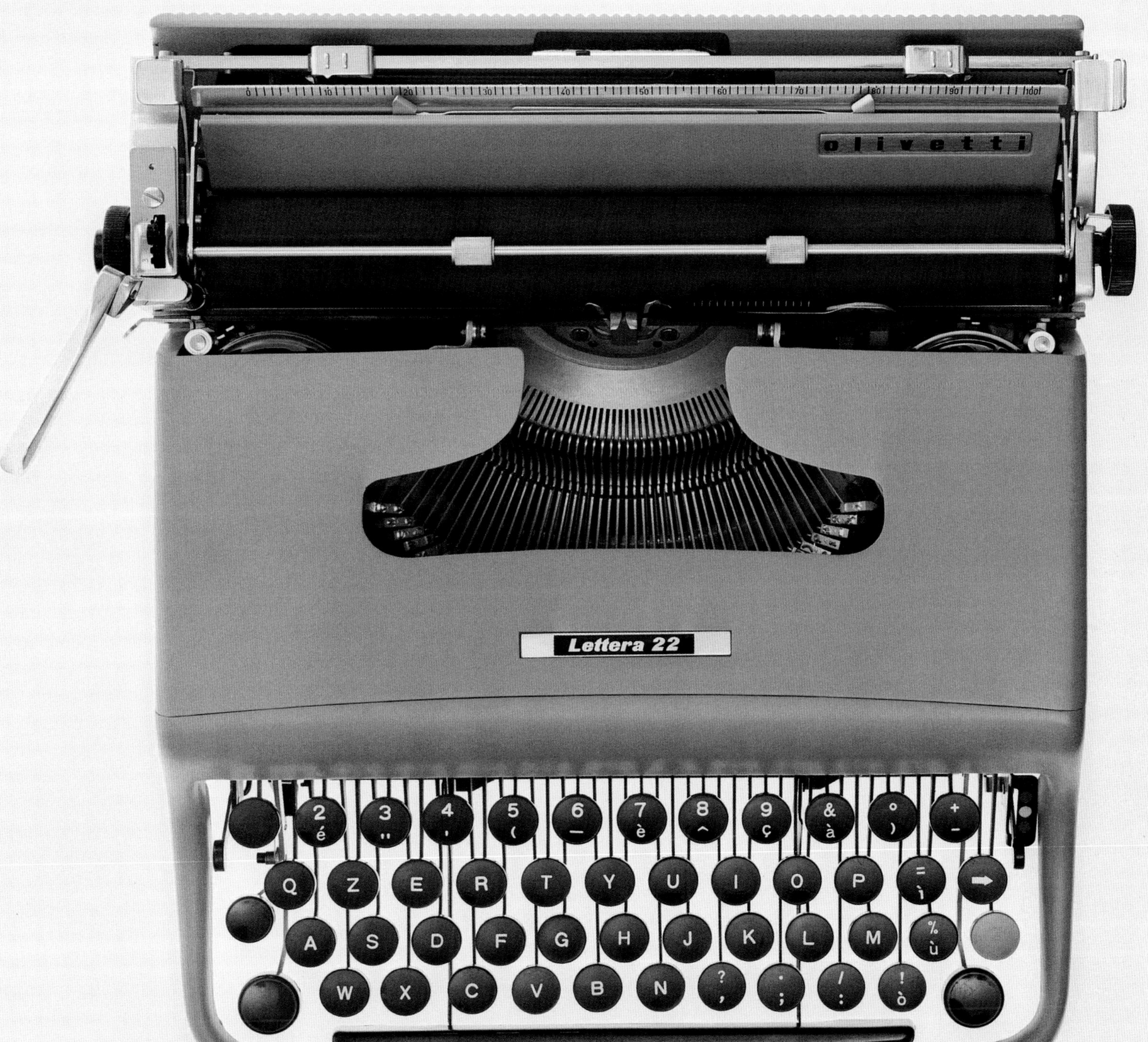

olivetti
Lettera 22

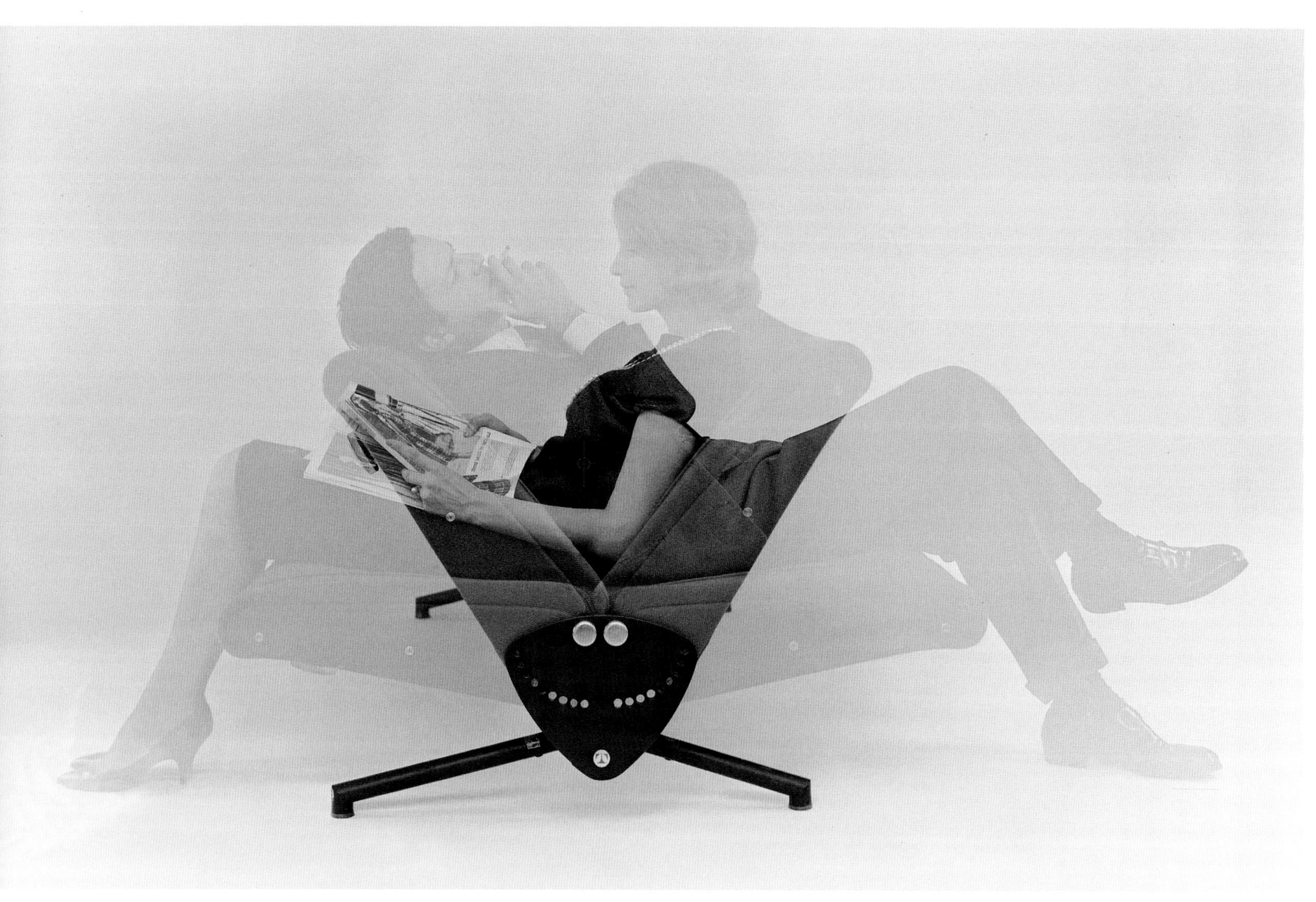

3. Studio Ballo+Ballo, 1959

Divano "D70"
Osvaldo Borsani per Tecno

"D70" sofa
Osvaldo Borsani for Tecno

4. Studio Ballo+Ballo, 1969

Poltrona "Throw-Away"
Willie Landels per Zanotta

"Throw-Away" armchair
Willie Landels for Zanotta

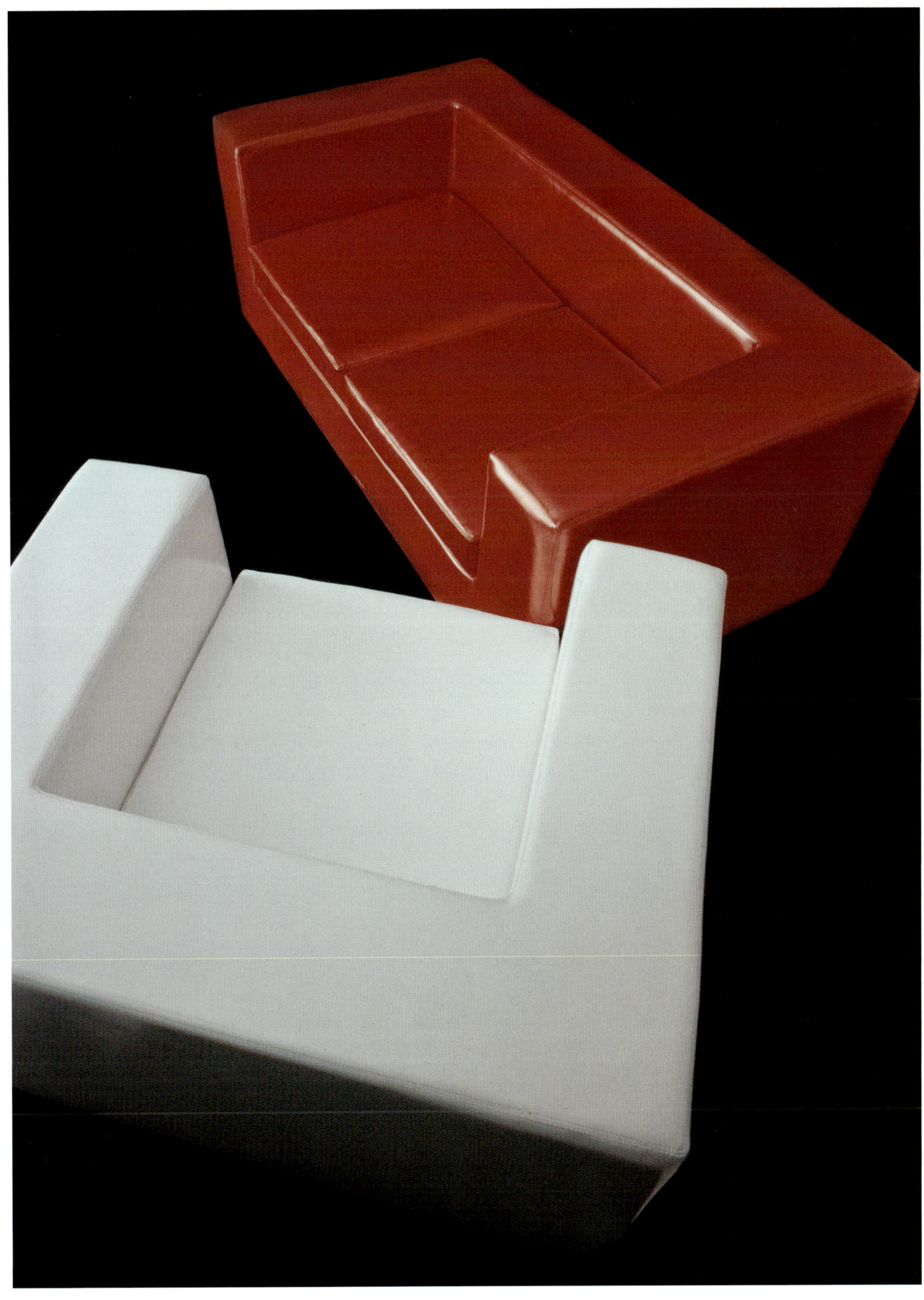

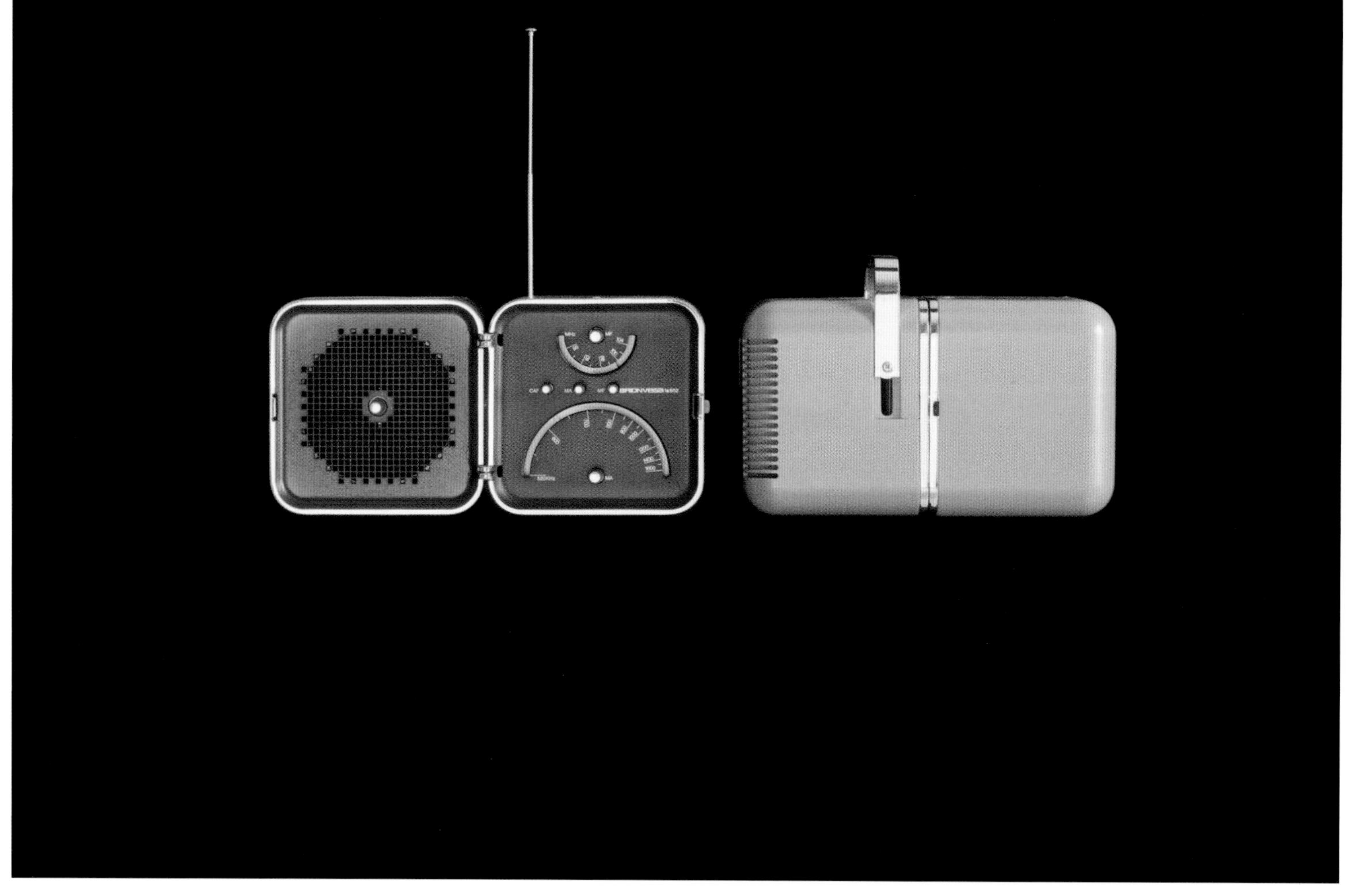

5. Studio Ballo+Ballo, 1965
Radio "Cubo TS502"
Richard Sapper e Marco Zanuso per Brionvega
"Cubo TS502" radio
Richard Sapper and Marco Zanuso for Brionvega

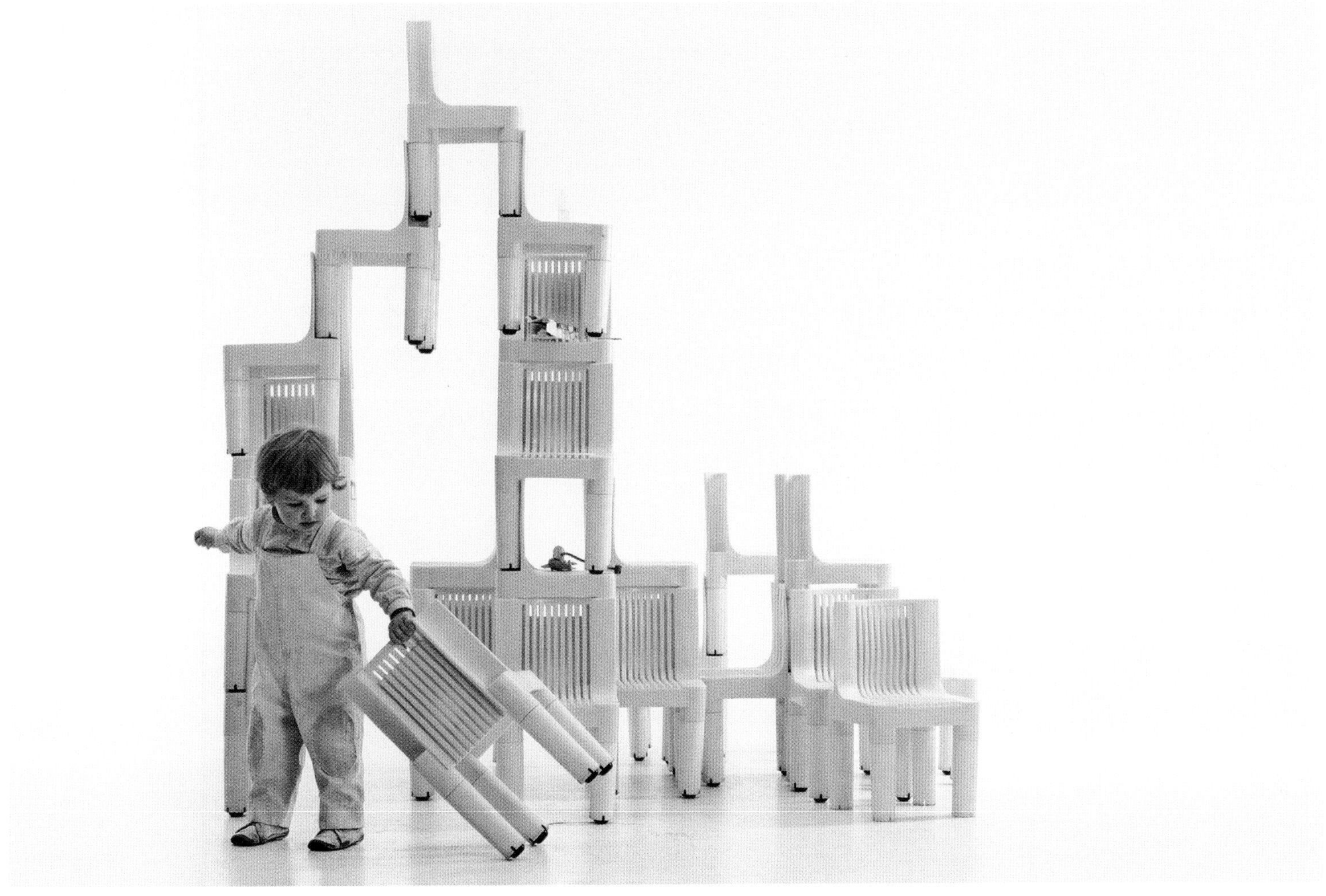

6. Studio Ballo+Ballo, 1965

Sedia per bambini "K 1340"
Marco Zanuso con Richard Sapper per Kartell,
Compasso d'Oro 1964

"K 1340" children's chair
Marco Zanuso with Richard Sapper for Kartell,
Compasso d'Oro 1964

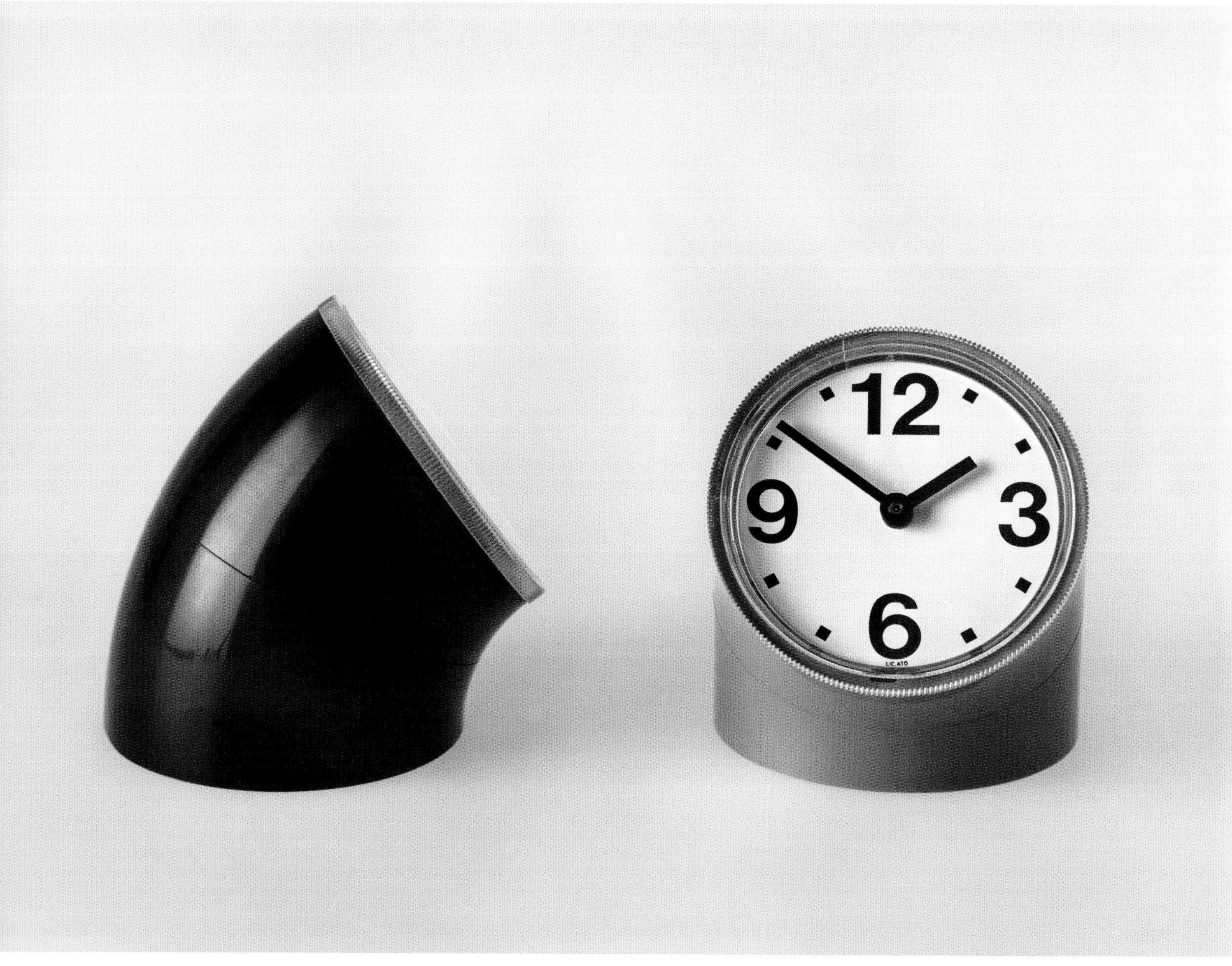

7. Studio Ballo+Ballo, 1966

Orologio da tavolo "Cronotime"
Pio Manzù per Ritz Italora e poi Alessi

"Cronotime" table clock
Pio Manzù for Ritz Italora and then Alessi

8. Studio Ballo+Ballo, 1972

Lampade "Asteroide"
Ettore Sottsass per Poltronova

"Asteroide" lamps
Ettore Sottsass for Poltronova

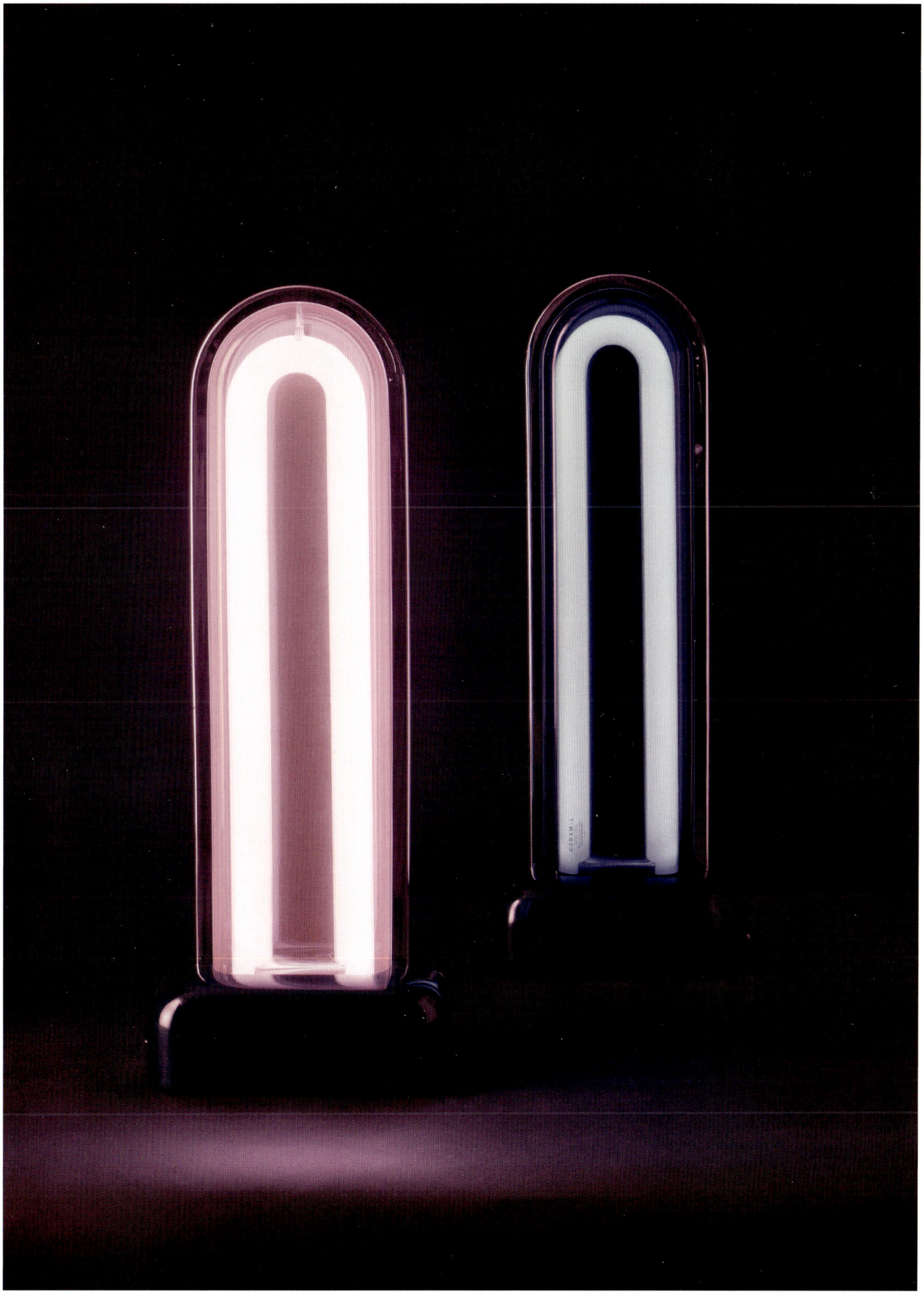

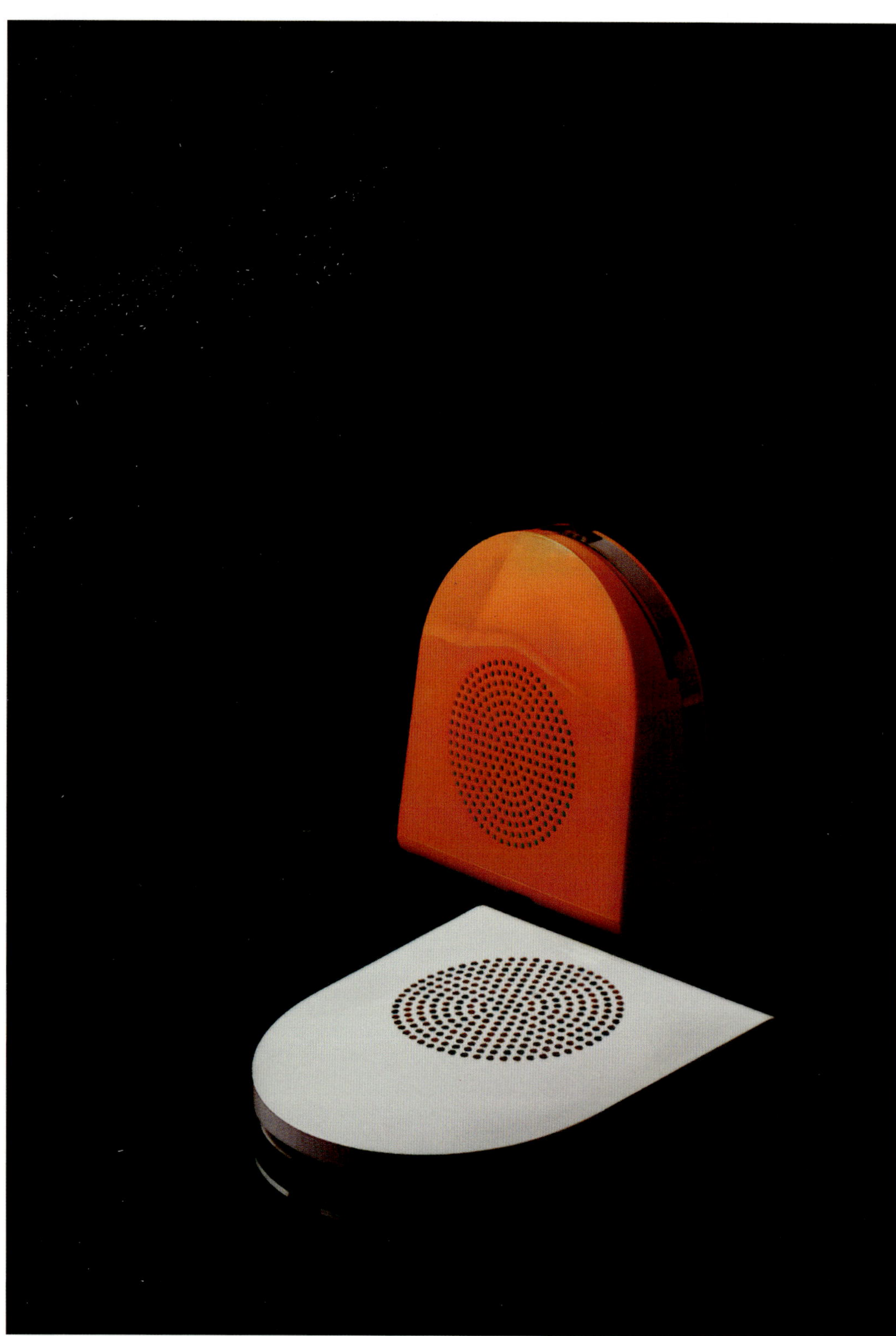

9. Studio Ballo+Ballo, 1968
Giradischi "GA 45 POP"
Mario Bellini per Minerva
"GA 45 POP" turntable
Mario Bellini for Minerva

10. Studio Ballo+Ballo, 1969
Sedie "Aprile"
Gae Aulenti per La Rinascente
"Aprile" chairs
Gae Aulenti for La Rinascente

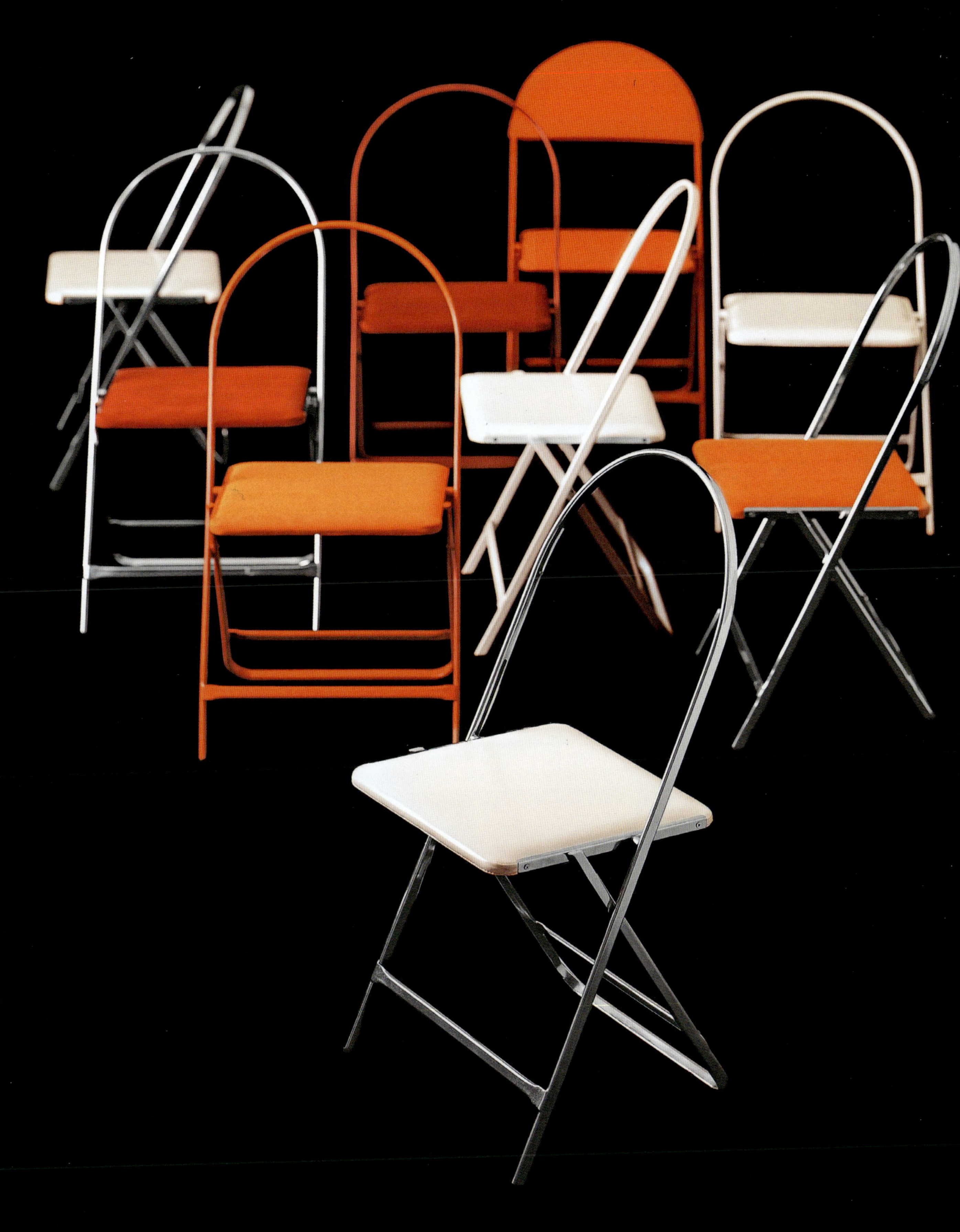

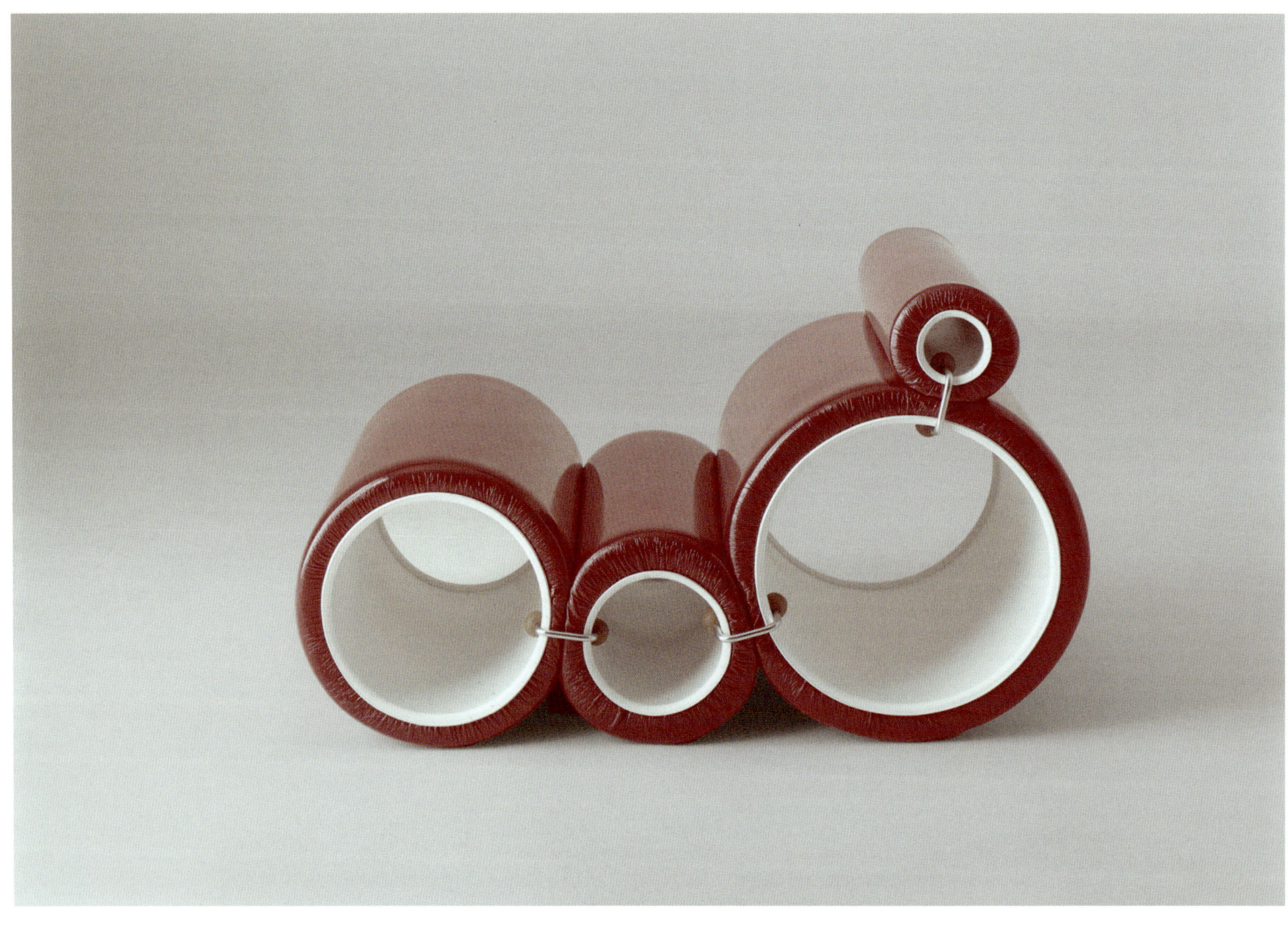

11. Studio Ballo+Ballo, 1970

Poltrona "Tube Chair"
Joe Colombo per Flexform

"Tube Chair" armchair
Joe Colombo for Flexform

12. Studio Ballo+Ballo, 1970

Contenitori "Tongareva"
Enzo Mari per Danese

"Tongareva" storage units
Enzo Mari for Danese

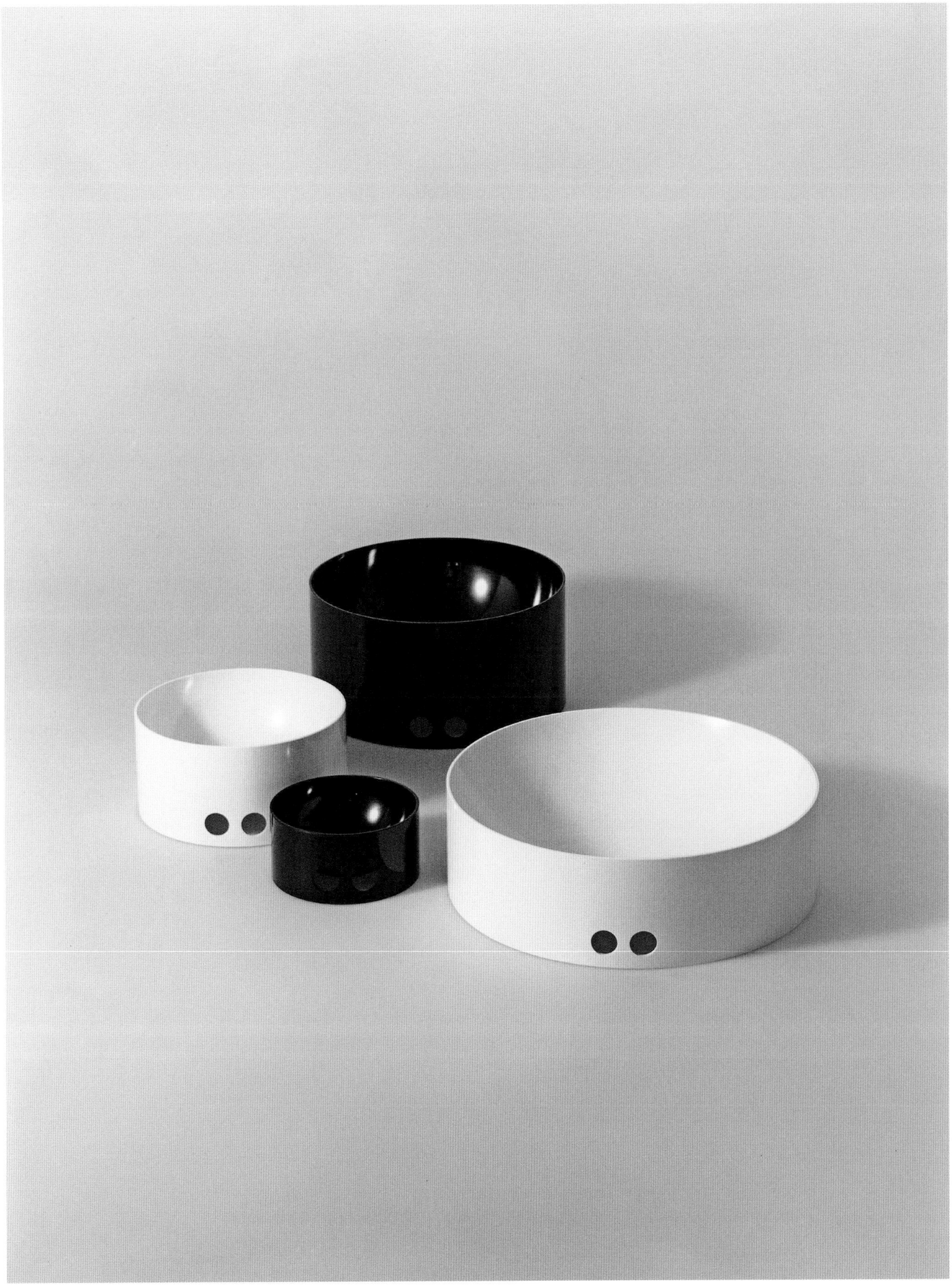

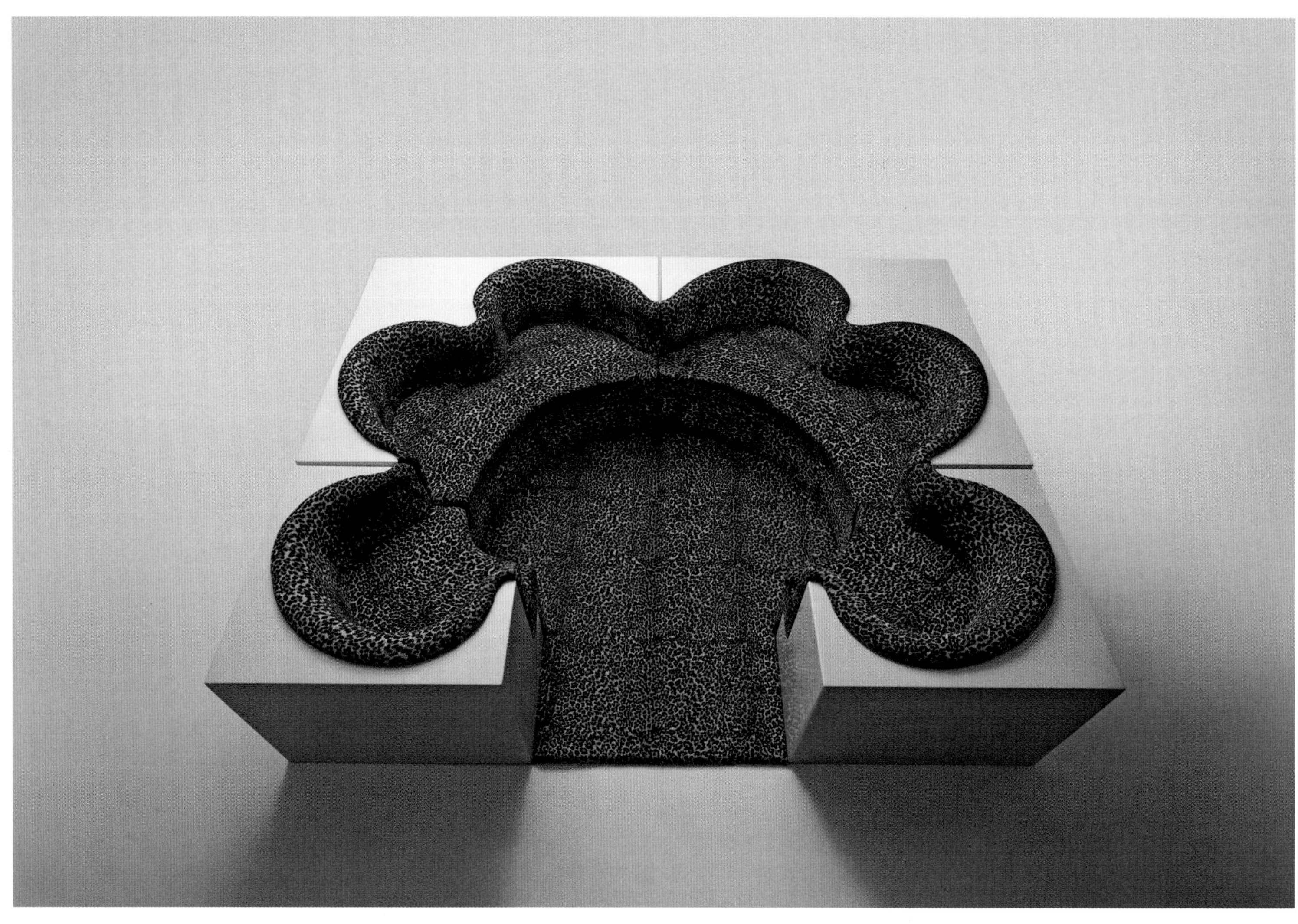

13. Studio Ballo+Ballo, 1970

Divano componibile "Safari"
Archizoom per Poltronova

"Safari" sectional sofa
Archizoom for Poltronova

14. Studio Ballo+Ballo, 1971

Divano componibile "Serpentone"
Cini Boeri per Arflex, con statua "Robot"
di Amelio Roccamonte

"Serpentone" sectional sofa
Cini Boeri for Arflex, with "Robot" sculpture
by Amelio Roccamonte

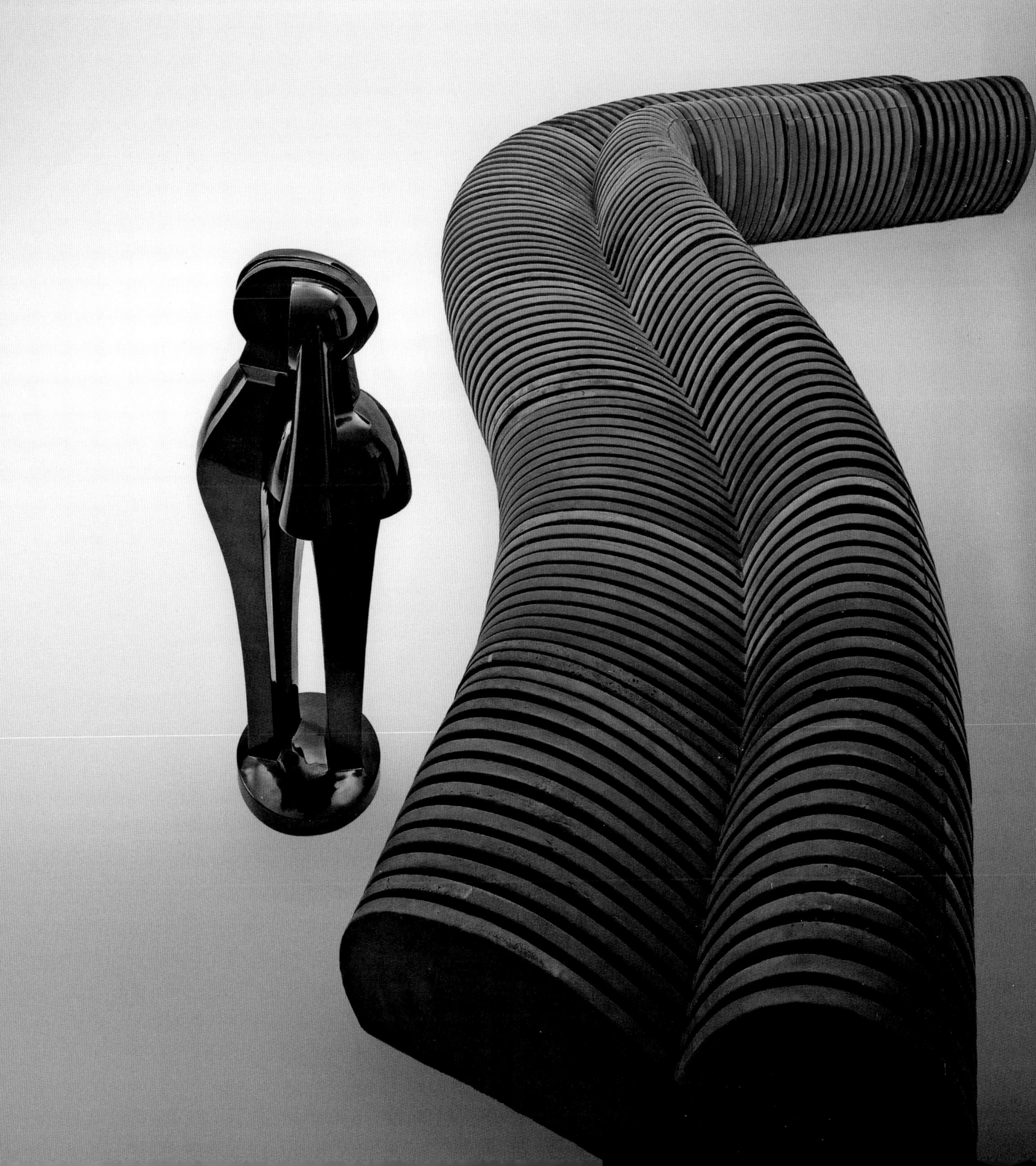

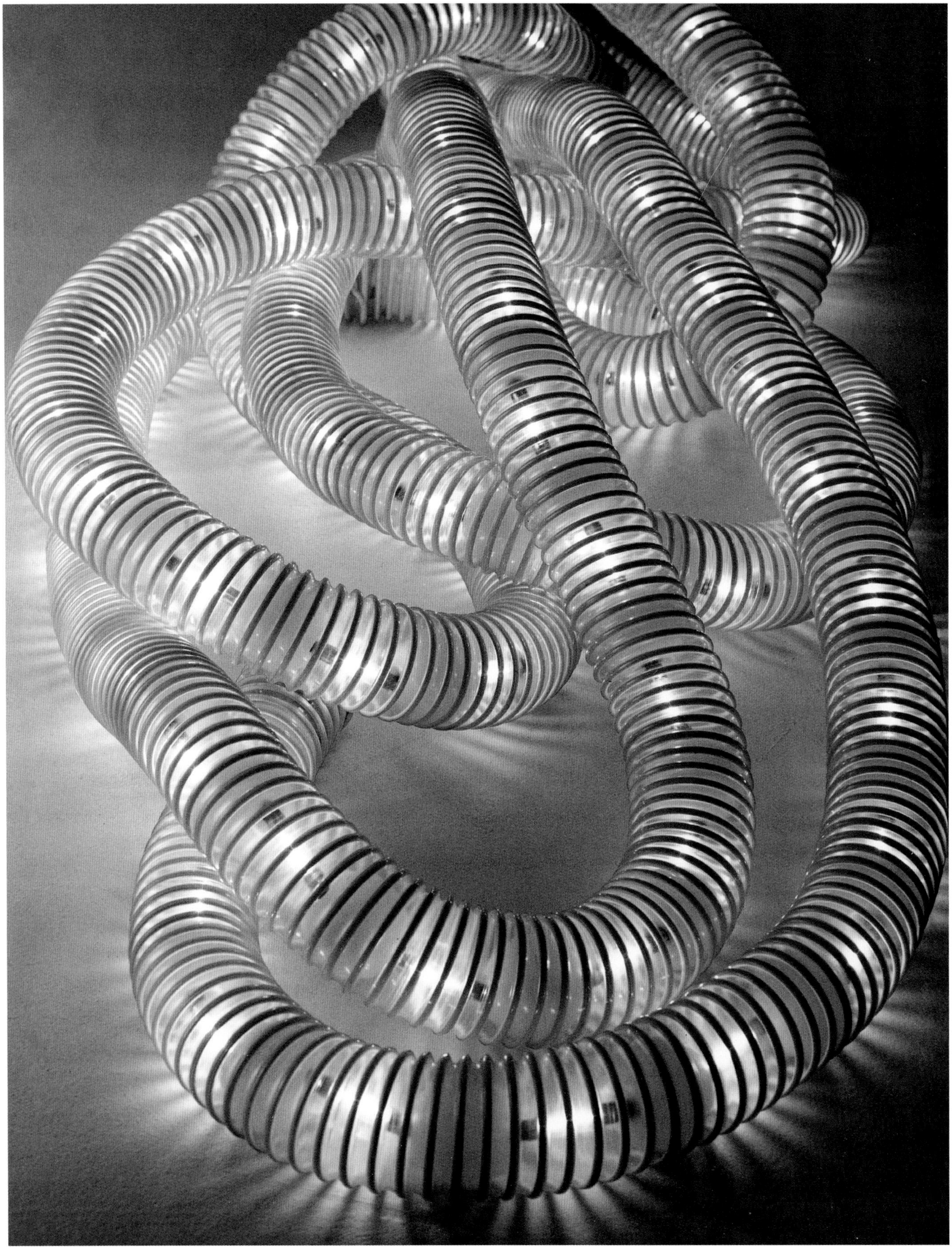

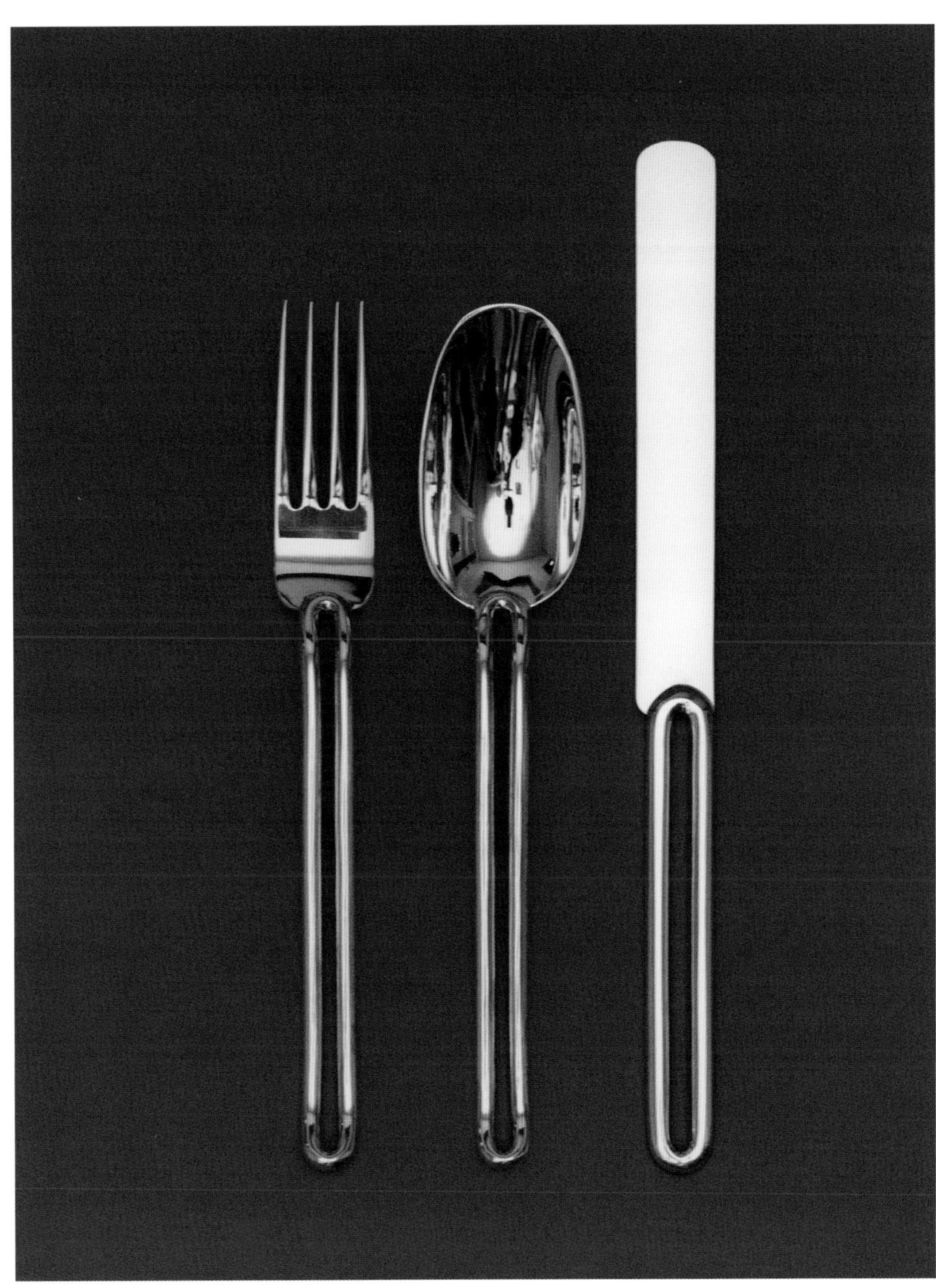

15. Studio Ballo+Ballo, 1969

Led "Boalum"
Livio Castiglioni e Gianfranco Frattini per Artemide
"Boalum" LED
Livio Castiglioni and Gianfranco Frattini for Artemide

16. Studio Ballo+Ballo, 1970

Posate
Antonio Piva per San Lorenzo
Cutlery
Antonio Piva for San Lorenzo

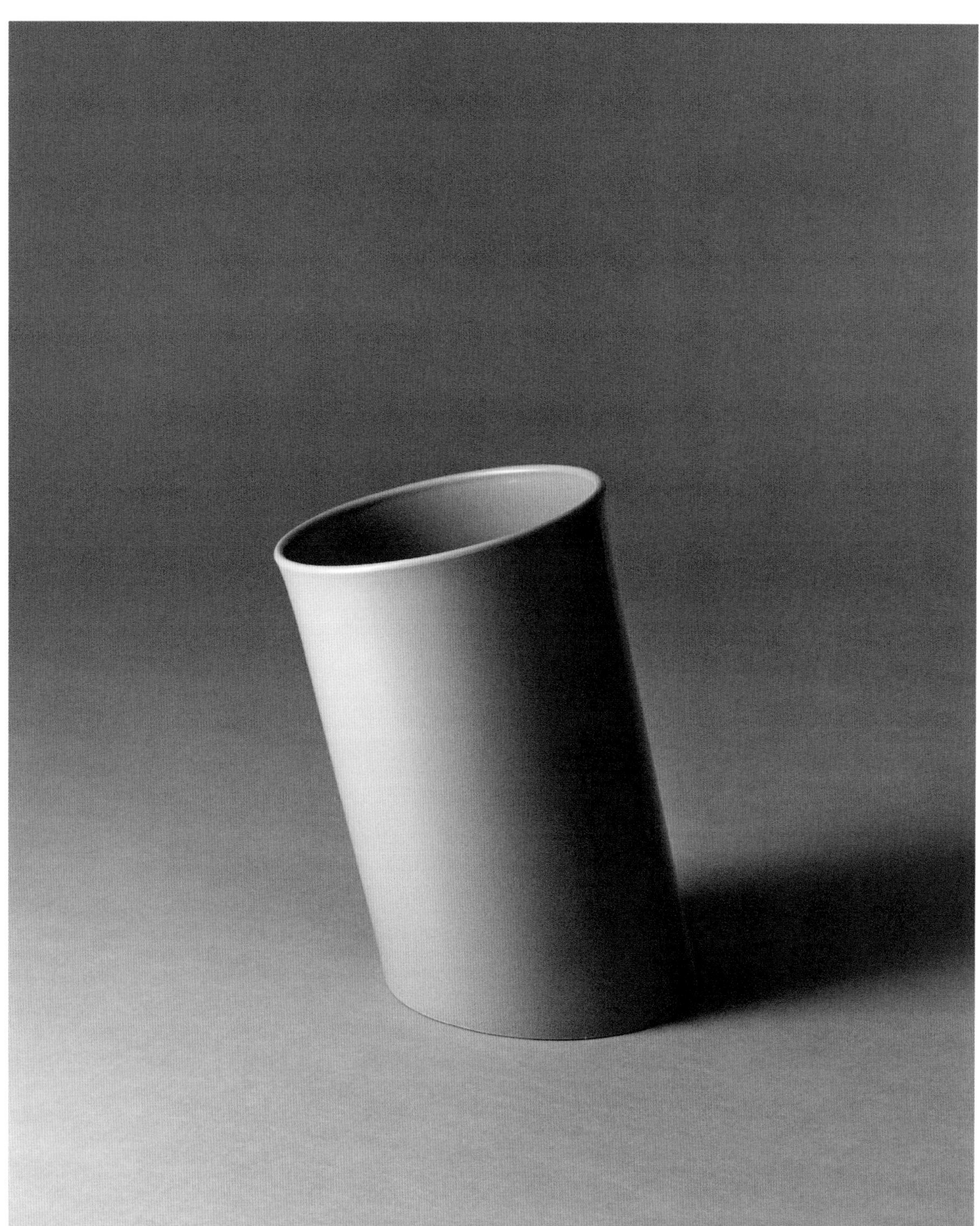

17. Studio Ballo+Ballo, 1972
Cestino gettacarte "In Attesa"
Enzo Mari per Danese

"In Attesa" waste bin
Enzo Mari for Danese

18. Studio Ballo+Ballo, 1970
Bicchiere "Smoke"
Joe Colombo per Arnolfo di Cambio

"Smoke" glass
Joe Colombo for Arnolfo di Cambio

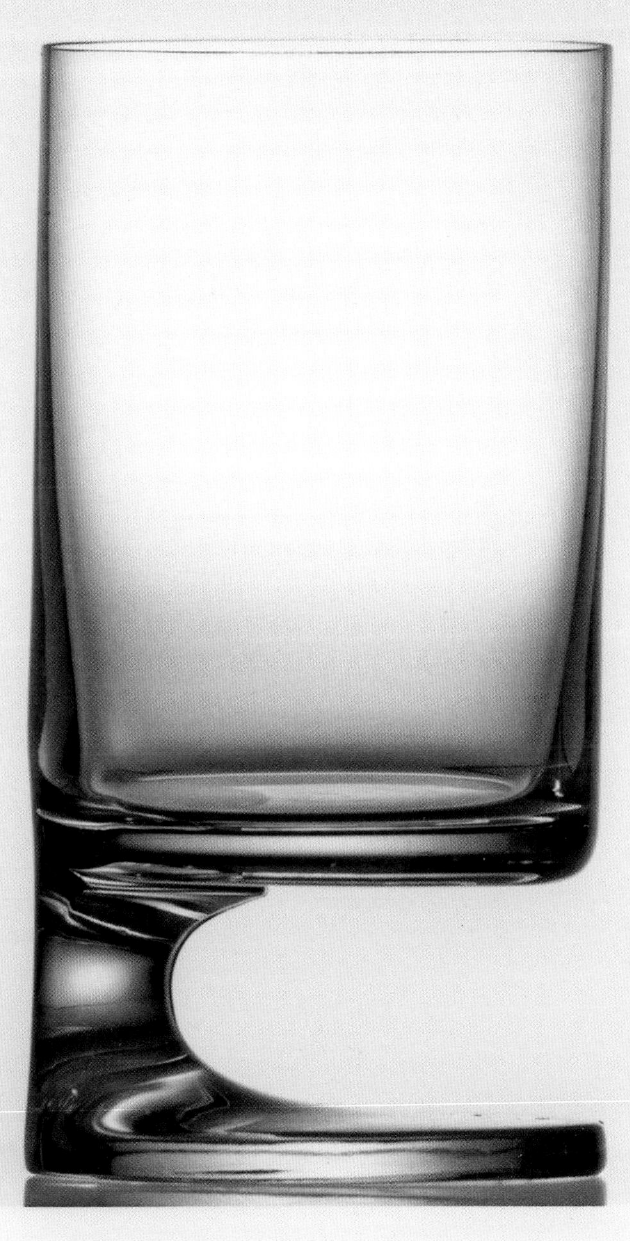

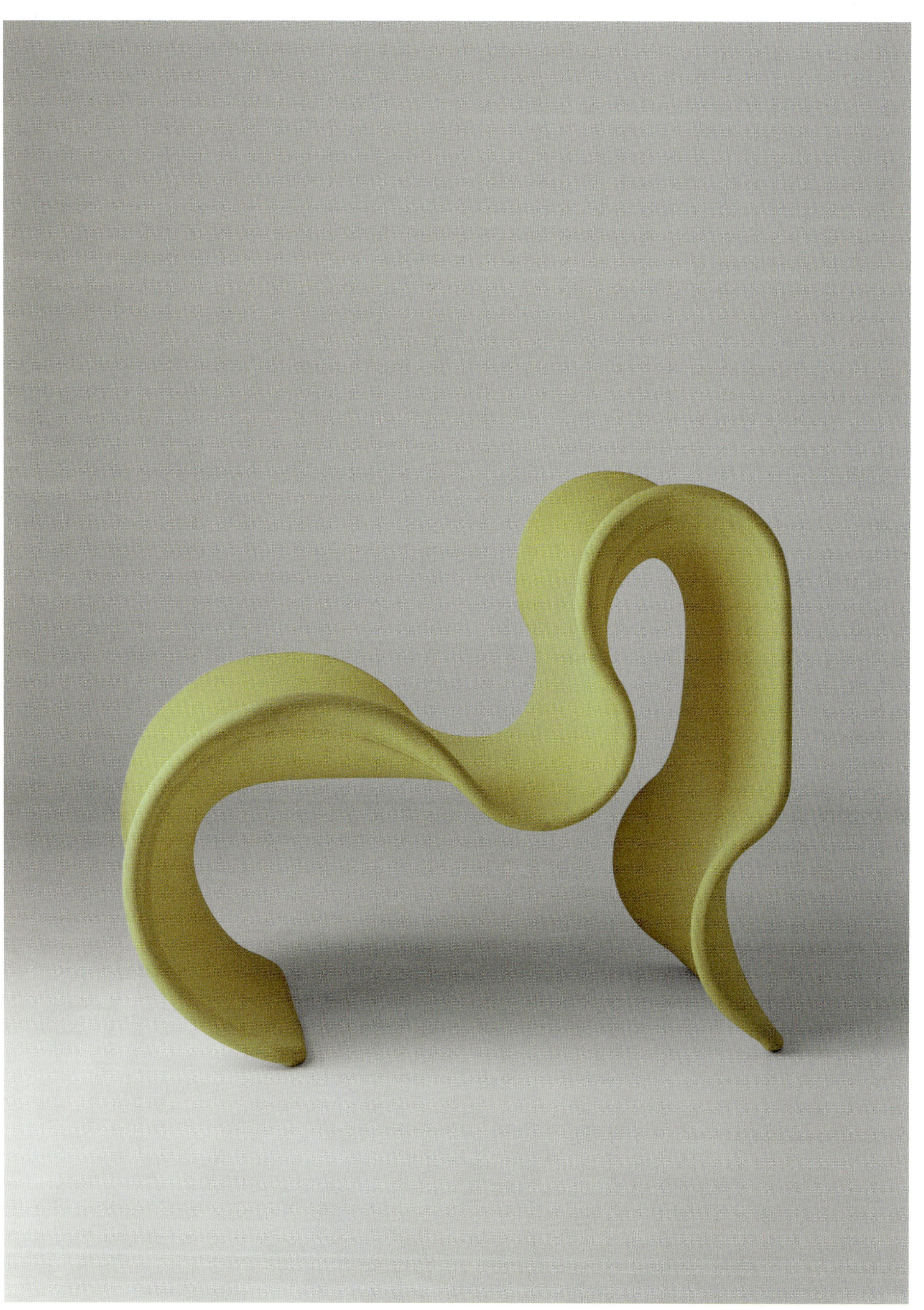

19. Studio Ballo+Ballo, 1970
Poltrona "Fiocco"
Group G14 per Busnelli
"Fiocco" armchair
Group G14 for Busnelli

20. Studio Ballo+Ballo, 1971
Poltrona "Dondolo"
Cesare Leonardi e Franca Stagi per Elco
"Dondolo" armchair
Cesare Leonardi and Franca Stagi for Elco

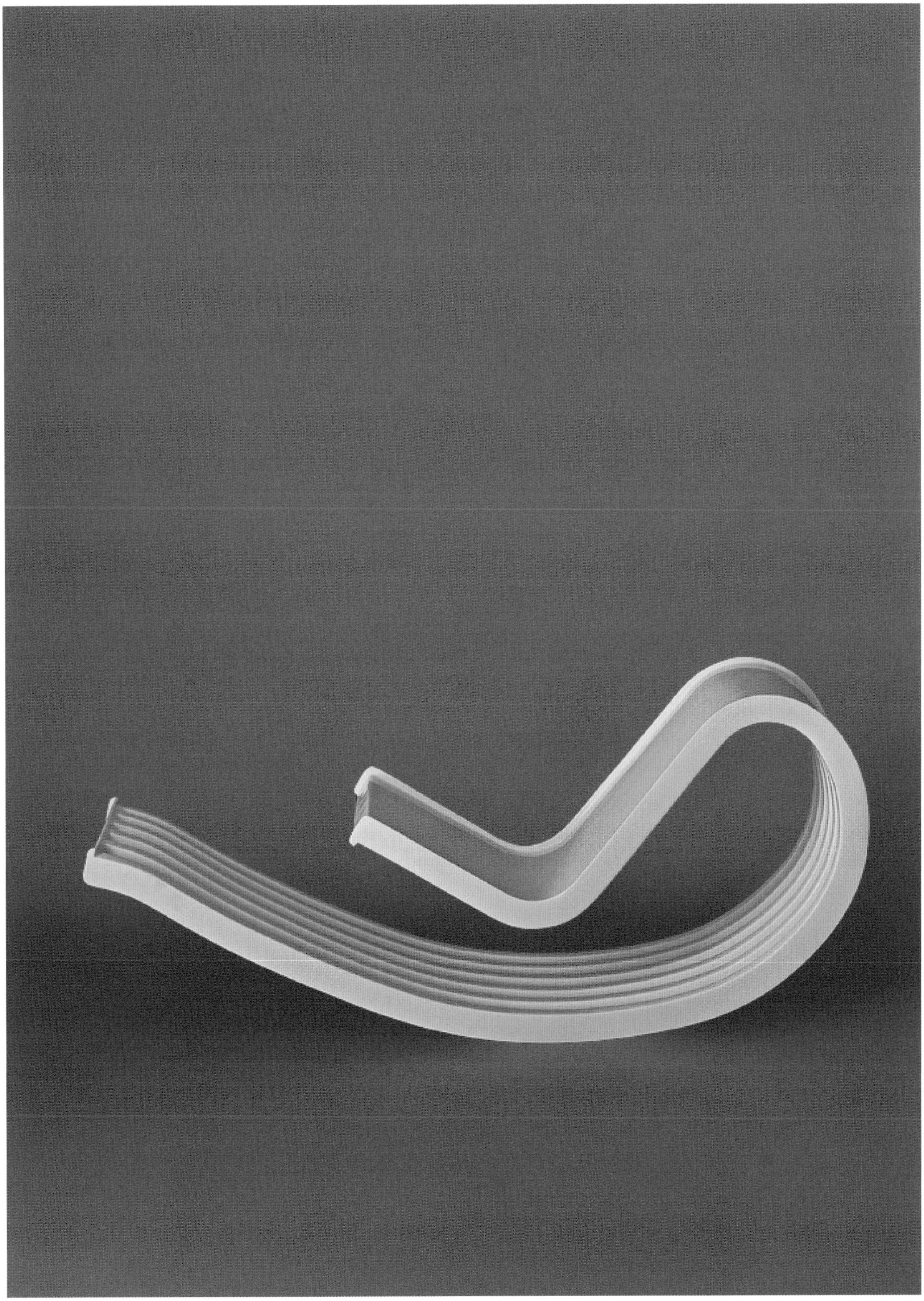

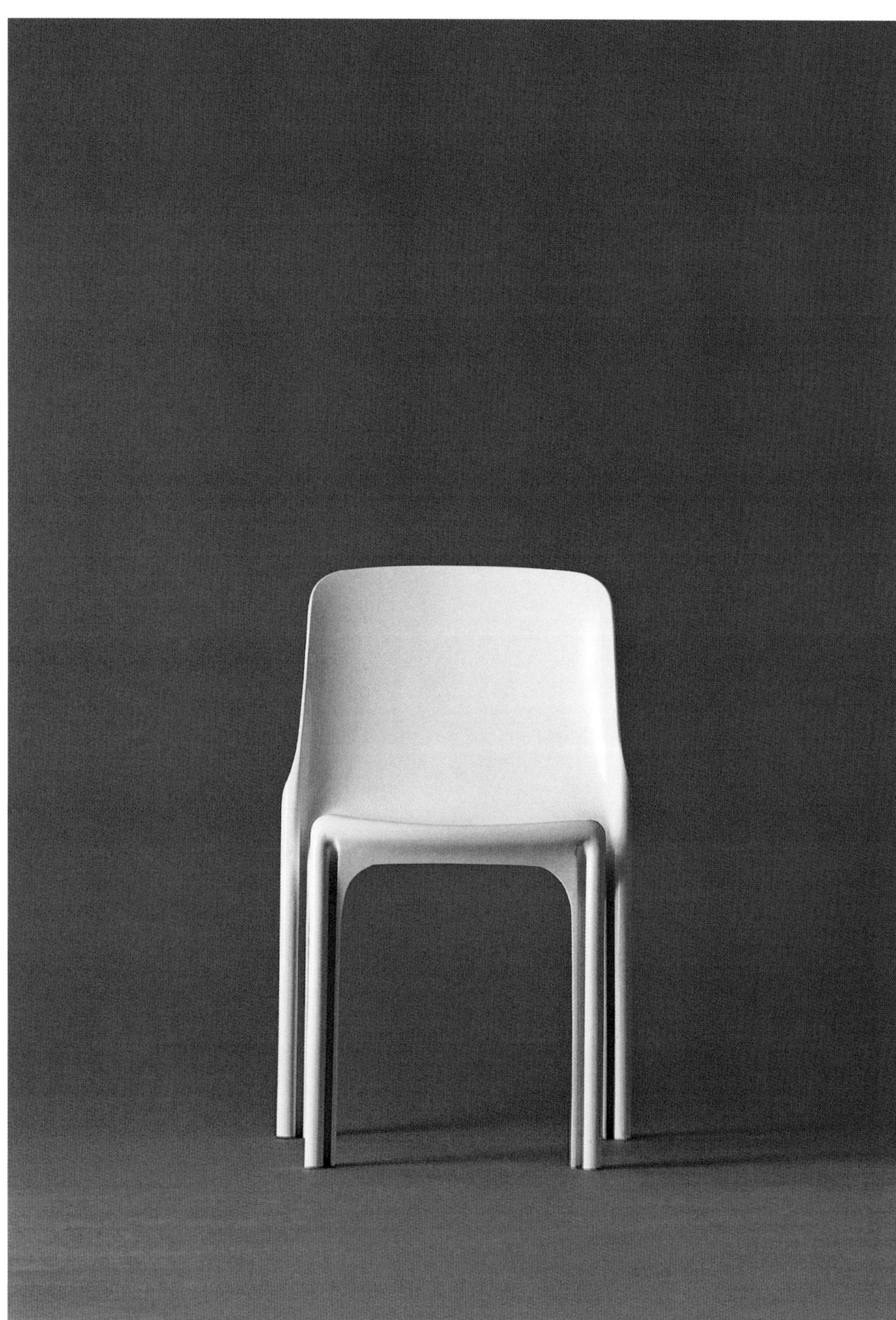

21. Studio Ballo+Ballo, 1968
Sedia "Selene"
Vico Magistretti per Armchair
"Selene" chair
Vico Magistretti for Armchair

22. Studio Ballo+Ballo, 1971
Ciotole "Pannocchia"
Franco Albini e Franca Helg per San Lorenzo
"Pannocchia" bowls
Franco Albini and Franca Helg for San Lorenzo

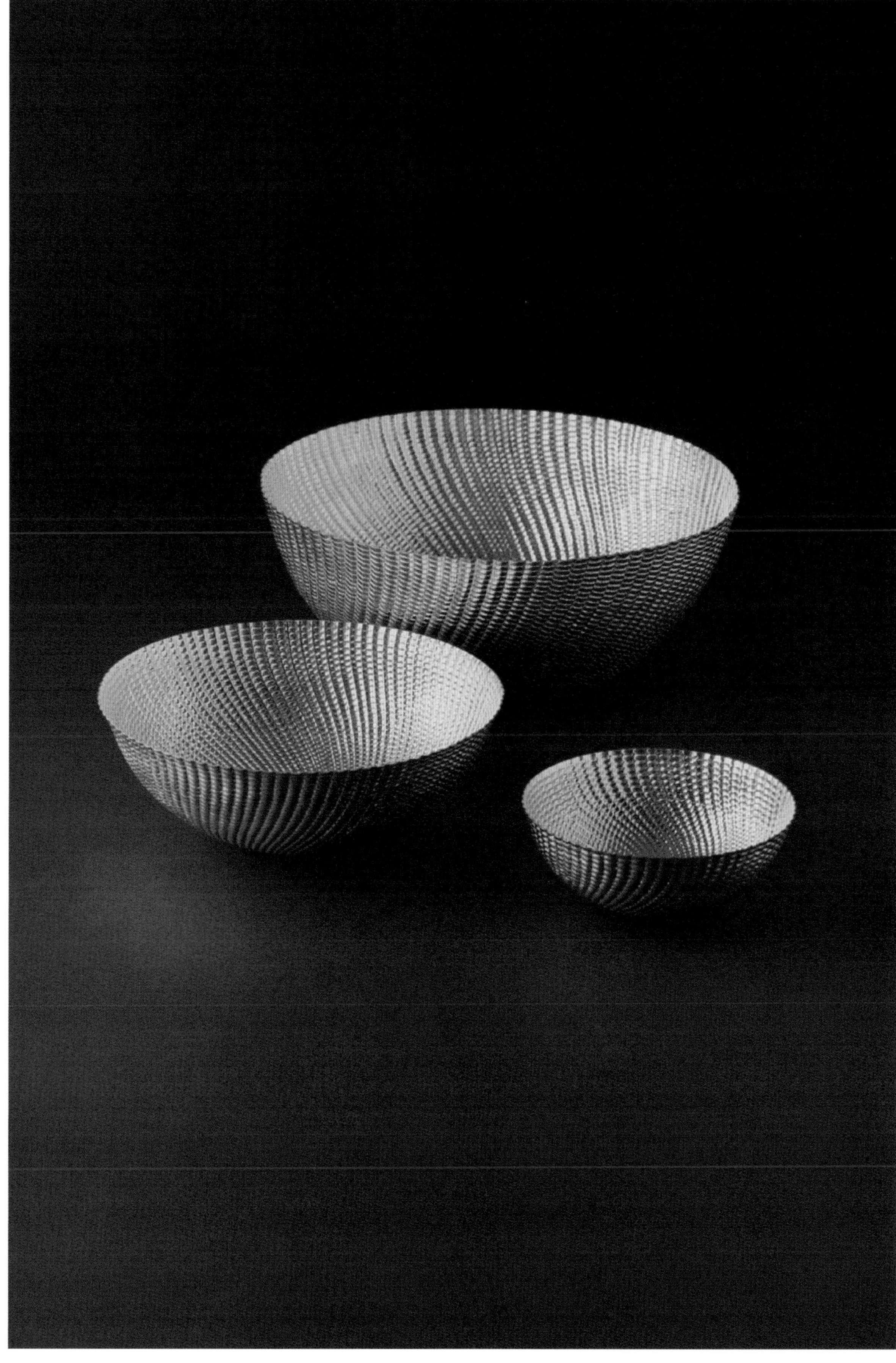

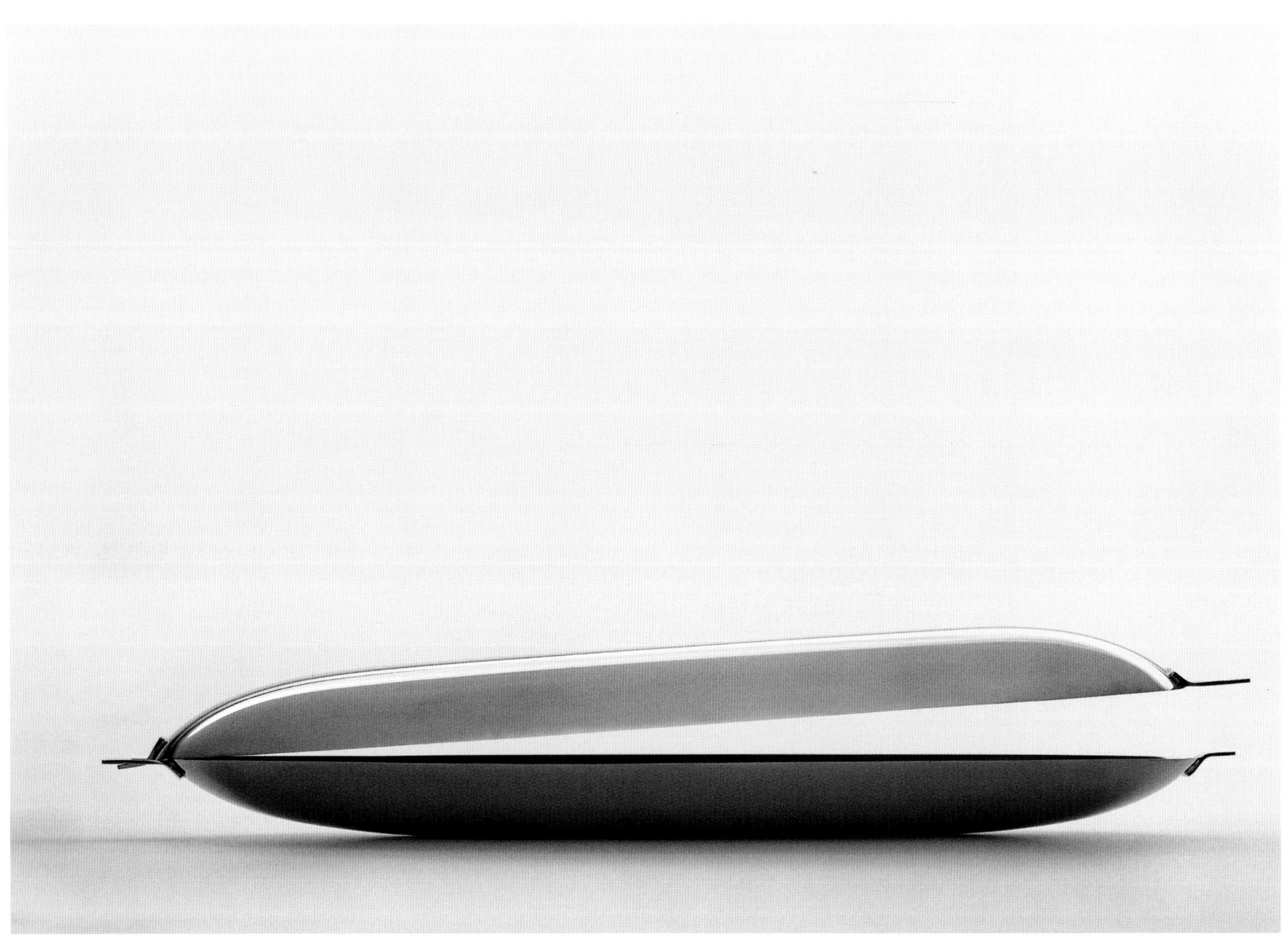

23. Studio Ballo+Ballo, 1971

Pesciera
Roberto Sambonet per Sambonet, Compasso d'Oro 1970

Fish kettle
Roberto Sambonet for Sambonet, Compasso d'Oro 1970

24. Studio Ballo+Ballo, 1972

Lampada "Moloch"
Gaetano Pesce per Bracciodiferro

"Moloch" lamp
Gaetano Pesce for Bracciodiferro

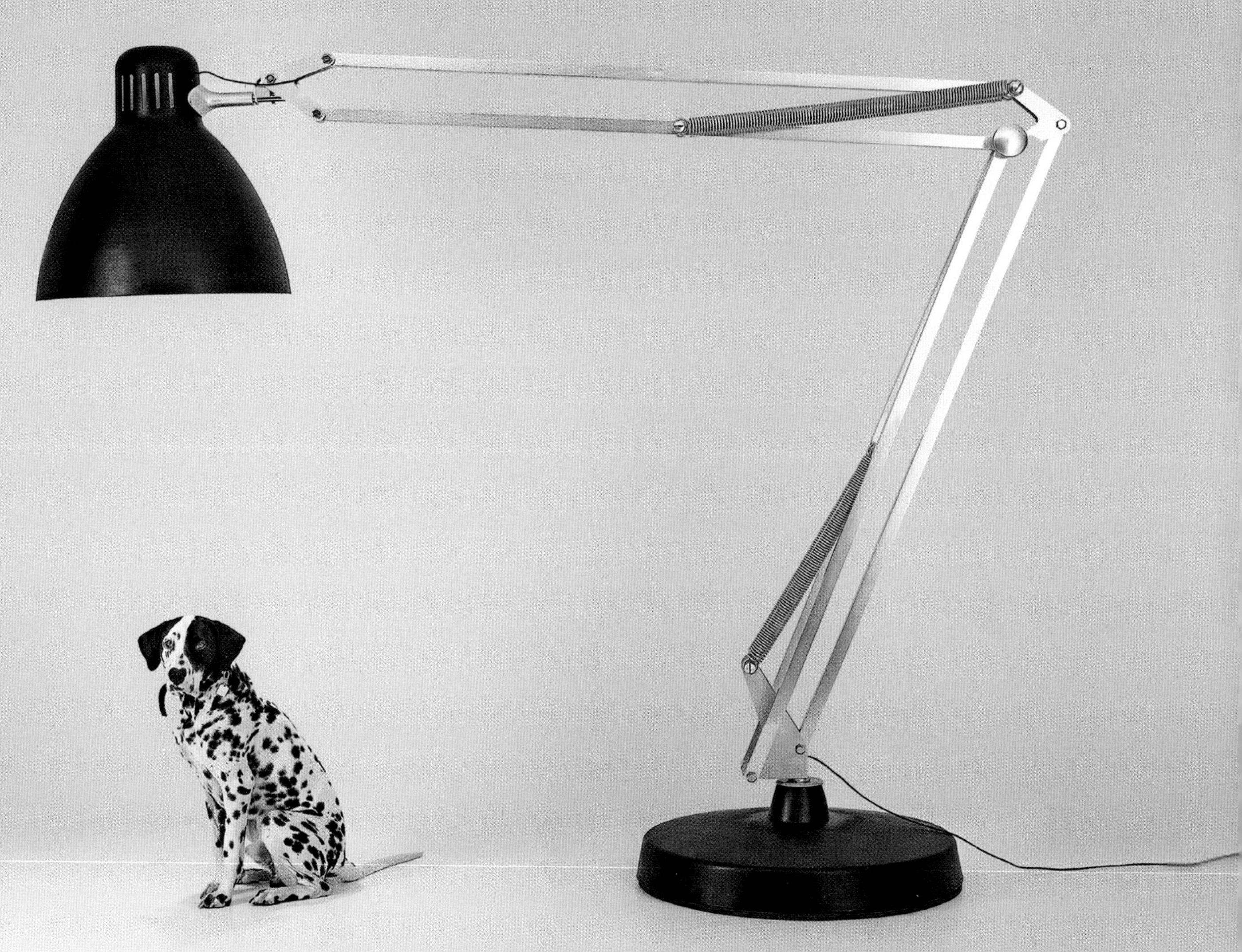

25. Studio Ballo+Ballo, 1972

Macchina per scrivere portatile "Valentine"
Ettore Sottsass per Olivetti

"Valentine" portable typewriter
Ettore Sottsass for Olivetti

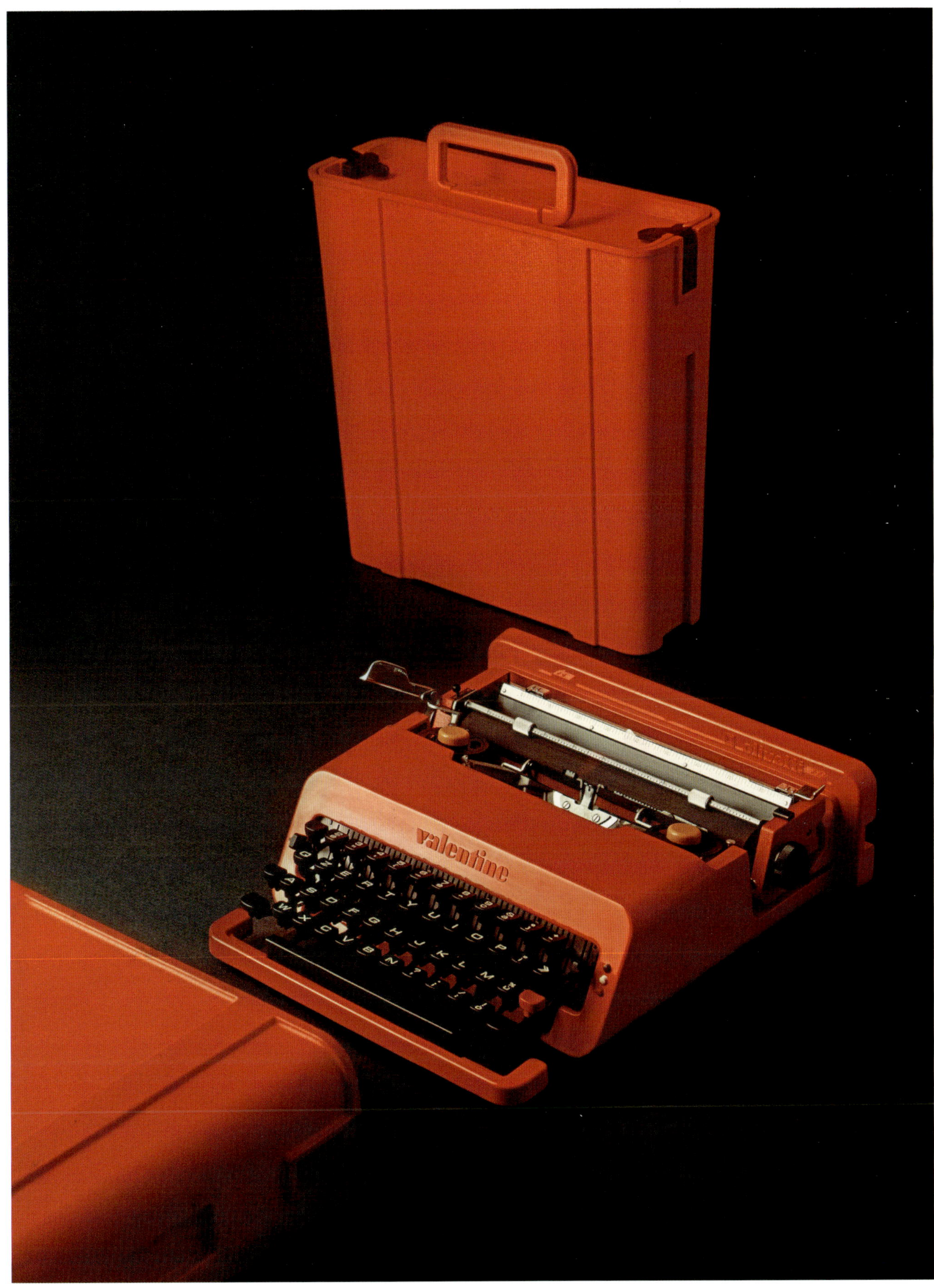

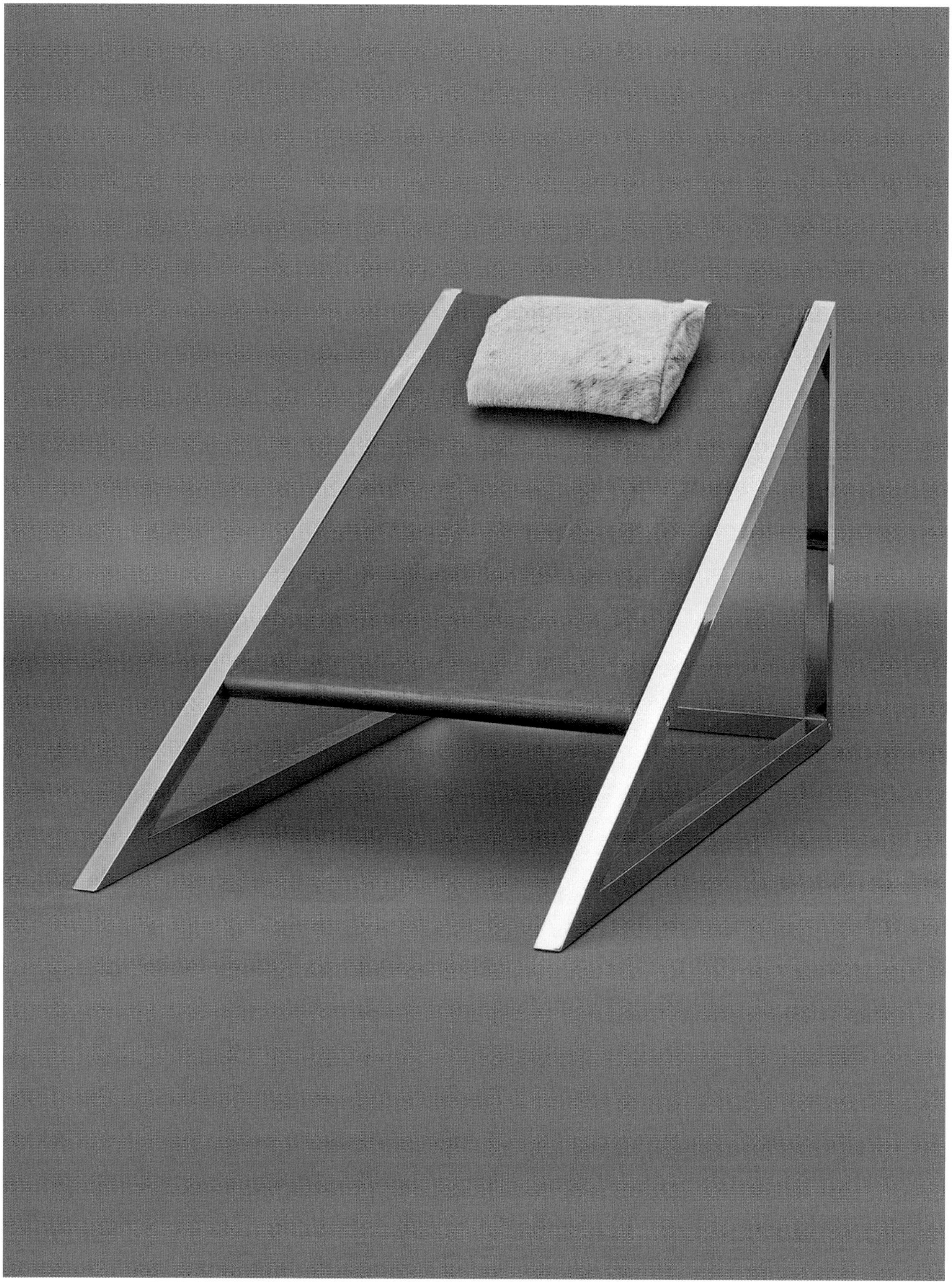

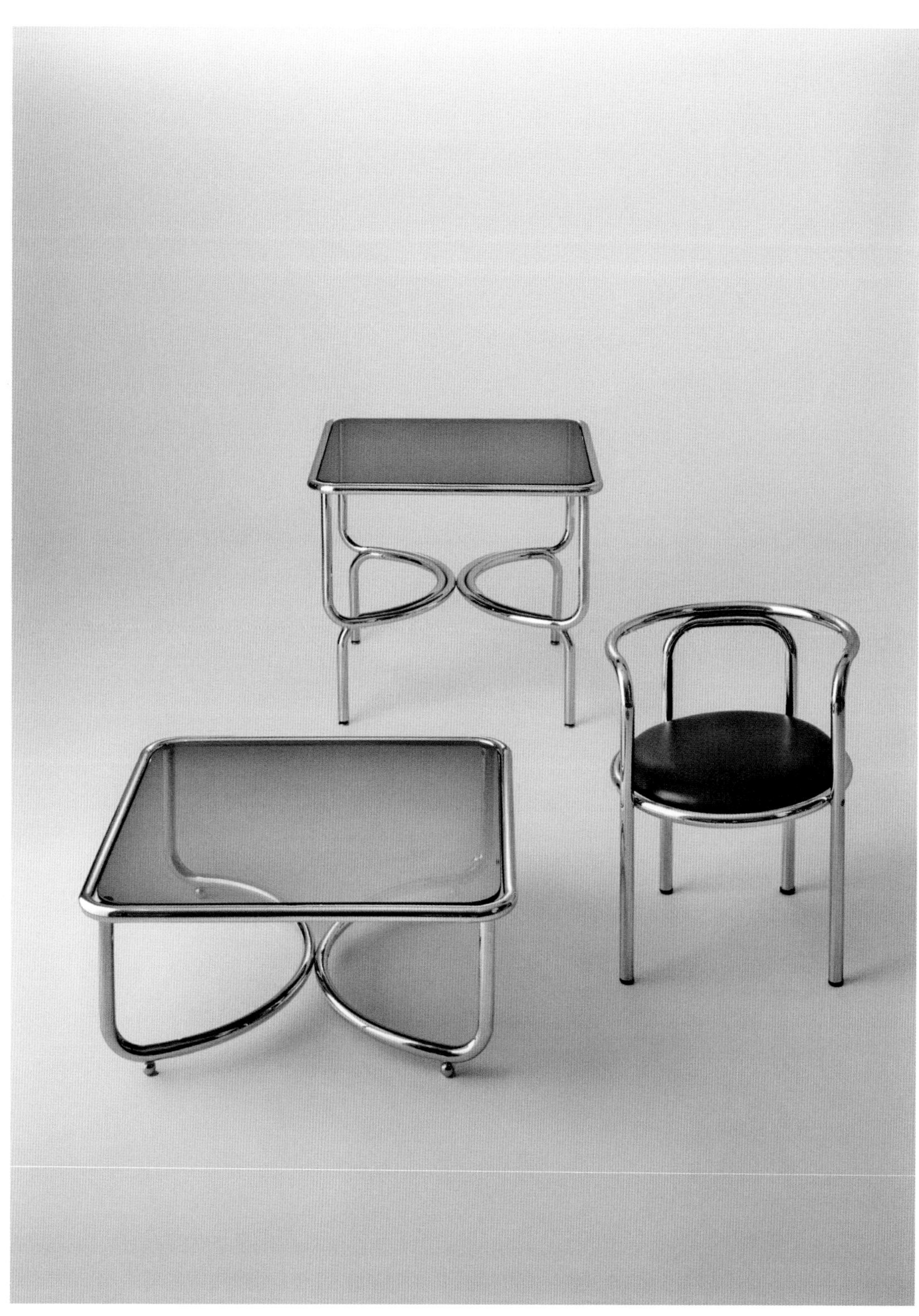

26. Studio Ballo+Ballo, 1972
Poltrona "Mies armchair"
Archizoom per Poltronova
"Mies armchair"
Archizoom for Poltronova

27. Studio Ballo+Ballo, 1972
Tavoli e sedie "Locus Solus cromato"
Gae Aulenti per Poltronova
"Locus Solus cromato" table and chairs
Gae Aulenti for Poltronova

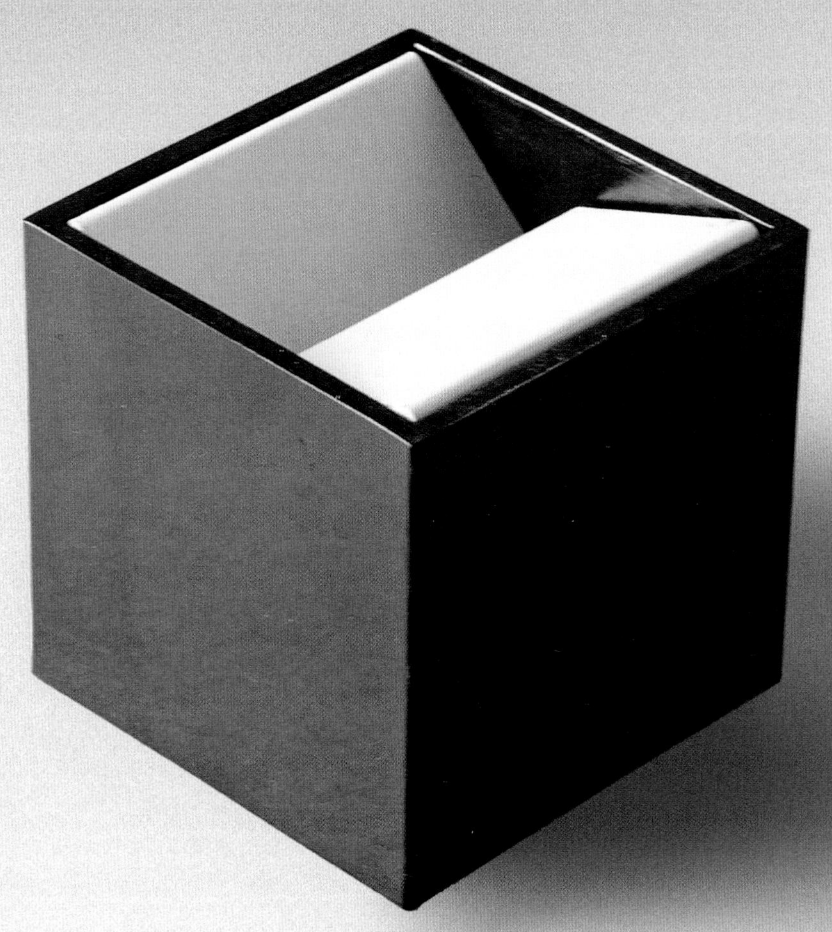

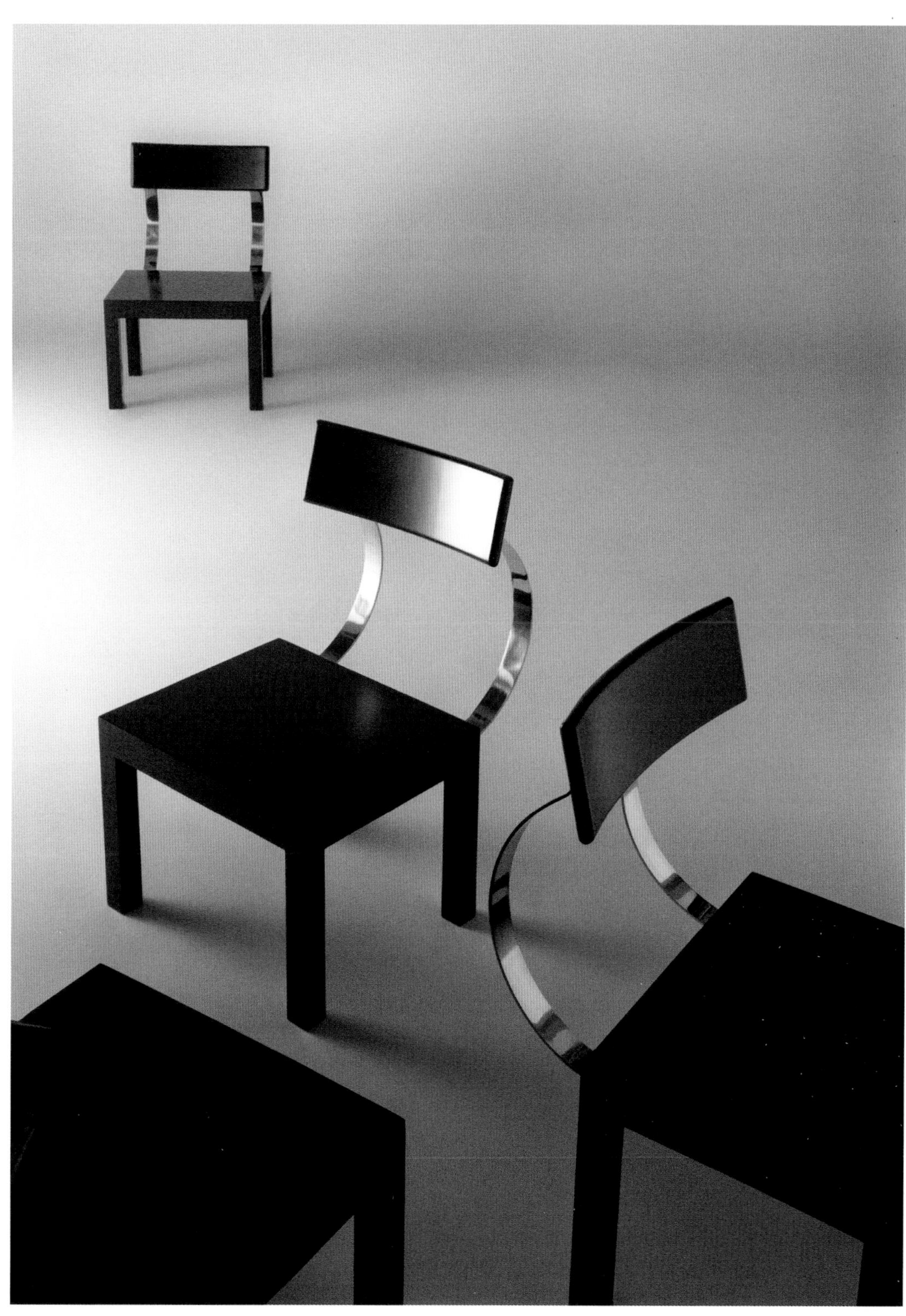

28. Studio Ballo+Ballo, 1972

Posacenere "Cubo"
Bruno Munari per Danese

"Cubo" ashtray
Bruno Munari for Danese

29. Studio Ballo+Ballo, 1972

Sedie "Follia"
Giuseppe Terragni per Zanotta

"Follia" chairs
Giuseppe Terragni for Zanotta

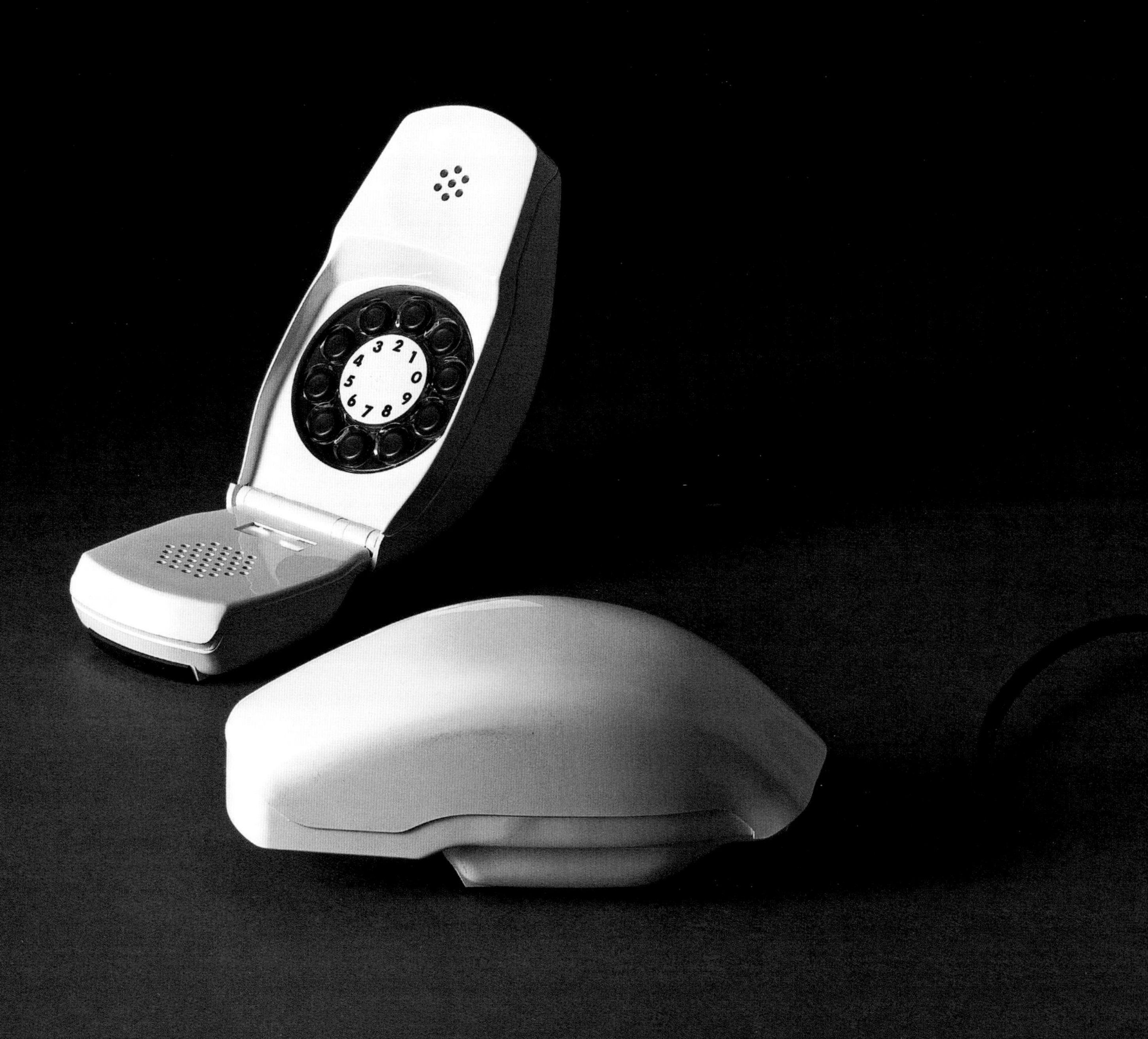

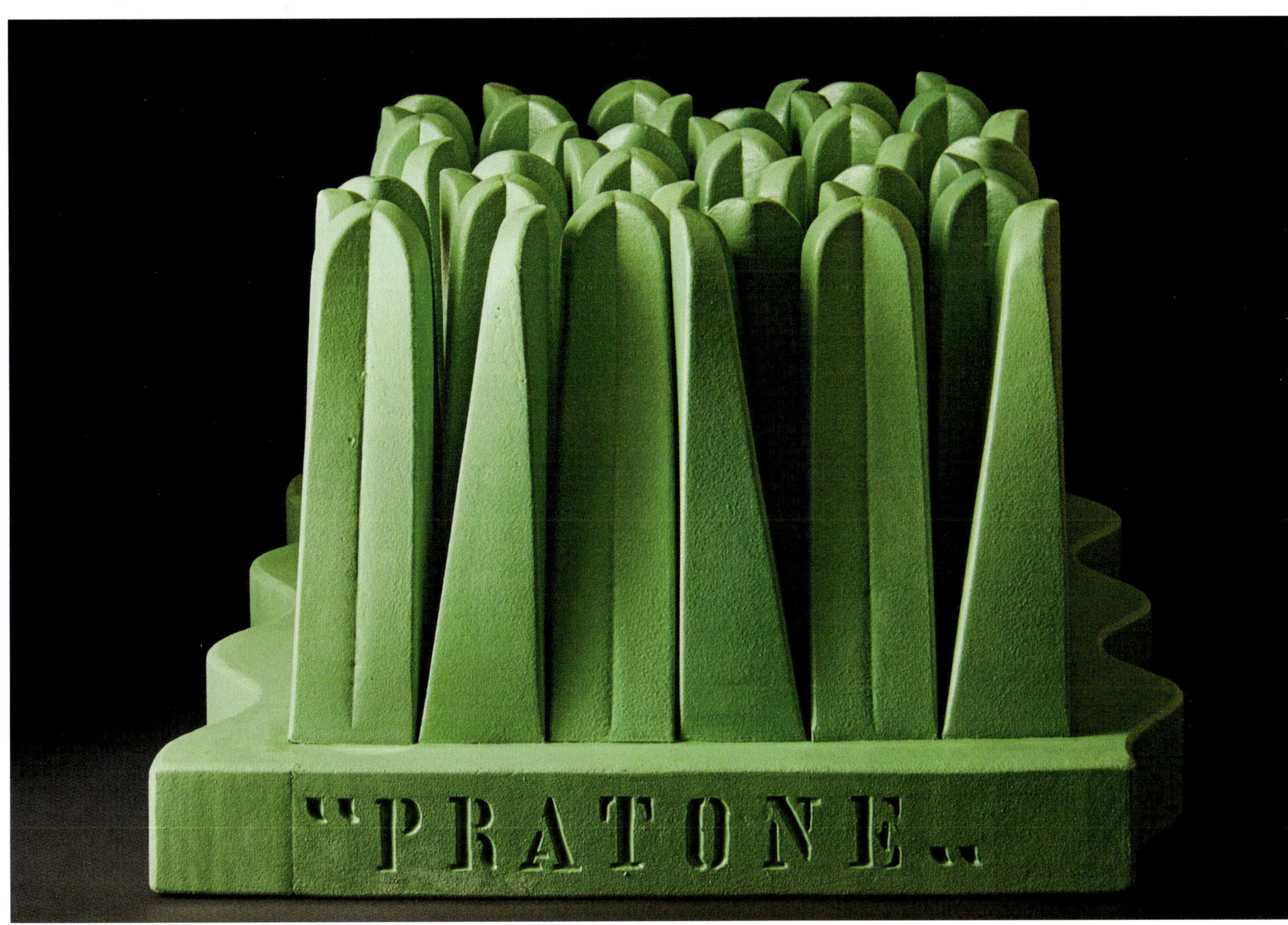

30. Studio Ballo+Ballo, 1972

Apparecchio telefonico "Grillo"
Richard Sapper e Marco Zanuso per Siemens,
Compasso d'Oro 1967

"Grillo" telephone set
Richard Sapper and Marco Zanuso for Siemens,
Compasso d'Oro 1967

31. Studio Ballo+Ballo, 1972

Libera seduta "Pratone"
Giorgio Ceretti, Pietro Derossi e Riccardo Rosso per Gufram

"Pratone" seat
Giorgio Ceretti, Pietro Derossi, and Riccardo Rosso for Gufram

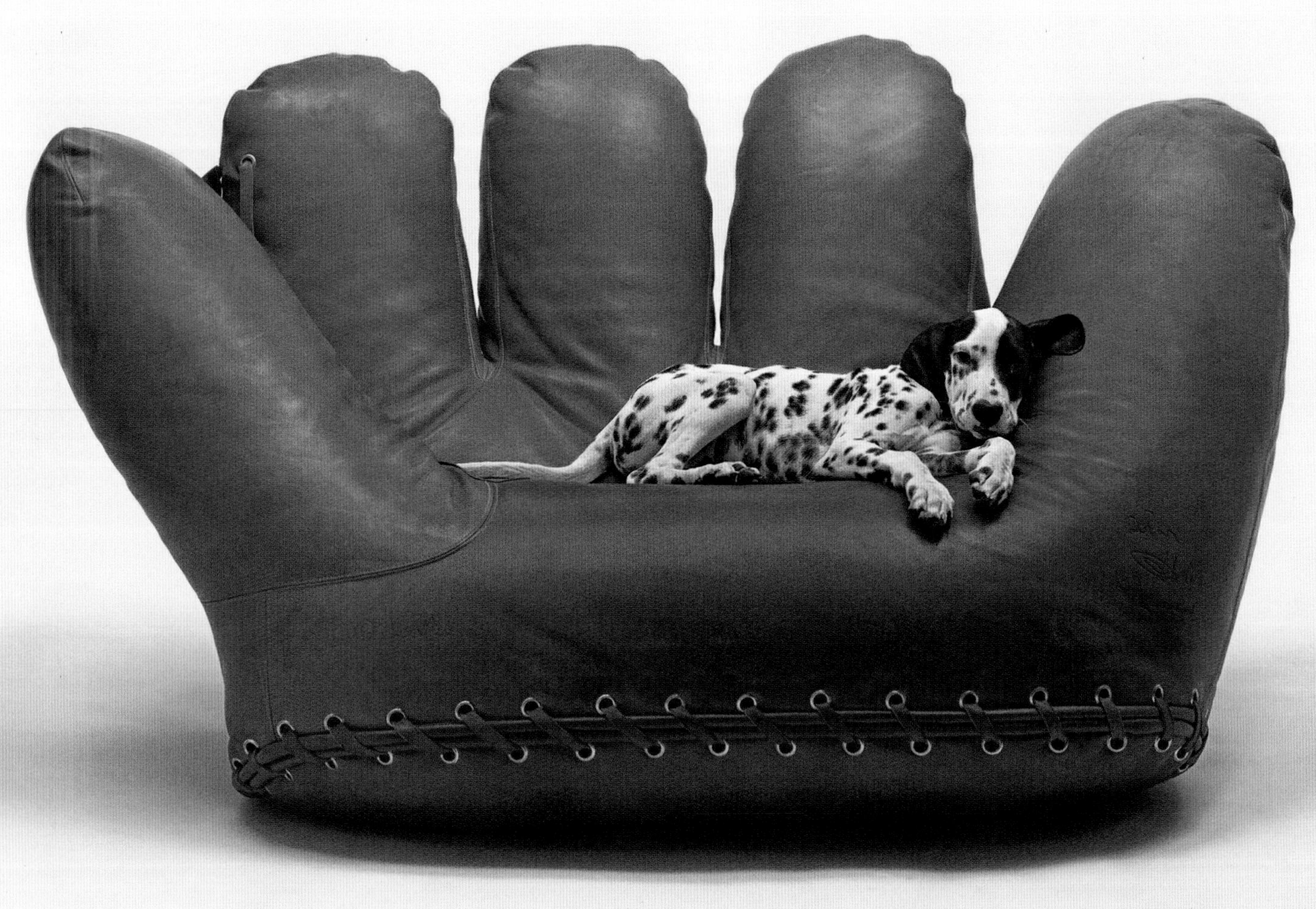

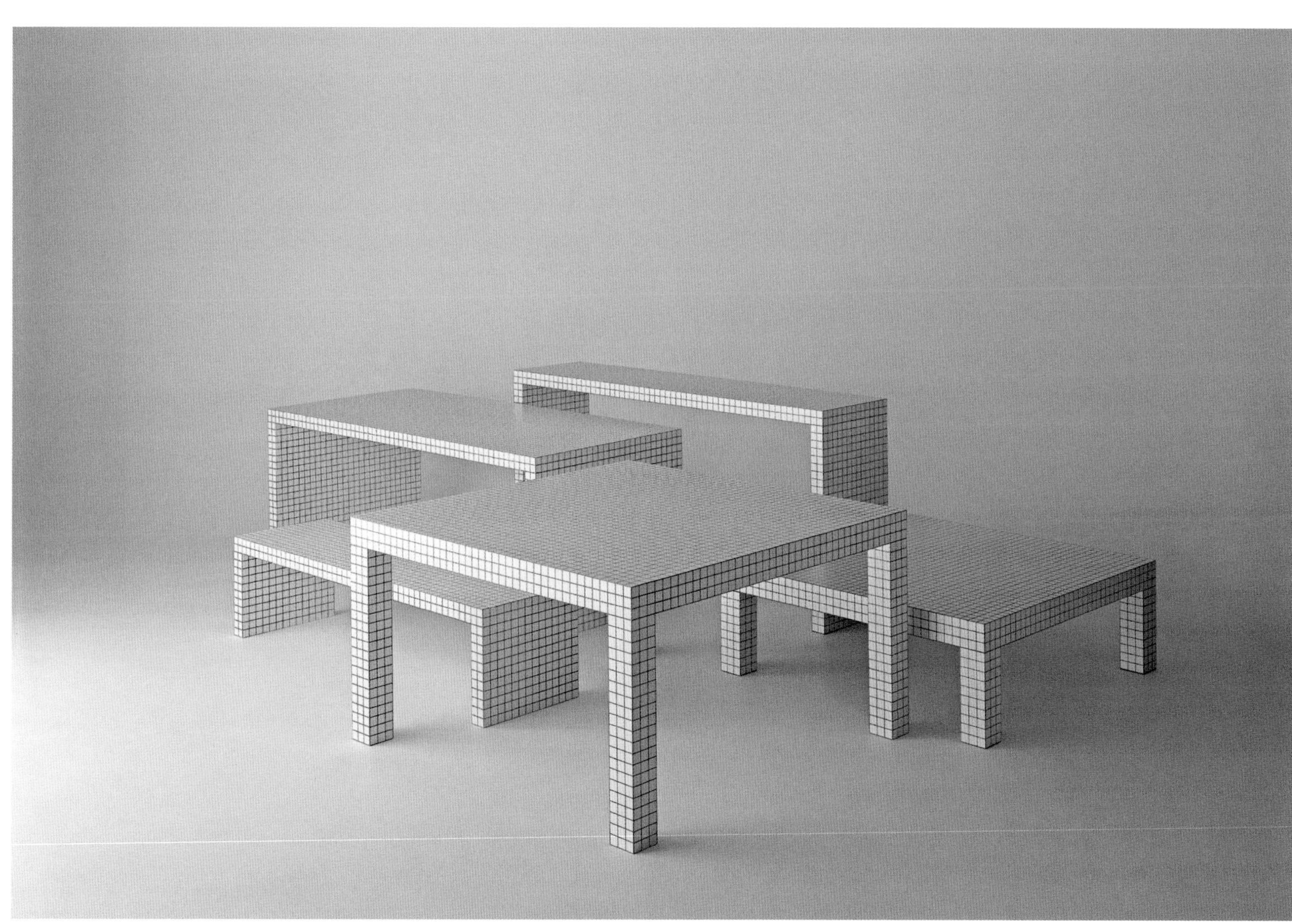

32. Studio Ballo+Ballo, 1971

Poltrona "Joe"
**Jonathan De Pas, Donato D'Urbino, Paolo Lomazzi
per Poltronova**

"Joe" armchair
Jonathan De Pas, Donato D'Urbino, and Paolo Lomazzi
for Poltronova

33. Studio Ballo+Ballo, 1973

Tavoli "Quaderna"
Superstudio per Zanotta

"Quaderna" tables
Superstudio for Zanotta

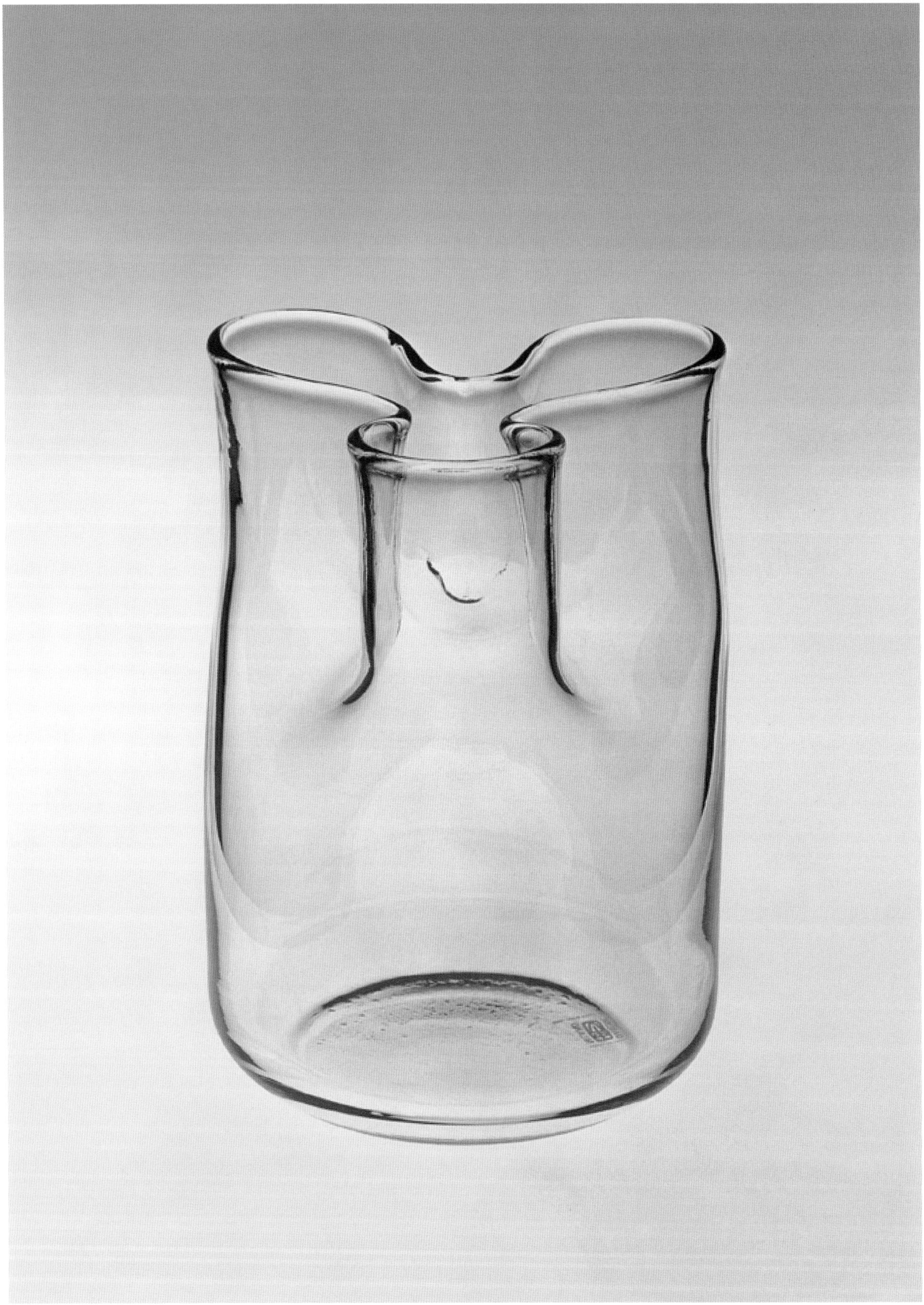

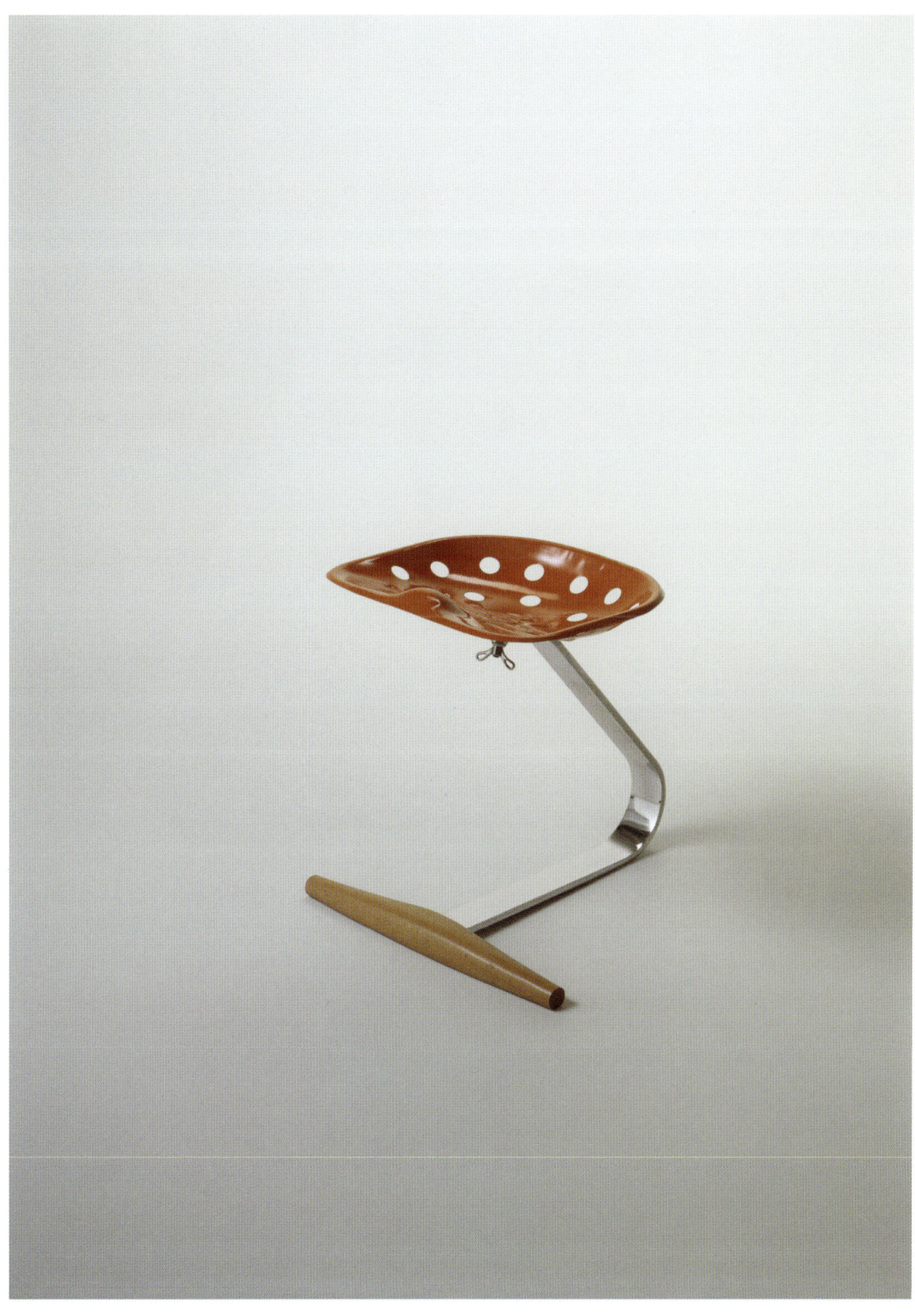

34. Studio Ballo+Ballo, 1973
Caraffa trilobata "Trinidad"
Enzo Mari per Danese
"Trinidad" trefoil jug
Enzo Mari for Danese

35. Studio Ballo+Ballo, 1979
Sgabello "Mezzadro"
Achille Castiglioni per Zanotta
"Mezzadro" stool
Achille Castiglioni for Zanotta

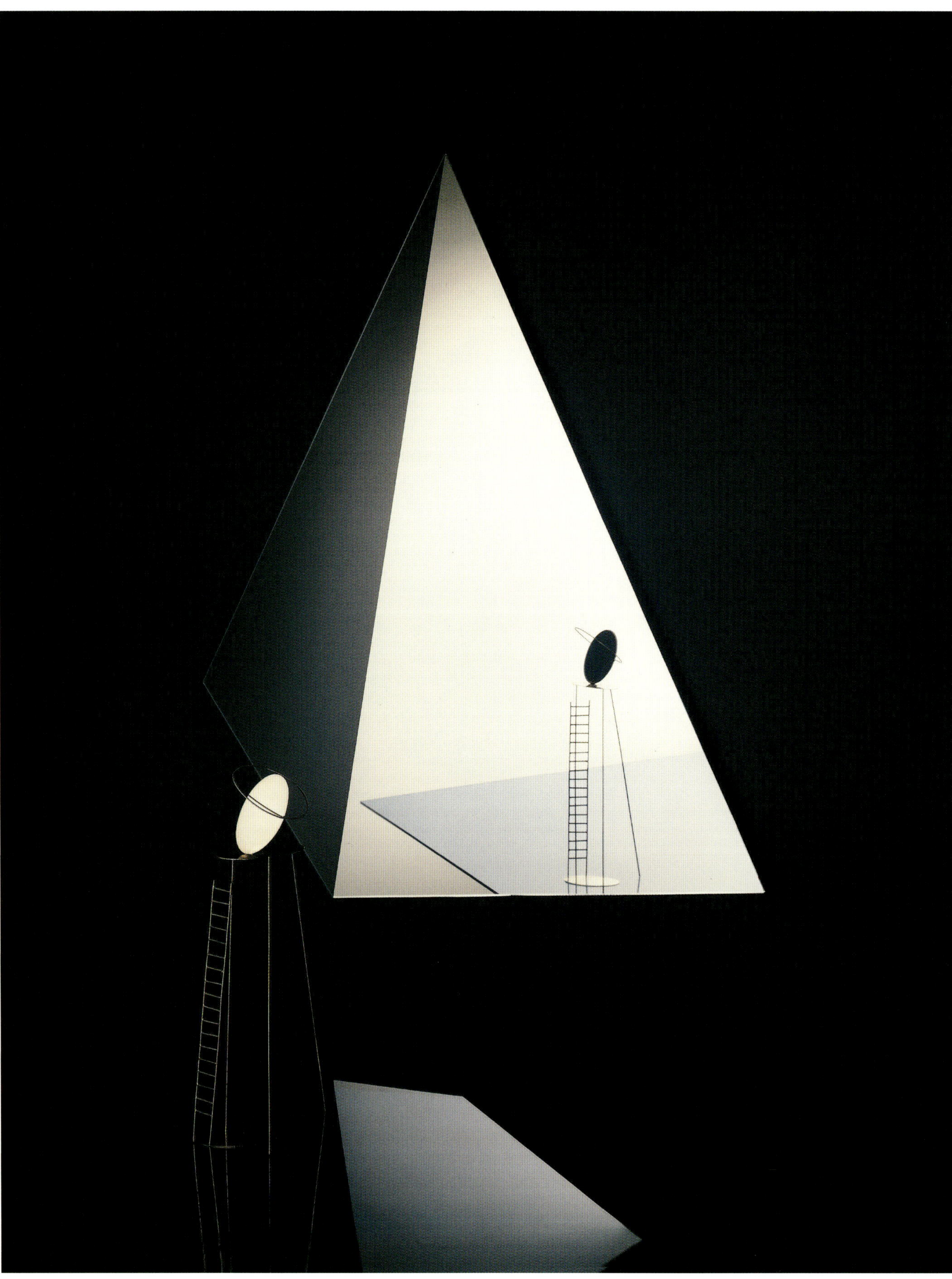

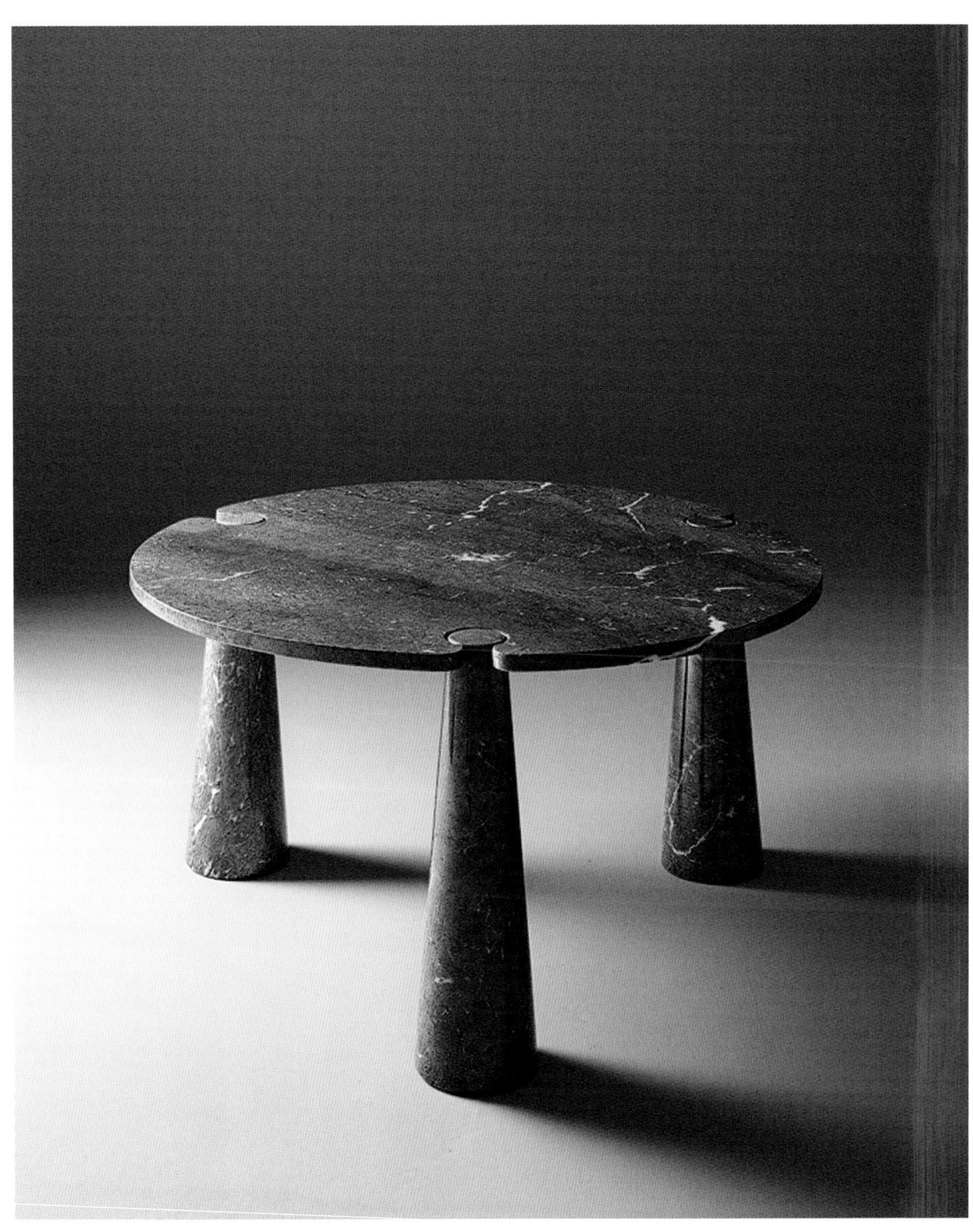

36. Studio Ballo+Ballo, 1980

Specchio "Cosmos"
Nanda Vigo per Glass Design, con scultura "Preludio VI"
di Fausto Melotti

"Cosmos" mirror
Nanda Vigo for Glass Design, with "Preludio VI" sculpture
by Fausto Melotti

37. Studio Ballo+Ballo, 1976

Tavolo "Eros"
Angelo Mangiarotti per Skipper

"Eros" table
Angelo Mangiarotti for Skipper

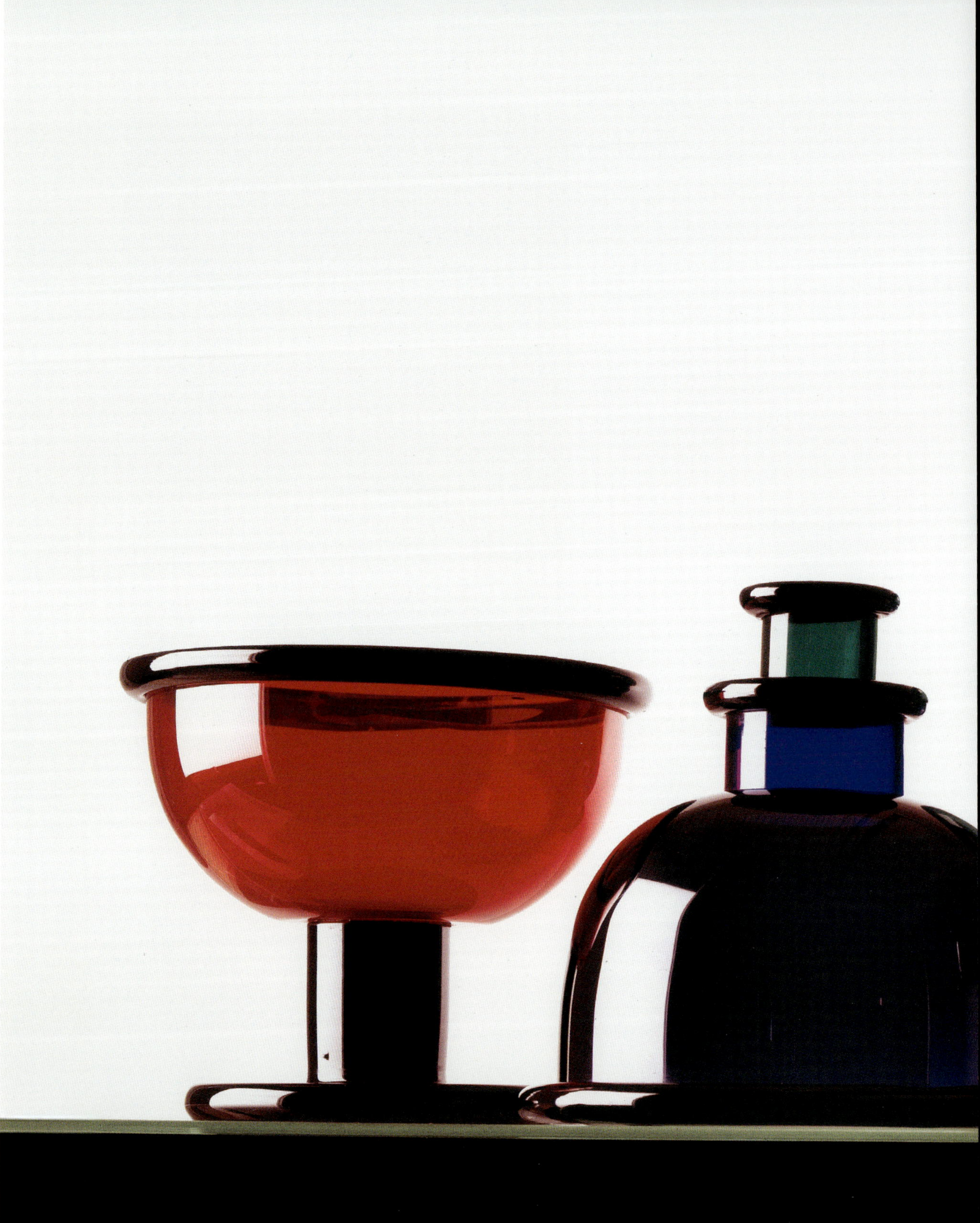

38. Studio Ballo+Ballo, 1977
Vasi
Ettore Sottsass per Vistosi
Vases
Ettore Sottsass for Vistosi

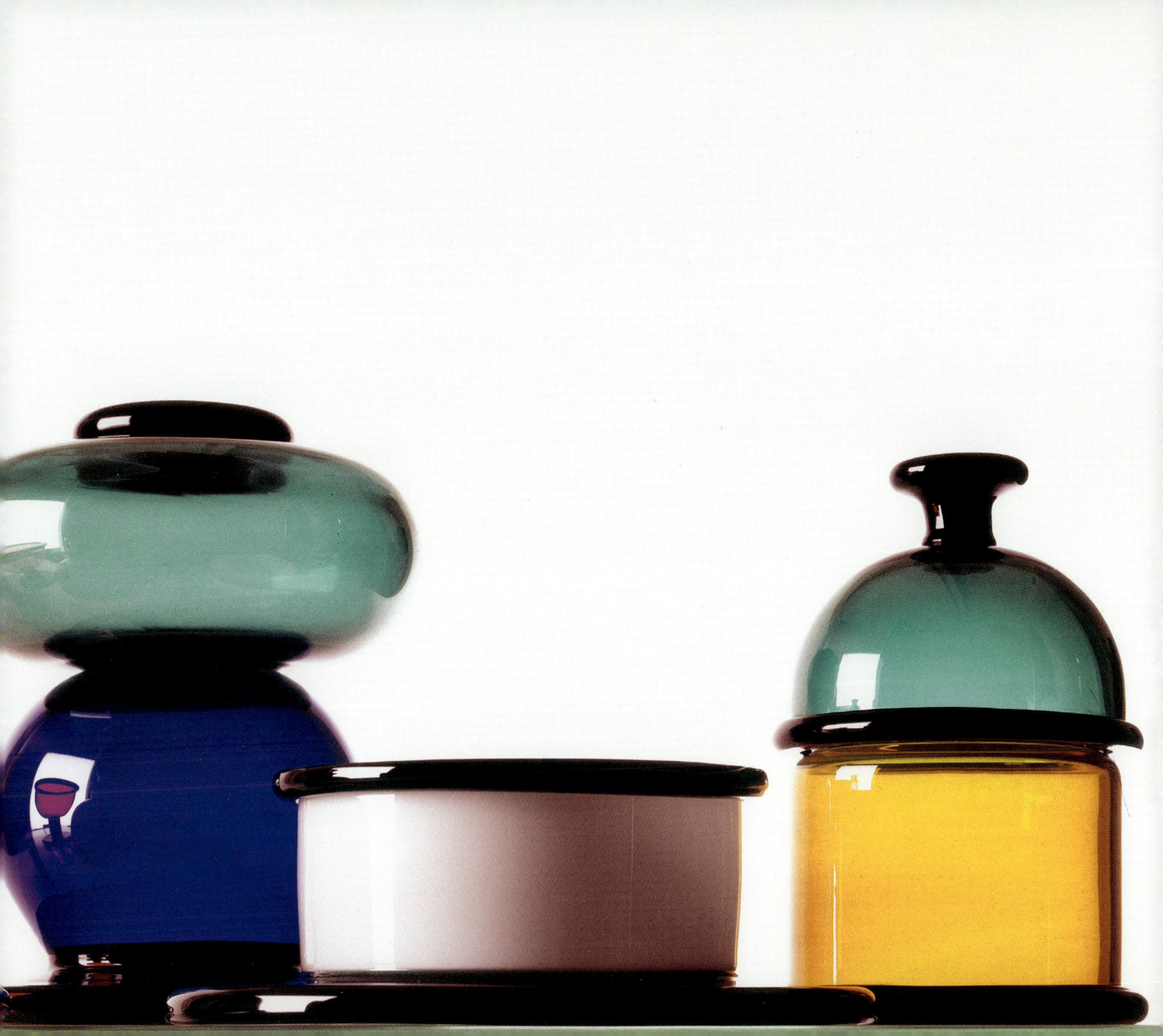

39. Studio Ballo+Ballo, 1979
Caffettiera espresso "9090"
Richard Sapper per Alessi, Compasso d'Oro 1979
"9090" espresso coffee maker
Richard Sapper for Alessi, Compasso d'Oro 1979

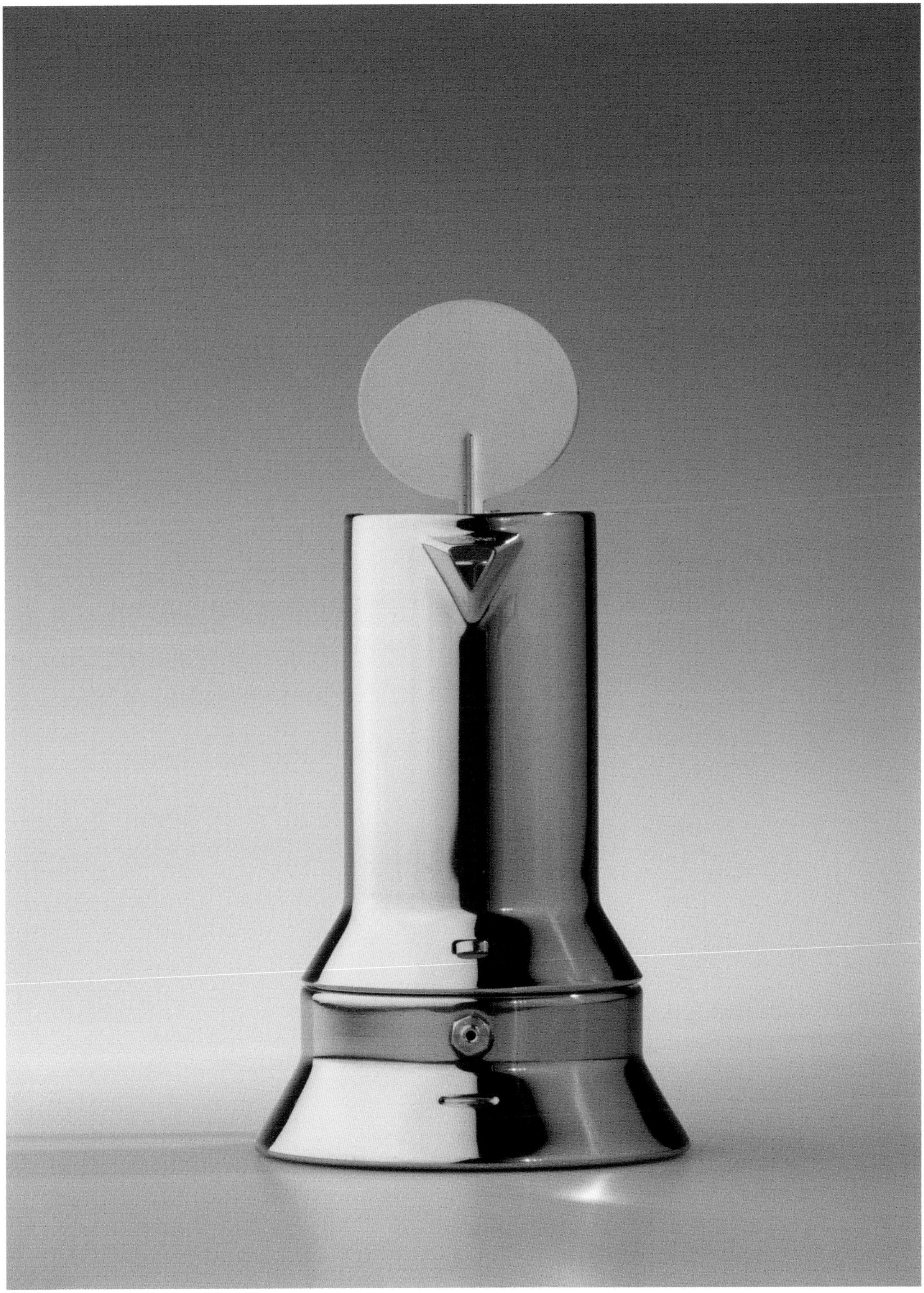

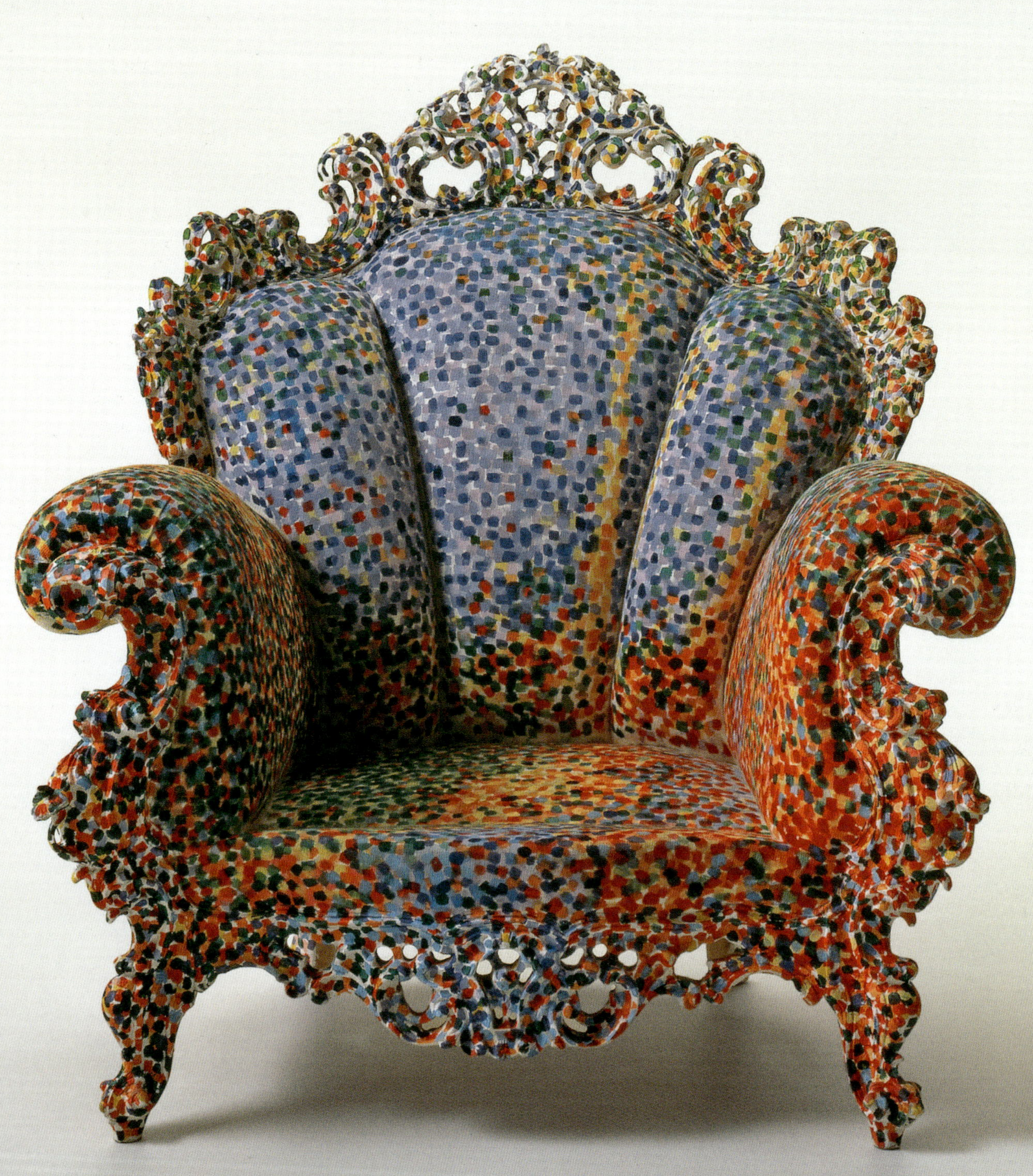

40. Studio Ballo+Ballo, 1979
"La Poltrona di Proust"
Alessandro Mendini per Alchimia
"La Poltrona di Proust" armchair
Alessandro Mendini for Alchimia

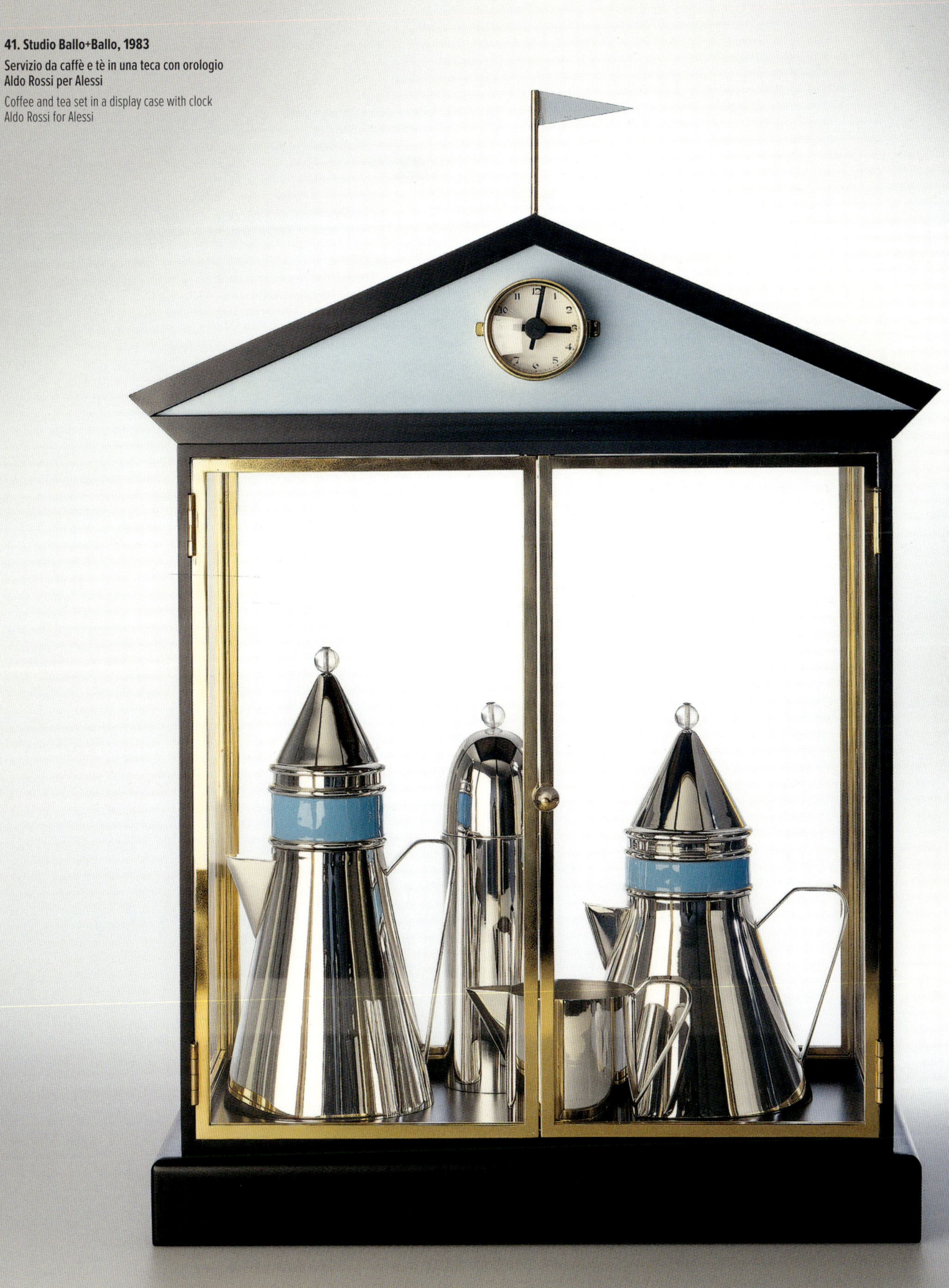

41. Studio Ballo+Ballo, 1983
Servizio da caffè e tè in una teca con orologio
Aldo Rossi per Alessi
Coffee and tea set in a display case with clock
Aldo Rossi for Alessi

42. Studio Ballo+Ballo, 1981

Lampade da tavolo "Gibigiana"
Achille Castiglioni per Flos

"Gibigiana" table lamps
Achille Castiglioni for Flos

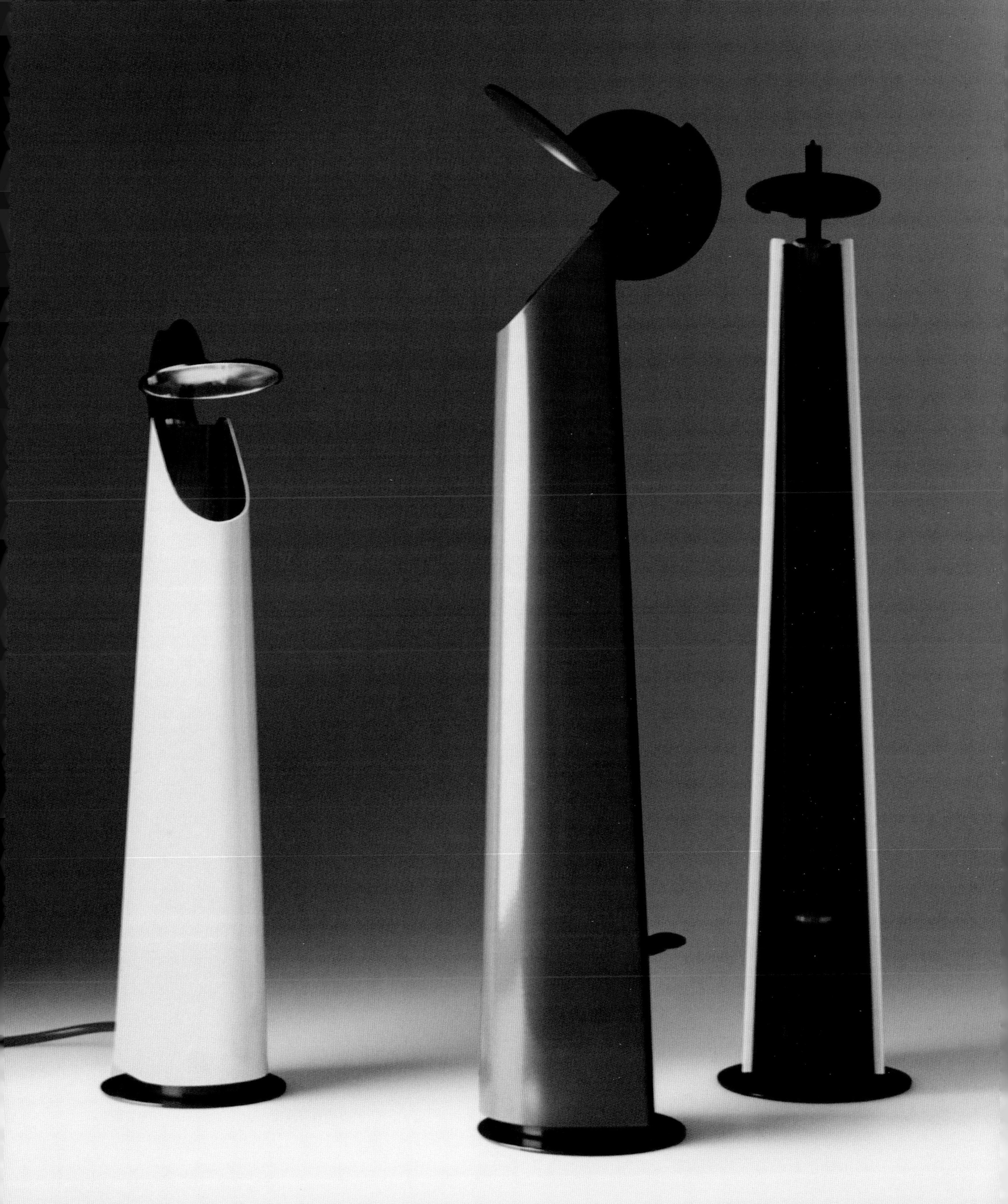

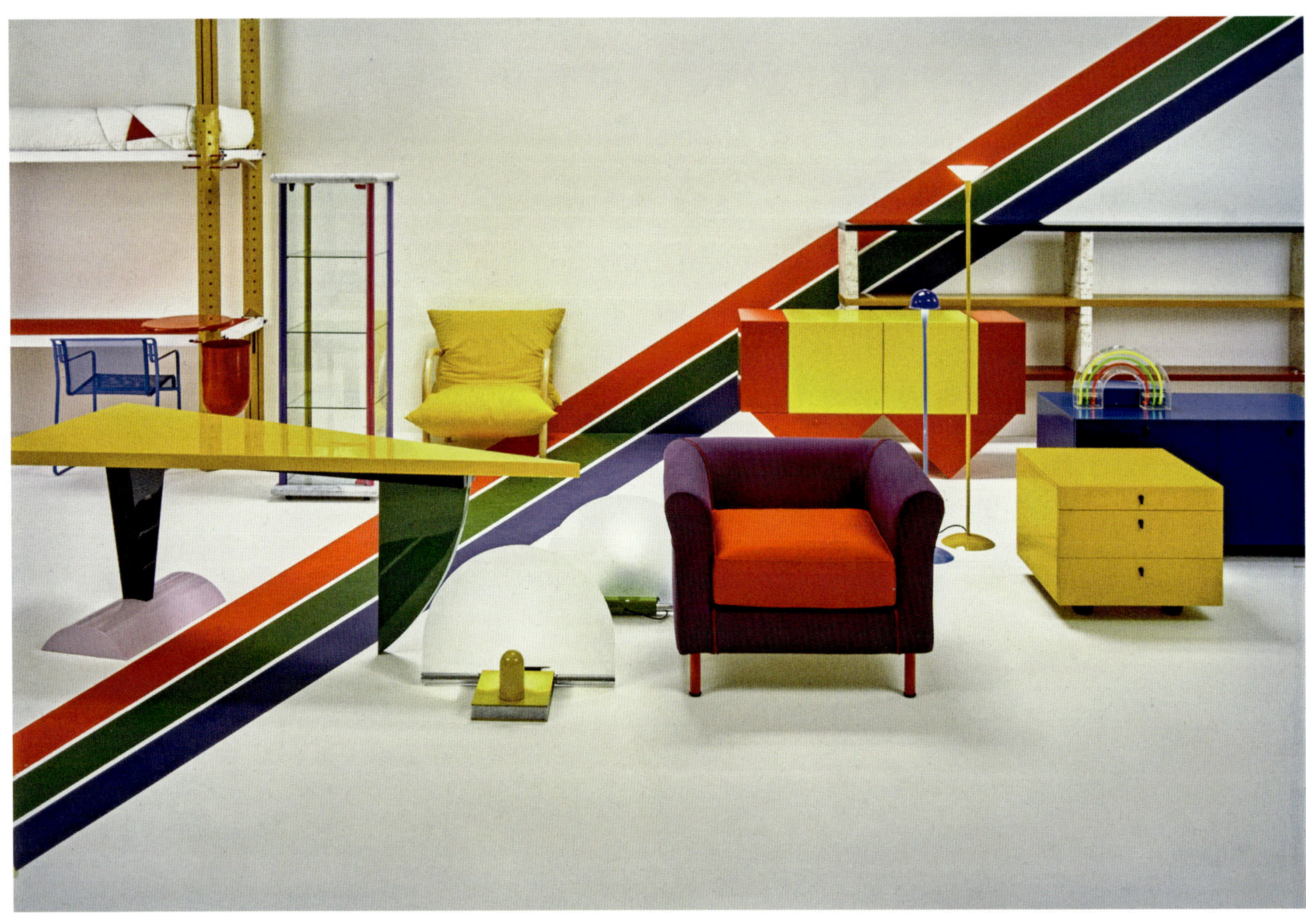

43. Studio Ballo+Ballo, 1981

"La nuova tavolozza, tutti i colori in campo"
Adriana Botti Monti per "Casa Vogue", Salone del Mobile
1981

"La nuova tavolozza, tutti i colori in campo"
Adriana Botti Monti for *Casa Vogue*, Salone del Mobile
1981

44. Studio Ballo+Ballo, 1985

Fruttiera "Murmansk"
Ettore Sottsass per Memphis

"Murmansk" fruit bowl
Ettore Sottsass for Memphis

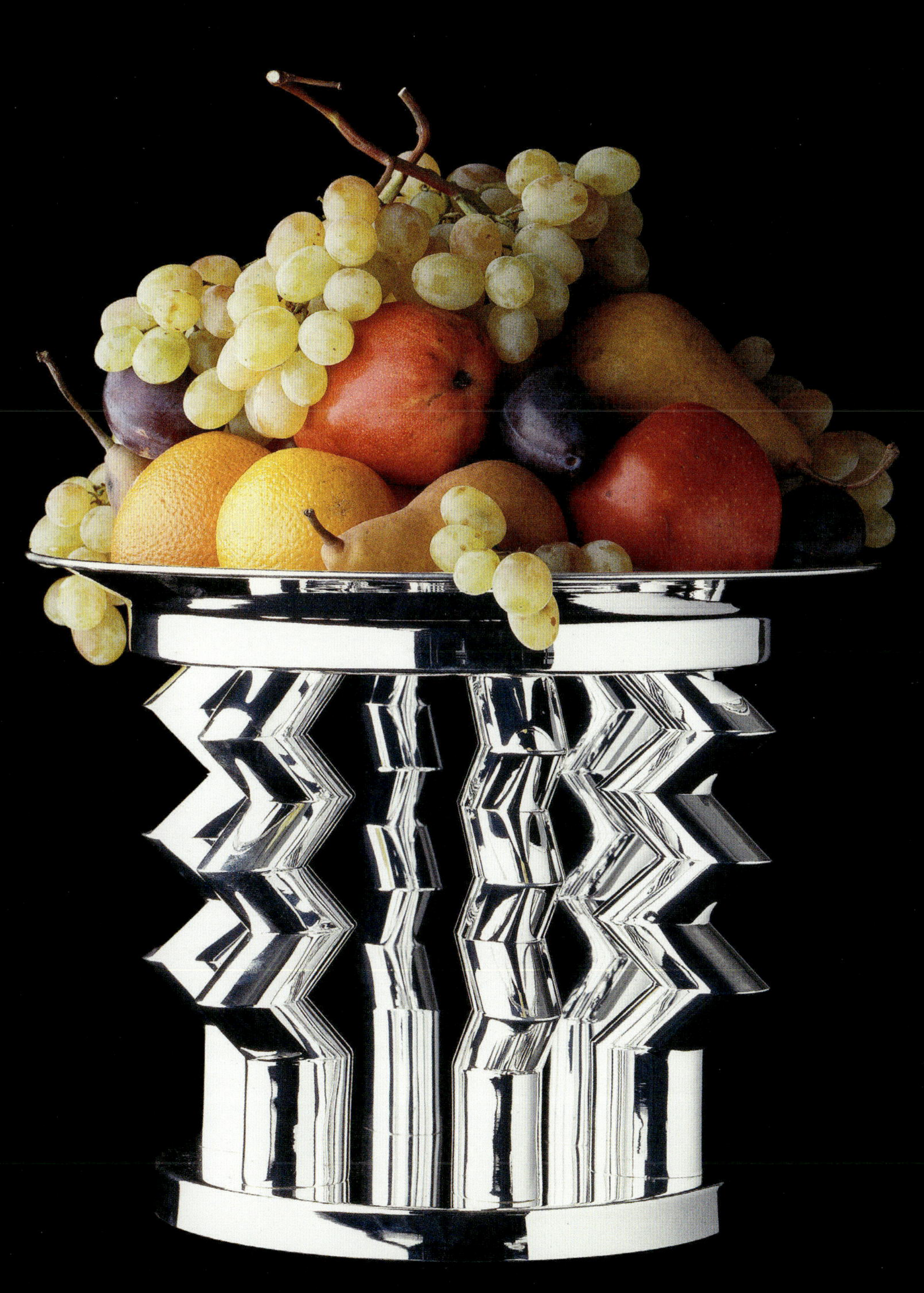

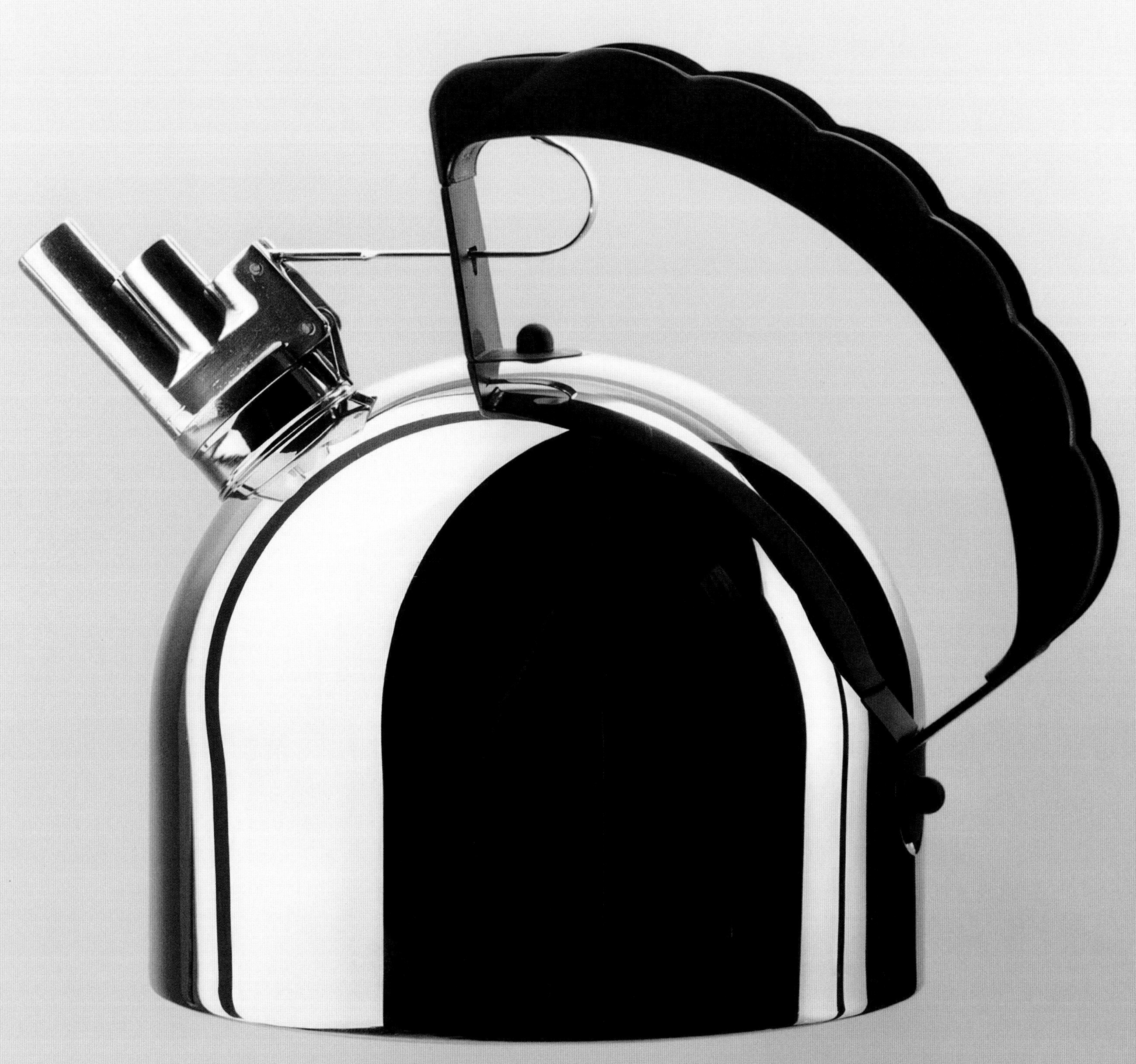

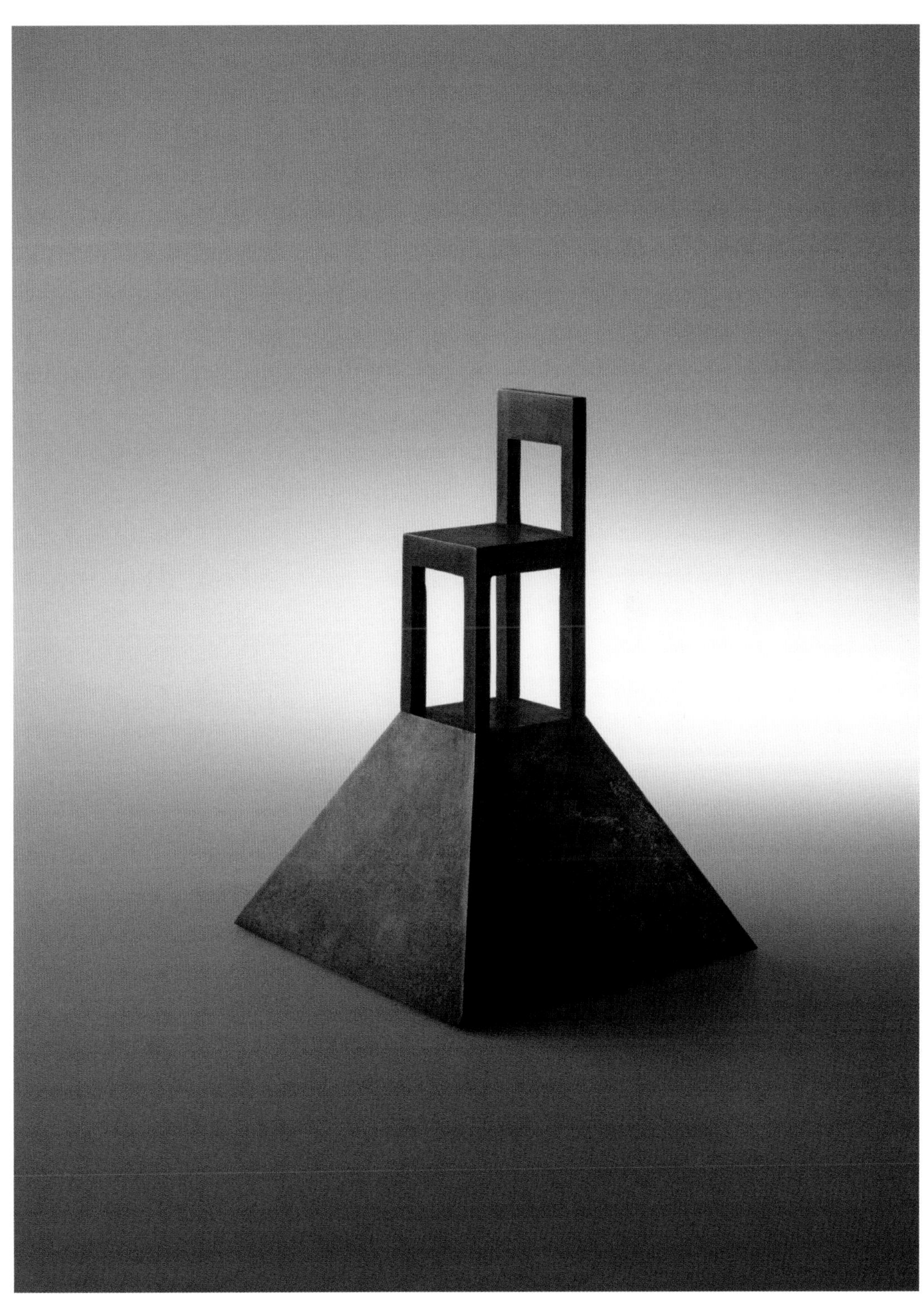

45. Studio Ballo+Ballo, 1983
Bollitore "9091"
Richard Sapper per Alessi
"9091" kettle
Richard Sapper for Alessi

46. Studio Ballo+Ballo, 1985
Sedia "Lassù"
Alessandro Mendini per Alchimia
"Lassù" chair
Alessandro Mendini for Alchimia

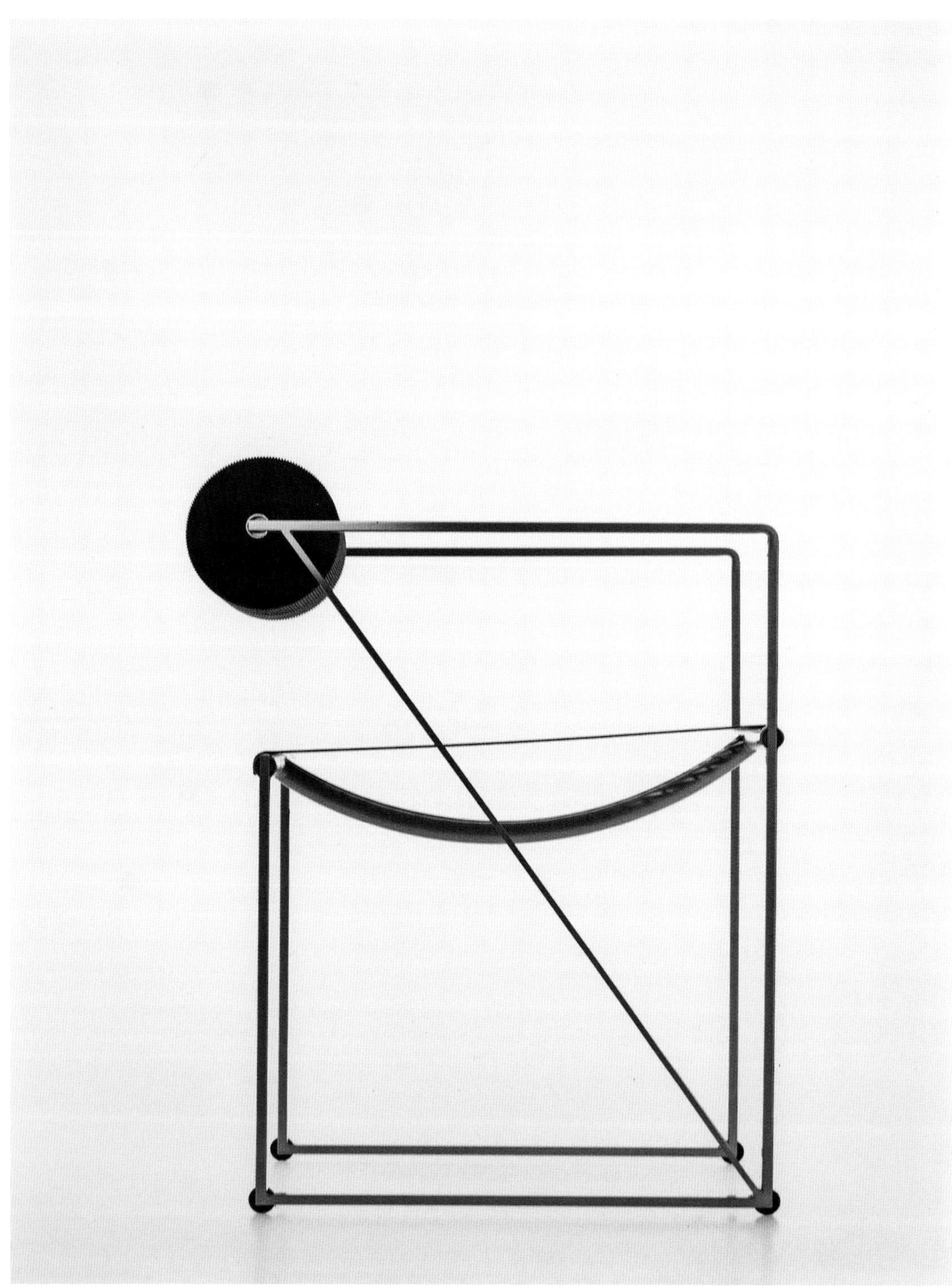

47. Studio Ballo+Ballo, 1982
Sedia "Seconda"
Mario Botta per Alias
"Seconda" chair
Mario Botta for Alias

48. Studio Ballo+Ballo, 1983
Calici "Paro"
Achille Castiglioni per Danese
"Paro" goblets
Achille Castiglioni for Danese

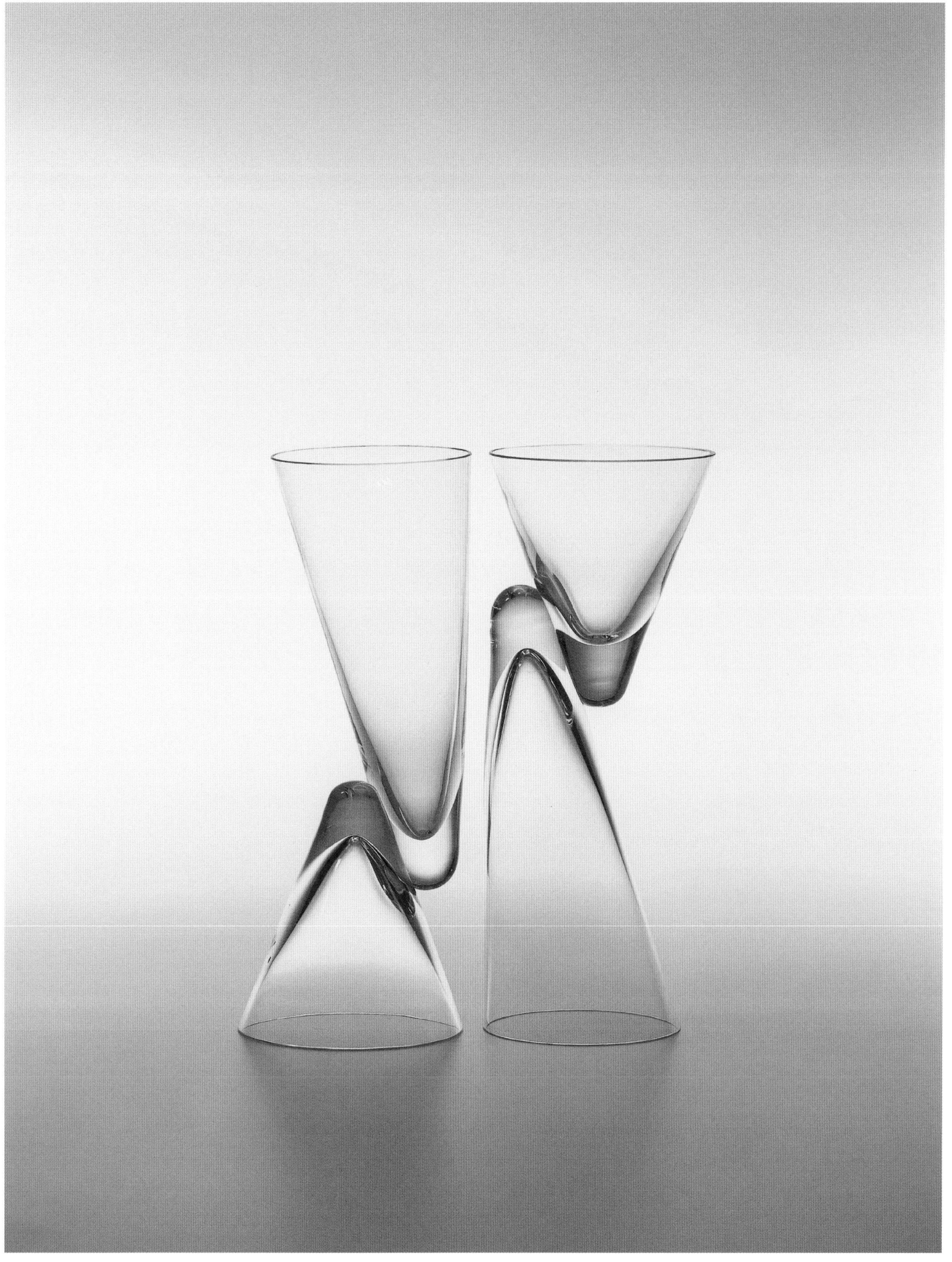

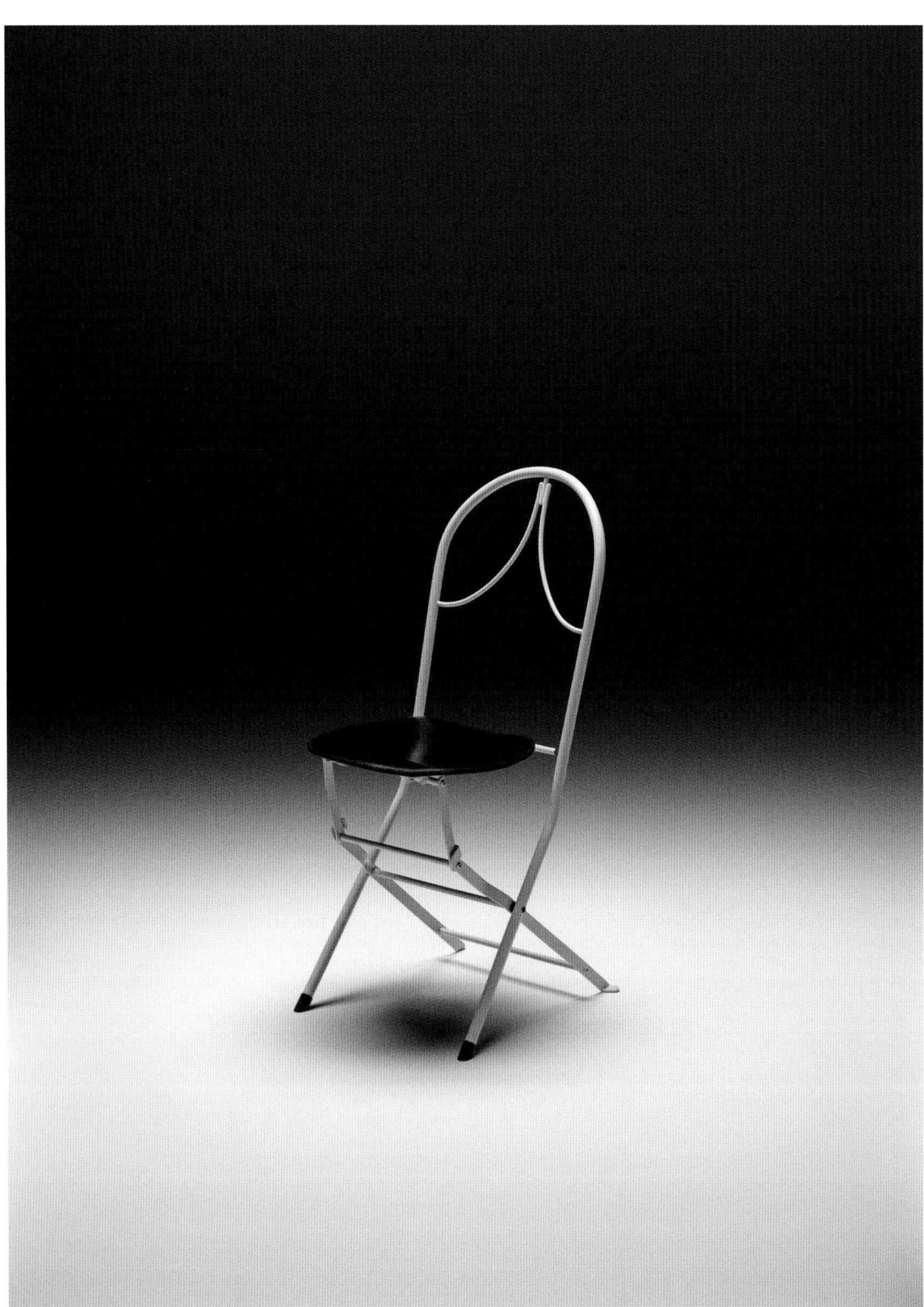

49. Studio Ballo+Ballo, 1982

Sedia "Rosacamuna"
Achille Castiglioni per Zanotta

"Rosacamuna" chair
Achille Castiglioni for Zanotta

50. Studio Ballo+Ballo, 1981

Libreria "Carlton"
Ettore Sottsass per Memphis

"Carlton" bookcase
Ettore Sottsass for Memphis

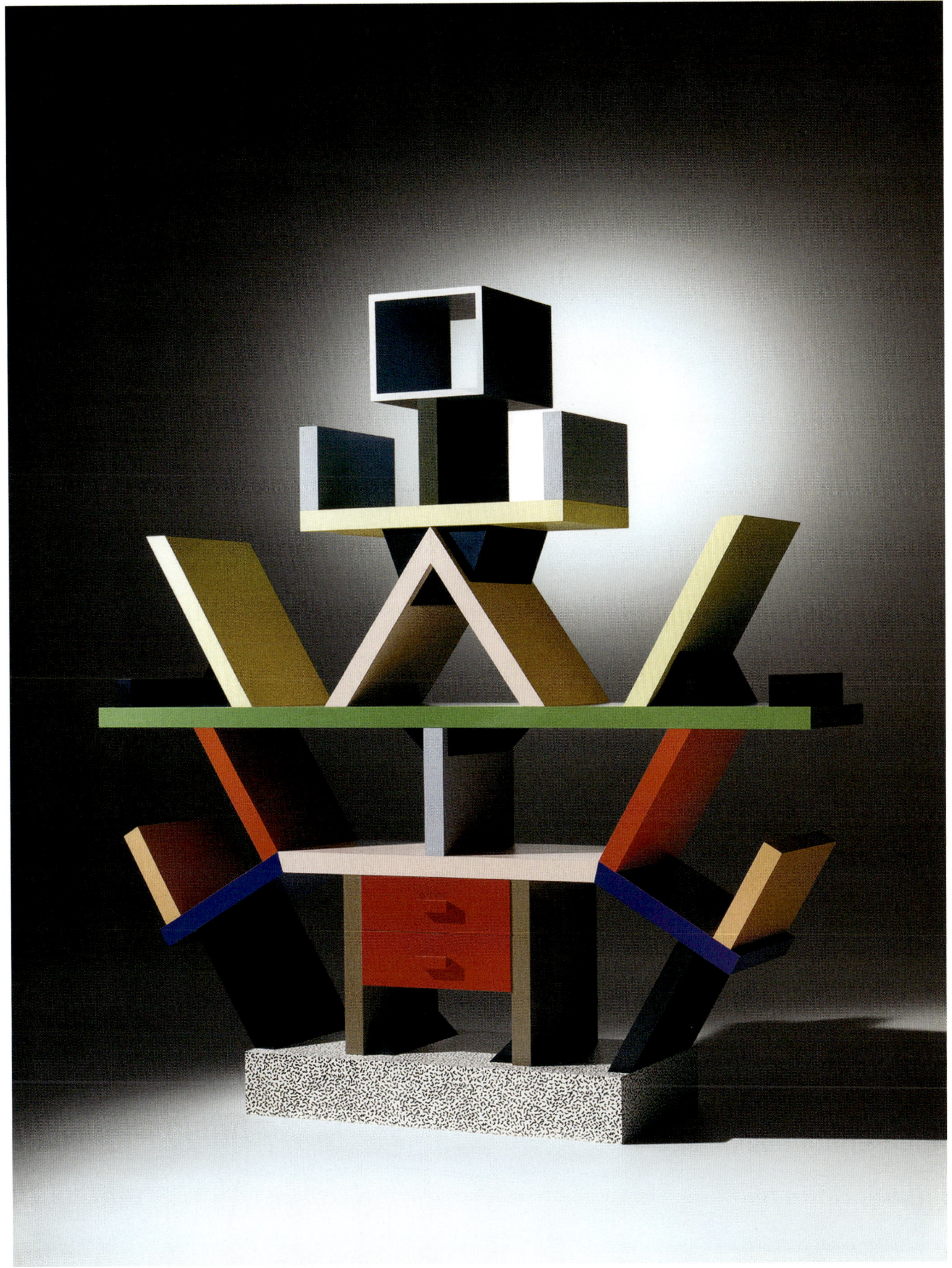

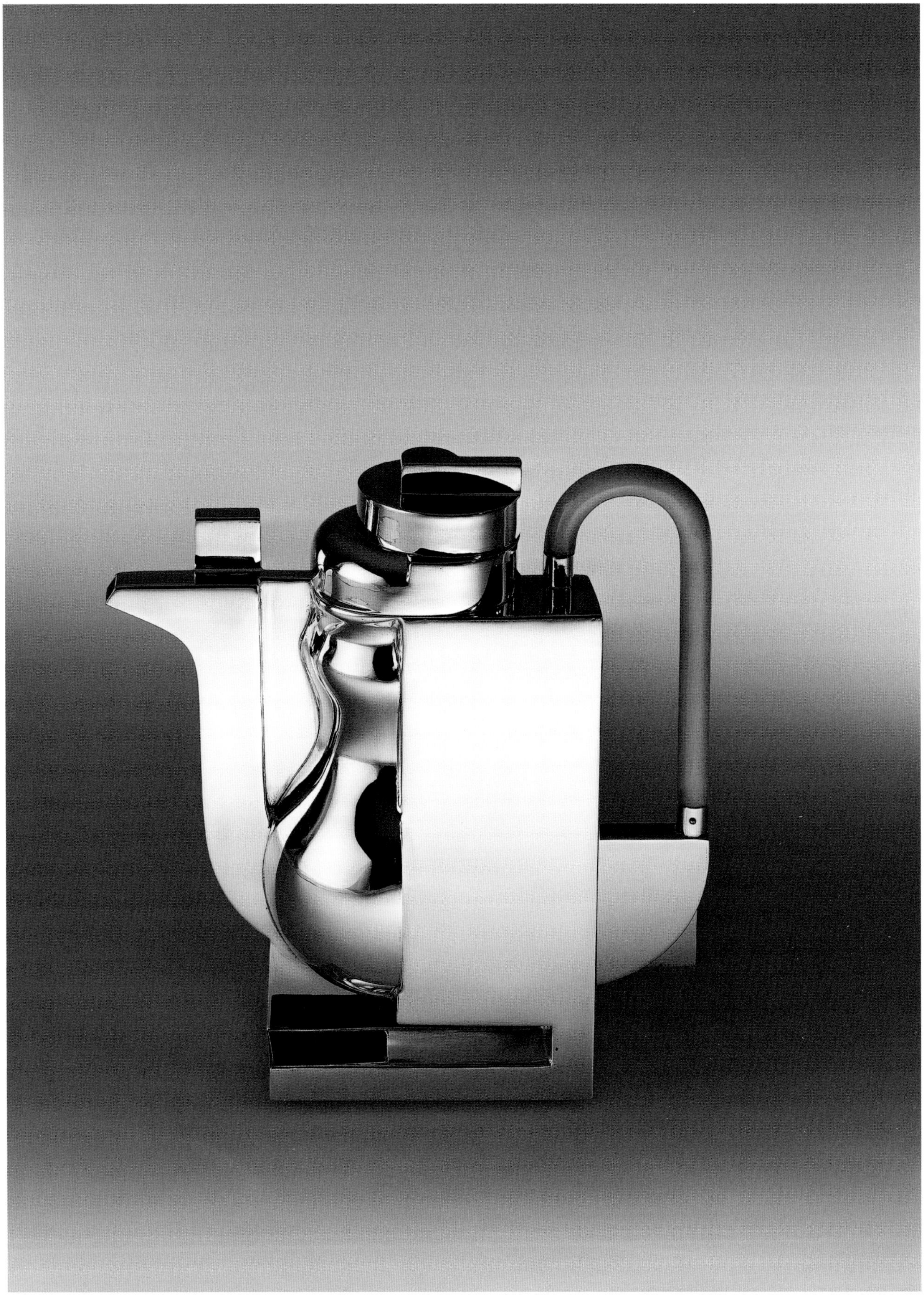

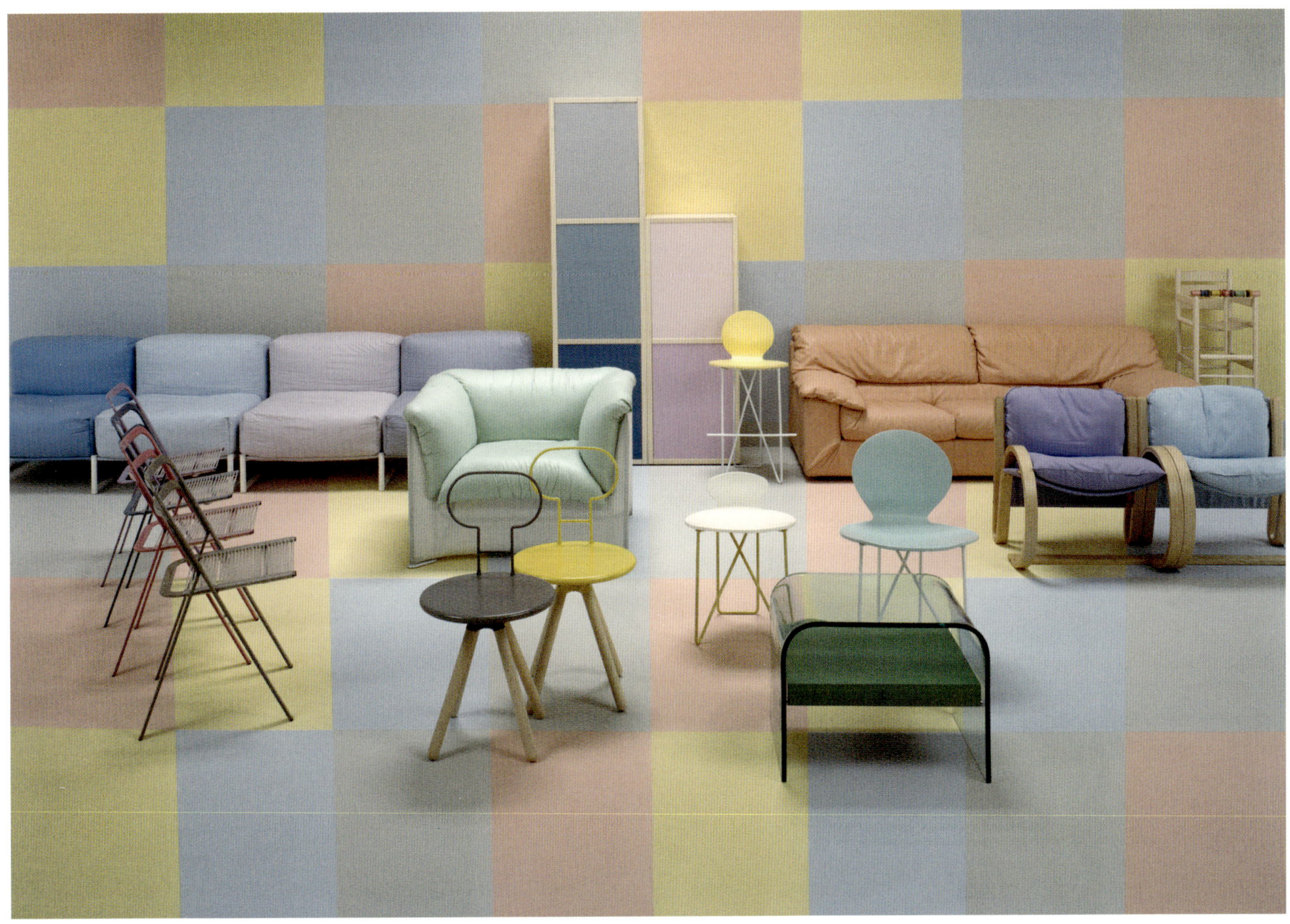

51. Studio Ballo+Ballo, 1983

Teiera della serie "Tea & Coffee Piazza"
Richard Meier per Alessi, Compasso d'Oro 1984

Teapot from the "Tea & Coffee Piazza" series
Richard Meier for Alessi, Compasso d'Oro 1984

52. Studio Ballo+Ballo, 1981

"La nuova tavolozza, tutti i colori in campo"
Adriana Botti Monti per "Casa Vogue", Salone del Mobile 1981

"La nuova tavolozza, tutti i colori in campo"
Adriana Botti Monti for *Casa Vogue*, Salone del Mobile 1981

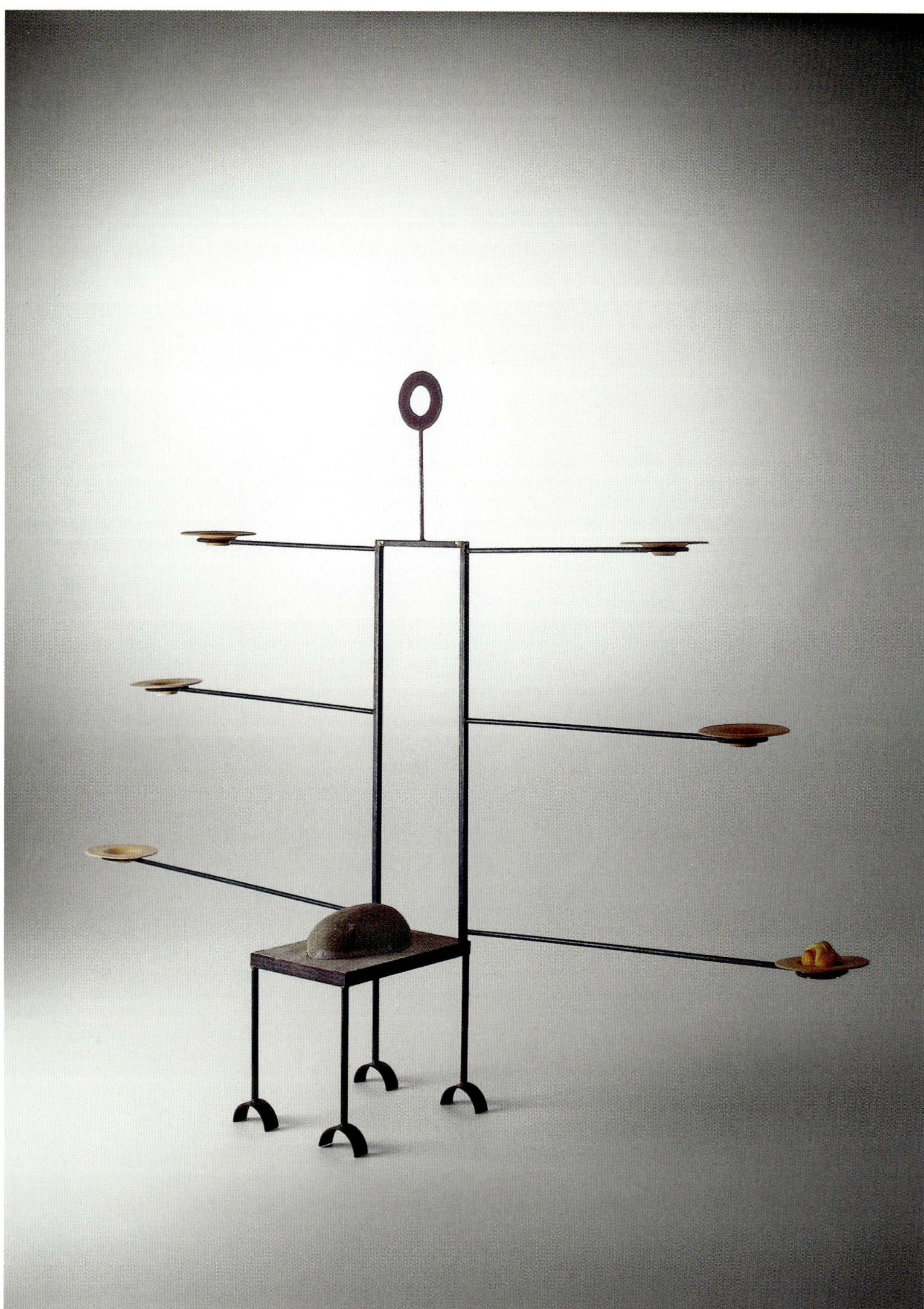

53. Studio Ballo+Ballo, 1986

"Mi piace molto veramente"
Ugo Marano per Megalopoli

"Mi piace molto veramente"
Ugo Marano for Megalopoli

54. Studio Ballo+Ballo, 1986

Oliera "Opasis"
Enzo Mari per Zani&Zani

"Opasis" cruet
Enzo Mari for Zani&Zani

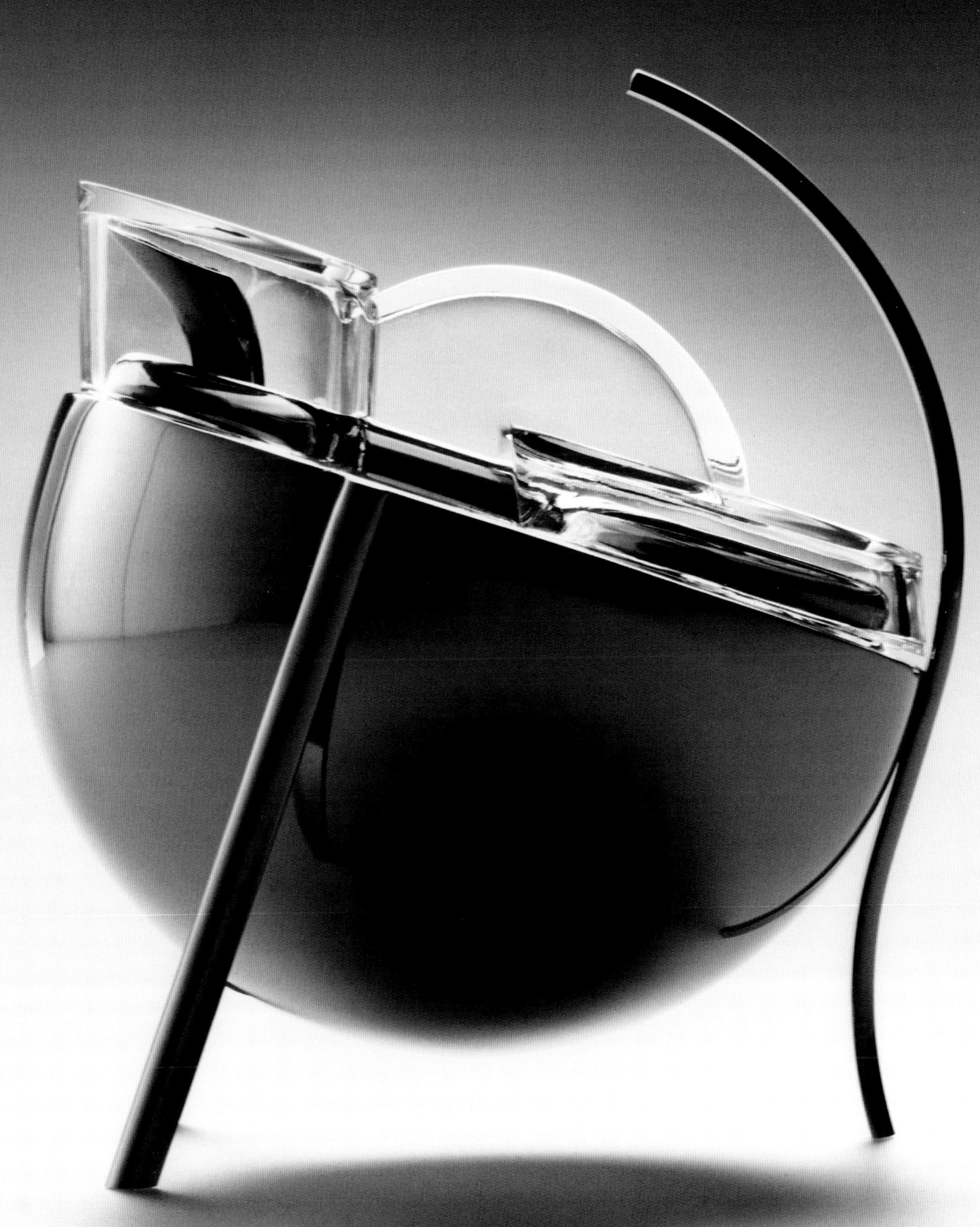

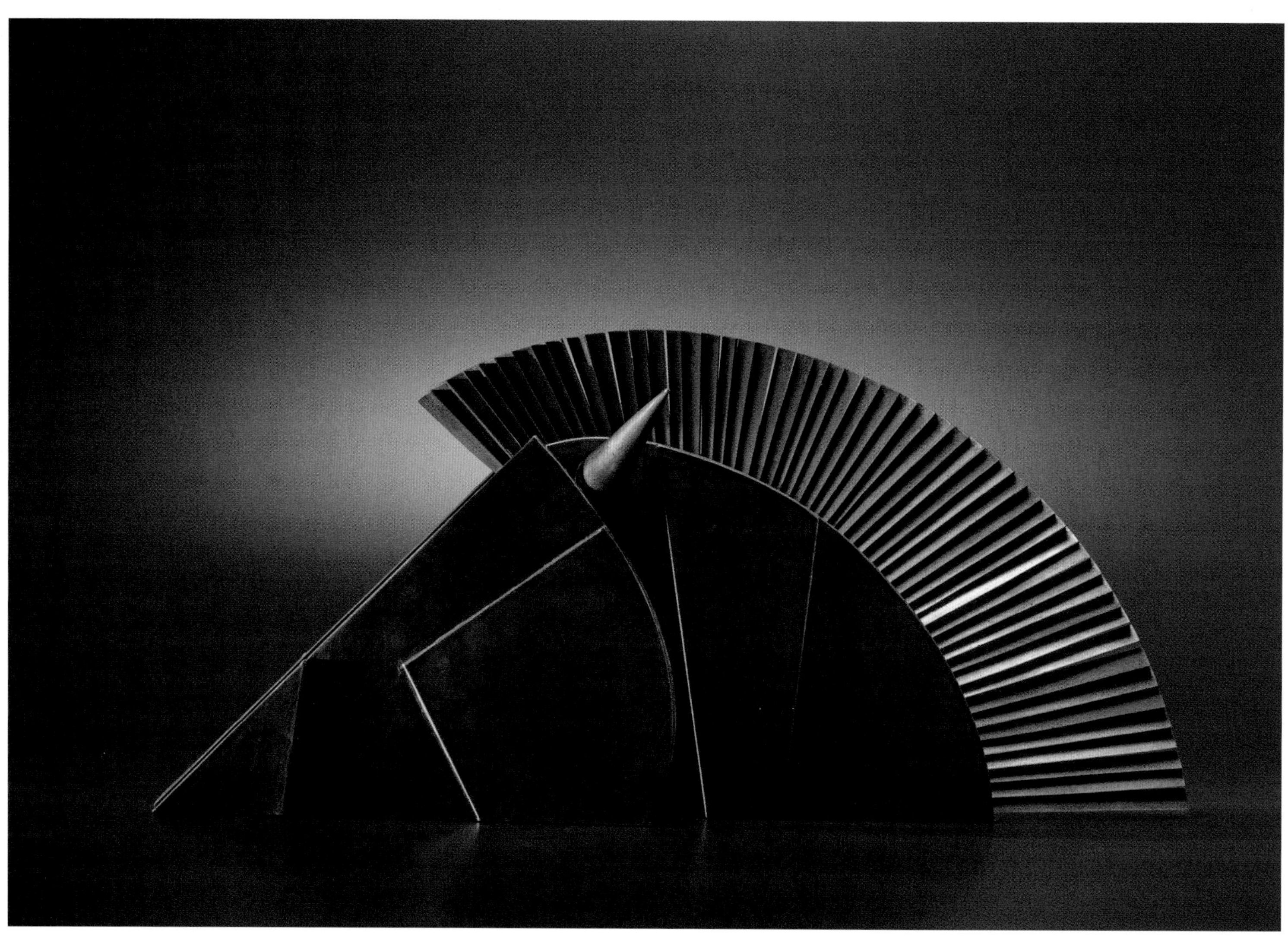

55. Studio Ballo+Ballo, 1986
Cavallo
Arnaldo Pomodoro per "La tragedia di Didone"
Horse
Arnaldo Pomodoro for "La tragedia di Didone"

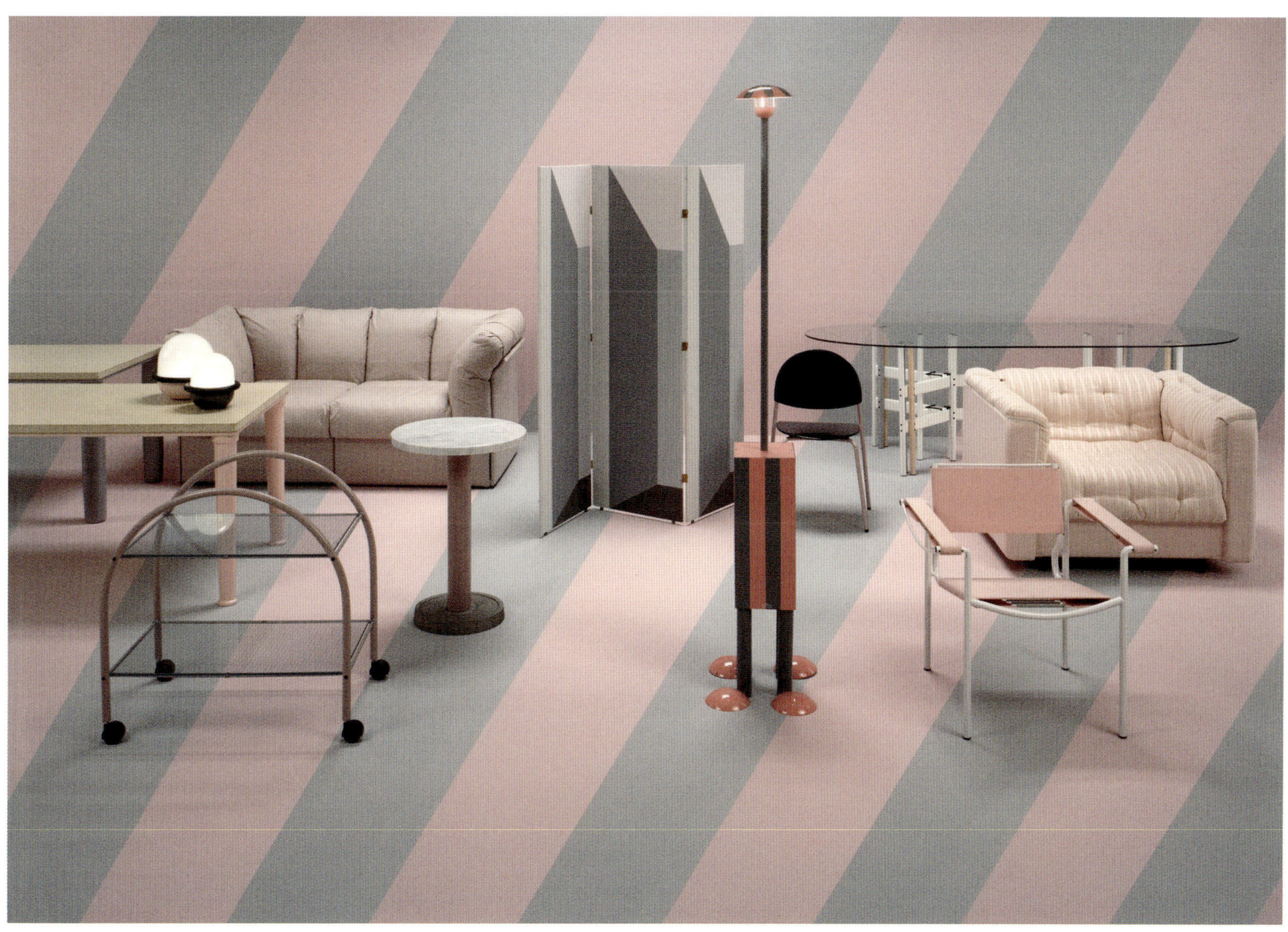

56. Studio Ballo+Ballo, 1981

"La nuova tavolozza, tutti i colori in campo"
 Adriana Botti Monti per "Casa Vogue", Salone del Mobile 1981

"La nuova tavolozza, tutti i colori in campo
Adriana Botti Monti for *Casa Vogue*, Salone del Mobile 1981

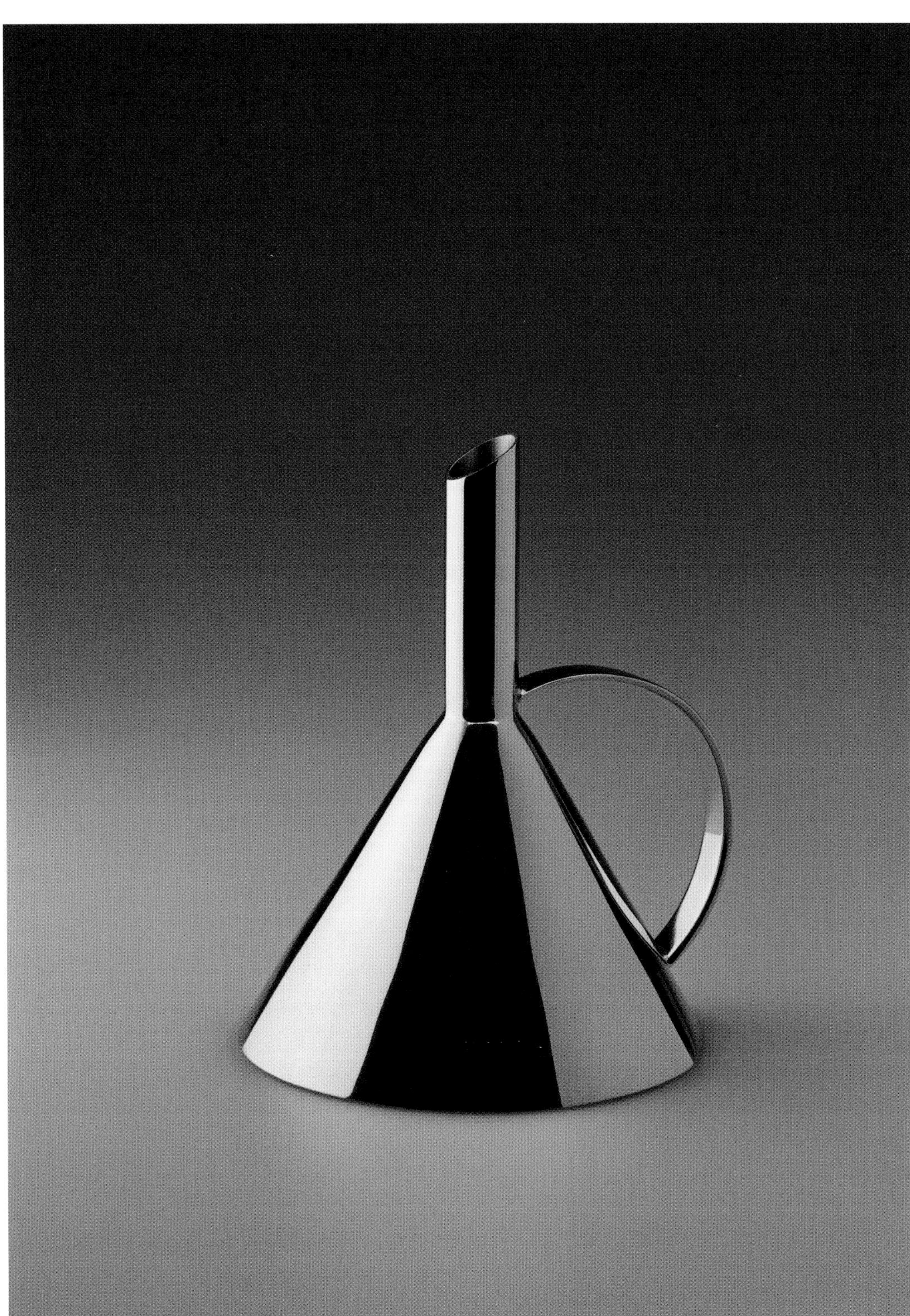

57. Studio Ballo+Ballo, 1989

Imbuto "Pascal Smith"
Enzo Mari per Zani&Zani

"Pascal Smith" funnel
Enzo Mari for Zani&Zani

58. Studio Ballo+Ballo, 1991

Poltrona "Fiorenza"
Franco Albini per Arflex

"Fiorenza" armchair
Franco Albini for Arflex

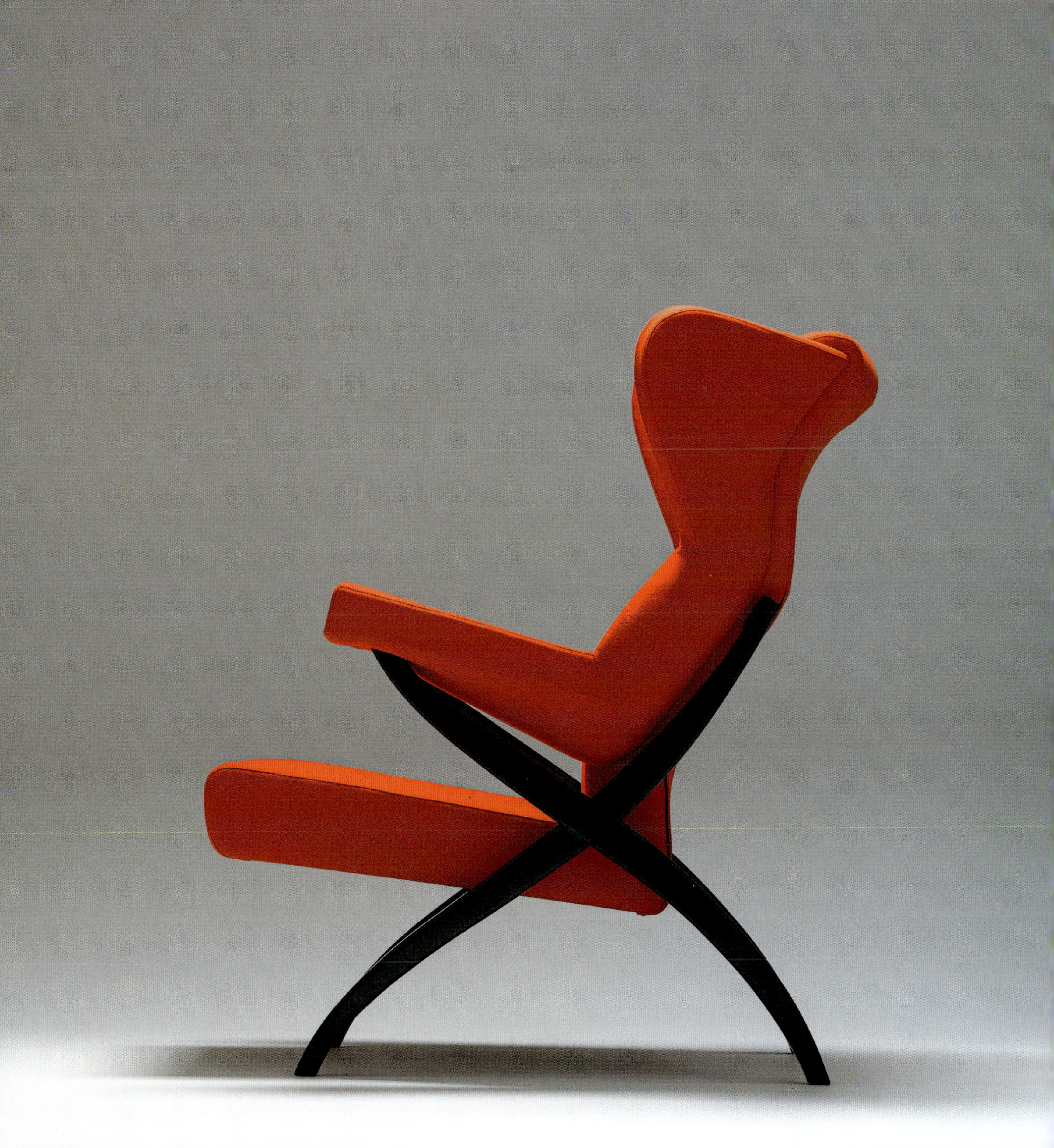

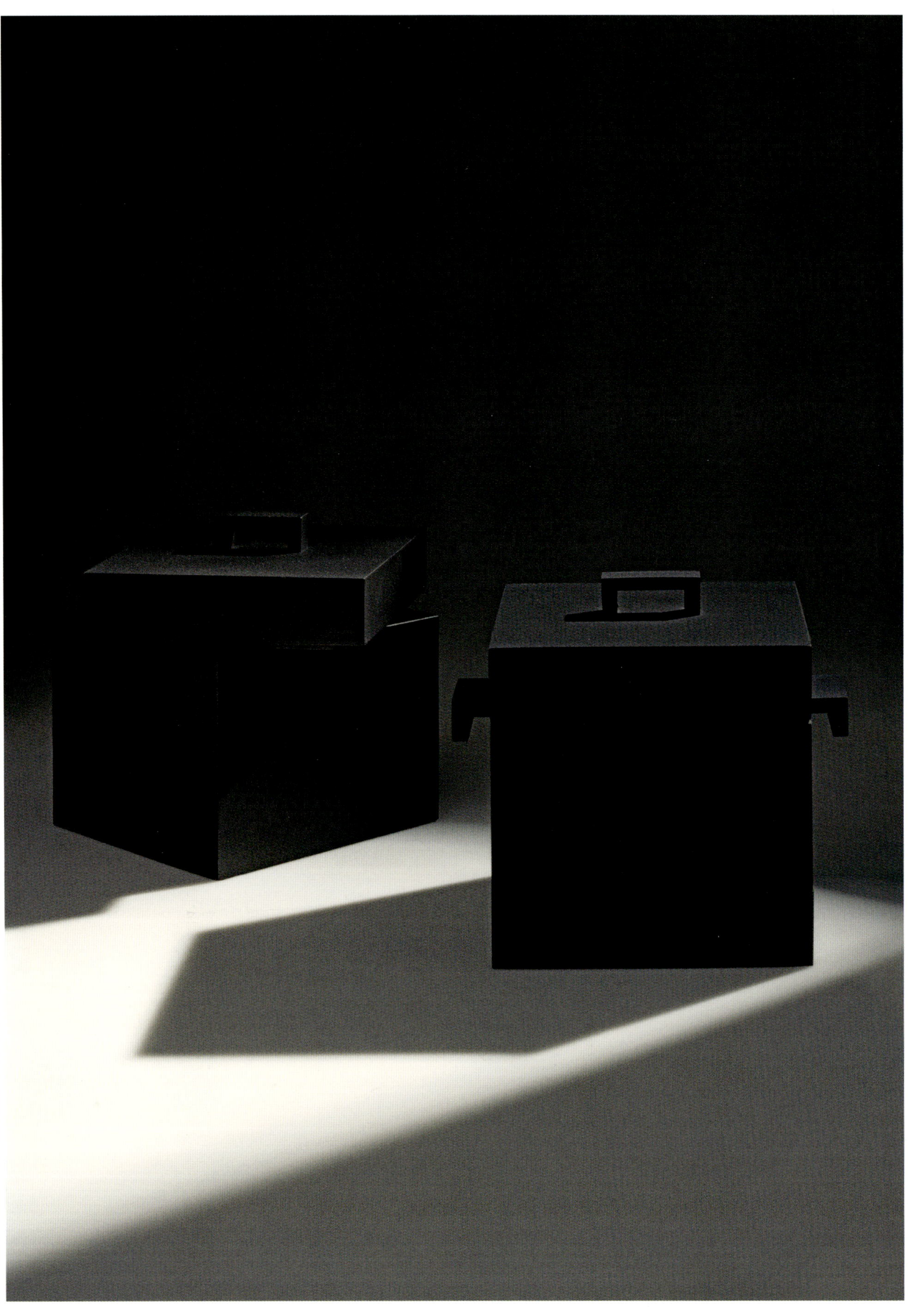

59. Studio Ballo+Ballo, 1991
Cocotte "La cubica"
Aldo Rossi per Alessi

"La cubica" cocottes
Aldo Rossi for Alessi

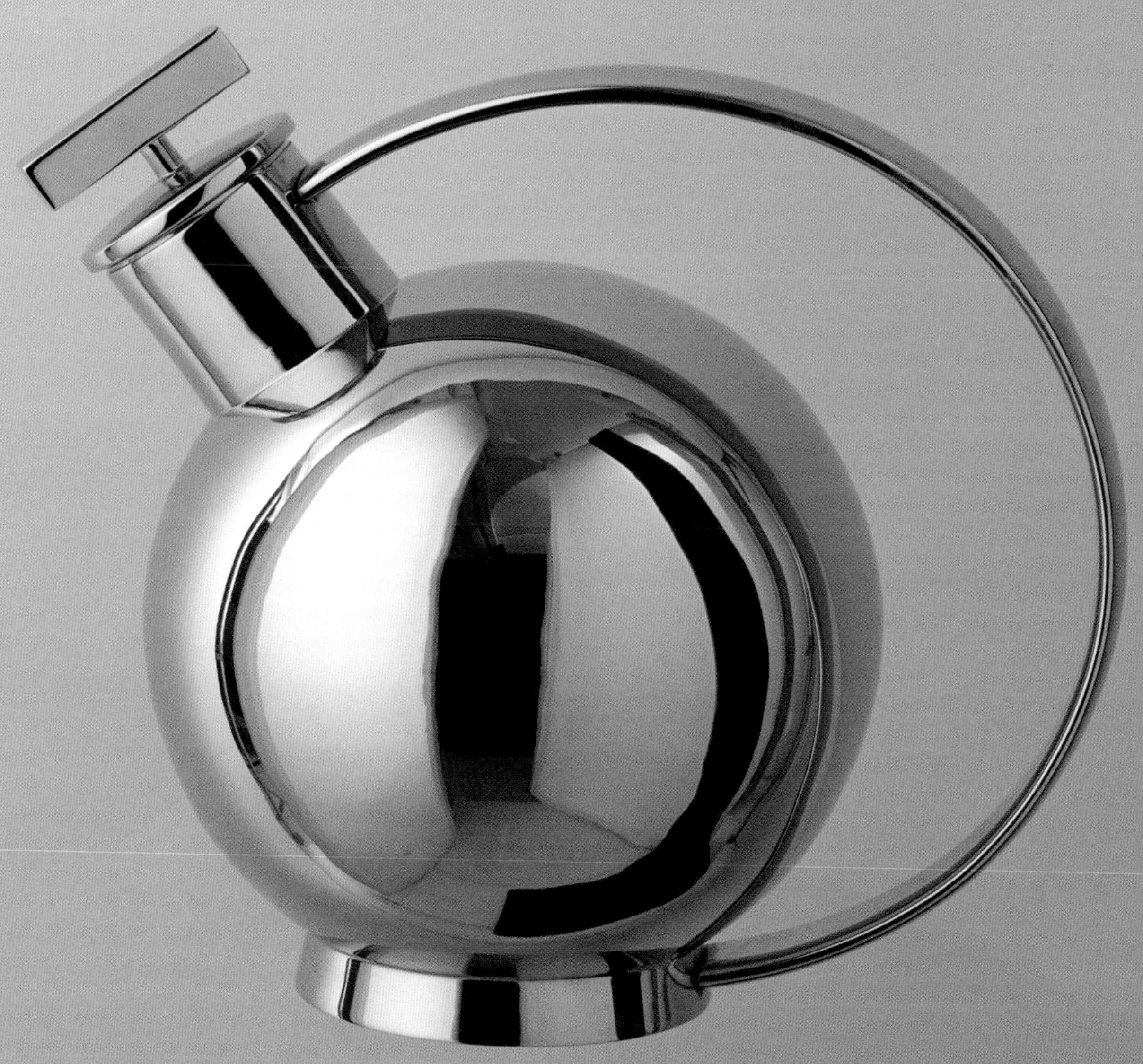

60. Studio Ballo+Ballo, 1989
Shaker
Sylvia Stave per Alessi
Shaker
Sylvia Stave for Alessi

61. Studio Ballo+Ballo, 1991
Posate del servizio "Nuovo Milano"
Ettore Sottsass per Alessi, Compasso d'Oro 1989
Cutlery from the "Nuovo Milano" set
Ettore Sottsass for Alessi, Compasso d'Oro 1989

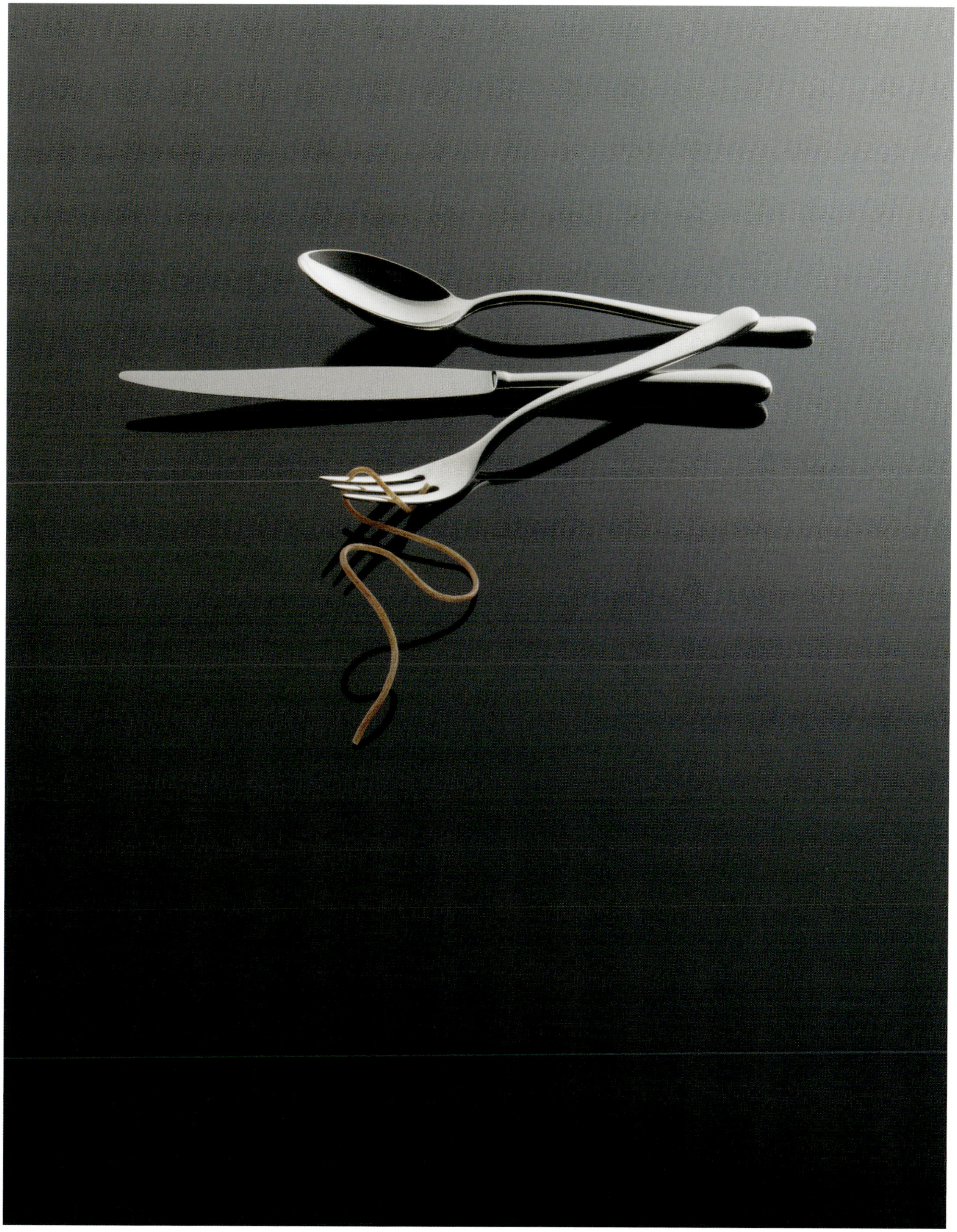

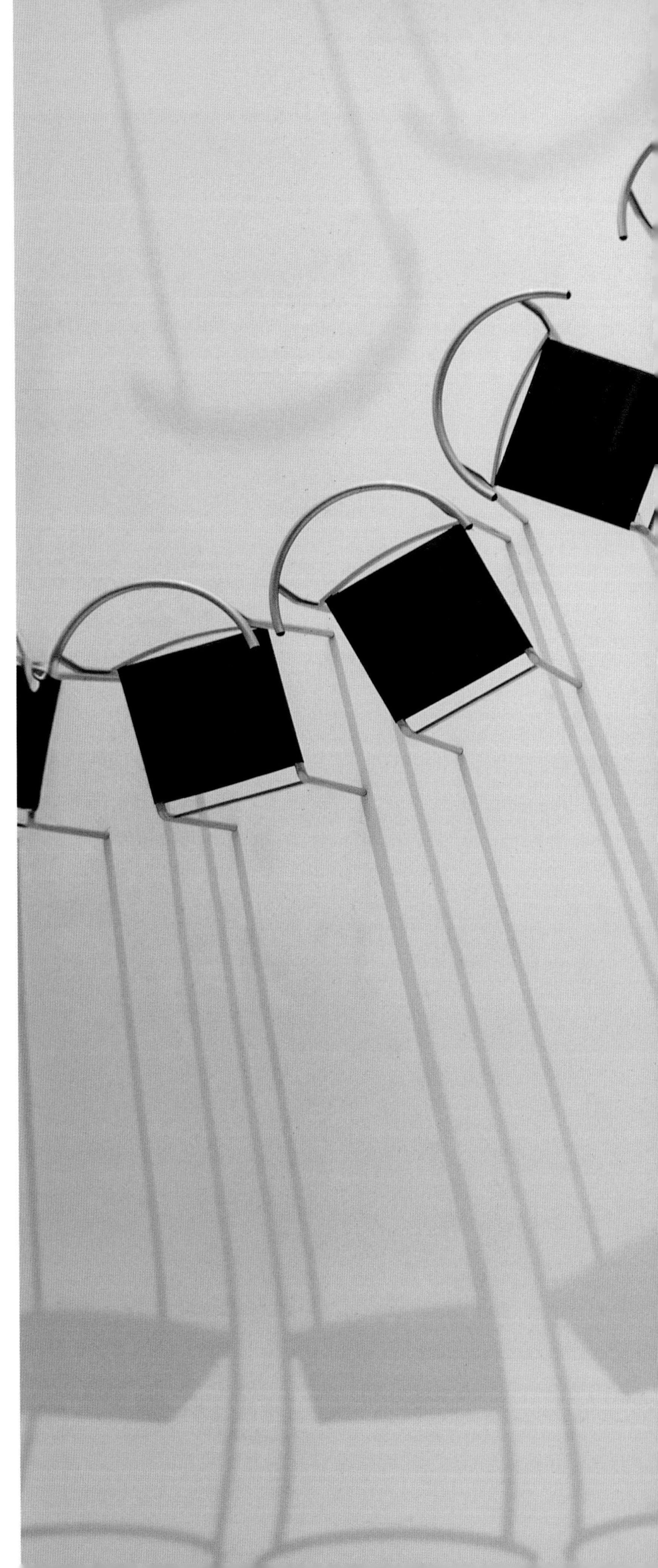

62. Studio Ballo+Ballo, 1991
Sedie "Café chair"
Philippe Starck per Baleri

"Café chair" chairs
Philippe Starck for Baleri

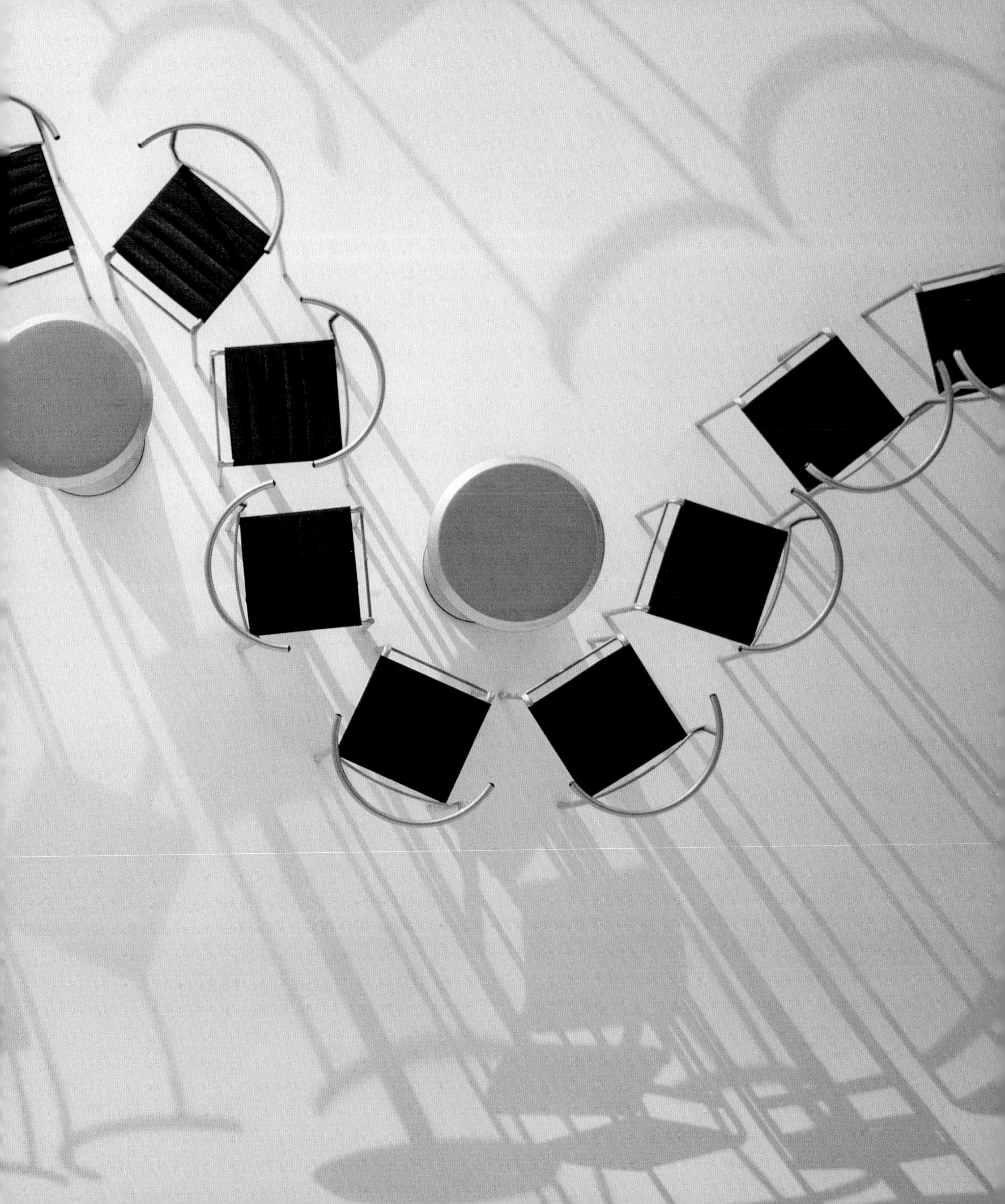

63. Studio Ballo+Ballo, 1991
Spremiagrumi "Juicy Salif"
Philippe Starck per Alessi
"Juicy Salif" juicer
Philippe Starck for Alessi

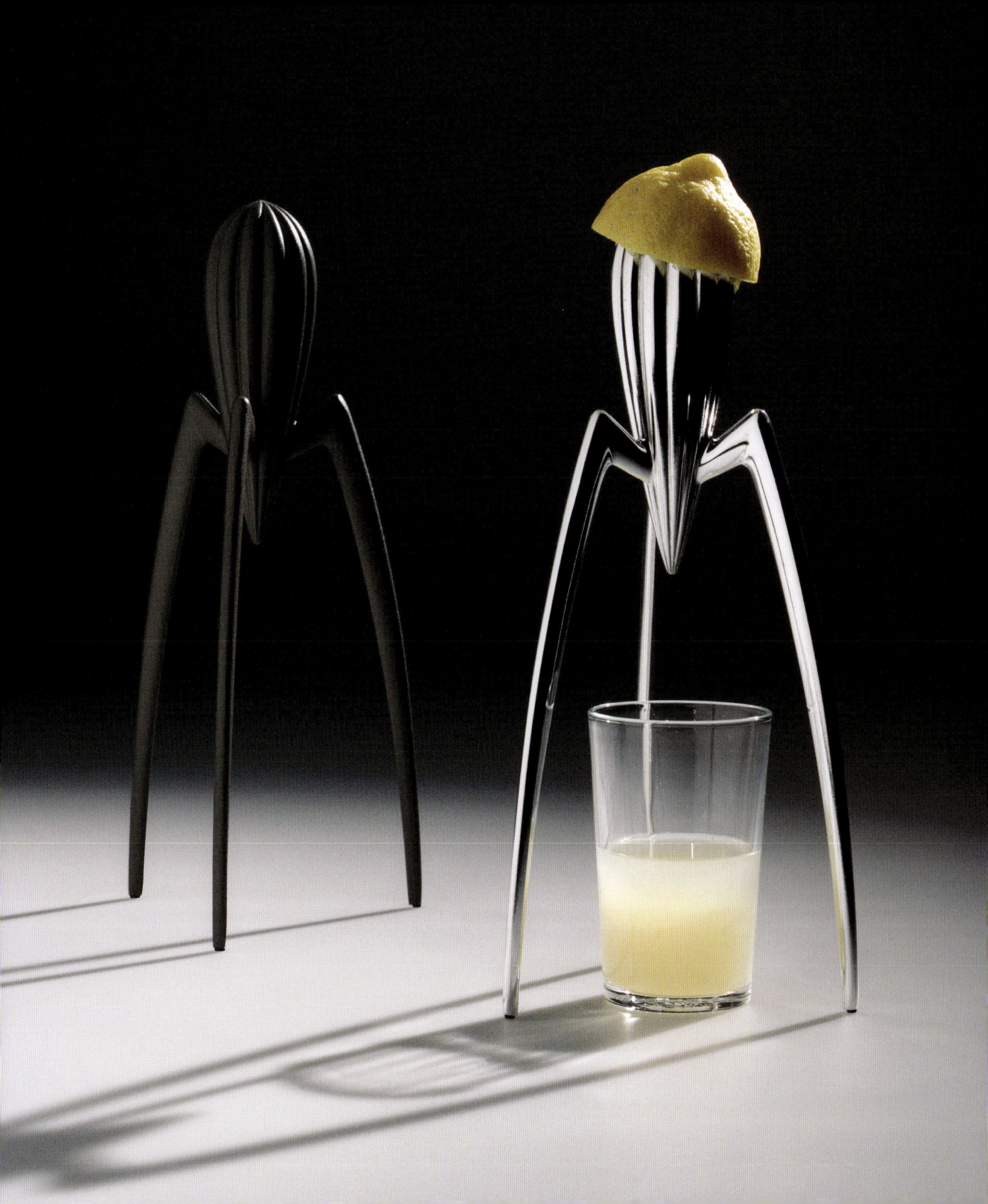

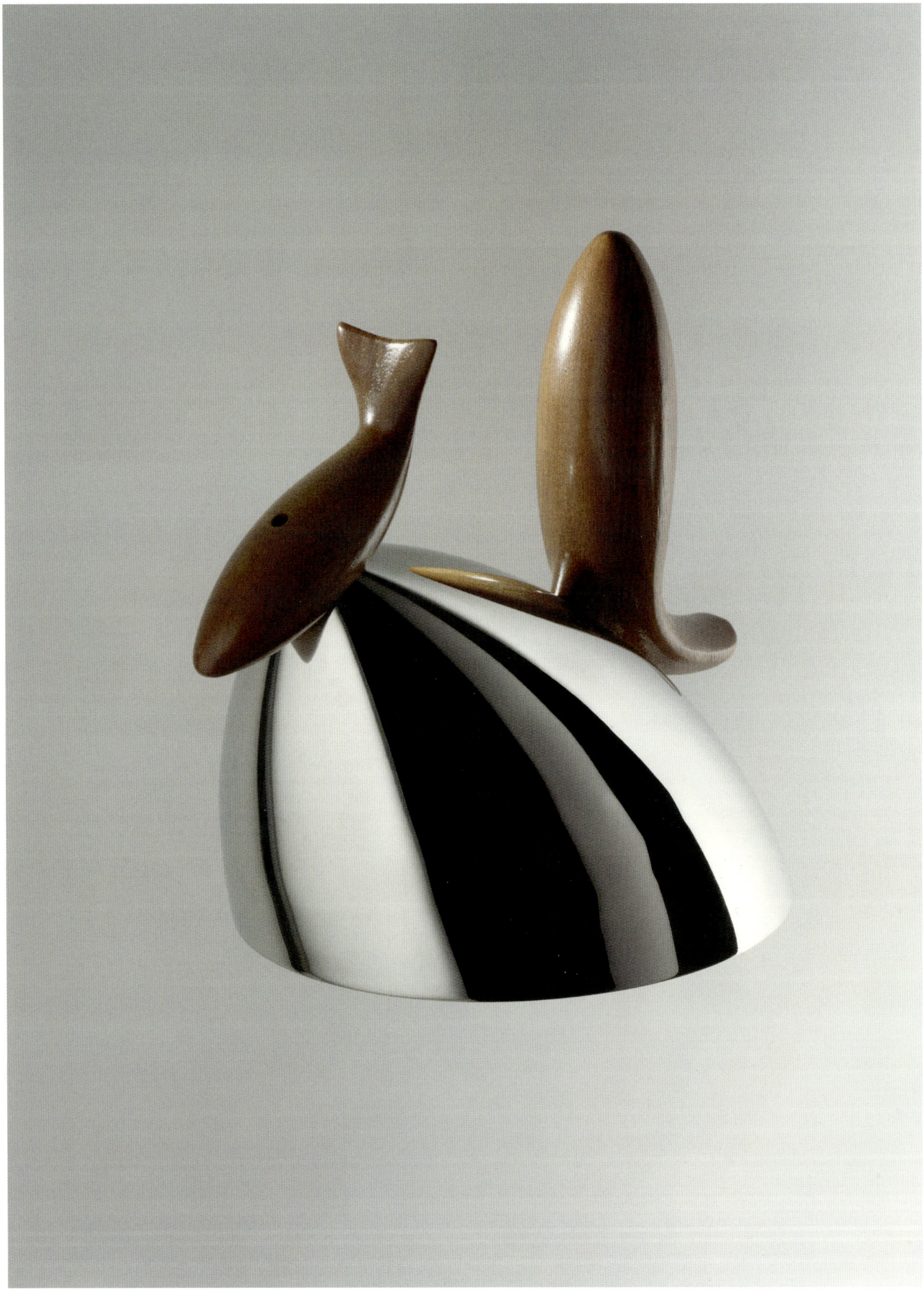

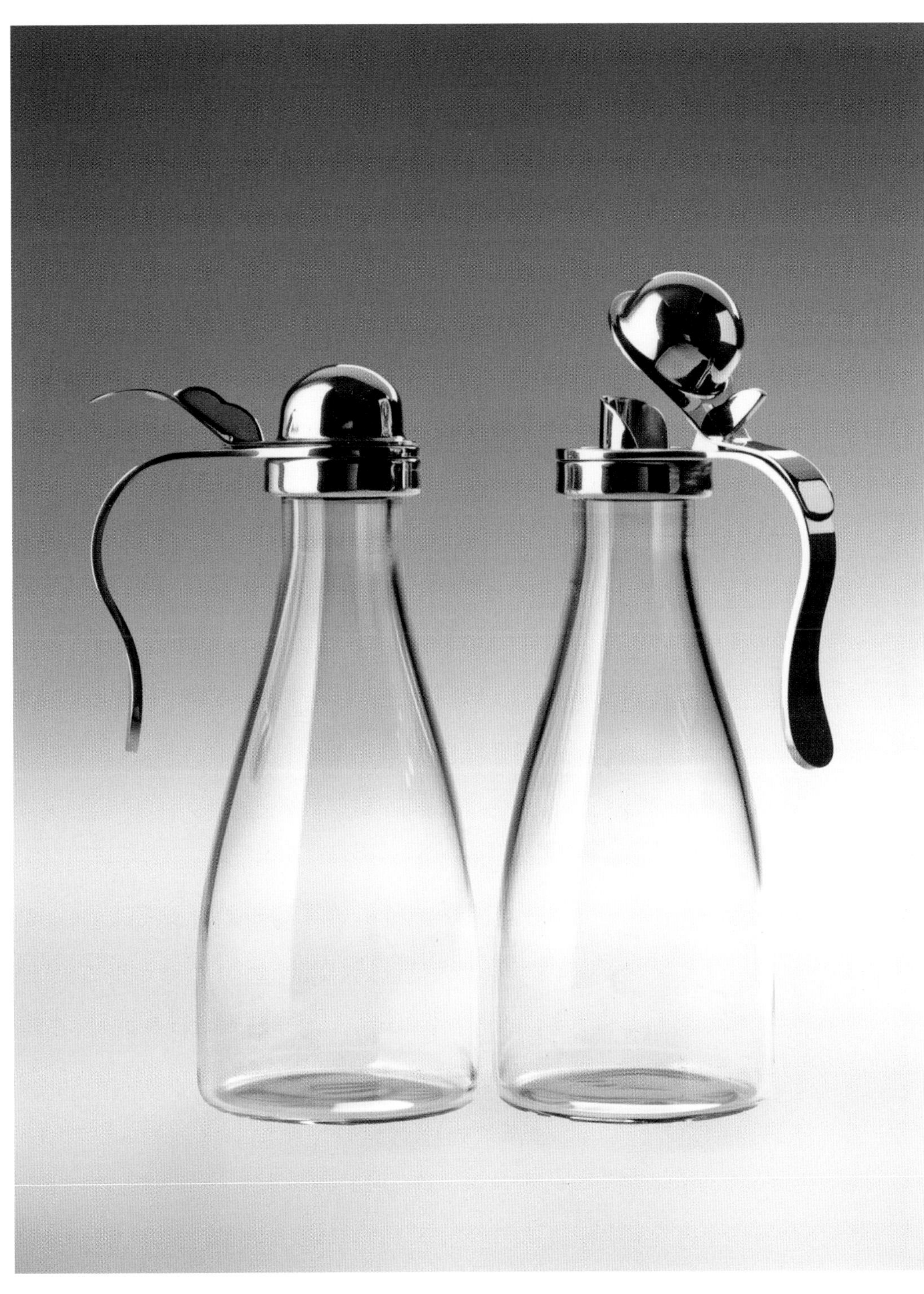

64. Studio Ballo+Ballo, 1992
Bollitore "Pito"
Frank Gehry per Alessi

"Pito" kettle
Frank Gehry for Alessi

65. Studio Ballo+Ballo, 1993
Oliera e acetiera
Enzo Mari per Zani&Zani

Oil and vinegar cruet
Enzo Mari for Zani&Zani

66. Studio Ballo+Ballo, 1993
Macchina per scrivere "ET 1250"
Mario Bellini e Alessandro Chiarato per Olivetti
"ET 1250" typewriter
Mario Bellini and Alessandro Chiarato for Olivetti

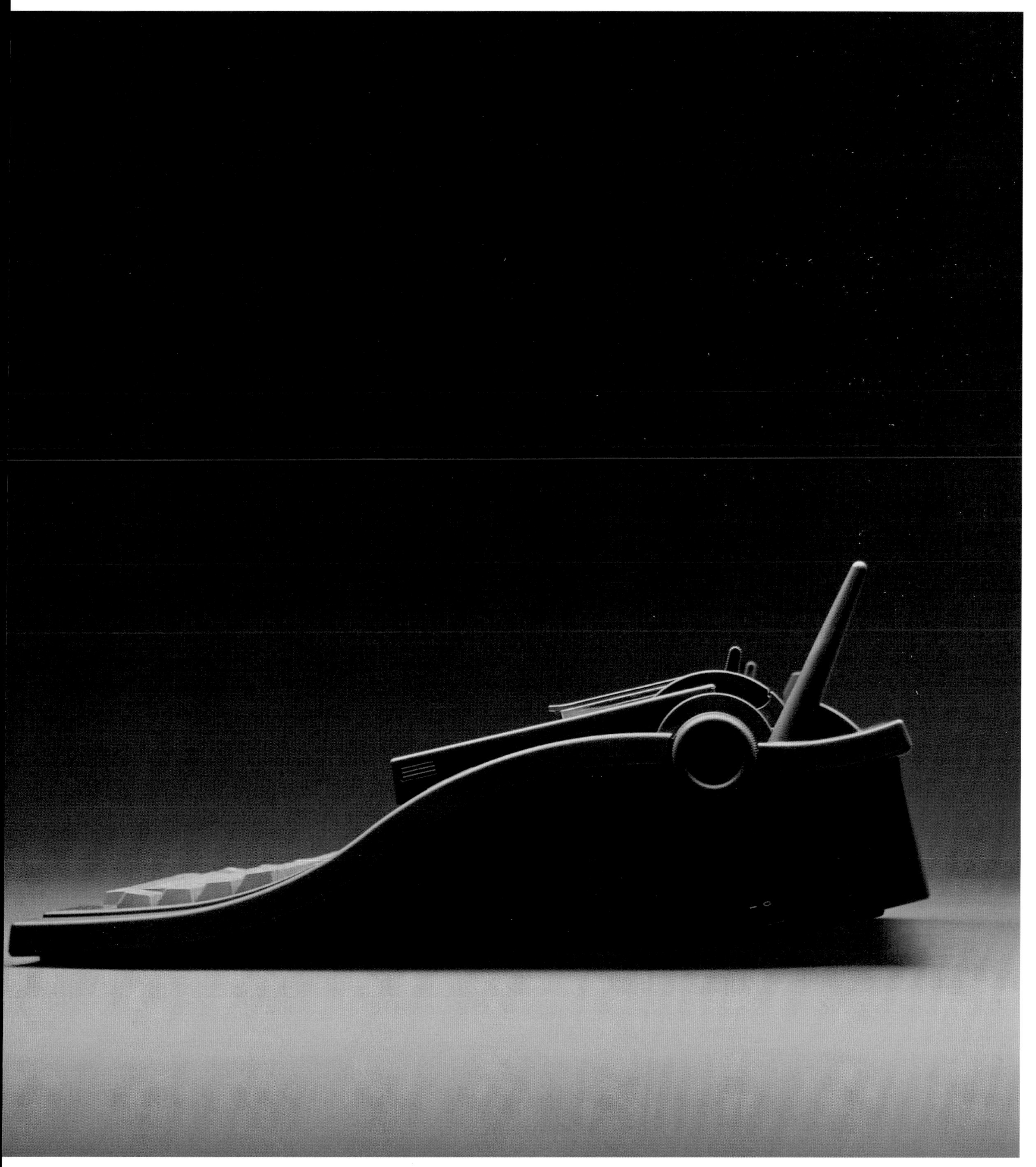

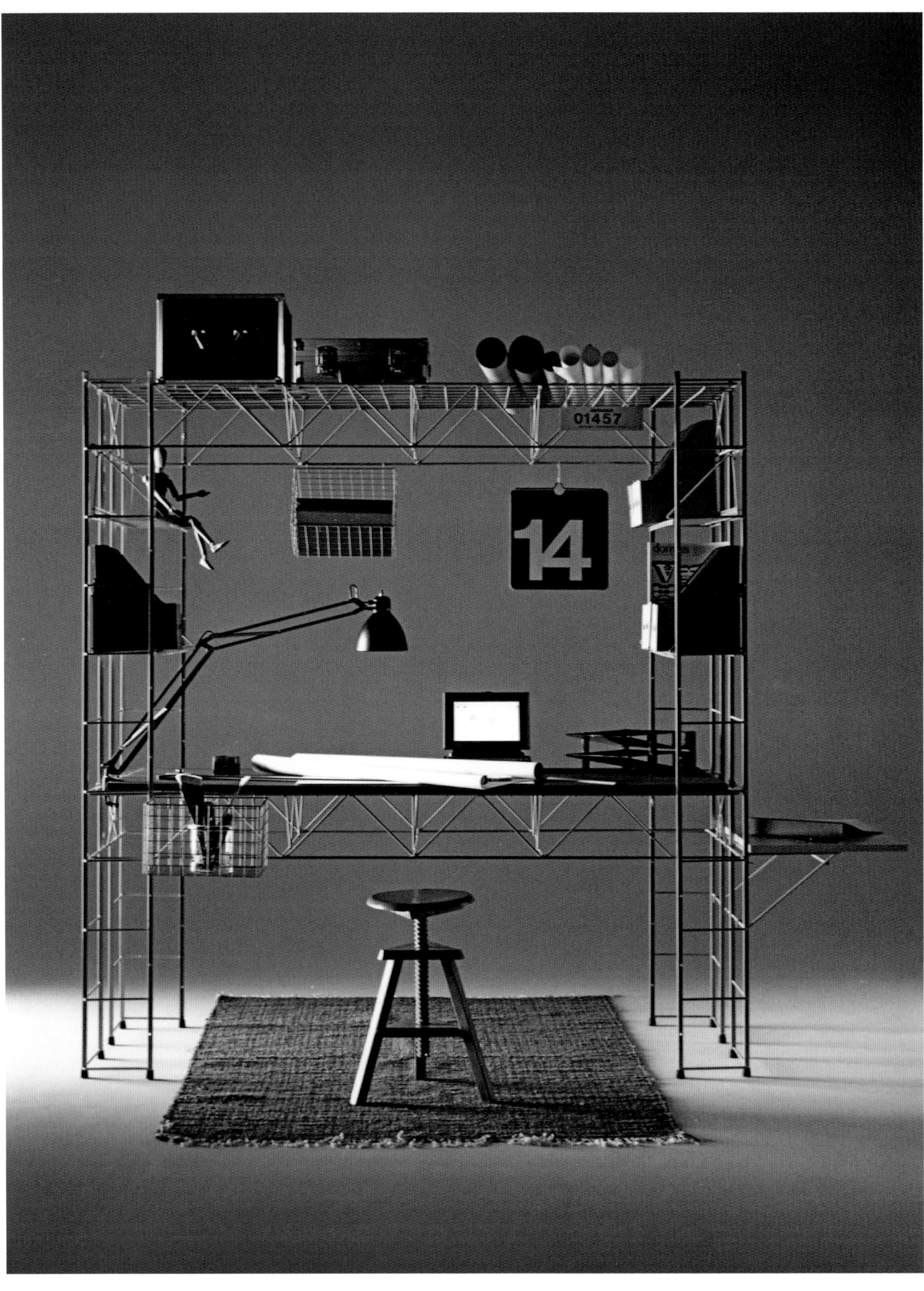

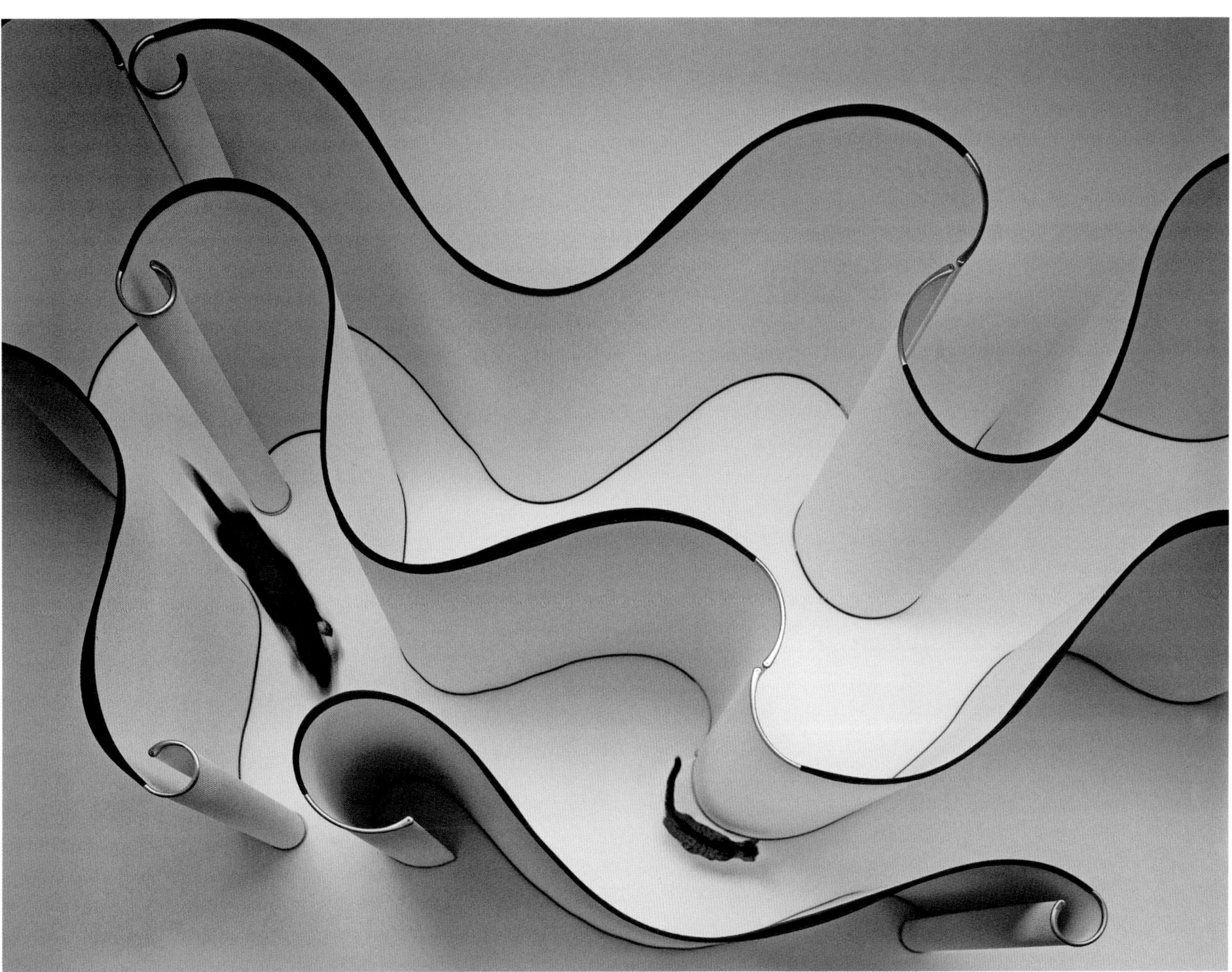

67. Studio Ballo+Ballo, 1994

Modulo abitabile "Abitacolo"
Bruno Munari per Robots, Compasso d'Oro 1979

"Abitacolo" living module
Bruno Munari for Robots, Compasso d'Oro 1979

68. Studio Ballo+Ballo, 1994

Parete divisoria "Cartoons"
Luigi Baroli per Baleri Italia, Compasso d'Oro 1994

"Cartoons" partition
Luigi Baroli for Baleri Italia, Compasso d'Oro 1994

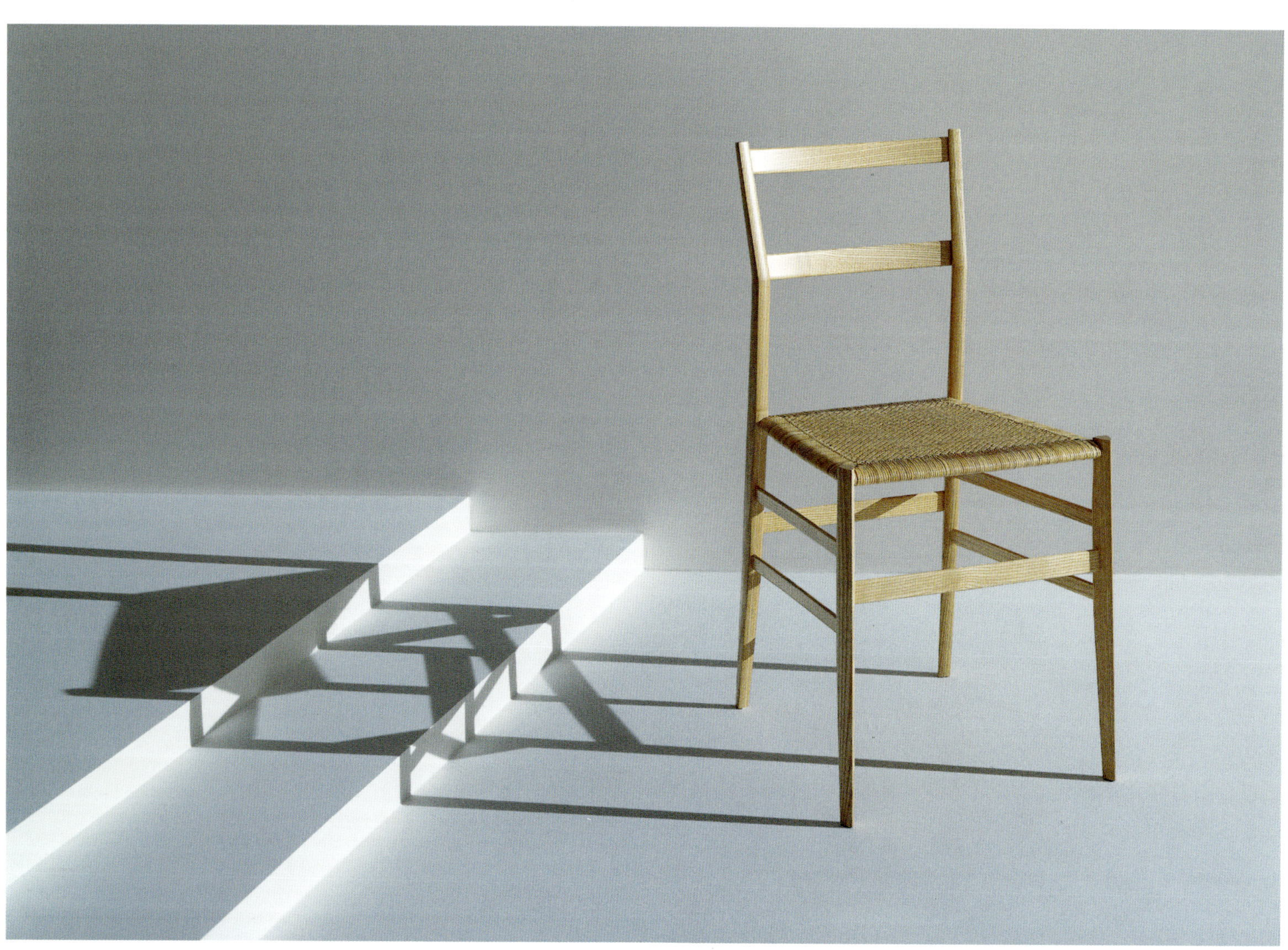

69. Studio Ballo+Ballo, 1993

Sedia "Superleggera"
Gio Ponti per Cassina

"Superleggera" chair
Gio Ponti for Cassina

70. Studio Ballo+Ballo, 1969

Lampade "Eclisse"
Vico Magistretti per Artemide, Compasso d'Oro 1967

"Eclisse" lamps
Vico Magistretti for Artemide, Compasso d'Oro 1967

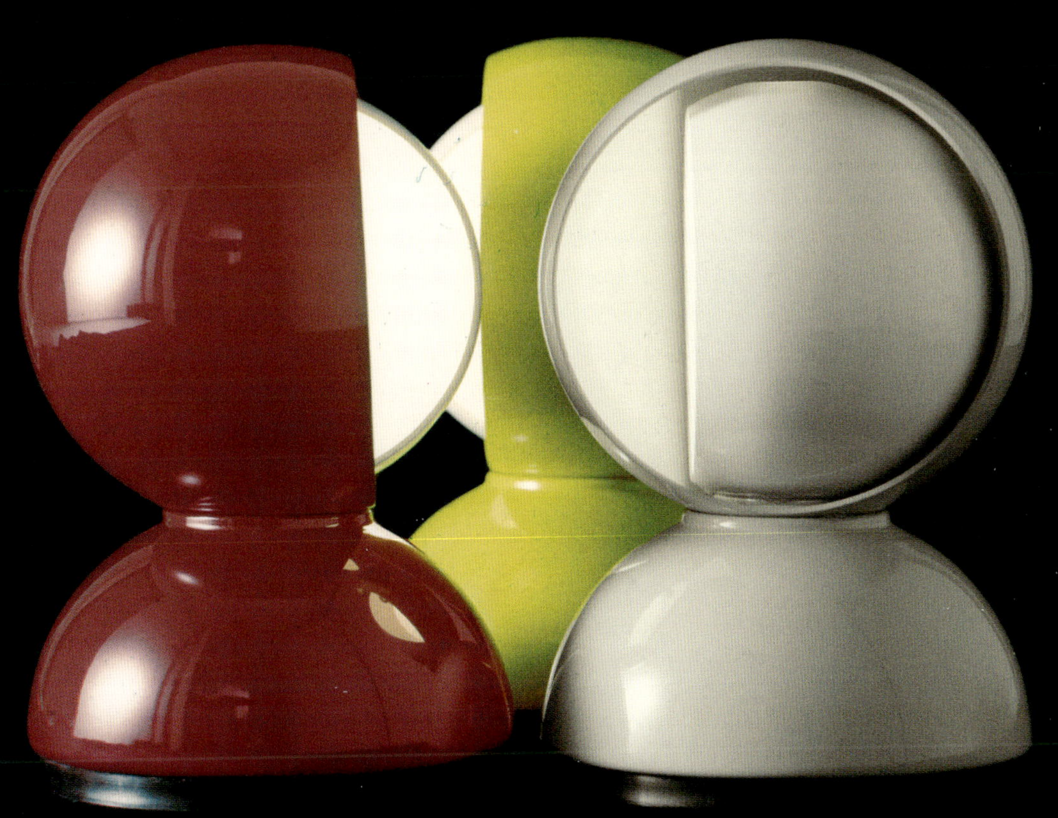

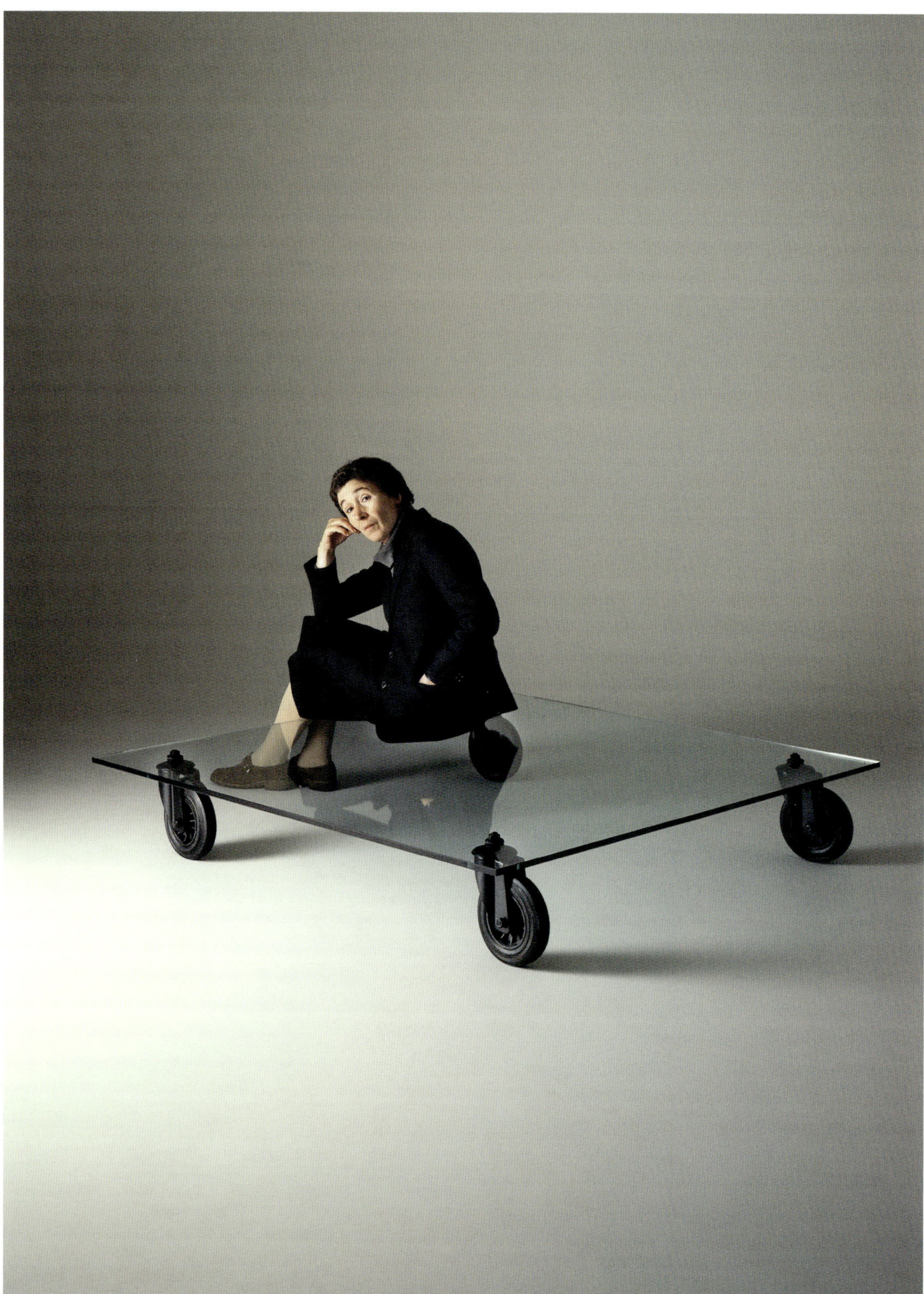

71. Studio Ballo+Ballo, 1979
Gae Aulenti, tavolo con ruote
per FontanaArte
Gae Aulenti, table with wheels
for FontanaArte

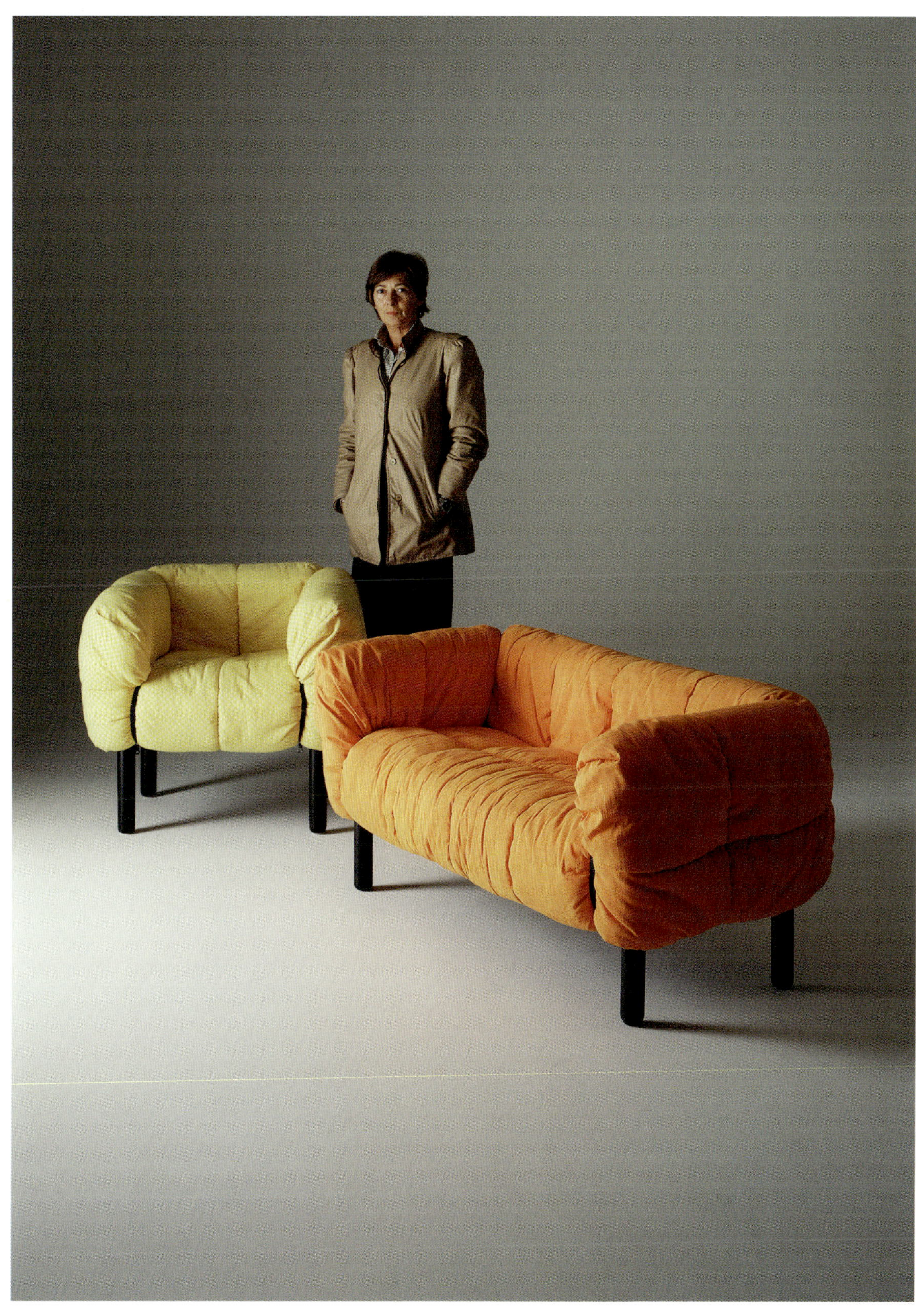

72. Studio Ballo+Ballo, 1979
Cini Boeri, poltrona e divano "Pecorelle"
per Arflex

Cini Boeri, "Pecorelle" armchair and sofa
for Arflex

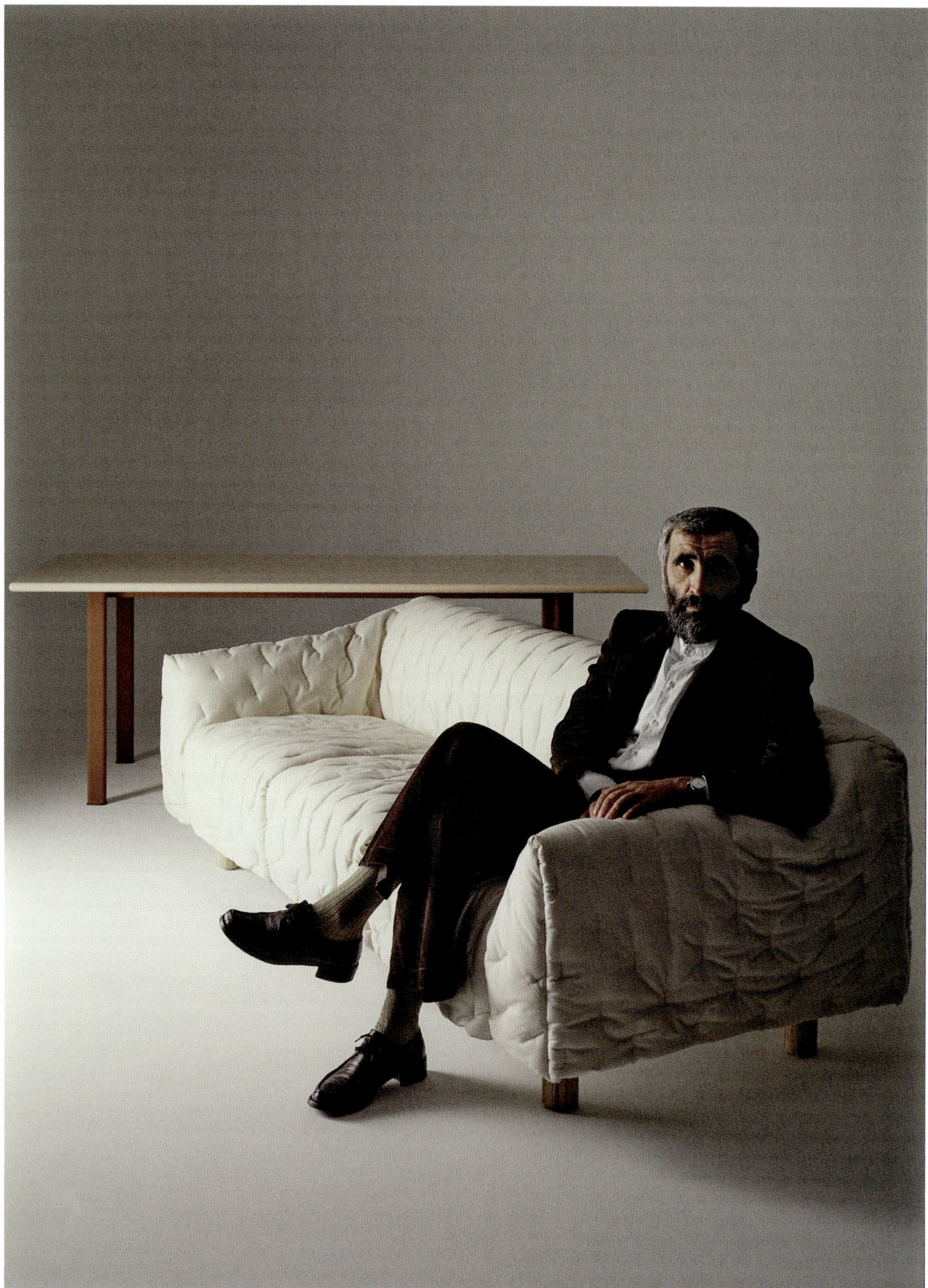

73. Studio Ballo+Ballo, 1979
Enzo Mari, divano "Pecorella", tavolo modulabile della serie "Bric"
per Driade
Enzo Mari, "Pecorella" sofa, modular table from the "Bric" series
for Driade

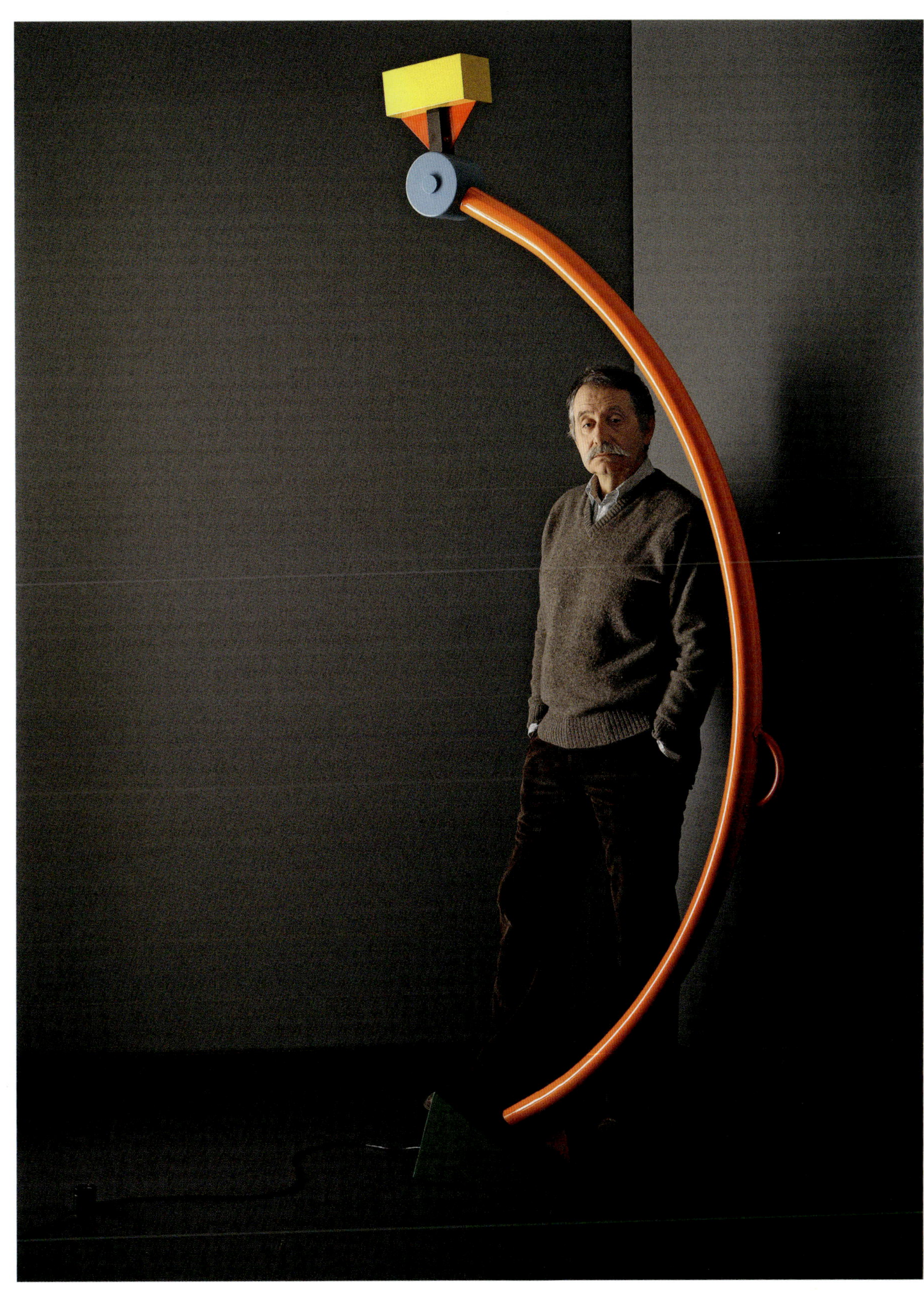

74. Studio Ballo+Ballo, 1981

Ettore Sottsass, lampada "Treetops"
per Memphis

Ettore Sottsass, "Treetops" lamp
for Memphis

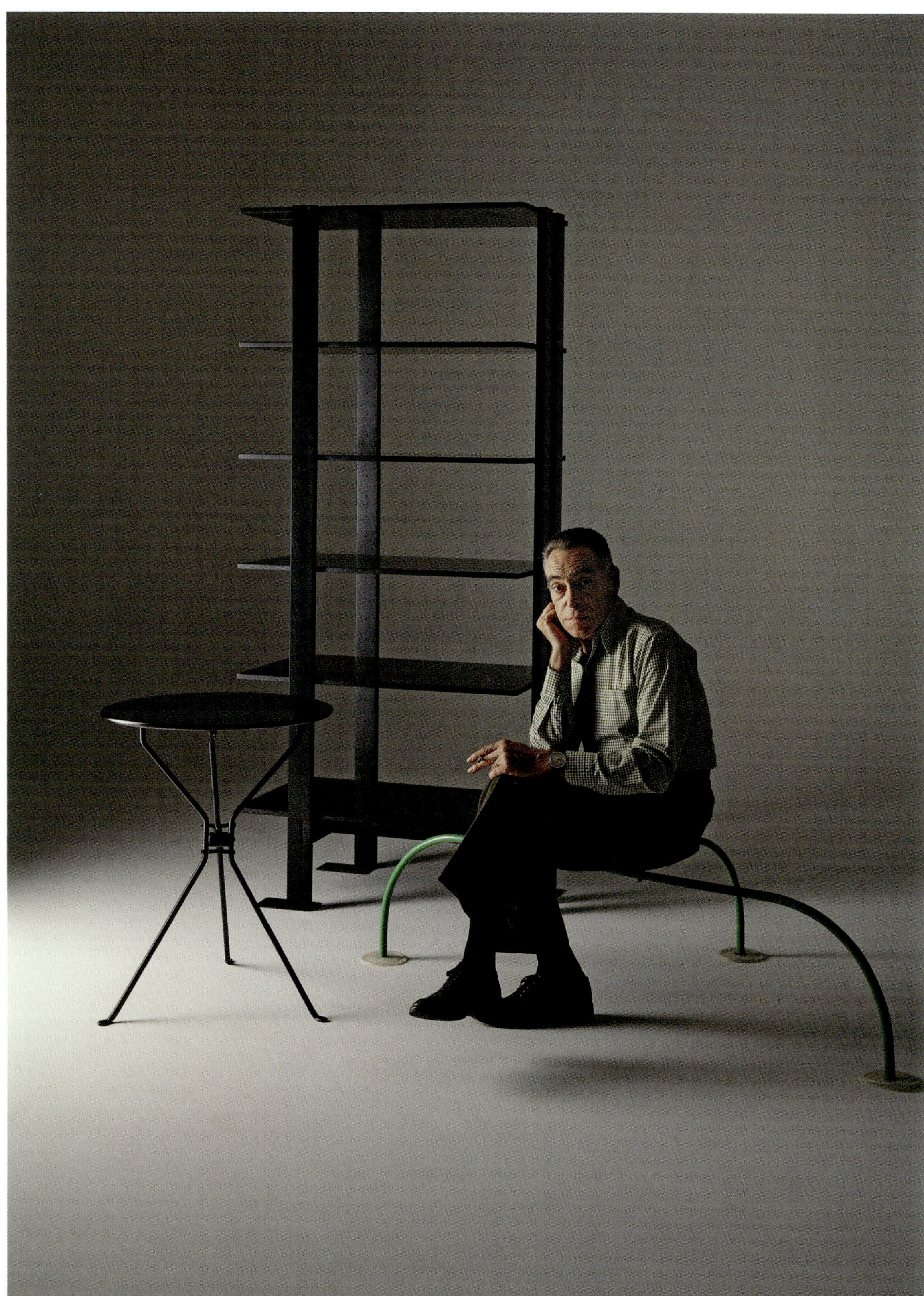

75. Studio Ballo+Ballo, 1979
Achille Castiglioni, sedile "Allunaggio", tavolo "Cumano", libreria "Eta Beta"
per Zanotta
Achille Castiglioni, "Allunaggio" seat, "Cumano" table, and "Eta Beta" bookcase
for Zanotta

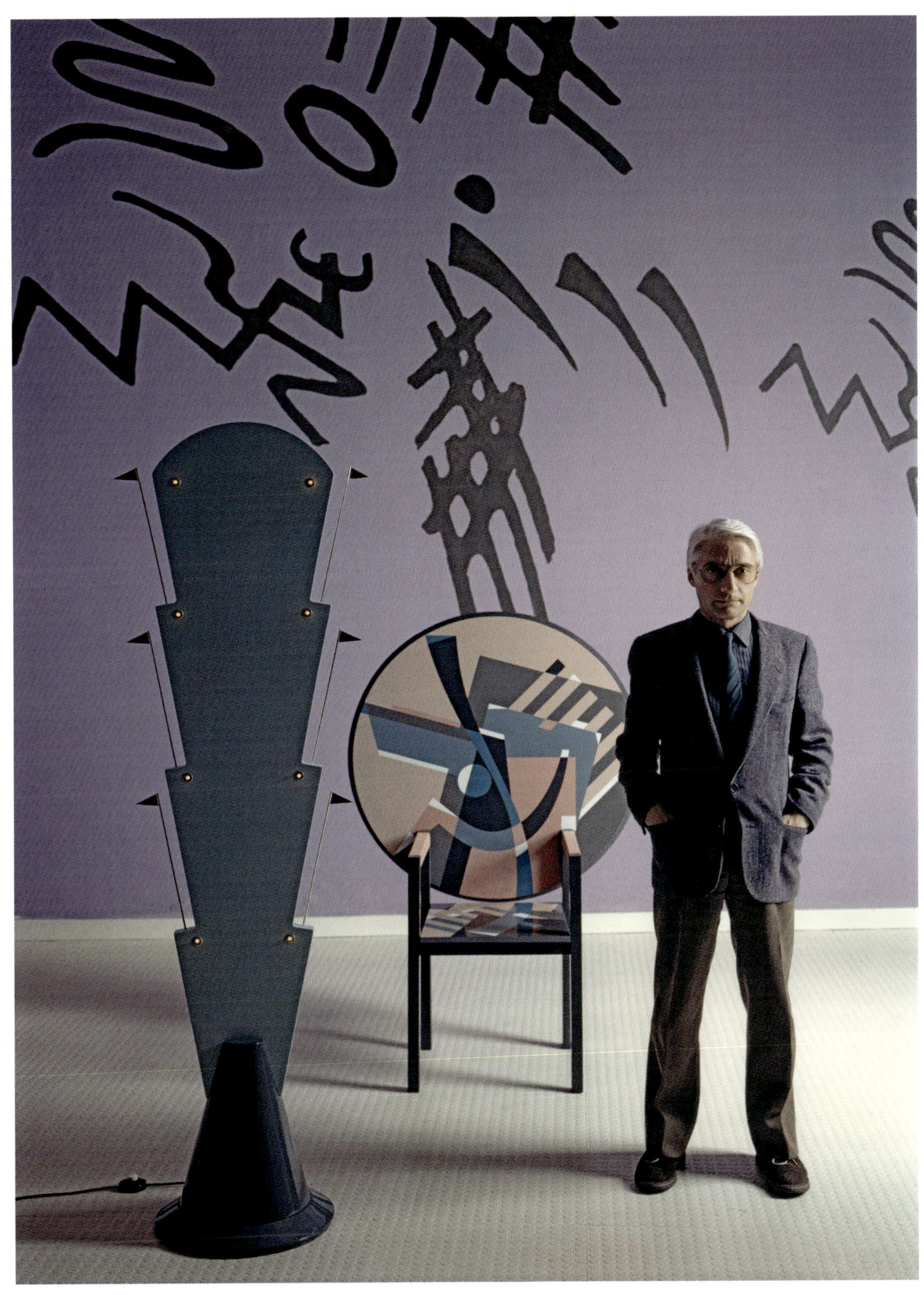

76. Studio Ballo+Ballo, 1981
Alessandro Mendini, tavolo- sedia "Zabro"
per Alchimia

Alessandro Mendini, "Zabro" table and chairs
for Alchimia

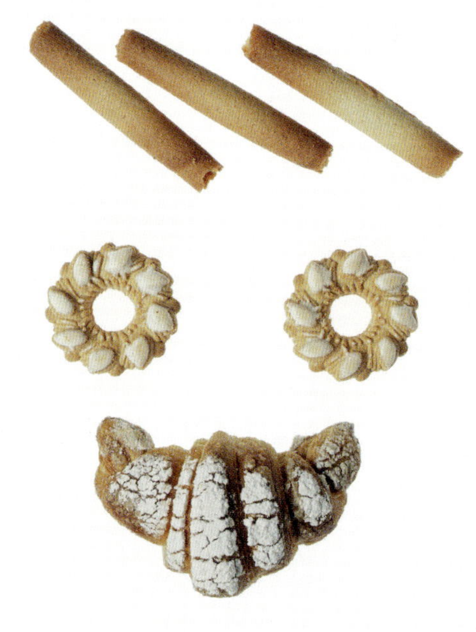
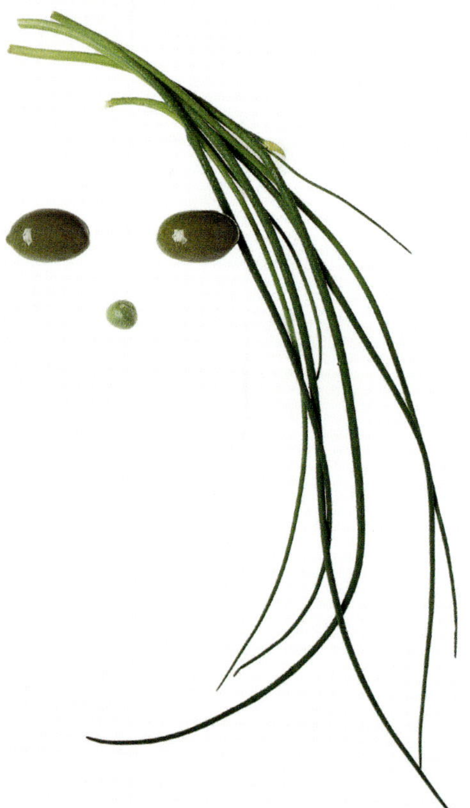

77. Marirosa Toscani, 2005
"Ritratti da mangiare",
per supermercati Pam

"Ritratti da mangiare",
for Pam supermarkets

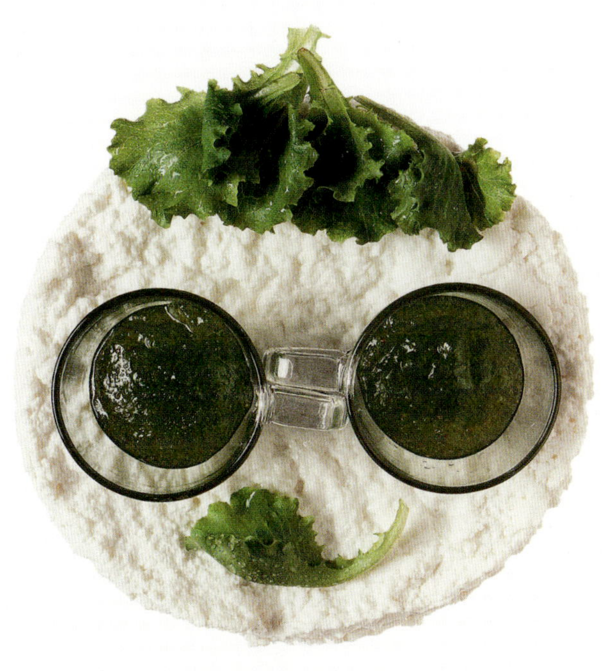
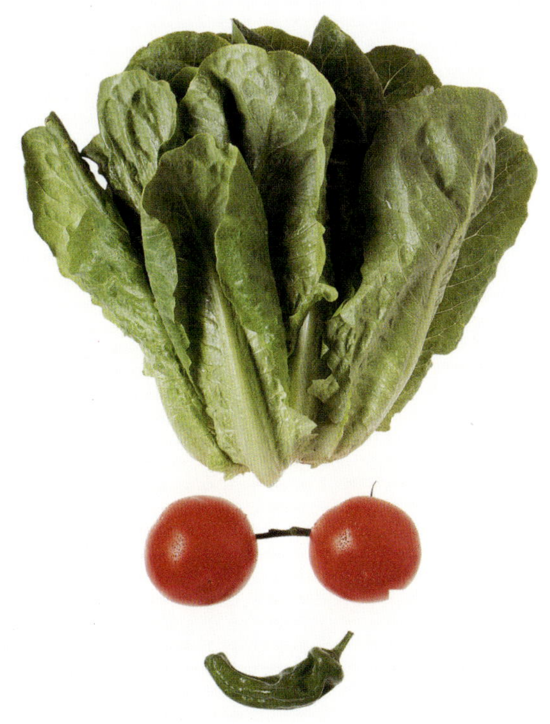

DENTRO I SET, DIETRO LE QUINTE.
L'allestimento al Castello Sforzesco

ON SET AND BEHIND THE SCENES.
The Setup at the Castello Sforzesco

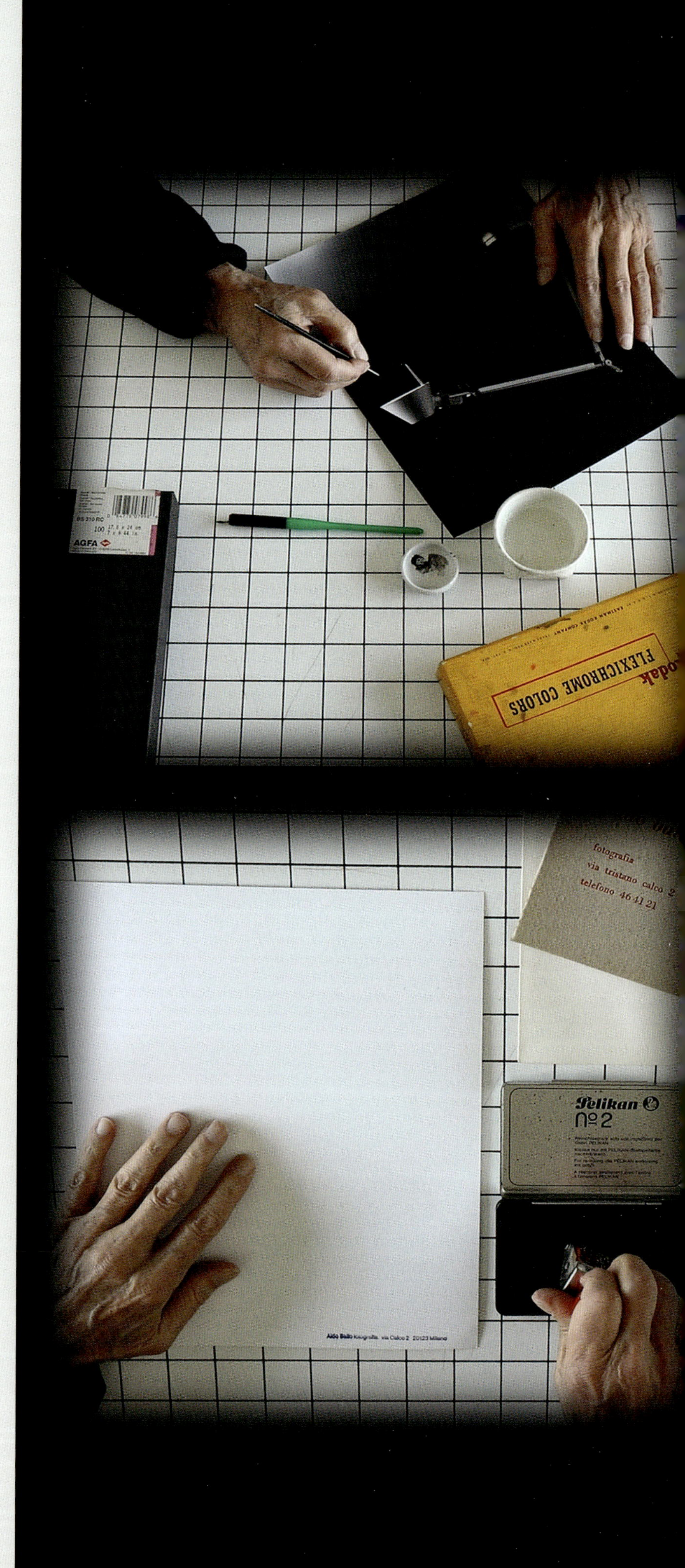

Una sequenza di set fotografici, alternati su fondo bianco e su fondo nero, scandisce lo spazio della grande Sala Viscontea, evocando alcune delle situazioni che caratterizzavano il lavoro quotidiano nello Studio Ballo+Ballo. Sono piccole messe in scena pronte per diventare fotogrammi di una memoria condivisa. È questo in fondo il desiderio sotteso al progetto di questa mostra: rendere accessibile a chi non c'era, e soprattutto ai più giovani, qualche momento fondativo di un'esperienza irripetibile, fatta di atmosfere, di attese, di incontri e di grandi ascolti.

Lungo le pareti della sala, le fotografie dello Studio Ballo+Ballo abbracciano l'intero spazio. A chi non ha vissuto quel tempo trasmettono la sua capacità di ascolto quasi abissale. Un ascolto rivolto alle forme. E alla luce giusta per raccontarle. L'unica luce possibile. Osservando le immagini degli oggetti di design si può sentire la concentrazione dell'istante impresso sulla pellicola, il silenzio interrotto solo dai suoni meccanici di quell'oggetto magico che è un banco ottico. Ascoltando bene, si può udire anche, talvolta, una musica di sottofondo. Nello Studio Ballo+Ballo la filodiffusione era accesa tutto il giorno. Era il respiro invisibile della "bottega", il filo rosso che teneva uniti gli spazi e le persone che, lavorando, li popolavano.

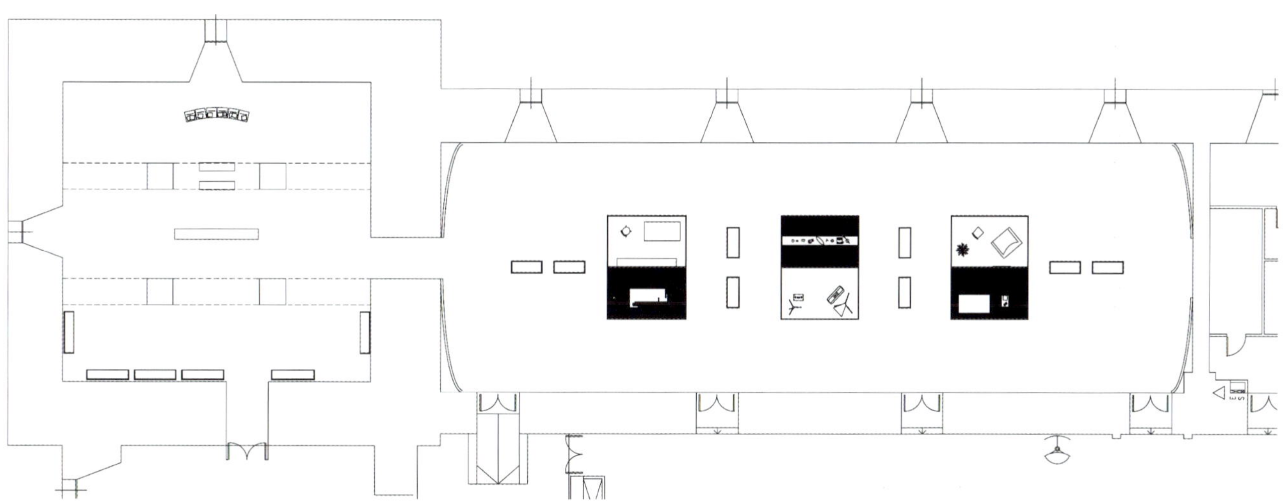

1. Studio Azzurro, Layout del progetto di allestimento per la Sala Viscontea e la Sala dei Pilastri

1. Studio Azzurro, Layout for the setup of the Sala Viscontea and Sala dei Pilastri

A sequence of photographic sets, alternating on a black and white background, defines the space of the Sala Viscontea. By evoking some of the situations that characterised the daily work in Studio Ballo+Ballo, these small sets are ready to become frames of a shared memory. Indeed, the goal of the exhibition is to recount some key moments of a unique experience made up of atmospheres, expectations, encounters, and careful listening to today's visitors, and especially to the younger generation.

Displayed on the wall, the Studio Ballo+Ballo's photographs embrace the entire room. To those who were not there at that time, they convey his exceptional ability to listen. A listening aimed at forms. And at the right light to tell them. The only possible light. Looking at the images of designer items, one can feel the moment captured on film, the silence interrupted only by the mechanical sounds of that magical tool that is a view camera. Listening carefully, one can sometimes hear a background music as well. In Studio Ballo+Ballo, music played all day. It was the invisible breath of the "workshop", the common thread that connected the spaces and the people who inhabited them.

SEI SET

Ogni set è un piccolo mondo e… un piccolo teatro; parte del processo per la realizzazione di una fotografia, ma anche per la sua catalogazione e archiviazione.

La prima coppia di set presenta una messa in scena su un limbo bianco: alcuni oggetti di design molto celebri sembrano appena posizionati da qualcuno che riappare nel monitor a parete, una finestra affacciata sullo studio fotografico in attività.

Il retro di questo set mostra invece uno degli ingranditori dello studio, una lampadina rossa e un tavolo da cui emergono, in proiezione, le immagini di una camera oscura: le mani lavorano all'ingranditore, posano la carta, assegnano un tempo di esposizione, mascherano, si armano degli strumenti necessari per trattare i "chimici" da stampa. Nell'acqua delle vasche di sviluppo, fissaggio, lavaggio, sul foglio di carta sensibile, appare per incanto l'immagine.

La coppia di set al centro del percorso amplifica lo sfondamento-finestra. Sulla parete, da entrambi i lati si vedono muoversi le silhouette di assistenti e fotografi che monta-

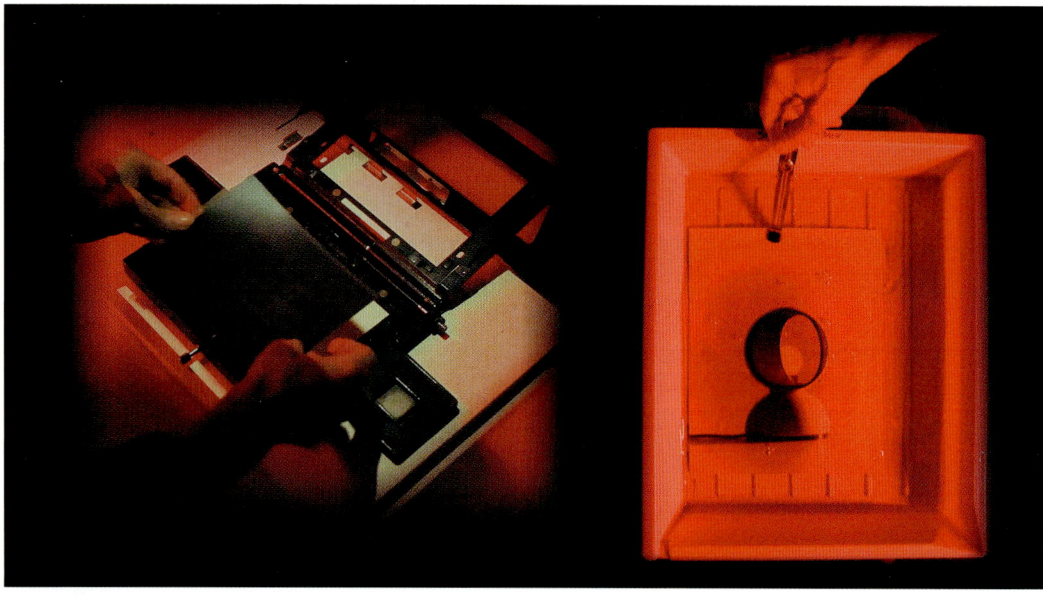

2. Studio Azzurro, Frame dal racconto video dedicato ai gesti della camera oscura e al processo di stampa e sviluppo di un'immagine fotografica a partire da un negativo in bianco e nero

2. Studio Azzurro, Frame from the video story dedicated to the gestures in the darkroom and the printing techniques used to create a photograph from a black and white negative

SIX SETS

Each set is like a little world and… a little theatre; it's part of the process of taking a photograph, but also of its cataloguing and archiving.

The first pair of sets presents a "stage" on a sort of white limbo: some very famous designer pieces seem to have just been placed by someone who reappears on the wall monitor, a window overlooking the fully operational photo studio.

The back of this set instead shows one of the studio's enlargers, with a red-light bulb and a table from which the images of a darkroom are projected and emerge: hands adjust the enlarger, lay down the paper, assign an exposure time, mask some areas, and use the necessary tools to handle the printing "chemicals".

After processing in the developing, fixing and washing tanks, on the sheet of paper light sensitive, the image appears as if by magic.

The pair of sets in the centre of the exhibition room are conceived to be even more

3. Studio Azzurro, Visualizzazioni progettuali dei set dove si presentano momenti importanti del lavoro all'interno dello studio Ballo, attraverso piccole messe in scena popolate da oggetti e immagini in movimento

3. Studio Azzurro, Project visualisations of sets where important moments of the work within the Studio Ballo are presented through small *mise-en-scènes* populated by items and moving images

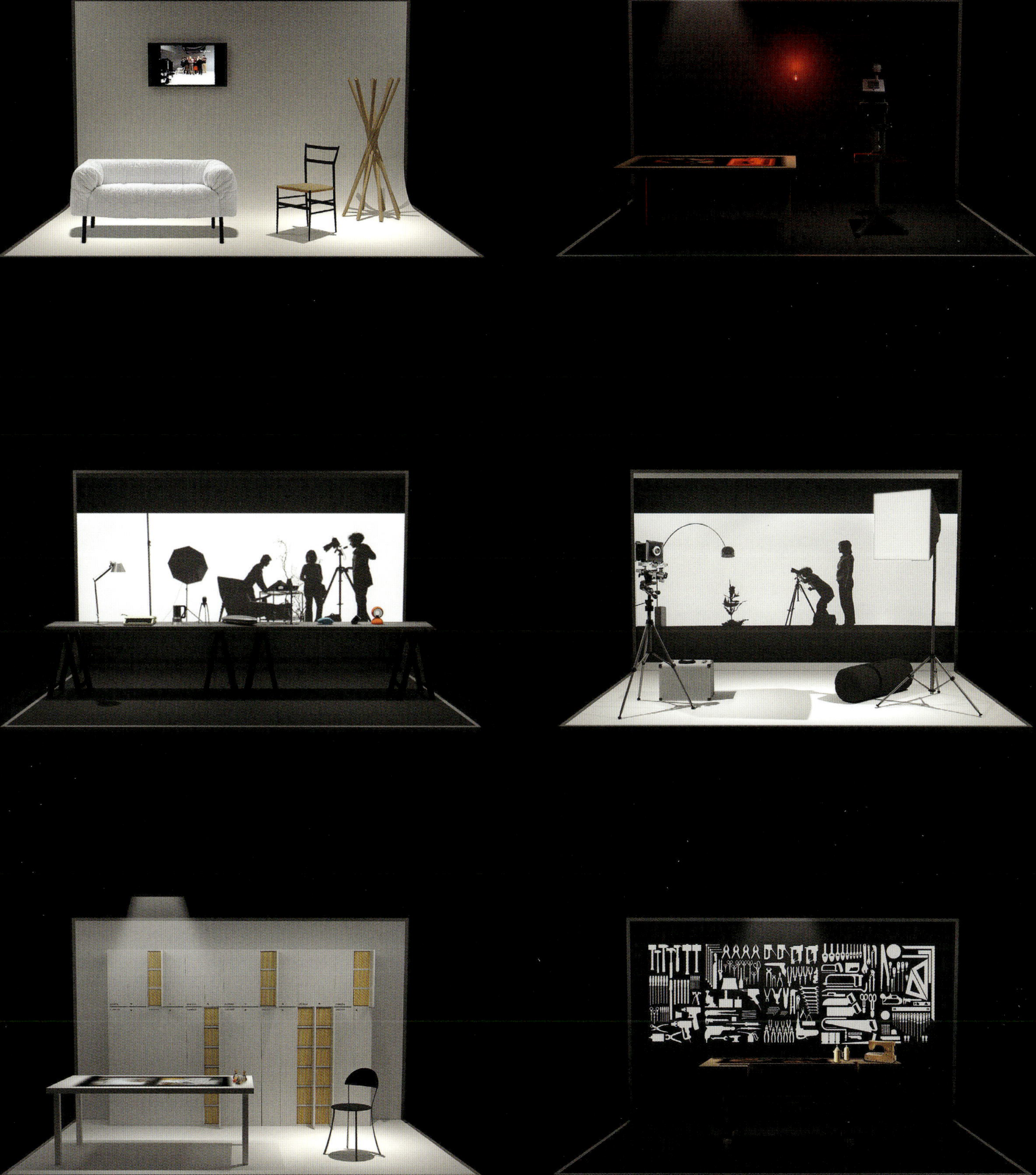

no e smontano set e scattano, sotto l'occhio immobile del banco ottico Sinar e delle luci montate. Dall'altra parte è lo sguardo degli oggetti di design di piccole dimensioni a fissarsi sulle persone indaffarate. Due pianali su cavalletti tengono ben allineati lampade, orologi, caffettiere, telefoni... pronti per il loro turno sulla scena di questo teatro che non riposa mai, come si intuisce dall'ambiente sonoro della Sala che lascia emergere dalla filodiffusione frammenti dei discorsi e dei brevi scambi che avvenivano sui set e nella cucina, luogo di ritrovo dove si masticavano le idee.

La terza coppia di set rivela due aspetti meno conosciuti del lavoro: la falegnameria, indispensabile per costruire tutto quello che serve a una messa in scena, e l'archivio. Il tavolo da falegname dello Studio Ballo+Ballo era accompagnato da un pannello con cinque grandi stampe fotografiche simili ai "rayogrammi", con le sagome bianche su fondo nero di tutti gli attrezzi presenti. Era impossibile riposizionare un attrezzo nel posto sbagliato! Questa immagine è una infallibile composizione di segnaposto, ma anche un omaggio fotografico alla sapienza artigiana, e ricorda i tavoli del laboratorio di Giovanni Sacchi, il formidabile modellista a cui si rivolgevano molti degli stessi grandi designer che frequentavano i Ballo.

Sul tavolo di legno una proiezione mostra una collezione di gesti legati alla preparazione di elementi in legno utili alla sistemazione dei set.

L'archivio, sull'altro lato, espone invece uno degli armadi originali in cui erano riposte le scatole gialle della Kodak dove venivano conservati i negativi su pellicola o su

immersive and break the fourth wall. From both sides, visitors see the silhouettes of assistants and photographers moving about, setting up and taking down sets, shooting under the motionless eye of the Sinar view camera and mounted lights. On the other side, the focus is on small designer items that in turn gaze at the busy people. Two platforms on tripods keep lamps, clocks, coffee pots, and telephones all lined up, ready for their turn on the stage of this theatre that never rests, as can be guessed from the room's sounds, which allows fragments of conversations and brief exchanges that took place on the sets and in the kitchen, the meeting place where ideas were chewed up, to emerge from the background music.

The third pair of sets reveals two lesser-known aspects of the work process: the carpentry skills required to create a photo set and the archive. The carpenter's table in Studio Ballo+Ballo was equipped with a panel featuring five large photographic prints resembling the *Rayographs*, in which the silhouettes of all the tools used on set stood out against a black background. So, it was impossible to misplace one of them! This image is not only an essential "reminder", but also a tribute to craftsmanship, as it is reminiscent of the tables in the workshop of Giovanni Sacchi, the extraordinary model maker who helped many great designers who collaborated with the Ballos. On the wooden table, a projection shows a collection of gestures related to the preparation of wooden elements used to arrange the sets.

4-5. Studio Azzurro, Visualizzazioni di progetto per lo spazio della Sala Viscontea, allestito con i set, le bacheche, la sequenza fotografica sulle pareti e con un'accurata simulazione delle condizioni di illuminazione ideali

4–5. Studio Azzurro, Project visualisations for the setup of the Sala Viscontea, including sets, showcases, the sequence of photographs on the wall, and a detailed simulation of the ideal lighting conditions

Nelle pagine successive

6-9. Studio Azzurro, Alcuni frame dal racconto video in silhouette realizzato per la mostra *Ballo+Ballo* (Milano, PAC - Padiglione Arte Contemporanea, 2009) come omaggio al grande limbo bianco del set fotografico per lo still life, dove si susseguono fotografi, assistenti, allestimenti e disallestimenti, corpi illuminanti, fotocamere, treppiedi, stativi, bank, ombrelli e numerosi oggetti attorno a cui si dispiega tutta l'attività: una rassegna in movimento della complessa materialità che permette la realizzazione di uno scatto fotografico

Following pages

6–9. Studio Azzurro, Some frames from the silhouette video story created for the *Ballo+Ballo* exhibition (Milan, PAC - Padiglione Arte Contemporanea, 2009) as a tribute to the great white limbo of the still life photo set. Photographers, assistants, setups and teardowns, lighting equipment, cameras, tripods, stands, soft boxes, umbrellas, and numerous objects around which all the activity unfolds, follow one another: moving showcase of the complex materials and techniques used to take a photo

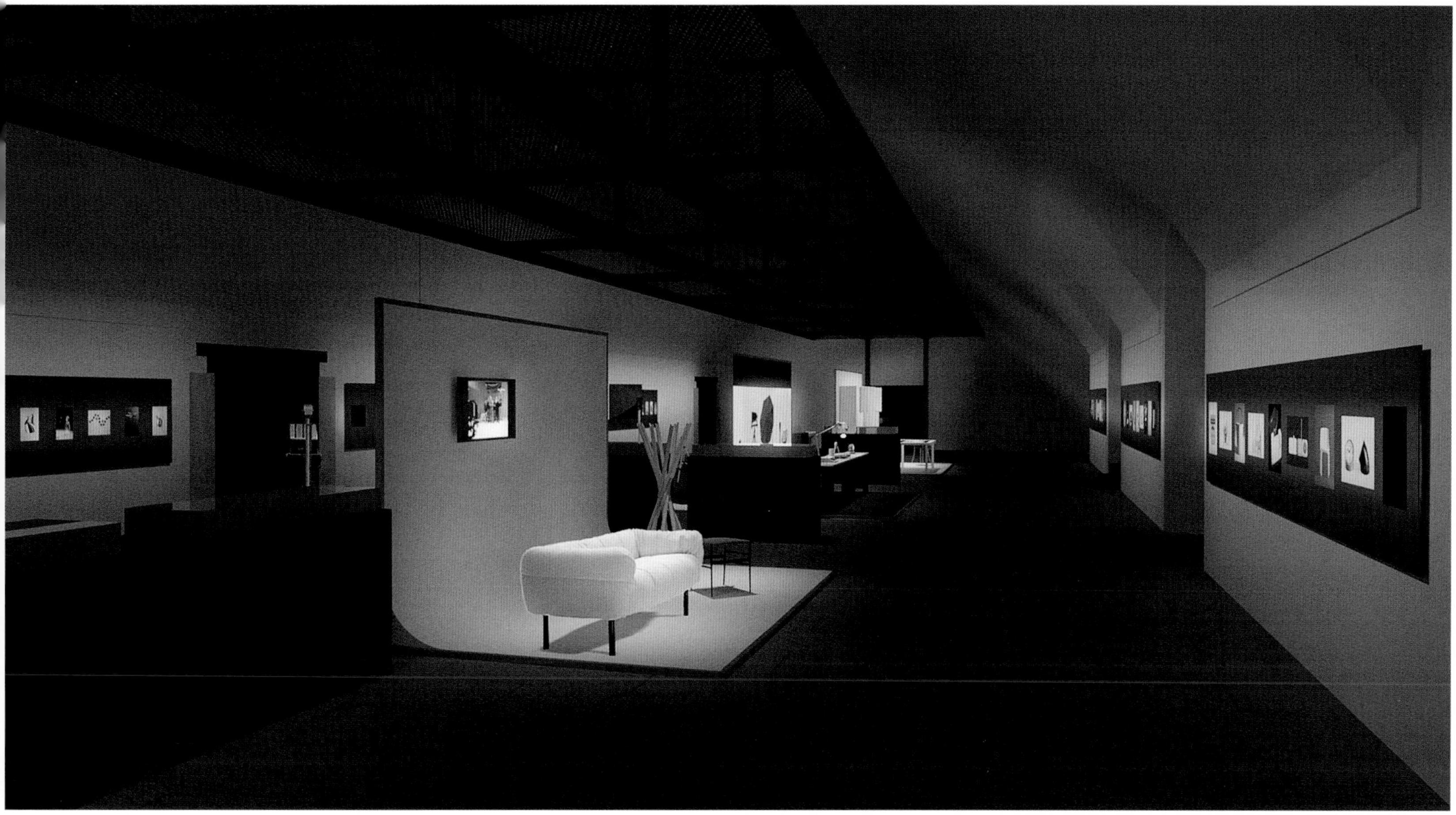

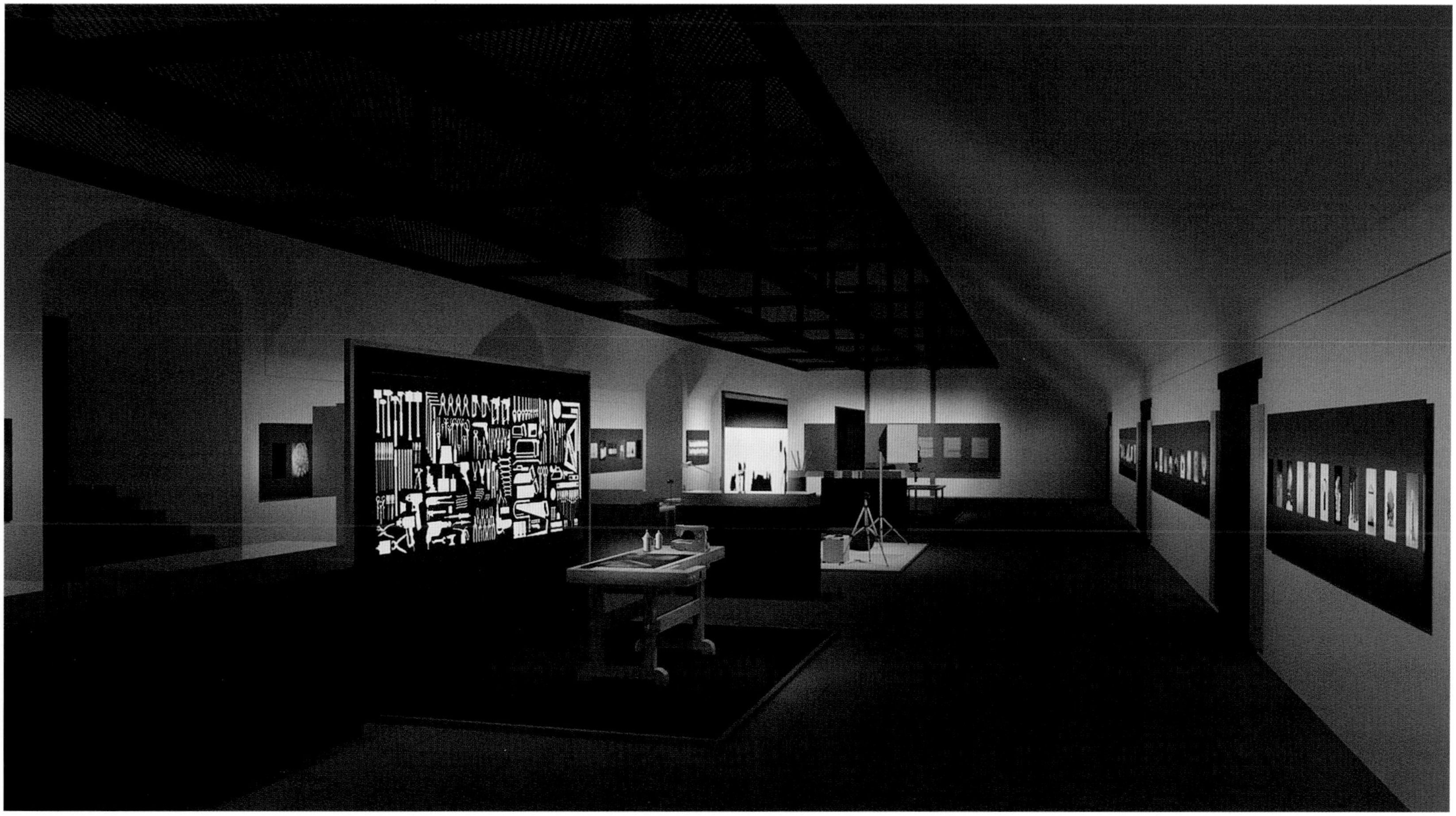

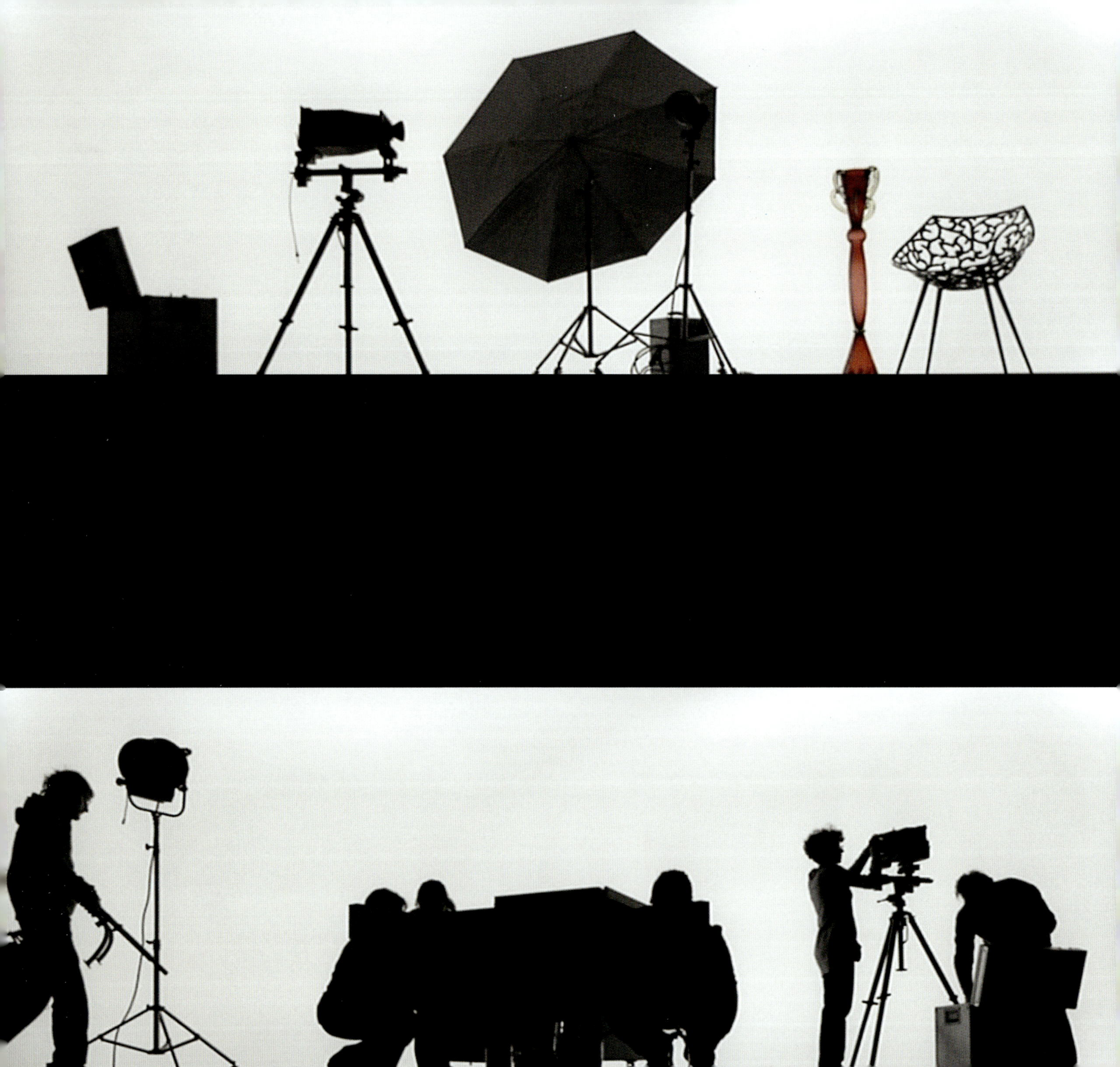

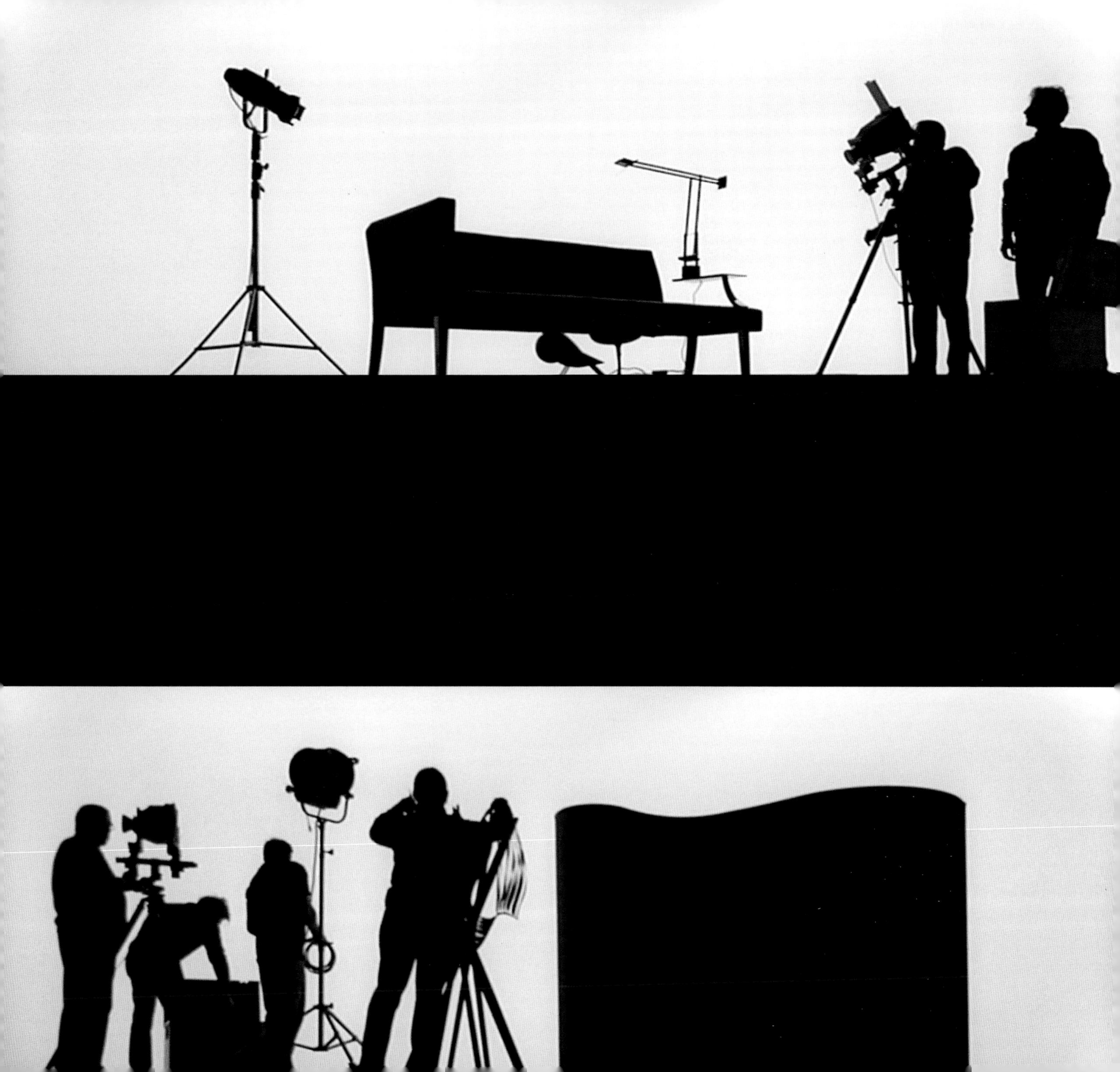

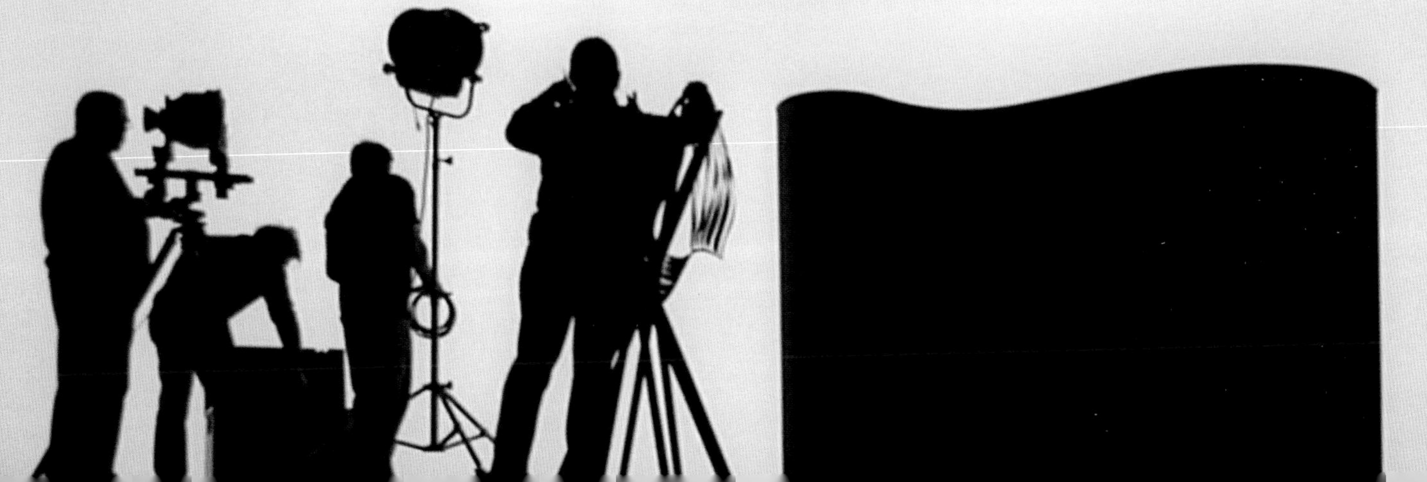

vetro e le diapositive a colori, con una numerazione progressiva. Anche le stampe erano numerate e timbrate prima di essere imbustate per la consegna (il ruolo di fattorino era il primo per ogni aspirante assistente di Aldo Ballo). Una proiezione mostra sul tavolo la sequenza di questi gesti. Una sedia evoca la presenza di Marirosa che si occupava di compilare anche i preziosi registri, dei quaderni scritti a mano, fitti di informazioni necessarie alla catalogazione. Tra i gesti compare anche una pratica meno nota: la "spuntinatura" e la pulizia delle stampe, una mansione solitamente affidata a mani femminili, che prevedeva l'utilizzo di un sgarzino per schiarire e di pennellini e china per scurire.

Nello spazio tra i set, le bacheche completano il racconto attraverso materiali d'archivio originali accuratamente selezionati per permettere la comprensione del grande lavoro nascosto dietro il mondo della fotografia e dell'editoria di riviste dedicate ad architettura e design.
Le fotografie che avvolgono lo spazio, a cui si è accennato sopra, scandiscono il passo del visitatore con un tempo cronologico che si distende intorno alla fissità dei set e delle bacheche. Tutto è esplorabile in ogni direzione, ma il tempo direzionale della sequenza fotografica a parete insegue gli anni, descrivendo così non solo il percorso stilistico dello Studio Ballo+Ballo, ma lasciando che si srotoli anche il racconto parallelo del design italiano dagli anni sessanta agli anni novanta, con riferimenti precisi

On the other side of the room, the archive displays one of the original file cabinets in which the yellow Kodak boxes containing the film or glass negatives and colour slides were stored, sequentially numbered. The prints were also numbered and stamped before being packaged for delivery (the role of delivery boy was the first for any would-be collaborator of Aldo Ballo). A projection shows the sequence of these gestures on the table. A chair evokes the presence of Marirosa, who was also in charge of compiling the inventories, consisting of handwritten notebooks full of important data. Among the gestures, a lesser-known practice also appears: the "trimming" and cleaning of the photographic prints, a task mainly performed by female hands, that involved the use of a small craft knife to lighten the images and small brushes and Indian ink to darken them.

In the space between the sets, a series of showcases completes the exhibition itinerary. They display carefully selected archive materials that allow visitors to understand the hard work behind the creation of a photograph or a magazine dedicated to architecture and design.
The photographs that characterise the Sala Viscontea mark the visitors' pace, offering them a timeline that unfolds around the sets and the showcases. Apparently standing still, they can be explored in every direction. However, the images on the wall provide a

e riconoscibili. Oggetti trattati come soggetti. Fotografati da soli, a lasciar intuire una storia quasi personale. Ambientazioni che sembrano non aver nessuna necessità della presenza umana. Gli oggetti reali e fotografati esposti in mostra sono testimonianze visive infallibili dell'ambiente di fervida ricerca in cui erano coinvolti Aldo e Marirosa e di cui essi stessi stavano ridefinendo le *affordances*. Con loro, la costellazione di giovani collaboratori e assistenti che lì, lavorando, crescevano in una vera a propria bottega.

VARIAZIONI SUL DESIGN

Passando alla Sala dei Pilastri, il racconto si fa più confidenziale. Sono i ritratti a prendersi spazio. I *grandi* ritratti ambientati dei *grandi* designer, stampati in *grandissimo* formato custodiscono una piccola sorpresa: avvicinandosi si lasciano sfuggire una frase sibillina, un distillato delle idee del progettista a cui ci si accosta. Al centro una parete a due fronti presenta da una parte un oggetto per ognuno dei designer ritratti, dall'altra un omaggio all'ironia di Marirosa Toscani con una serie tratta dalle "ricette ritratto" realizzate per la comunicazione dei supermercati Pam.

Sul lato opposto della sala, i ritratti video di Studio Azzurro – che ha intervistato un gran numero di protagonisti del design, della fotografia e dell'arte italiani – si passano il testimone in un montaggio a sei schermi sincronizzati, inanellando considerazioni e ricordi che acquisiscono valore via via che il tempo li allontana dal presente.

guide, recounting not only the journey of Studio Ballo+Ballo, but also a detailed history of Italian design from the 1960s to the 1990s. Designer items are treated as subjects and photographed *per se* to reveal an almost personal story. Perhaps, these sets have no need of human presence. The real and photographed objects on show in the exhibition are exceptional visual evidence of the vibrant environment created by Aldo and Marirosa, of which they themselves were redefining the affordances. Alongside them, the group of young collaborators and assistants who, by working in the Studio, grew up in a veritable photography workshop.

DESIGN VARIATIONS

In the Sala dei Pilastri, the narrative becomes more intimate. Portraits take centre stage. The *large* portraits of *great* designers, printed in a very *large* format, hold a small surprise: approaching them, they utter a cryptic phrase, expressing the ideas of the character depicted. In the centre, a two-sided wall presents on one side an item for each of the designers portrayed, while on the other it pays homage to Marirosa Toscani's irony with a series taken from the "portrait/recipes" created for the communication campaign of the Pam supermarkets. On the opposite side of the room, video portraits by Studio Azzurro – which has interviewed many Italian masters of art, photography and design – pass the baton in a six-

Nelle pagine successive

10-13. Studio Azzurro, Visualizzazioni di progetto per lo spazio della Sala dei Pilastri, allestito con le stampe di grande formato dei ritratti ambientati, una piccola dedica a Marirosa e i ritratti video realizzati da Studio Azzurro

Following pages

10–13. Studio Azzurro, Project visualisations for the setup of the Sala dei Pilastri, including large-format prints of the staged portraits, a small dedication to Marirosa, and video-portraits by Studio Azzurro

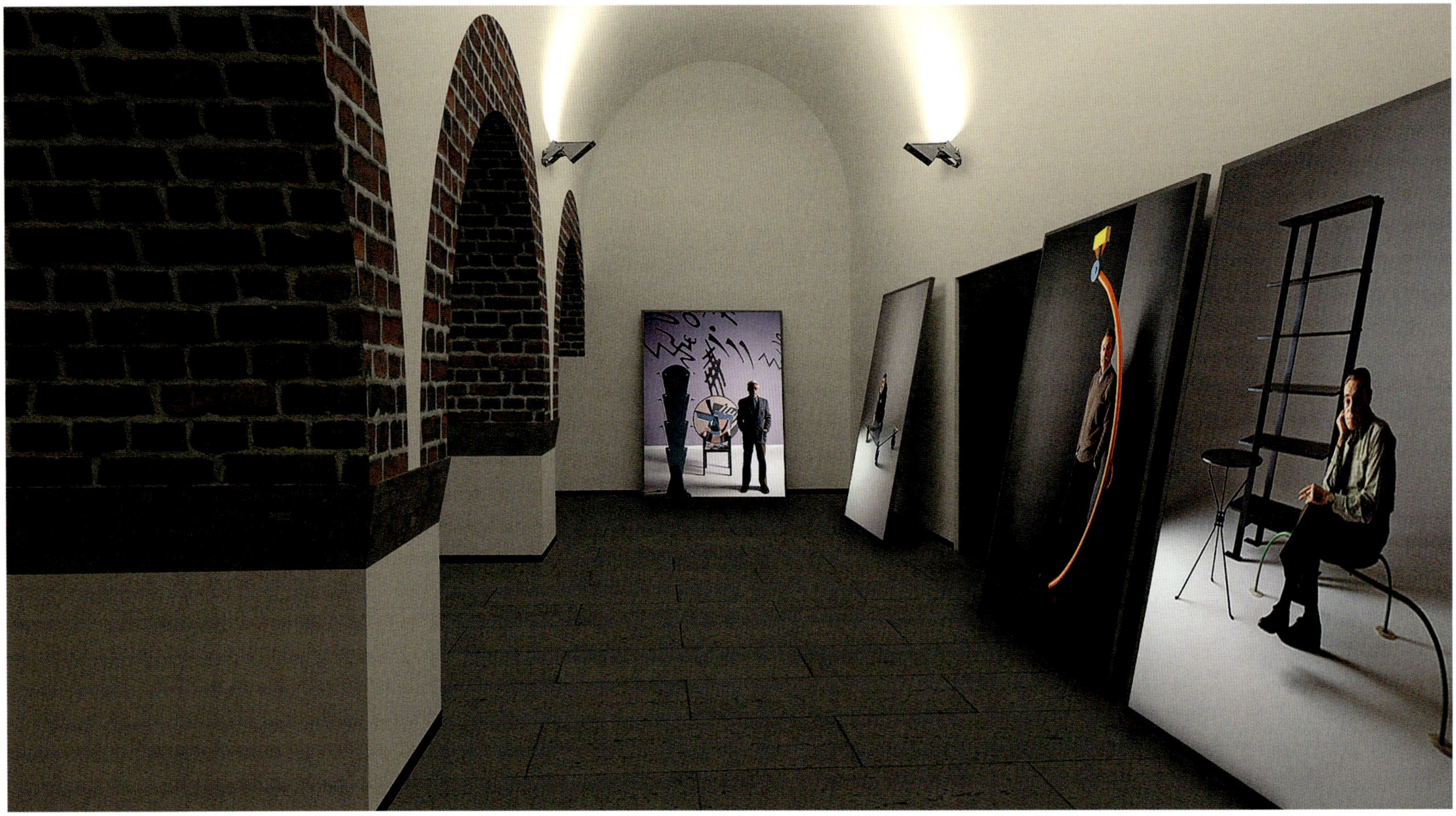

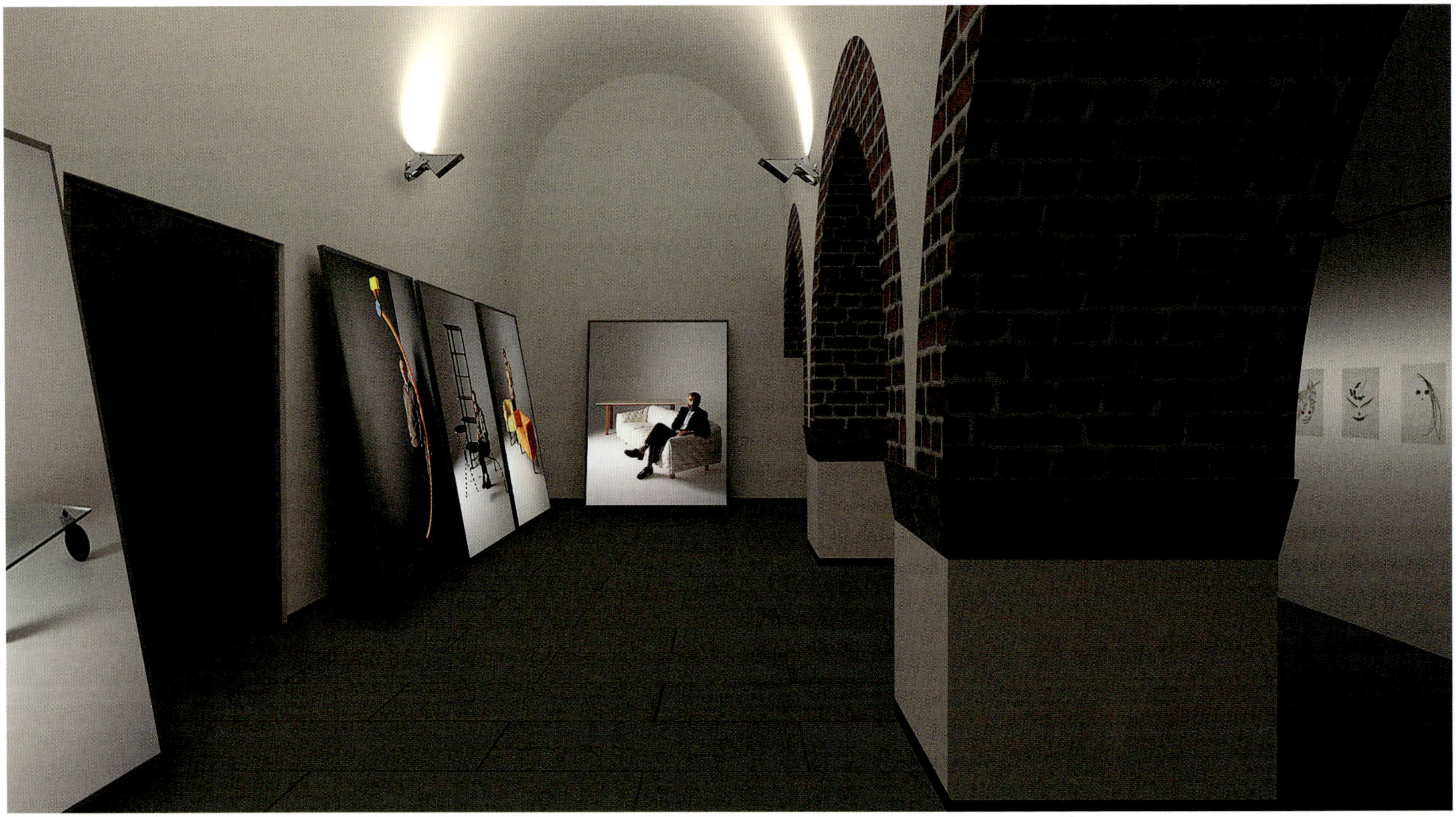

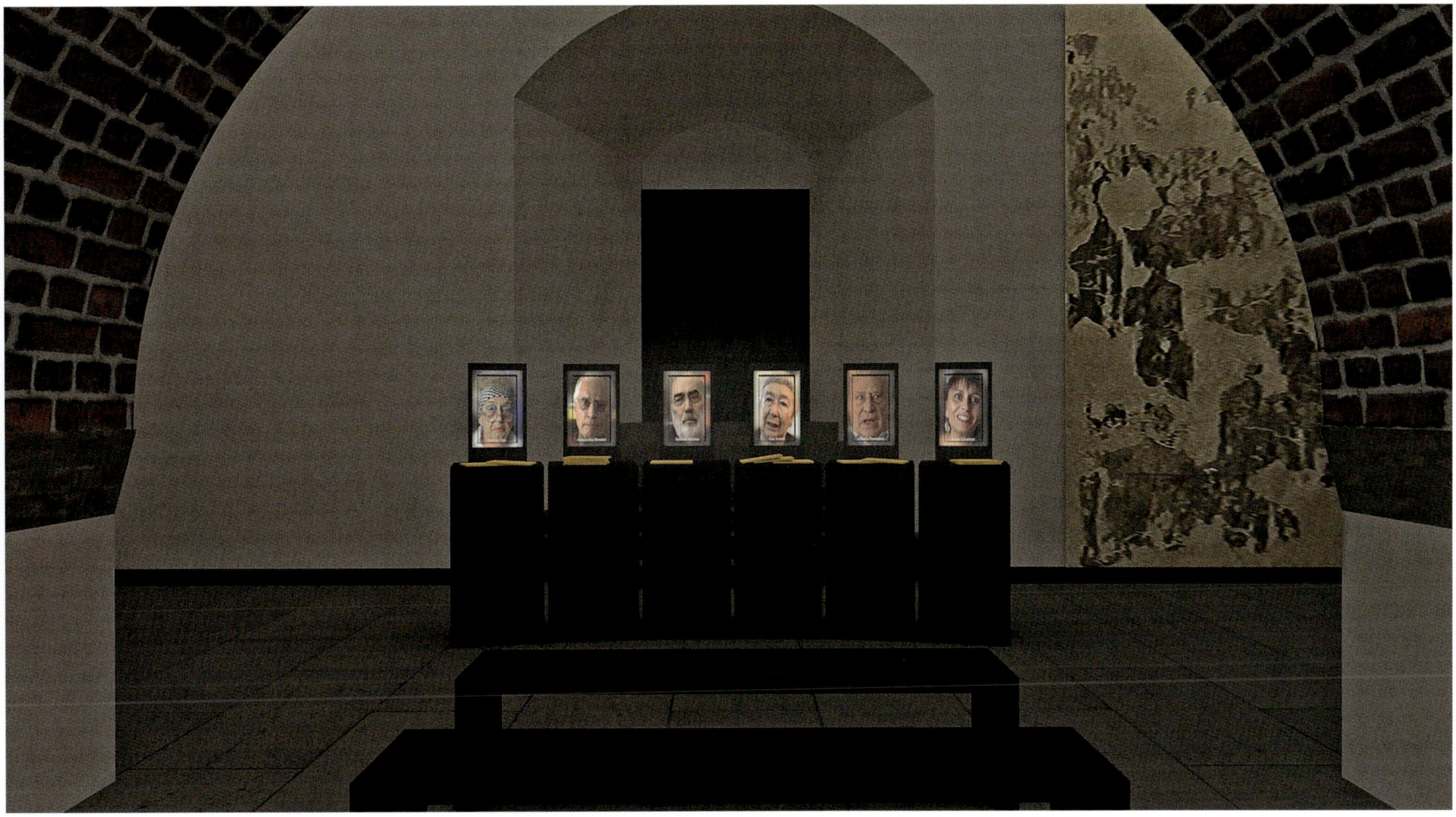

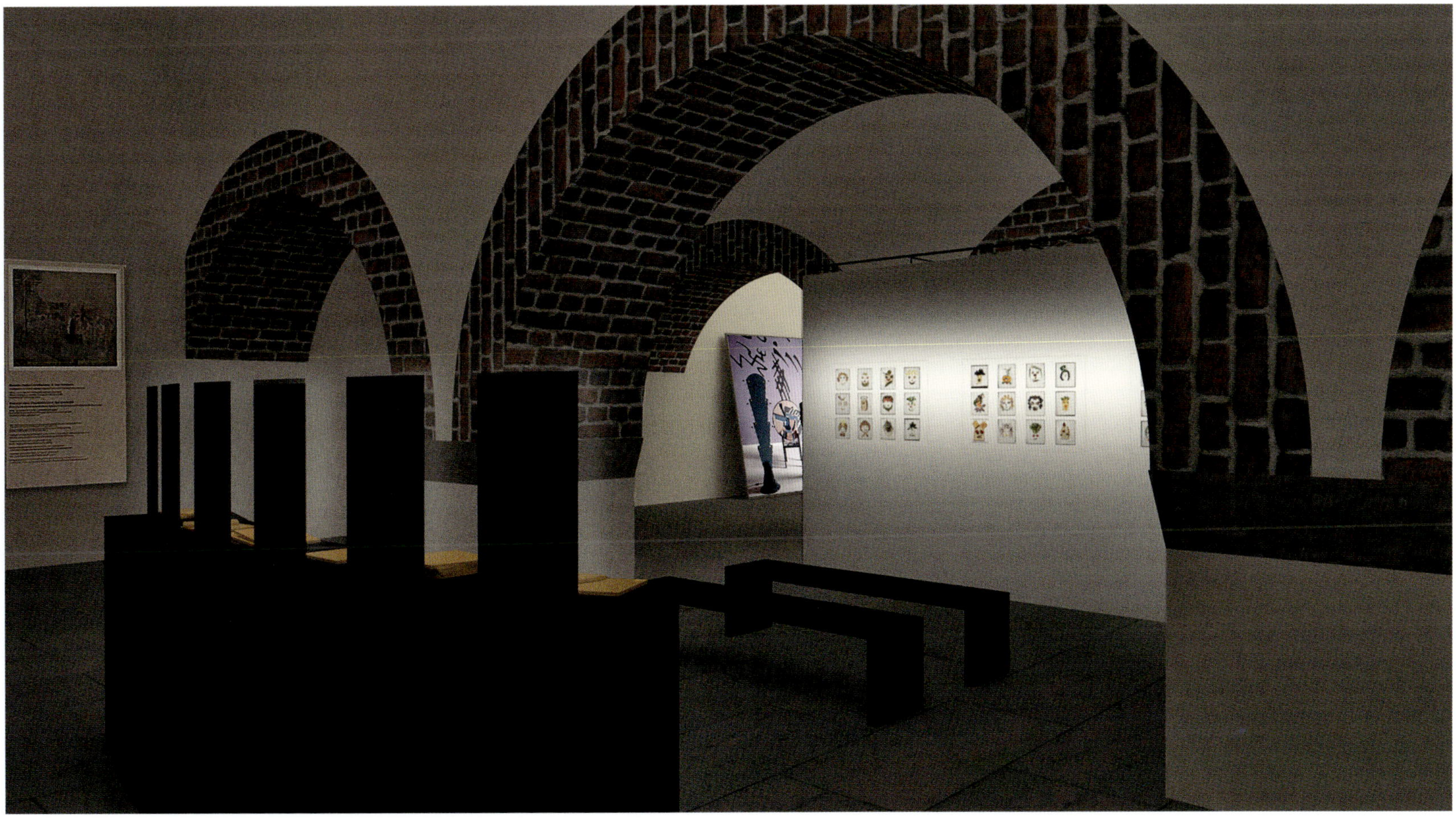

Questa sezione vuole essere un omaggio a quell'ambiente di "bottega" che si respirava andando a lavorare o a visitare Aldo e Marirosa. Un'atmosfera che ha lasciato la sua impronta riconoscibile nello stesso Studio Azzurro, che si è fatto spontaneamente "erede" da una parte dell'attitudine all'accoglienza di giovani in cerca di un luogo dove sperimentare e formarsi, dall'altro di quel rigore imprescindibile alla costruzione di un set fotografico coerente, che sappia restituire un'ambientazione rispettosa delle qualità percettive degli oggetti e degli spazi. Lo Studio Ballo+Ballo ha formato una generazione a cui appartiene anche il direttore della fotografia di Studio Azzurro, Fabio Cirifino, che di Aldo Ballo è stato assistente e con Marirosa ha sempre mantenuto un rapporto di grande affetto e riconoscenza. Scrivere dello Studio Ballo+Ballo dall'osservatorio di Studio Azzurro è, in effetti, tentare di risalire a una delle sue sorgenti nascoste. Ed è anche andare in cerca del fuori campo di una grande inquadratura… di quella combinazione di ambiente e presenze che, se non eri lì, non puoi davvero ricostruire, ma puoi tentare di immaginare, osservando per esempio la luce che arriva da sinistra, che plasma, letteralmente, le forme, calando sui corpi, umani e non umani.

screen synchronised montage, collecting reflections and remarks that become even more valuable as time go by, making them memories from a distant past.

This section is a tribute to the "workshop" atmosphere that one could feel when going to work or visiting Aldo and Marirosa; an atmosphere that has left its mark on Studio Azzurro itself, which has spontaneously followed in its footsteps by welcoming young people looking for a place to experiment and learn, and adopting that rigorous approach that is essential to arrange a proper photo set, capable of conveying the perceptual qualities of items and environments while respecting them. Studio Ballo+Ballo has shaped a generation of creatives, including Studio Azzurro's director of photography, Fabio Cirifino, who was an assistant to Aldo Ballo and maintained a relationship of great affection and gratitude with Marirosa. Writing about Studio Ballo+Ballo from the perspective of Studio Azzurro is indeed an attempt to trace the history of one of its sources of inspiration. It also means exploring the off-screen elements of a great shot… that combination of background and subjects that, if you were not there, you cannot really understand. However, you can try to imagine it, observing, for example, the light coming from the left, which almost sculpt the forms, illuminating human and non-human bodies.

14. Studio Azzurro, Volti di designer, fotografi, architetti, assistenti, familiari, amici che sono stati intervistati da Studio Azzurro in occasione della mostra *Ballo+Ballo* (Milano, PAC - Padiglione Arte Contemporanea, 2009), frame da video

14. Studio Azzurro, Faces of designers, photographers, architects, assistants, family members, and friends who were interviewed by Studio Azzurro on the occasion of the *Ballo+Ballo* exhibition (Milan, PAC - Padiglione Arte Contemporanea, 2009); frames from video

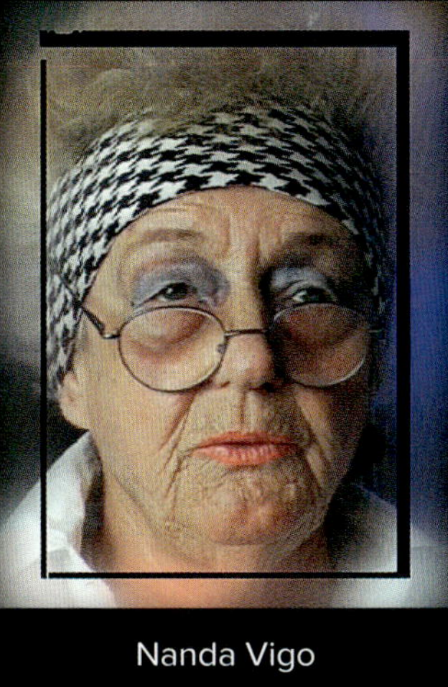

Nanda Vigo

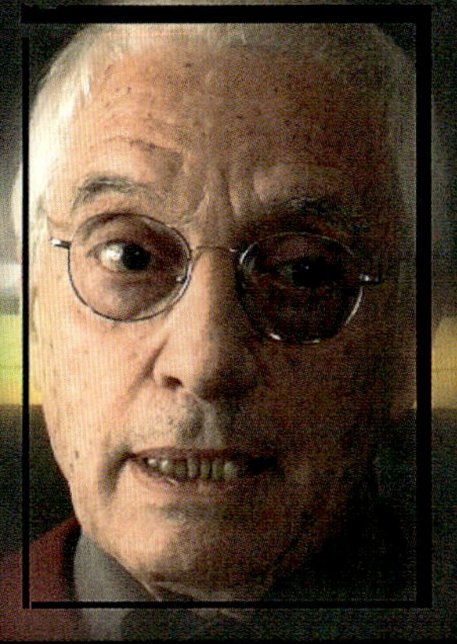

Alessandro Mendini

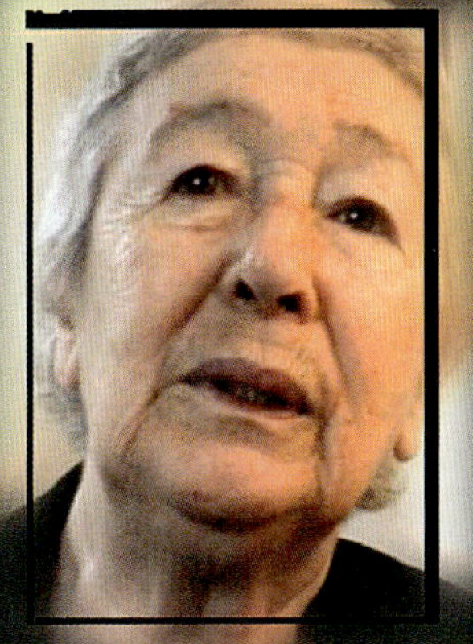

Gae Aulenti

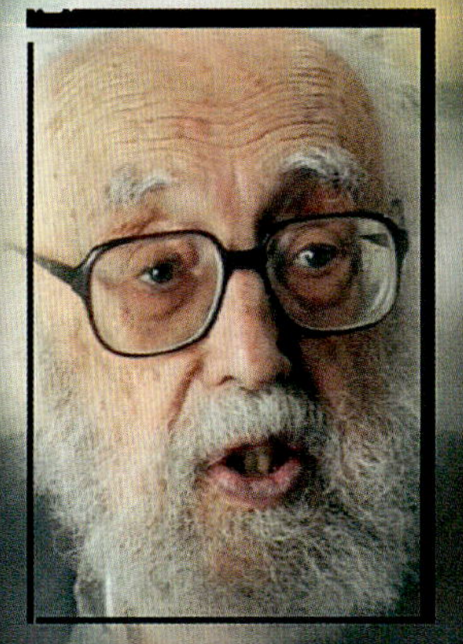

Angelo Mangiarotti

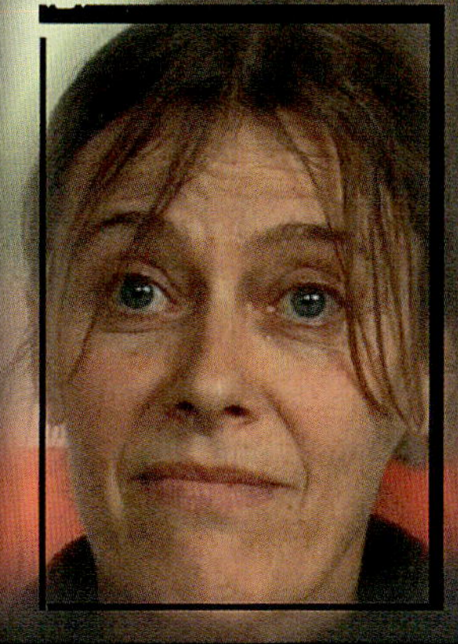

Nathalie Du Pasquier

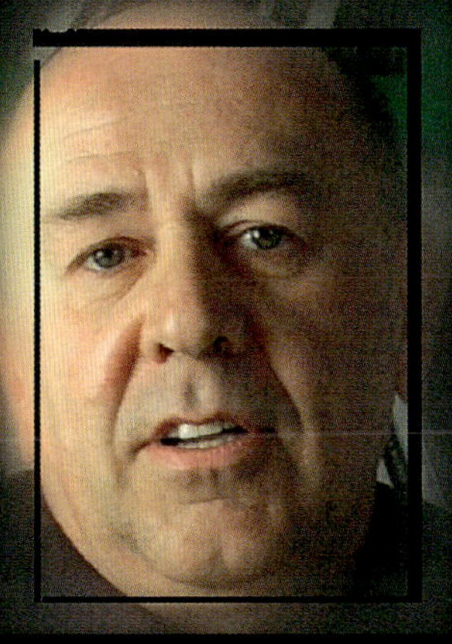

Armando Berlacchi

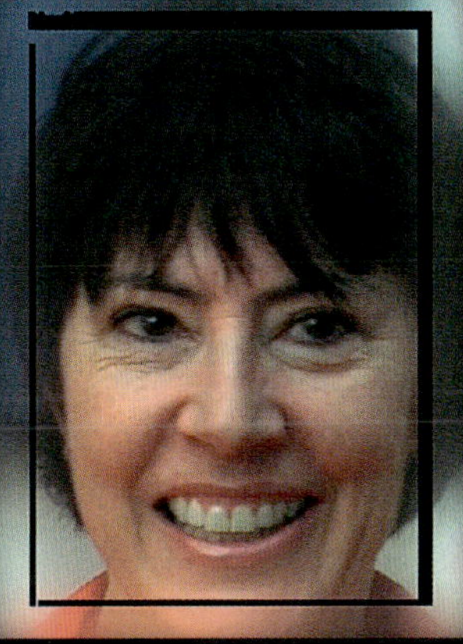

Ginette Caron

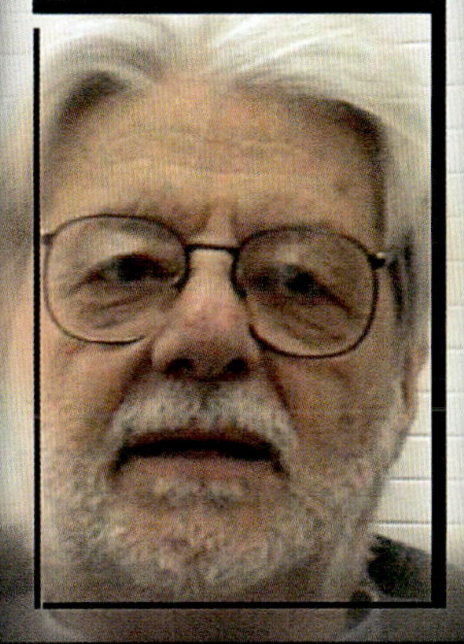

Cesare Colombo

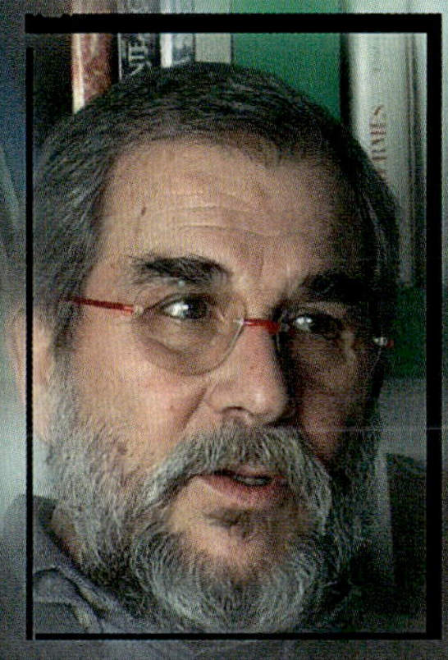

Liderno Salvador

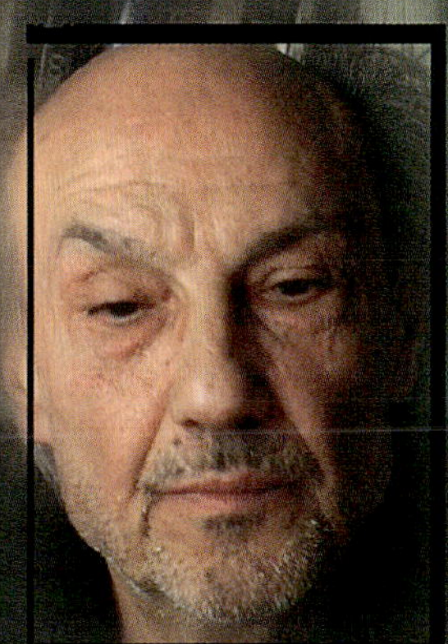

Fabio Cirifino

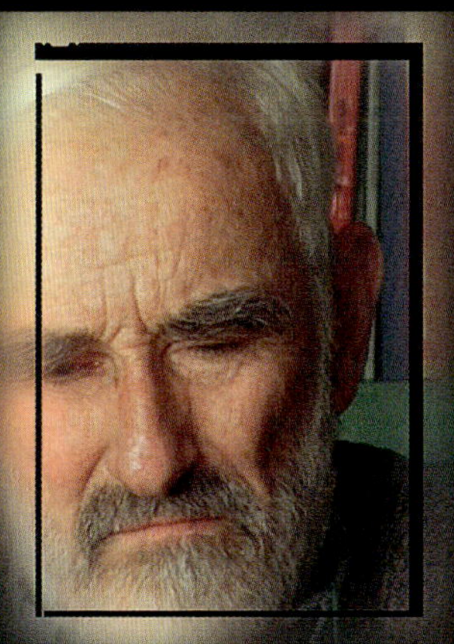

Serge Libis

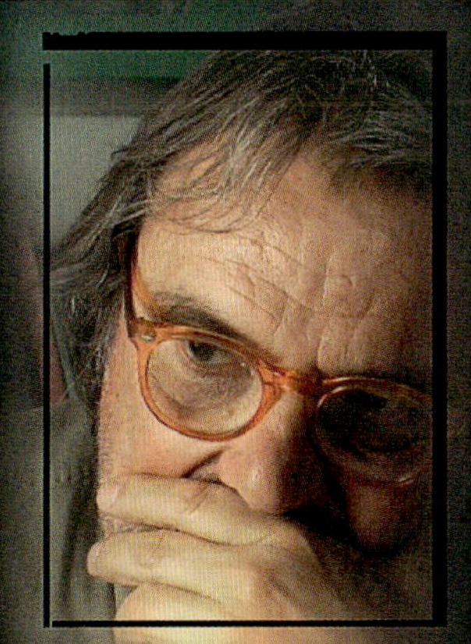

Oliviero Toscani

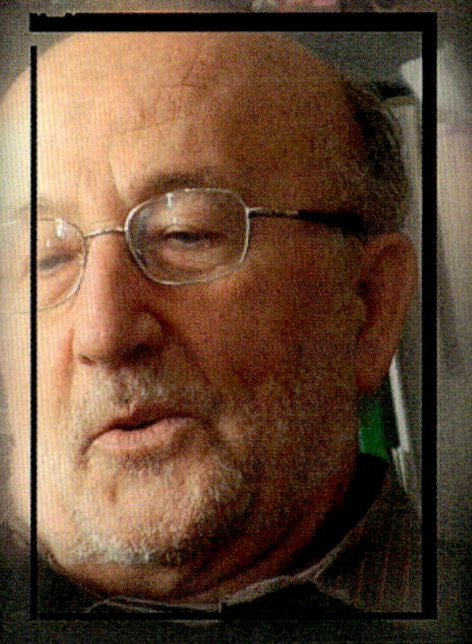

Paolo Deganello

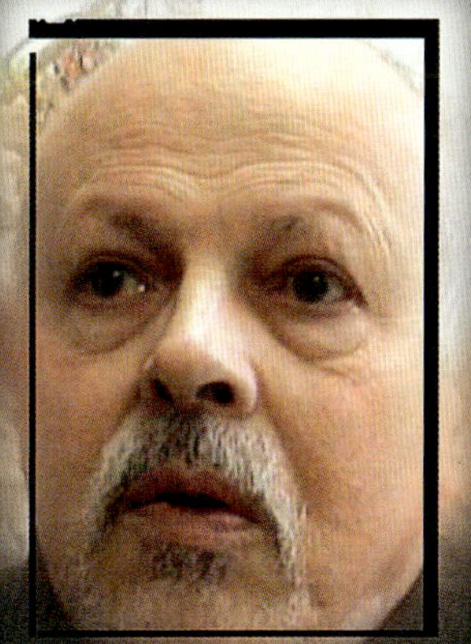

Paolo Gallerani

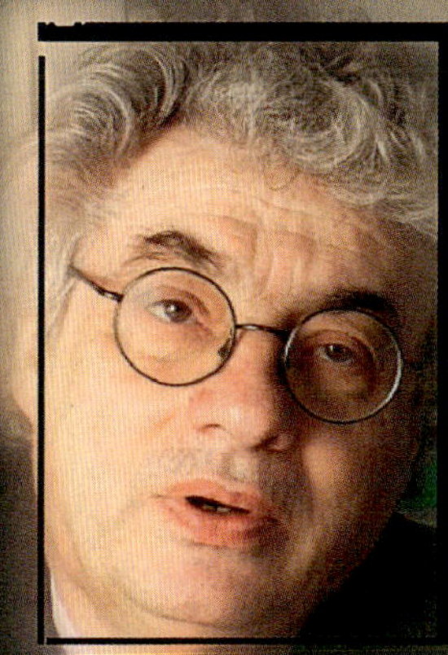

Mario Botta

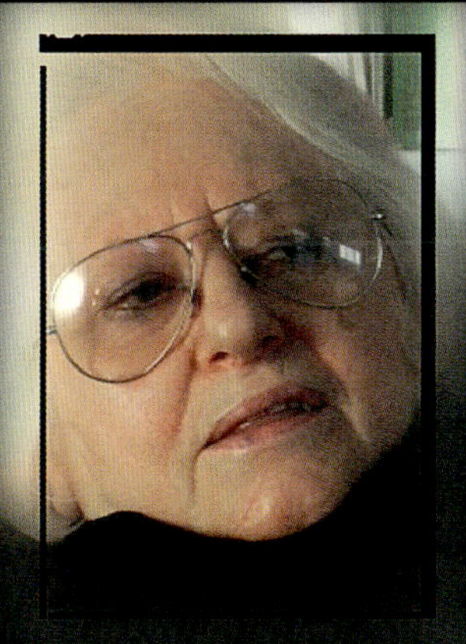

Rossana Piccoli

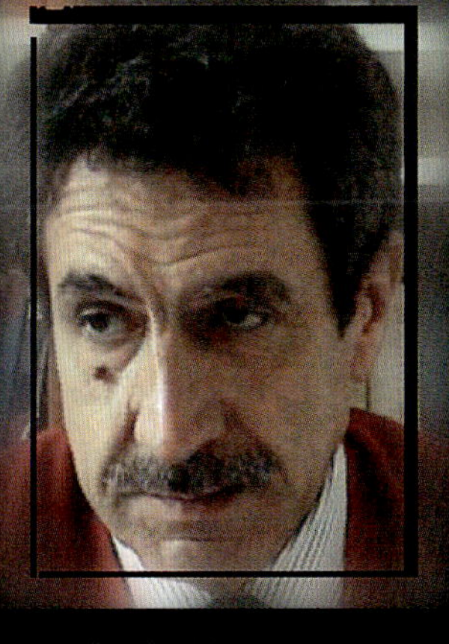

Emilio Fioravanti

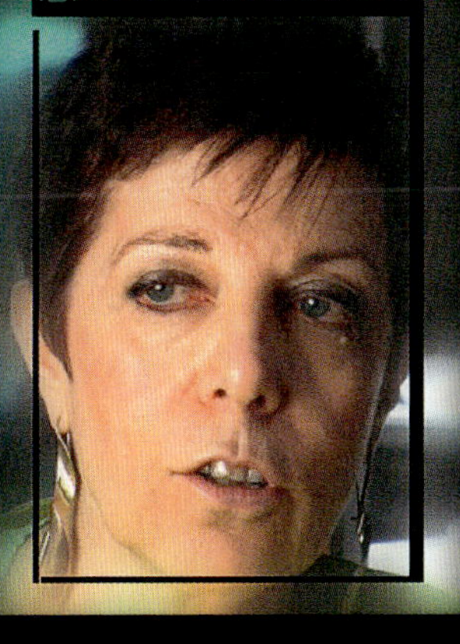

Adelaide Acerbis

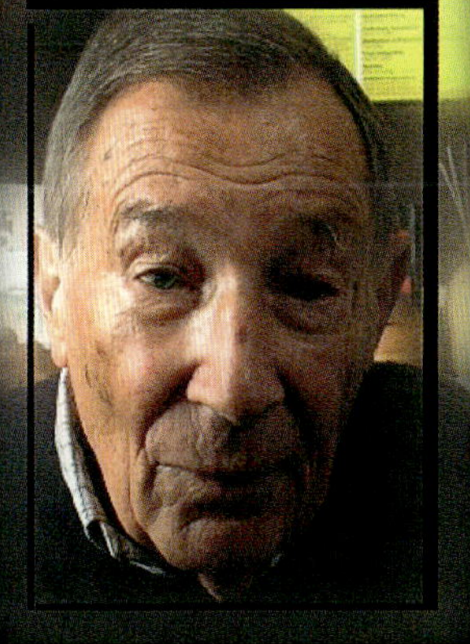

Giancarlo Iliprandi

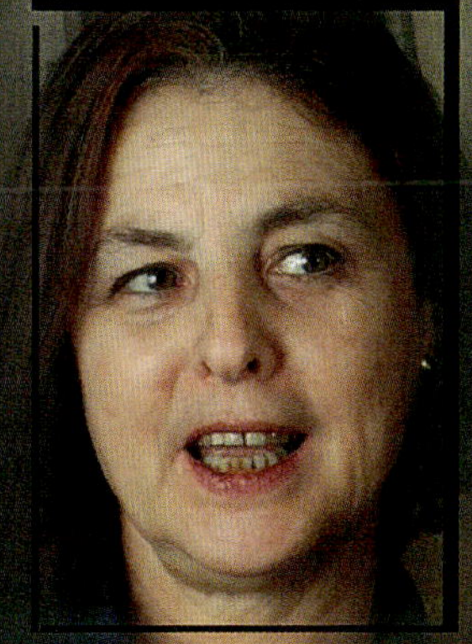

Marina Ballo

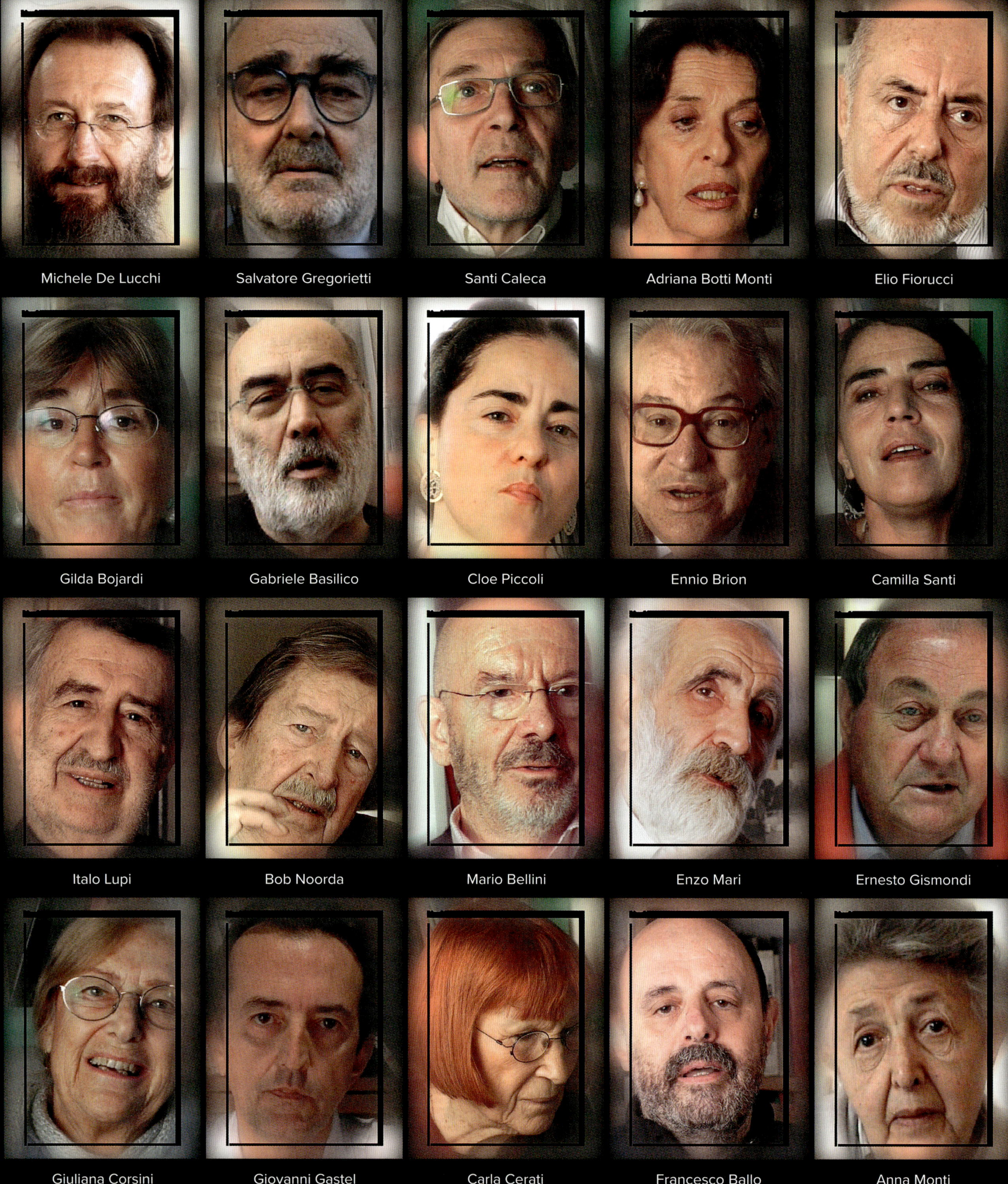

Michele De Lucchi
Salvatore Gregorietti
Santi Caleca
Adriana Botti Monti
Elio Fiorucci
Gilda Bojardi
Gabriele Basilico
Cloe Piccoli
Ennio Brion
Camilla Santi
Italo Lupi
Bob Noorda
Mario Bellini
Enzo Mari
Ernesto Gismondi
Giuliana Corsini
Giovanni Gastel
Carla Cerati
Francesco Ballo
Anna Monti

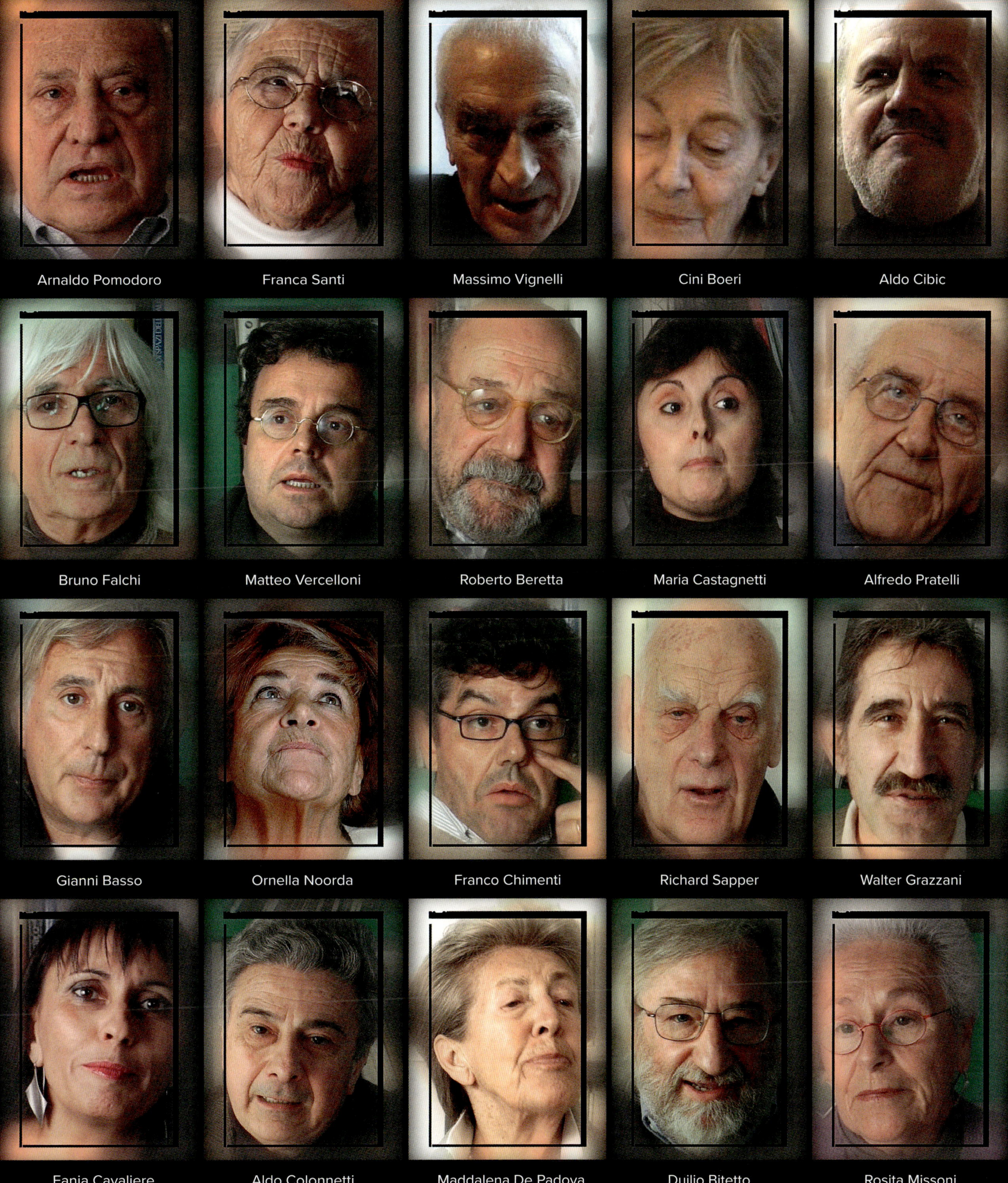

Arnaldo Pomodoro

Franca Santi

Massimo Vignelli

Cini Boeri

Aldo Cibic

Bruno Falchi

Matteo Vercelloni

Roberto Beretta

Maria Castagnetti

Alfredo Pratelli

Gianni Basso

Ornella Noorda

Franco Chimenti

Richard Sapper

Walter Grazzani

Fania Cavaliere

Aldo Colonnetti

Maddalena De Padova

Duilio Bitetto

Rosita Missoni

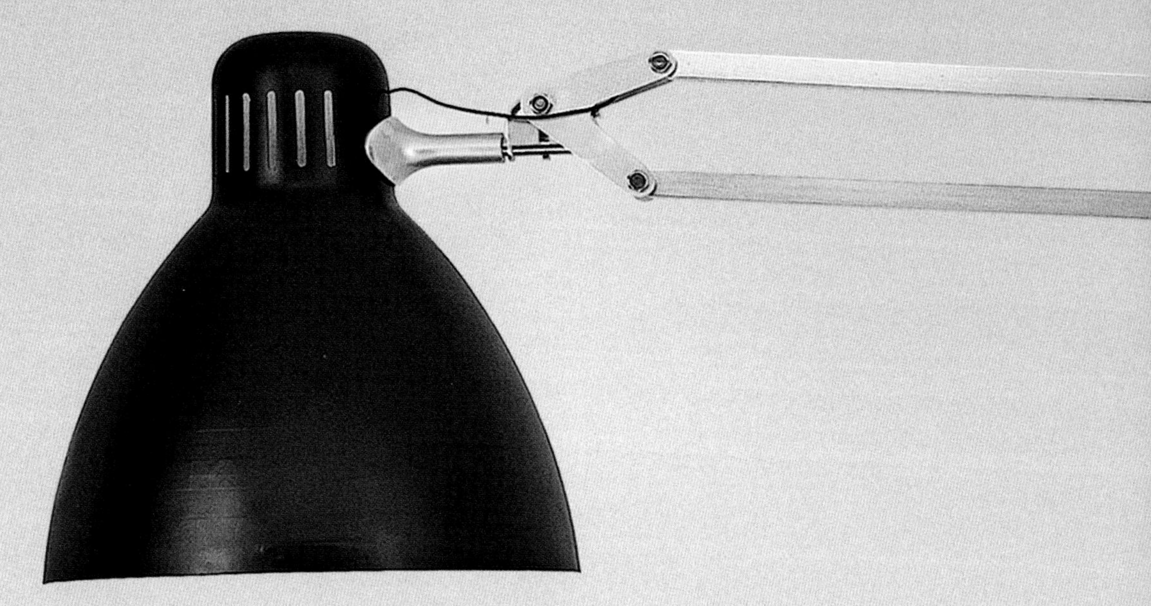
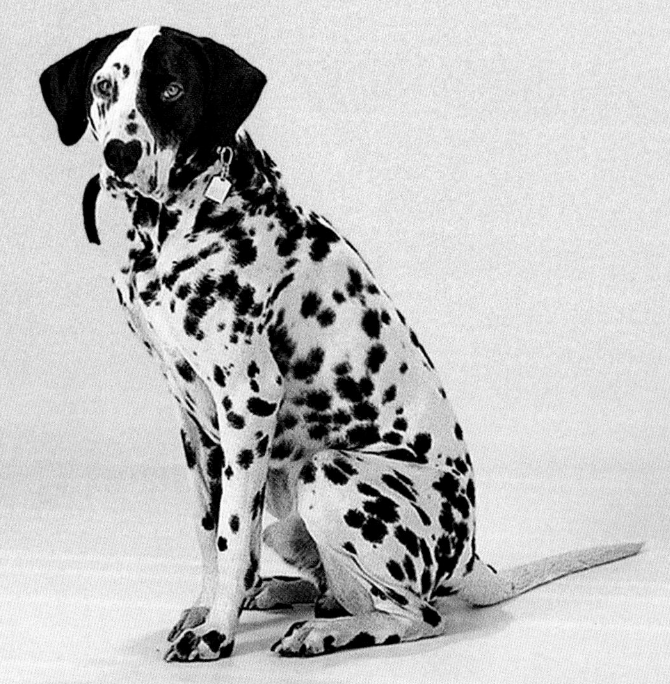

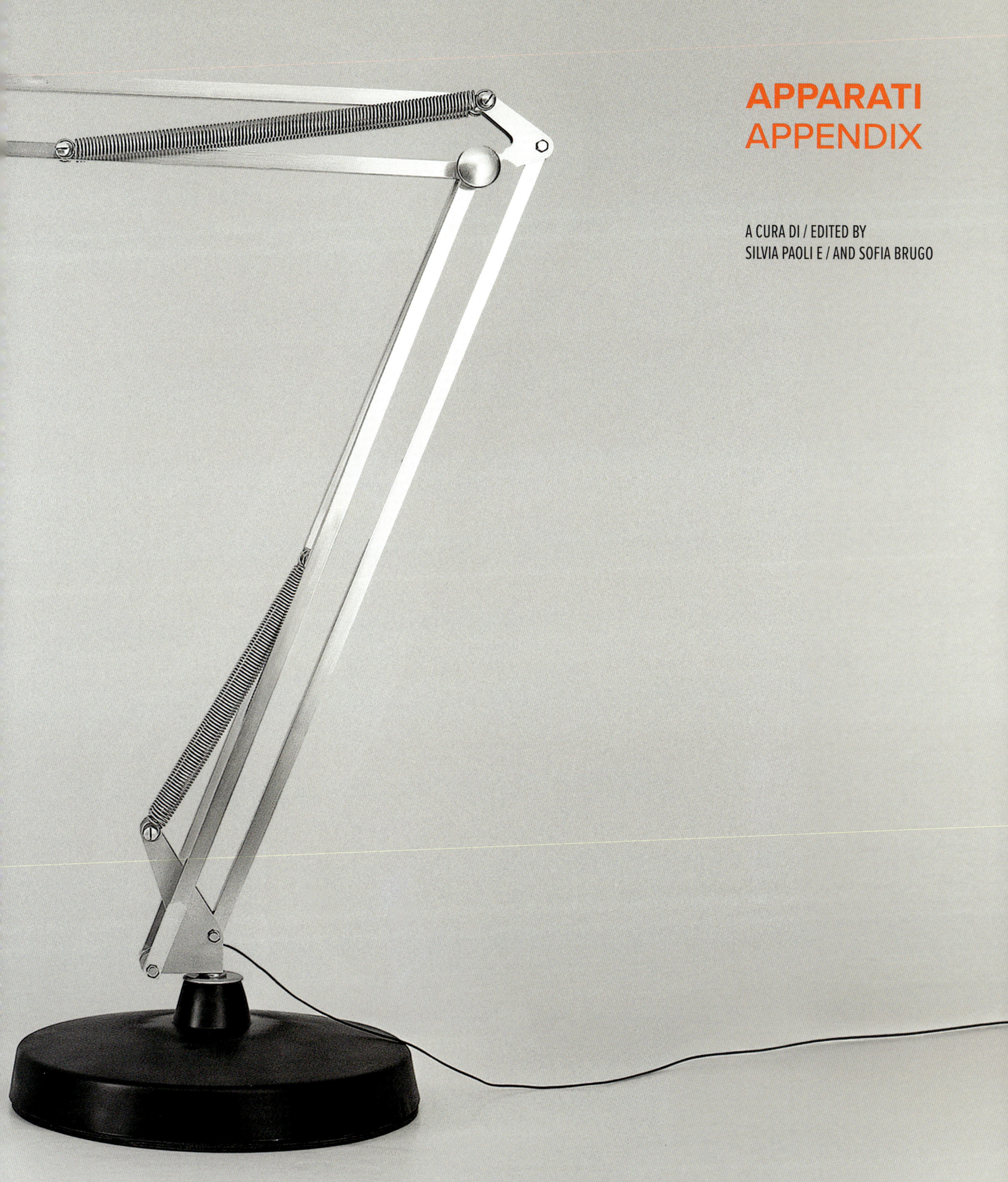
APPARATI
APPENDIX

A CURA DI / EDITED BY
SILVIA PAOLI E / AND SOFIA BRUGO

CRONOLOGIA

Per l'elenco completo delle committenze si rimanda
alla relativa sezione in questo catalogo

1928

Aldo Ballo nasce il 14 luglio a Sciacca, in provincia di Agrigento, figlio di Domenico e Caterina Alba. È fratello di Guido Ballo (1914-2010), che poi diventerà critico d'arte, poeta e professore di storia dell'arte all'Accademia di Belle Arti di Brera.

1931

Marirosa Toscani nasce il 25 marzo a Milano, figlia primogenita di Fedele Toscani (1909-1983) e Dolores Cantoni. Il padre Fedele è fotoreporter per il "Corriere della Sera" e gestisce una propria agenzia fotografica, la Rotofoto, fondata nel 1945. Il fratello più giovane, Oliviero (1942), studierà presso la Kunstgewerbeschule di Zurigo e diventerà un fotografo di fama, lavorando per riviste e per marchi di moda internazionali, noto soprattutto per la creazione dell'immagine e della strategia comunicativa, tra gli anni ottanta e duemila, della United Colors of Benetton. La sorella Brunella (1933), collaborerà insieme a Marirosa col padre Fedele fino al 1955, anno in cui sposa il giornalista Giorgio Pecorini conosciuto al "Corriere della Sera". Diplomata al Liceo Linguistico "Alessandro Manzoni" di Milano, Brunella lavorerà a Roma nella segreteria del senatore Lelio Basso, collaborando anche col marito, amico di don Lorenzo Milani.

1940

Aldo arriva a Milano, dopo la morte del padre, con la madre e alcuni fratelli, da Monguelfo-Welsberg (Bolzano), prima tappa del trasferimento dalla natìa Sicilia.

1942

Aldo consegue la licenza di scuola secondaria di avviamento professionale con specializzazione alberghiera.

1946

Aldo inizia a frequentare Marcello Piccardo alla cascina "Tocia" a Monte Olimpino a Como, dove l'anno precedente Piccardo ha iniziato a occuparsi di cinema d'animazione. Nel 1962 Piccardo fonderà con Bruno Munari lo Studio di Monte Olimpino, laboratorio di ricerca per il cinema d'animazione, per l'informazione pubblicitaria e per la ricerca sperimentale nel campo visivo.

1946-1947

Aldo frequenta il Liceo Artistico di Milano (oggi Liceo Artistico di Brera).
Marirosa, dopo aver terminato il ginnasio a Clusone, presso il Collegio femminile Maria Addolorata delle Canossiane, frequenta lo stesso Liceo.

1948

Conseguita la maturità artistica di seconda sezione, Aldo si iscrive alla facoltà di Architettura del Politecnico di Milano.

1949

Fedele Toscani si ammala mentre segue Fausto Coppi durante il Giro d'Italia. Marirosa prende quindi in mano la gestione della Rotofoto e diventa fotoreporter, aiutata anche dalla sorella Brunella.

1950

Marirosa fotografa il Campionato del mondo di automobilismo a Barcellona.

1951

Marirosa documenta l'alluvione nel Polesine.

CHRONOLOGY

For a complete sponsors list, please refer to the relevant section in this catalogue

1928

On 14 July, Aldo Ballo is born in Sciacca, in the province of Agrigento; the son of Domenico and Caterina Alba. He is the brother of Guido Ballo (1914–2010) who would later become an art critic, poet and professor of art history at the Accademia di Belle Arti di Brera.

1931

On 25 March, Marirosa Toscani is born in Milan, the firstborn of Fedele Toscani (1909–1983) and Dolores Cantoni. Her father Fedele is a photojournalist for the *Corriere della Sera* and runs his own photo agency, Rotofoto, founded in 1945. The youngest brother, Oliviero (1942), would study at the Kunstgewerbeschule in Zurich and become a renowned photographer, working for magazines and international fashion brands. He is best known for developing United Colors of Benetton's image and communication strategy from 1980s–2000s. The sister Brunella (1933) would work alongside Marirosa and their father Fedele until 1955, when she would marry the journalist Giorgio Pecorini, whom she met at the *Corriere della Sera*. Af-

ter graduating from the linguistic secondary school Alessandro Manzoni, in Milan, Brunella would work in the secretariate of Senator Lelio Basso in Rome, while also collaborating with her husband, a friend of Don Lorenzo Milani.

1940

Following the death of his father, Aldo, his mother and his siblings arrive in Milan from Monguelfo-Welsberg (Bolzano), the first stop on their journey from his native Sicily.

1942

Aldo obtains a secondary school diploma with a specialisation in hotel management.

1946

Aldo begins frequenting Marcello Piccardo at "Tocia" a farmhouse in Monte Olimpino, Como, where the previous year Piccardo began working on animated films. In 1962 Piccardo would found the Studio di Monte Olimpino with Bruno Munari, a workshop for animated film for advertising and experimental research in the visual field.

1946–1947

Aldo attends the Liceo Artistico in Milan (now the Liceo Artistico di Brera).

Marirosa, having terminated the girl's middle school of Maria Addolorata in Clusone, attends the same Liceo.

1948

Having attained his secondary school diploma, Aldo enrols in the Faculty of Architecture at the Milan Polytechnic.

1949

Fedele Toscani falls ill while photographing Fausto Coppi at the Giro d'Italia. Thus, Marirosa takes over the management of Rotofoto, becoming a photojournalist and assisted by her sister Brunella.

1950

Marirosa photographs the Motor Racing World Championship in Barcelona.

1951

Marirosa documents the flood-affected area of the Polesine. In November, one of her pho-

Una delle fotografie scattate viene pubblicata a novembre su "Il Messaggero", poi ripresa a dicembre dalla rivista americana "Life". Nonostante debba lavorare, riesce a diplomarsi al Liceo Artistico di Milano: la aiuta negli studi Aldo, conosciuto tra il 1950 e il 1951, che le impartisce lezioni di storia dell'arte e inizia a collaborare con l'agenzia Rotofoto.

Tra i primi amici comuni figurano Gae Aulenti, Vittorio Garatti, Giancarlo Iliprandi, Bruno Munari, Enrico Tovaglieri e Massimo Vignelli.

1952

Aldo e Marirosa decidono di lavorare insieme e vengono accolti nello studio di Iliprandi in via Settembrini 6 dove lavorano anche altri amici tra cui lo scenografo Tovaglieri. Eseguono fotografie d'architettura, per il teatro, per matrimoni e hanno le prime committenze da aziende nel settore dei mobili e dei primi elettrodomestici.

1953

Aldo e Marirosa si sposano il 26 dicembre. Inizia la collaborazione con la rivista "Domus", dove compare per la prima volta, nel numero 280 di marzo, l'indicazione "foto Ballo".

1954

Aldo e Marirosa vanno ad abitare in via Molino delle Armi al 31, con l'ingresso dell'appartamento-studio che dà in via Santa Croce. Iniziano a organizzare il proprio lavoro registrando su quaderni scritti a mano, poi dattiloscritti, ogni loro servizio fotografico, numerando i negativi.
Comincia quell'anno la collaborazione con il Touring Club Italiano, con AGIP, con Pirelli e le sue riviste "L'Edilizia moderna" e "Pirelli", su invito di Giancarlo Buzzi.

1955

Aldo lavora per i padiglioni Rai della Fiera Campionaria che, tra il 1948 e il 1969, sono affidati alla progettazione dei fratelli Castiglioni che si avvalgono di grafici come Erberto Carboni, Max Huber, Iliprandi, Pino Tovaglia e designer come Enzo Mari. Inizia a collaborare con La Rinascente, in particolare con l'Ufficio pubblicità e comunicazione creato da Augusto Morello e diretto da Mario Cristiani, dove è appena arrivato anche Ilipran-

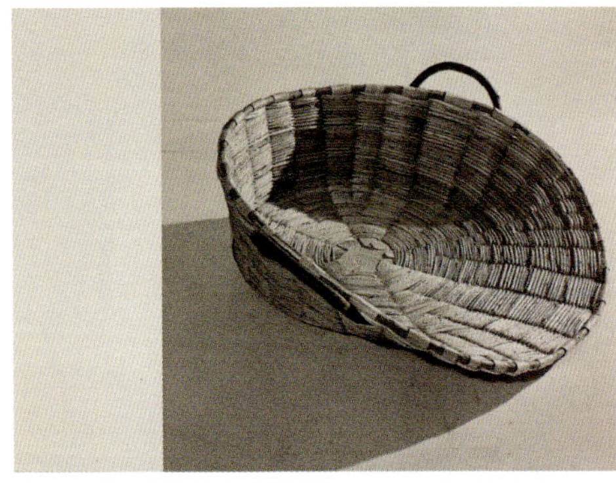

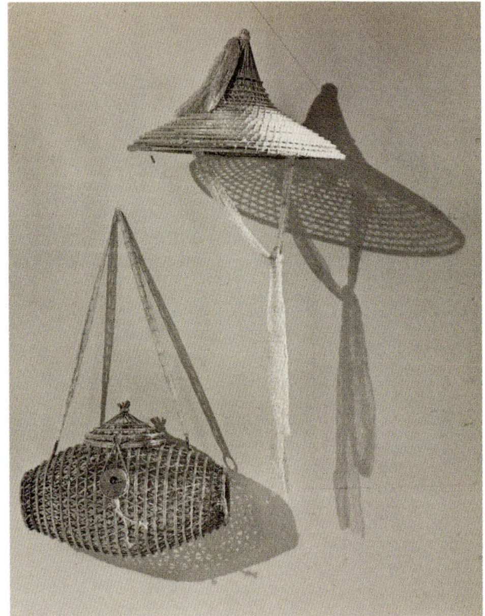

di. La collaborazione continua fino al 1971. Grazie a Giorgio Soavi, inoltre, inizia a collaborare con l'azienda Olivetti e le sue riviste "Comunità" e "Urbanistica". Lavora anche per le aziende Motta, Philips e Sambonet.

1955-1960

Aldo documenta i cantieri per la costruzione del grattacielo Pirelli, collaborando con la Rotofoto.

1956

Il primo gennaio i registri della Camera di Commercio di Milano riportano l'apertura della ditta individuale "Ballo Aldo Fotografia" in via Tristano Calco 2. La necessità di avere spazi più ampi e dedicati solo al lavoro porta Aldo e Marirosa al trasferimento all'interno di un edificio lì appena costruito dagli architetti del gruppo GPA Monti (Gianemilio Monti, Anna Bertarini, Pietro Monti), loro amici. Con la fondazione dello studio i Ballo si dedicano esclu-

sivamente alla fotografia di design, dell'oggetto di produzione industriale, abbandonando il reportage. Lavorano per Barilla, Bertolli, dove collaborano con Carboni, Snam (Società Nazionale Metanodotti) e Stilnovo.
Aldo lavorerà parallelamente anche per l'architettura, fino agli anni sessanta, fotografando gli edifici realizzati da alcuni dei più importanti architetti, come i BBPR (Gian Luigi Banfi, Lodovico Barbiano di Belgiojoso, Enrico Peressutti, Ernesto Nathan Rogers), Luigi Caccia Dominioni, Carlo De Carli, Enrico Freyrie, Ignazio Gardella, Vittorio Gregotti, il gruppo GPA Monti, Vito Latis, Vico Magistretti, Angelo Mangiarotti, Bruno Morassutti, Marco Zanuso e documentando il Quartiere IACP Comasina. Nasce il figlio Andrea.

1957

Aldo inizia la collaborazione con la rivista "Arianna", i grandi magazzini UPIM e le aziende Arflex e Venini.

1958

Aldo inizia a collaborare con Eni, RB Rossana, con la rivista "Grazia", con i graphic designer Bob e Ornella Noorda.
Nasce il figlio Michele.

1959

Aldo partecipa alla mostra *Rassegna della fotografia italiana* e al Primo Convegno Nazionale di Fotografia correlato alla mostra a Sesto San Giovanni (Villa Zorn, 4-18 ottobre 1959).
Inizia la collaborazione con le aziende Danese, Knoll, Salmoiraghi, Siemens, Singer, Tecno, con l'editore il Saggiatore e con la rivista "Epoca".

1960

Nasce AFIP (Associazione Fotografi Italiani Professionisti) e Aldo Ballo è tra i soci fondatori insieme a Davide Clari, Mario Dainesi, Edoardo Mari, Paolo Monti, Alfredo Pratelli,

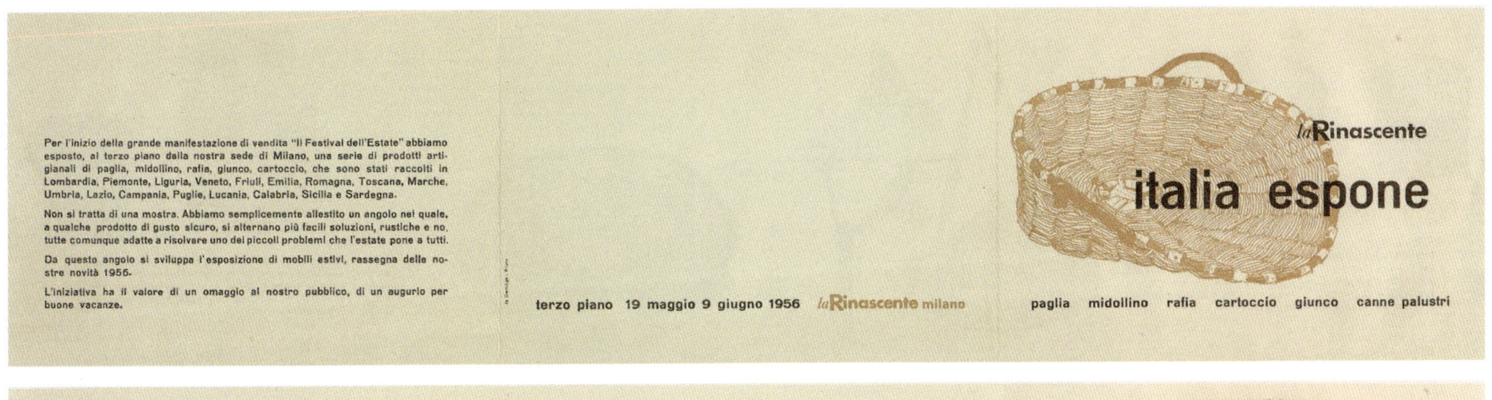

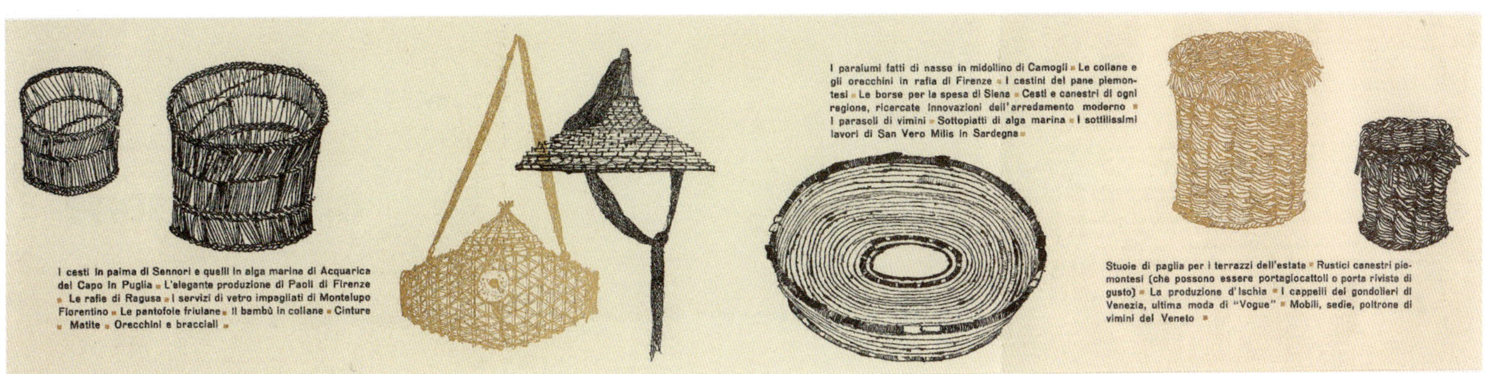

3 a-b. Giancarlo Iliprandi, *Pieghevole per la mostra "La Rinascente - Italia espone"*, 1956
3 a–b. Giancarlo Iliprandi, *Leaflet for the exhibition* La Rinascente - Italia espone, 1956

tographs is published in *Il Messaggero* and, in December, in the American magazine *Life*. Despite having to work, she manages to graduate from the Liceo Artistico in Milan supported in her studies by Aldo, whom she meets between 1950–1951, and who gives her art history lessons while he starts collaborating with the Rotofoto agency.

Among their first mutual friends are: Gae Aulenti, Vittorio Garatti, Giancarlo Iliprandi, Bruno Munari, Enrico Tovaglieri and Massimo Vignelli.

1952

Aldo and Marirosa resolve to work together and are welcomed into Iliprandi's studio in Via Settembrini 6, where other friends also work, including set designer Tovaglieri. They take photographs of architecture, the theatre and weddings, receiving their first commissions from companies in the furniture and household appliances sector.

1953

On 26 December, Aldo and Marirosa marry. He begins collaborating with *Domus* maga-zine where, for the first time, the name *foto Ballo* appears in the March issue 280.

1954

Aldo and Marirosa move into Via Molino delle Armi 31, where the entrance to their apartment-studio is off Via Santa Croce. They start organising their work by recording every photo shoot and cataloguing the negatives into handwritten notebooks, which later will be typewritten.

This year is the start of the collaboration with the Italian Touring Club, AGIP, Pirelli and its magazines *L'Edilizia moderna* and *Pirelli*, at the invitation of Giancarlo Buzzi.

1955

Aldo works for the trade fair pavilions of the Rai, the designs of which between 1948–1969 is entrusted to the Castiglioni brothers who avail themselves of graphic artists such as Erberto Carboni, Max Huber, Iliprandi and Pino Tovaglia, as well as designers like Enzo Mari. He begins collaborating with La Rinascente, specifically with the advertising and communications office of Augusto Morello, led by Mario Cristiani and recently joined by Iliprandi. The collaboration is ongoing until 1971.

Additionally, through Giorgio Soavi, he begins collaborating with the Olivetti company, including its magazines *Comunità* and *Urbanistica*. He also works for the companies Motta, Philips and Sambonet.

1955–1960

Aldo chronicles the construction site of the Pirelli skyscraper, working together with Rotofoto.

1956

On 1 January, the chamber of commerce register in Milan records the opening of the sole-trader firm, "Ballo Aldo Fotografia" in Via Tristano Calco 2. The need for a larger space, to be used exclusively for work, leads Aldo and Marirosa to move into a nearby building recently constructed by their friends and architects of the GPA Monti group (Gianemilio Monti, Anna Bertarini, Pietro Monti). With the inception of the studio, the Ballos devote themselves exclusively to design photography and industrially manufactured objects, abandoning

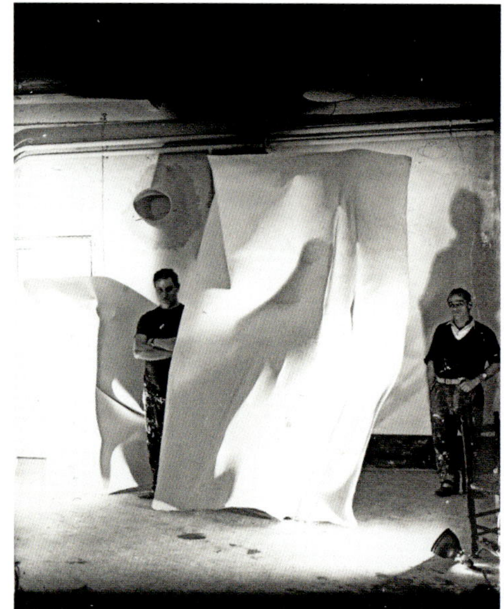

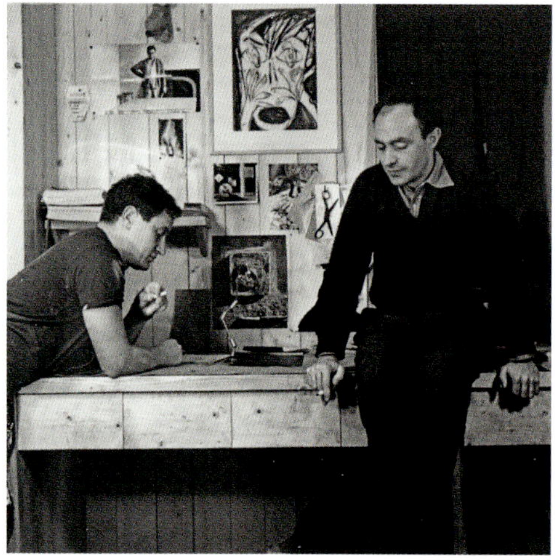

4-5. Aldo Ballo, *Gio' e Arnaldo Pomodoro nel loro studio*, 1960 circa
4–5. Aldo Ballo, *Gio' and Arnaldo Pomodoro in their studio*, c. 1960

Italo Pozzi, Gian Sinigaglia. Qui si impegnerà nella difesa del professionismo, collaborando alla stesura del codice deontologico professionale e dei tariffari.
Inizia la collaborazione con le aziende Brionvega, Cassina, Rosenthal, con l'editore Mondadori, e con la rivista "Abitare".
In questi anni e fino a tutti gli anni ottanta i Ballo lavorano con continuità per importanti designer, grafici e architetti, come Mario Bellini, Cini Boeri, Gianfranco Frattini, Italo Lupi, Marcello Nizzoli, Michele Provinciali, Richard Sapper, Ettore Sottsass, Massimo e Lella Vignelli.

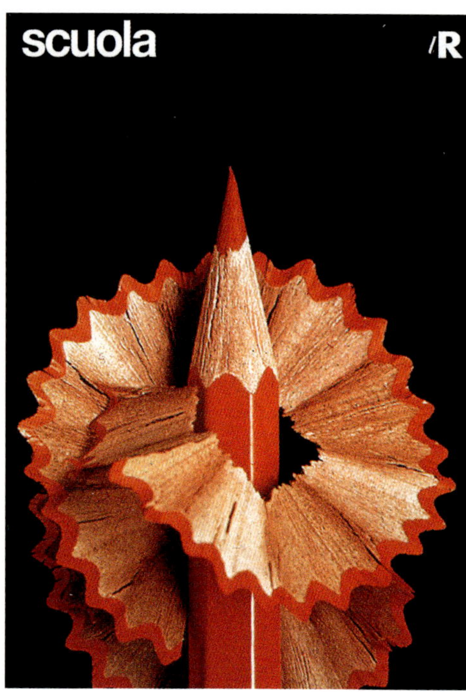

6. *Rinascente Scuola*, manifesto di Salvatore Gregorietti e Adriana Botti Monti per La Rinascente con fotografia di Aldo Ballo, 1966
6. *Rinascente Scuola*, poster by Salvatore Gregorietti and Adriana Botti Monti for La Rinascente with photograph by Aldo Ballo, 1966

1960-1965

Aldo collabora con ACI (Automobile Club d'Italia) per tre volumi della collana *Italia Nostra* dedicati a Perugia, Milano e Torino.

1961

I Ballo compiono un viaggio in Spagna con Iliprandi e i Noorda.
Aldo collabora con la rivista "Amica" e con le aziende Boffi, Fiat, Magneti Marelli, Necchi e Bassetti, dove lavora con Pino Tovaglia e Bob Noorda.

1962-1963

Inizia la collaborazione con le aziende Alessi, Alfa Romeo, Amplifon, Artemide, Bernini, Gavina, Ideal Standard e con l'editore Rizzoli.

1964

Aldo inizia a collaborare con "Popular Photography Italiana". La rivista è legata all'attività di Lanfranco Colombo che la dirige dal 1966 e che nel 1967 fonda a Milano "Il Diaframma", prima galleria italiana dedicata alla fotografia.

Lavora inoltre per Continental, De Padova, Standa, Poltronova e Pyrex.
Inizia a collaborare con Salvatore Gregorietti per La Rinascente, ove Gregorietti lavora come membro di Unimark, l'agenzia fondata nello stesso anno da Noorda, Vignelli e partner americani.

1965

Inizia la collaborazione con le ditte Molteni, Schiffini e Zoppas.
Muore il figlio Michele.

1966

Iliprandi fonda il Gruppo OP con studenti dell'Umanitaria, dove insegna, e collabora con Aldo per fotografie del gruppo pubblicate su "Popular Photography Italiana".
Inizia a collaborare con Kartell e con la rivista "Ottagono" diretta da Sergio Mazza e Giuliana Gramigna, *house organ* di otto aziende.
Lavora per ADI (Associazione per il Disegno Industriale) e collabora con le aziende Agfa, Ferrero, Gabbianelli, Solari di Udine e l'editore Longanesi.

1967

Lavora per le ditte Braun, Esso, Richard Ginori, Stildomus e l'editore Feltrinelli.

1968

In novembre viene pubblicato il primo numero di "Casa Vogue", come supplemento al numero 208 di "Vogue", per le edizioni Condé Nast e la copertina presenta una fotografia di Aldo. I Ballo iniziano una collaborazione duratura con la rivista e in particolare con Isa Tutino Vercelloni, direttrice dal 1979. Aldo firma molte copertine, le "aperture" (il cosiddetto "punto di vista", editoriale illustrato) dedicate a novità nell'arredamento, molti servizi fotografici dedicati all'architettura (celebri i servizi su ville del Palladio ed edifici di Carlo Scarpa, Guido Canali, Le Corbusier), agli interni, anche di case di artisti. Anche Marirosa firma alcuni servizi fotografici.
Aldo partecipa a una mostra collettiva alla galleria "Il Diaframma" insieme a Franco Bottino, Vanni Burkhart, Giorgio Colombo, Angelo Cozzi, Mario De Biasi, Alberto Dell'Orto, Serge Libiszewski, Edoardo Mari, Mauro Masera, Paolo Monti, Edgardo Nessi, Ferdinando

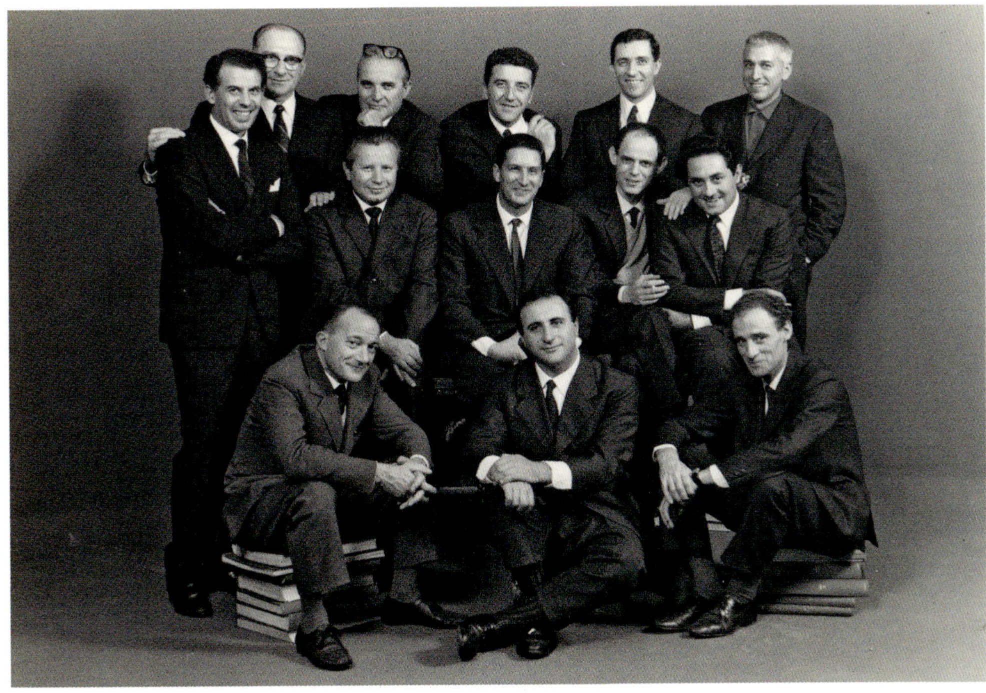

photographic reporting. They work for Barilla and Bertolli, where they collaborate with Carboni, Snam (Italian energy infrastructure company) and Stilnovo.

Simultaneously, Aldo continues to work on architecture until the 1960s, photographing buildings created by some of the most notable architects such as the BBPR (Gian Luigi Banfi, Lodovico Barbiano di Belgiojoso, Enrico Peressutti and Ernesto Nathan Rogers), Luigi Caccia Dominioni, Carlo De Carli, Enrico Freyrie, Ignazio Gardella, Vittorio Gregotti, the GPA Monti group, Vito Latis, Vico Magistretti, Angelo Mangiarotti, Bruno Morassutti and Marco Zanuso, while documenting the IACP Comasina District.

Birth of his son Andrea.

1957

Aldo begins collaborating with the magazine *Arianna*, the department store UPIM, the companies Arflex and Venini.

1958

Aldo begins collaborating with Eni, RB Rossana, the magazine *Grazia*, the graphic designers Bob and Ornella Noorda.

Birth of his son Michele.

1959

Aldo takes part in the exhibition *Rassegna della fotografia italiana* and the First National Conference of Photography in conjunction with the exhibition in Sesto San Giovanni (Villa Zorn, 4–18 October 1959).

He begins collaborating with the companies Danese, Knoll, Salmoiraghi, Siemens, Singer and Tecno, the publisher Il Saggiatore and the magazine *Epoca*.

1960

Inception of AFIP (the Italian Professional Photographers Association), of which Aldo is among the founding partners alongside Davide Clari, Mario Dainesi, Edoardo Mari, Paolo Monti, Alfredo Pratelli, Italo Pozzi and Gian Sinigaglia. There he would become committed to safeguarding the profession, collaborating on drafting the professional code of ethics and the rates.

He begins collaborating with the companies Brionvega, Cassina and Rosenthal, the publisher Mondadori and the magazine *Home*.

During these years, until all the 1980s, the Ballos keep working for major designers, graphic artists and architects such as Mario Bellini, Cini Boeri, Gianfranco Frattini, Italo Lupi, Marcello Nizzoli, Michele Provinciali, Richard Sapper, Ettore Sottsass, Massimo and Lella Vignelli.

1960–1965

Aldo collaborates with the ACI (Automobile Club d'Italia) on three books about Perugia, Milan and Turin in the series *Italia Nostra*.

1961

The Ballos travel to Spain with Iliprandi and the Noordas.

Aldo collaborates with the magazine *Amica* and with the companies Boffi, Fiat, Magneti Marelli, Necchi and Bassetti, where he works with the already cited Tovaglia and Bob Noorda.

1962–1963

He begins collaborating with Alessi, Alfa Romeo, Amplifon, Artemide, Bernini, Gavina and Ideal Standard, and the publisher Rizzoli.

1964

Aldo begins collaborating with *Popular Photography Italiana*. The magazine is linked to the work of Lanfranco Colombo, who has been at its helm since 1966 and who, in 1967, would found Il Diaframma, the first Italian gallery devoted to photography in Milan.

He also works for Continental, De Padova, Standa, Poltronova and Pyrex.

He begins collaborating with Salvatore Gregorietti for La Rinascente, where Gregorietti works as a member of Unimark, the agency founded in the same year by Noorda and Vignelli with American partners.

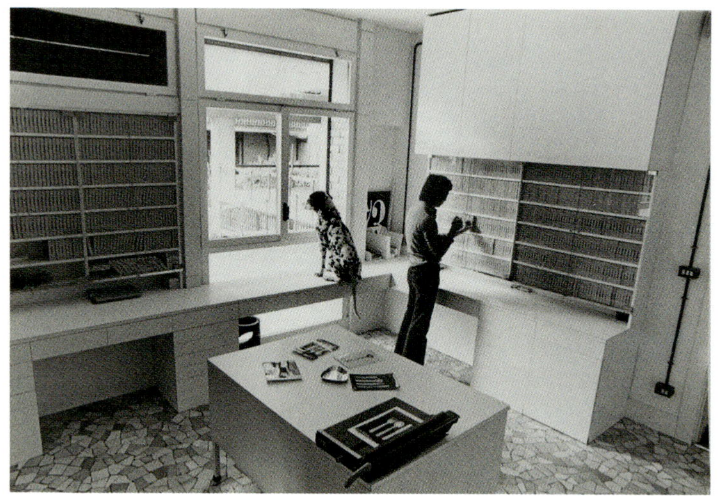
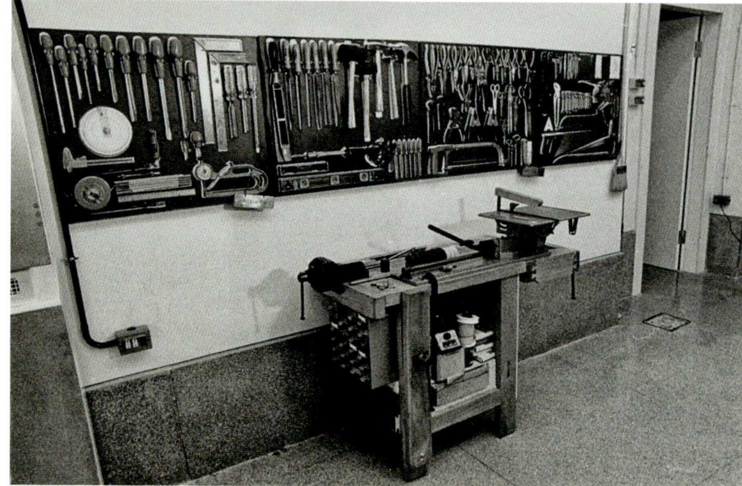

8 a-b. Aldo Ballo, *Lo studio Ballo,* 1970 circa
8 a–b. Aldo Ballo, *The Studio Ballo,* c. 1970

9. Aldo Ballo, *Studio Albini-Helg-Piva, Stazione "Centrale F.S." della Linea 2 della Metropolitana di Milano,* 1971
9. Aldo Ballo, *Studio Albini-Helg-Piva, "Centrale F.S." station of Line 2 of the Milan Metro,* 1971

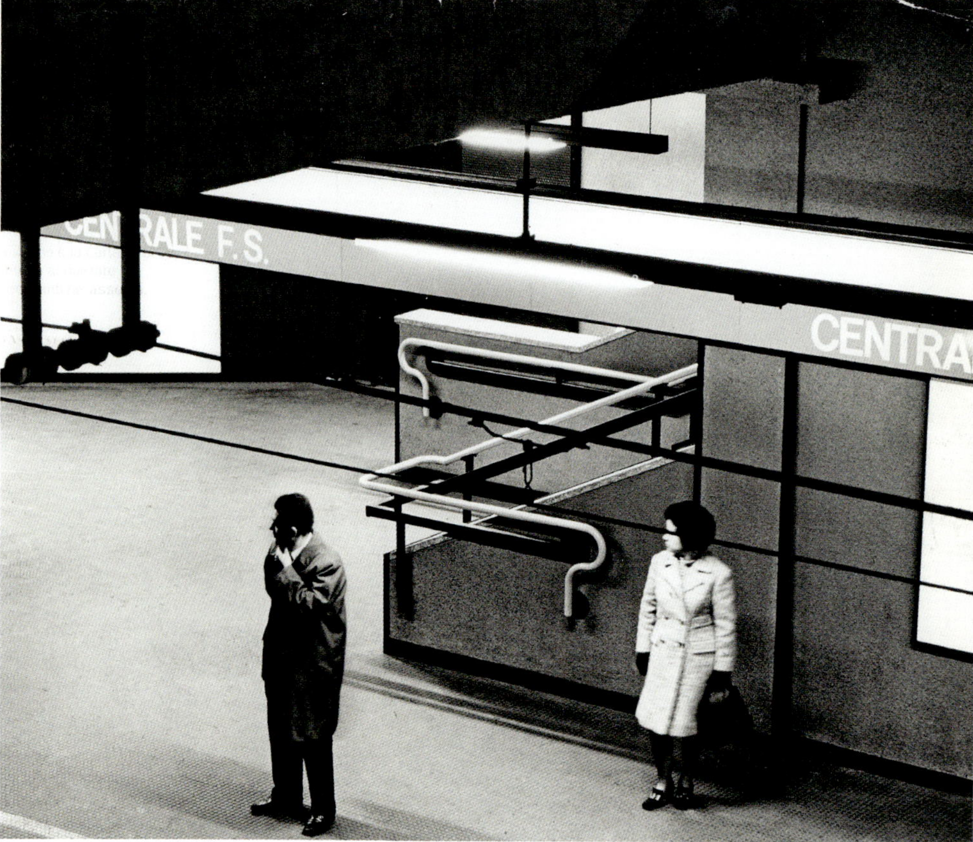

Scianna, Gian Sinigaglia, Oliviero Toscani. Collabora con le aziende Bonacina, C&B (poi B&B Italia) e Rex.

1969
Inizia la collaborazione con le aziende IBM e Zanotta.

1970
Per lo Studio Albini-Helg-Piva fotografa le stazioni della Linea 1 e 2 della Metropolitana Milanese, con progetto grafico di Noorda.
Collabora con le ditte Anonima Castelli, Driade, Flos, Tisettanta e con la rivista "House and Garden".

1971
Lo studio dei Ballo si allarga, fino a raggiungere circa 800 metri quadrati di estensione, e aumenta la dotazione delle attrezzature per l'esecuzione di tutte le fasi di lavoro (ripresa, sviluppo, stampa, in bianco e nero e a colori, costruzione dei *set* e delle scenografie necessarie alle riprese); comprende spazi dedicati per l'archivio, il magazzino, la biblioteca di fotografia e gli incontri.

Lo studio è ormai affermato quale punto di riferimento imprescindibile per la fotografia di design, oltre che luogo di incontro di architetti, designer, artisti.
Inizia la collaborazione con le aziende Flexform e Fratelli Rossetti.

1971-1972
Aldo realizza le fotografie degli oggetti esposti, per il catalogo della mostra *Italy: The New Domestic Landscape,* che si tiene al MoMA - Museum of Modern Art di New York (26 maggio - 11 settembre 1972), curata da Emilio Ambasz. Il catalogo include sia fotografie realizzate in precedenza, sia fotografie eseguite appositamente per l'esposizione.

1973
Lanfranco Colombo, membro del Comitato Direttivo dello CSAC (Centro Studi e Archivio della Comunicazione dell'Università di Parma), invita Aldo a donare 40 fotografie al

1965

He begins collaborating with the companies Molteni, Schiffini and Zoppas.
Death of his son Michele.

1966

Iliprandi founds the Gruppo OP with students from the Umanitaria where he teaches, and collaborates with Aldo on photographs of the group published in *Popular Photography Italiana*.
He begins collaborating with Kartell and the magazine *Ottagono* directed by Sergio Mazza and Giuliana Gramigna, a house organ for eight companies.
He works for ADI (the Association for Industrial Design) and collaborates with the companies Agfa, Ferrero, Gabbianelli, Solari di Udine and the publisher Longanesi.

1967

He works for the companies Braun, Esso, Richard Ginori, Stildomus and the publisher Feltrinelli.

1968

November sees the first issue of *Casa Vogue* published by Condé Nast as a supplement in the *Vogue* issue 208, the cover features Aldo's photograph. The Ballos begin a long-lasting collaboration with the magazine, specifically with Isa Tutino Vercelloni, editor from 1979. Aldo contributes numerous covers and editorial pages (so-called opinion pieces and photographic spreads) devoted to news on furniture; many photographic shoots on architecture (most famously, features on the Palladian villas and the buildings of Carlo Scarpa, Guido Canali and Le Corbusier); and interiors, including artists' homes. Marirosa would also sign some photo shoots.

Aldo participates in a group exhibition at the gallery Il Diaframma with Franco Bottino, Vanni Burkhart, Giorgio Colombo, Angelo Cozzi, Mario De Biasi, Alberto Dell'Orto, Serge Libiszewski, Edoardo Mari, Mauro Masera, Paolo Monti, Edgardo Nessi, Ferdinando Scianna, Gian Sinigaglia and Oliviero Toscani. He collaborates with the companies Bonacina, C&B (later B&B Italia) and Rex.

1969

He begins collaborating with IBM and Zanotta.

1970

For the Studio Albini-Helg-Piva, he photographs Line 1 and Line 2 of the Milan Metro stations, with the graphic design by Noorda.
He collaborates with the companies Anonima Castelli, Driade, Flos and Tisettanta, and the magazine *House and Garden*.

1971

The Ballos' Studio grows, expanding by about 800 square metres and increasing the amount of equipment needed in all work stages (taking pictures, developing, printing in black and white and colour, constructing sets and backdrops for the shoots), including a photographic library and archiving, warehousing and meeting spaces.
The Studio is now established as a key point

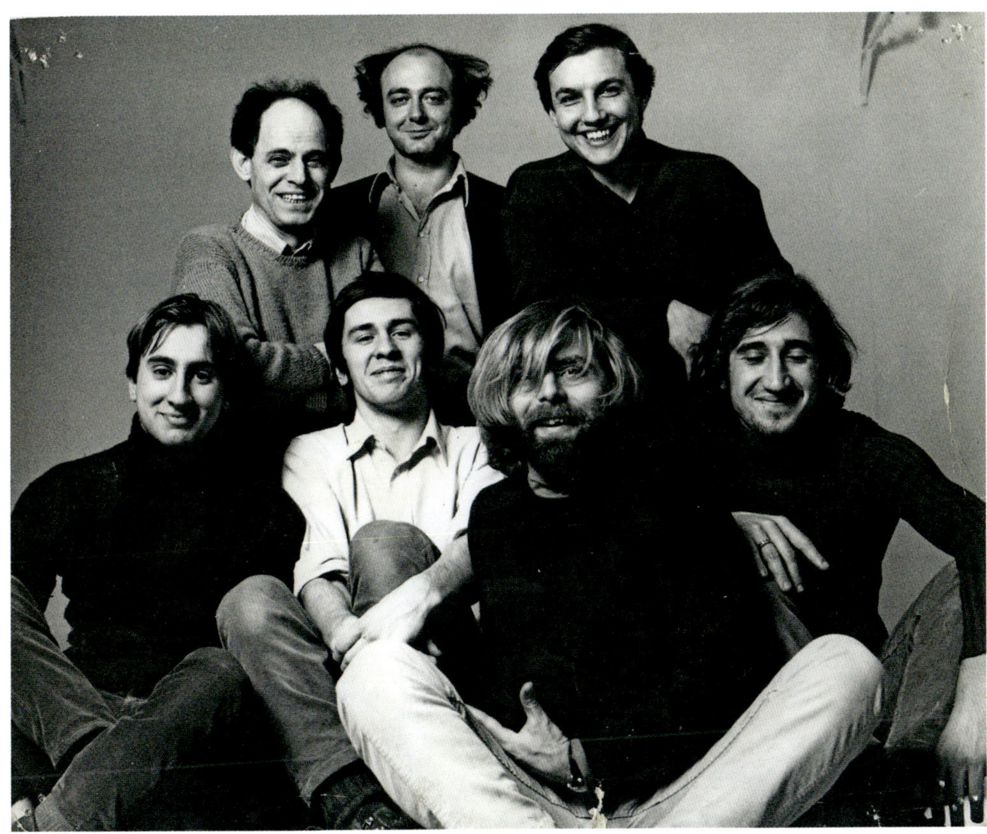

10. Studio Ballo+Ballo, *Aldo Ballo, Salvatore Gregorietti, Fabio Cirifino, Gianni Basso, Armando Bertacchi, Jürgen Beker, Walter Grazzani*, 1971
10. Studio Ballo+Ballo, *Aldo Ballo, Salvatore Gregorietti, Fabio Cirifino, Gianni Basso, Armando Bertacchi, Jürgen Beker, and Walter Grazzani*, 1971

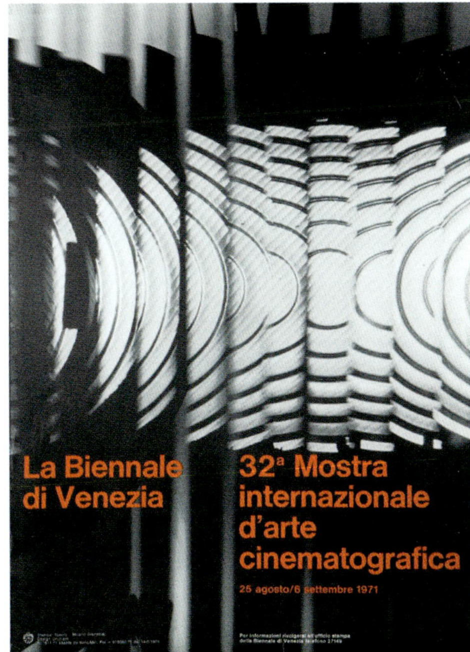

11. *La Biennale di Venezia. 32a mostra internazionale d'arte cinematografica, 25 agosto - 6 settembre 1971*, manifesto di Salvatore Gregorietti con fotografia di Aldo Ballo, 1971
11. *Venice Biennale. 32nd International Film Festival, 25 August – 6 September 1971*, poster by Salvatore Gregorietti with photograph by Aldo Ballo, 1971

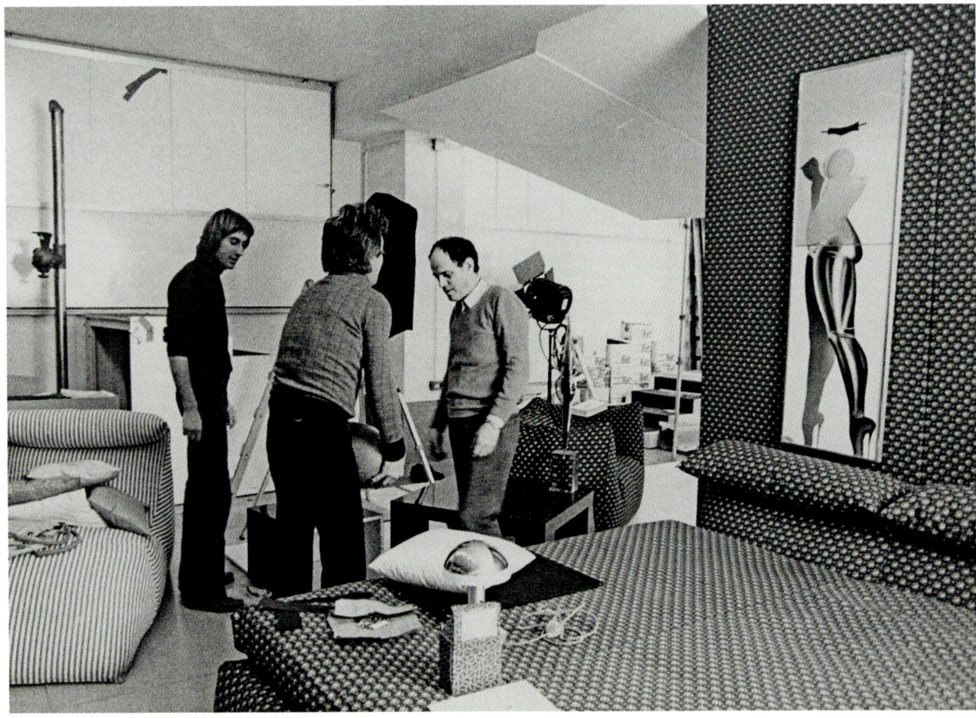

12. Studio Ballo+Ballo, *Studio Ballo: costruzione del set per un servizio fotografico per "Casa Vogue" (n. 32, aprile 1974) con divano "Le Bambole" di Mario Bellini e opere di Giuseppe Capogrossi, Allen Jones, Carmelo Cappello*, 1974
12. Studio Ballo+Ballo, *Studio Ballo: arrangement of the set for a photo shoot for* Casa Vogue *(no. 32, April 1974) with "Le Bambole" sofa by Mario Bellini and works by Giuseppe Capogrossi, Allen Jones, and Carmelo Cappello*, 1974

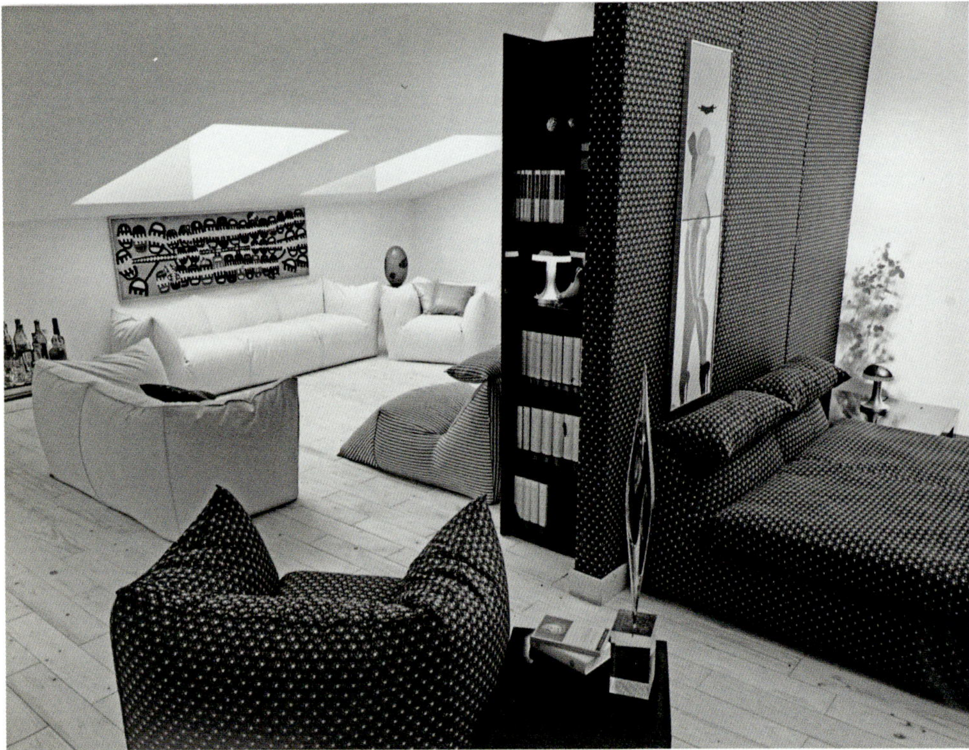

13. Aldo Ballo, *Set per un servizio fotografico per "Casa Vogue" (n. 32, aprile 1974) con divano "Le Bambole" di Mario Bellini e opere di Giuseppe Capogrossi, Allen Jones, Carmelo Cappello*, 1974
13. Aldo Ballo, *Set for a photo shoot for* Casa Vogue *(no. 32, April 1974) with "Le Bambole" sofa by Mario Bellini and works by Giuseppe Capogrossi, Allen Jones, and Carmelo Cappello*, 1974

Centro parmense. Si tratta del primo nucleo di fotografie di Ballo accolto da un'istituzione pubblica italiana.
Inizia la collaborazione con la ditta Acerbis.

1974
Inizia la collaborazione con le aziende Oluce, Skipper e Up&Up.

1975
Nonostante non cambi la ragione sociale, lo studio Ballo comincia ad assumere la denominazione "Studio Ballo+&Ballo" con cui sono firmati diversi servizi fotografici per riviste, in particolare per "Casa Vogue".

1976
Aldo è invitato da Walter Albini, insieme ad altri quindici fotografi (tra cui Vittoria Backhaus, Gian Paolo Barbieri e Serge Libiszewski), a riprendere abiti della sua collezione presso la Galleria Marconi dove Albini presenta la Collezione Uomo *Vestire è un po' partire*.

1977
Aldo partecipa con una performance, eseguendo Polaroid per tutti i presenti, all'inaugurazione della mostra *Fotografia su commissione. Pratica / Milano '77* (25 giugno - 30 luglio 1977) presso lo Studio Marconi a Milano, curata da Gianni Berengo Gardin, Mario Carrieri, Oliviero Toscani, con fotografie di Ballo, Gabriele Basilico, Berengo Gardin, Carrieri e Libiszewski.
Inizia a collaborare con le aziende Quattrifolio e Vistosi.

1978
Inizia la collaborazione con il marchio Krizia e l'azienda Zani&Zani.

1979
Dal 3 all'8 settembre Aldo tiene un *workshop (advanced level)* dal titolo *Interior Photography with Ambient Light / Fotografia d'interni con luce ambientale* a Palazzo Fortuny a Venezia durante la manifestazione *Venezia '79. La Fotografia* (Venezia, 16 giugno - 16 settembre 1979), promossa dal Comune di Venezia e dall'UNESCO, con la direzione artistica dell'ICP (International Center of Photography). Tra i docenti chiamati compaiono, tra gli altri,

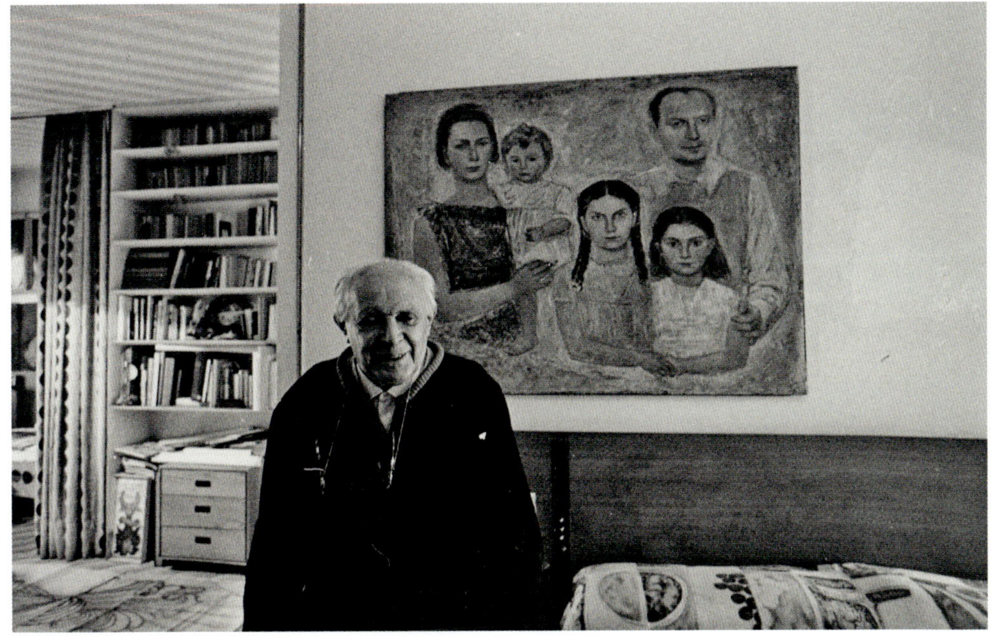

1973

Lanfranco Colombo, member of the Steering Committee of the CSAC (Centro Studi e Archivio della Comunicazione) of the University of Parma, requests that Aldo donate 40 photographs to the Parma centre. These would be Aldo's first group of photographs to be accepted by an Italian public institution.
He begins collaborating with Acerbis.

1974

He begins collaborating with the companies Oluce, Skipper and Up&Up.

1975

Without changing its name, the Studio Ballo begins to be known as "Studio Ballo+Ballo", a name also used for several photographic spreads in magazines, specifically, *Casa Vogue*.

1976

Walter Albini invites Aldo and 15 other photographers (including Vittoria Backhaus, Gian Paolo Barbieri and Serge Libiszewski), to photograph his fashion collection at the Marconi gallery, where Albini launches the Menswear Collection *Vestire è un po' partire*.

1977

The exhibition *Fotografia su commissione. Pratica/Milano '77* (25 June–30 July) opens at the Studio Marconi in Milan, curated by Gianni Berengo Gardin, Mario Carrieri and Oliviero Toscani, it features photographs by Ballo, Gabriele Basilico, Berengo Gardin, Carrieri and Libiszewski; Aldo participates with a performance, taking Polaroids of everyone present.
He begins collaborating with Quattrifolio and Vistosi.

1978

He begins collaborating with the brand Krizia and the company Zani&Zani.

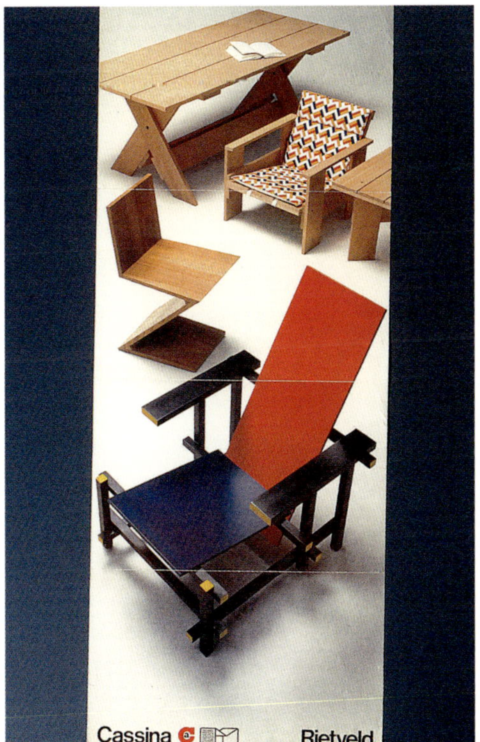

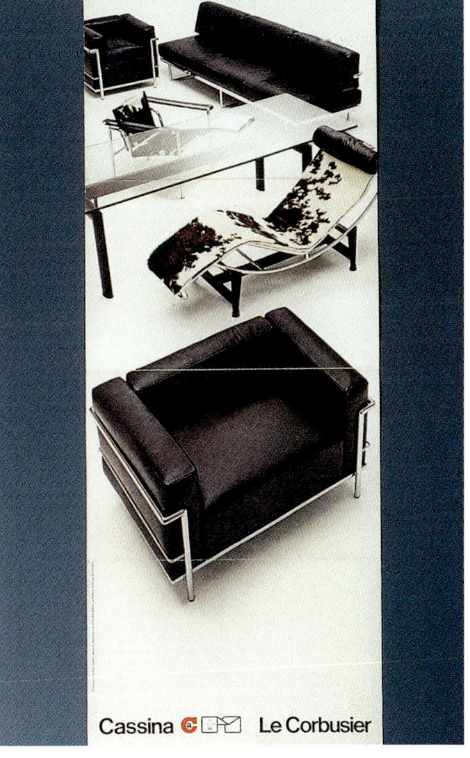

of reference for design photography as well becoming a meeting place for architects, designers and artists.
He begins collaborating with the companies Flexform and Fratelli Rossetti.

1971–1972

Aldo photographs objects on display for the exhibition catalogue *Italy: The New Domestic Landscape*, held at MoMA (Museum of Modern Art) in New York (26 May–11 September 1972), curated by Emilio Ambasz. Besides the photographs taken specifically for the exhibition, the catalogue also includes his earlier photographs.

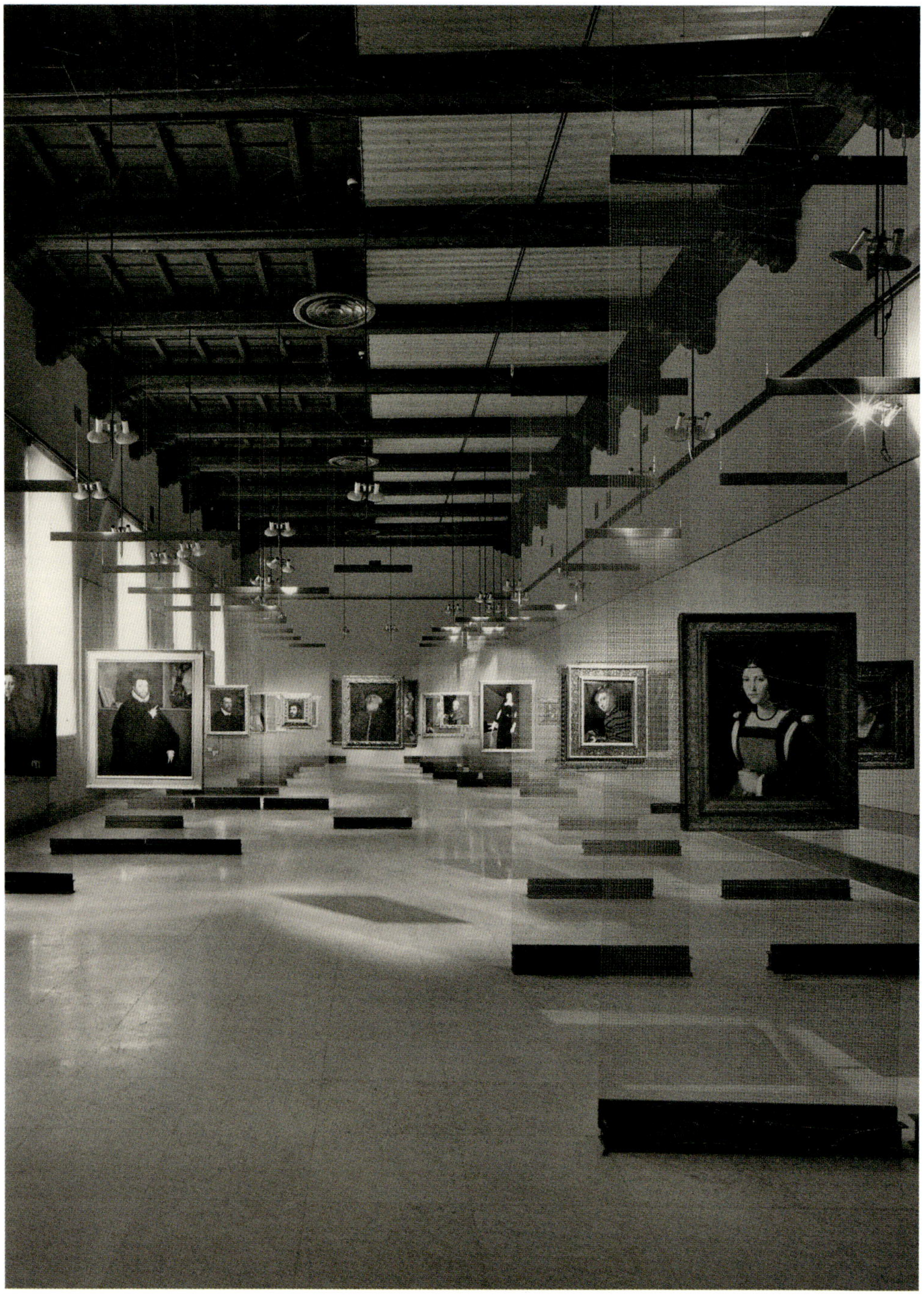

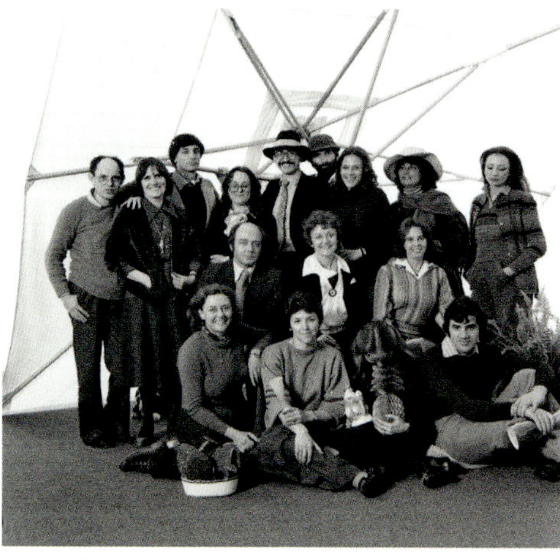

17. Studio Ballo+Ballo, *La redazione di "Casa Vogue" con Aldo Ballo, Marirosa Toscani, Isa Tutino Vercelloni, Salvatore Gregorietti,* 1980 circa
17. Studio Ballo+Ballo, *The Editorial Staff of* Casa Vogue *with Aldo Ballo, Marirosa Toscani, Isa Tutino Vercelloni, and Salvatore Gregorietti,* c. 1980

16. Aldo Ballo, *Studio Albini-Helg-Piva, allestimento della Pinacoteca del Castello Sforzesco di Milano,* 1980
16. Aldo Ballo, *Studio Albini-Helg-Piva, set-up of the Pinacoteca del Castello Sforzesco in Milan,* 1980

Gianni Berengo Gardin, Lucien Clergue, Mario De Biasi, Lee Friedlander, Helmut Gernsheim, Ernst Haas, Giorgio Lotti, Nathan Lyons, Romeo Martinez, Duane Michals, Nino Migliori, Lisette Model, Arnold Newman, Fulvio Roiter, Stephen Shore, Oliviero Toscani, Luigi Veronesi e Italo Zannier.

1980
Aldo partecipa alla mostra *Fotografia e immagine dell'architettura*, a cura di Basilico, Gaddo Morpurgo, Zannier, organizzata alla Galleria d'Arte Moderna di Bologna (27 gennaio - 29 febbraio 1980).
Per lo Studio Albini-Helg-Piva documenta l'allestimento della Pinacoteca del Castello Sforzesco di Milano.

1981
Marirosa fotografa Walter Albini con le maschere di sua creazione.
Aldo tiene un corso monografico di fotografia di architettura al Centro di Documentazione di Palazzo Fortuny dall'8 al 10 giugno e dal 15 al 17 giugno.

1982
Aldo e Marirosa entrano nel "Ritratto di gruppo" dei fotografi milanesi che hanno collaborato con la rivista "Abitare", realizzato da Enzo Tollini e pubblicato sulla rivista nel numero 200bis di settembre. Vi compaiono tra gli altri Basilico, Berengo Gardin, Luca Carrà, Cesare Colombo, Iliprandi, Paola Mattioli e Mauro Masera.

1984
Muore il figlio Andrea.

1986-1987
Inizia la collaborazione con il marchio Bulgari e le aziende Vimar, Bormioli e Zucchi.

1989
Oliviero Toscani riprende tutti i membri dello

1979

During the event, *Venezia '79. La Fotografia* (16 June–16 September), promoted by the City of Venice and UNESCO, under the artistic direction of the ICP (International Center of Photography), from 3–8 September, Aldo hosts an (advanced level) workshop entitled, *Interior Photography with Ambient Light*, in Venice's Palazzo Fortuny.

Among others, the contributing lecturers are: Gianni Berengo Gardin, Lucien Clergue, Mario De Biasi, Lee Friedlander, Helmut Gernsheim, Ernst Haas, Giorgio Lotti, Nathan Lyons, Romeo Martinez, Duane Michals, Nino Migliori, Lisette Model, Arnold Newman, Fulvio Roiter, Stephen Shore, Oliviero Toscani, Luigi Veronesi and Italo Zannier.

1980

Aldo participates in the exhibition *Fotografia e immagine dell'architettura*, curated by Basilico, Gaddo Morpurgo and Zannier, set up at the Galleria d'Arte Moderna in Bologna (27 January–29 February).

For the Studio Albini-Helg-Piva he chronicles the set-up of the Pinacoteca del Castello Sforzesco in Milan.

1981

Marirosa photographs Walter Albini with a set of masks he created.

From 8–10 June and 15–17 June, Aldo holds a monographic course in architectural photography in the archives of Palazzo Fortuny.

1982

Aldo and Marirosa take part in the "Group Portrait" of Milanese photographers who collaborated with the magazine *Abitare*, created by Enzo Tollini and published in the magazine's September 200bis issue. Featured, among others are: Basilico, Berengo Gardin, Luca Carrà, Cesare Colombo, Iliprandi, Paola Mattioli and Mauro Masera.

1984

Death of Andrea's son.

1986–1987

He begins collaborating with the brand Bulgari and the companies Vimar, Bormioli and Zucchi.

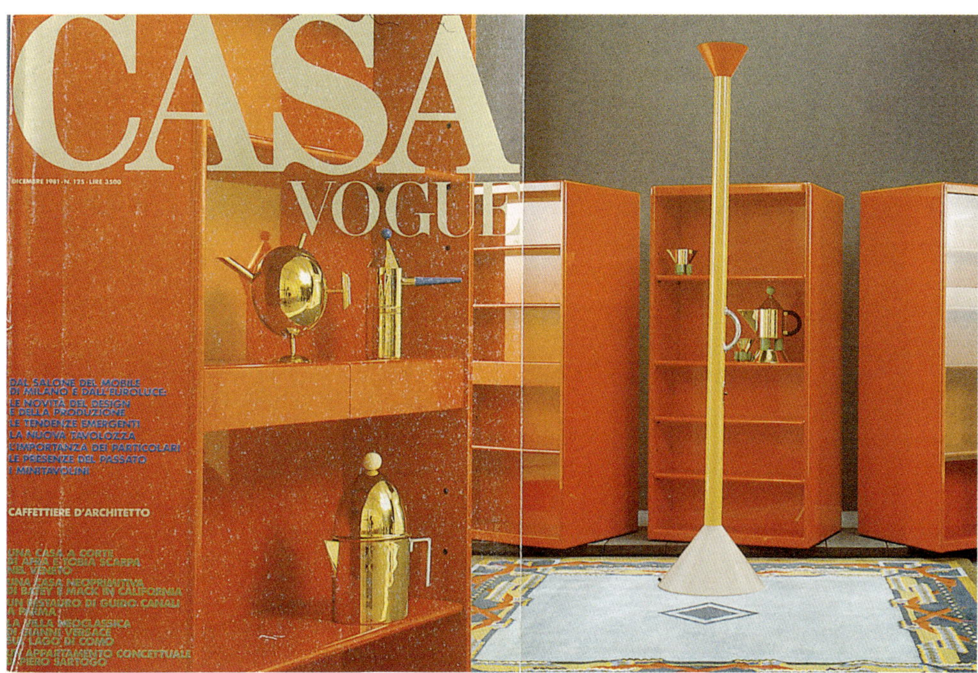

18. "Casa Vogue", 125, dicembre 1981, copertina, fotografia di Aldo Ballo con oggetti disegnati da Cini Boeri, Ettore Sottsass, Alessandro Mendini, Aldo Rossi

18. *Casa Vogue*, 125, December 1981, photograph by Aldo Ballo with objects designed by Cini Boeri, Ettore Sottsass, Alessandro Mendini, Aldo Rossi

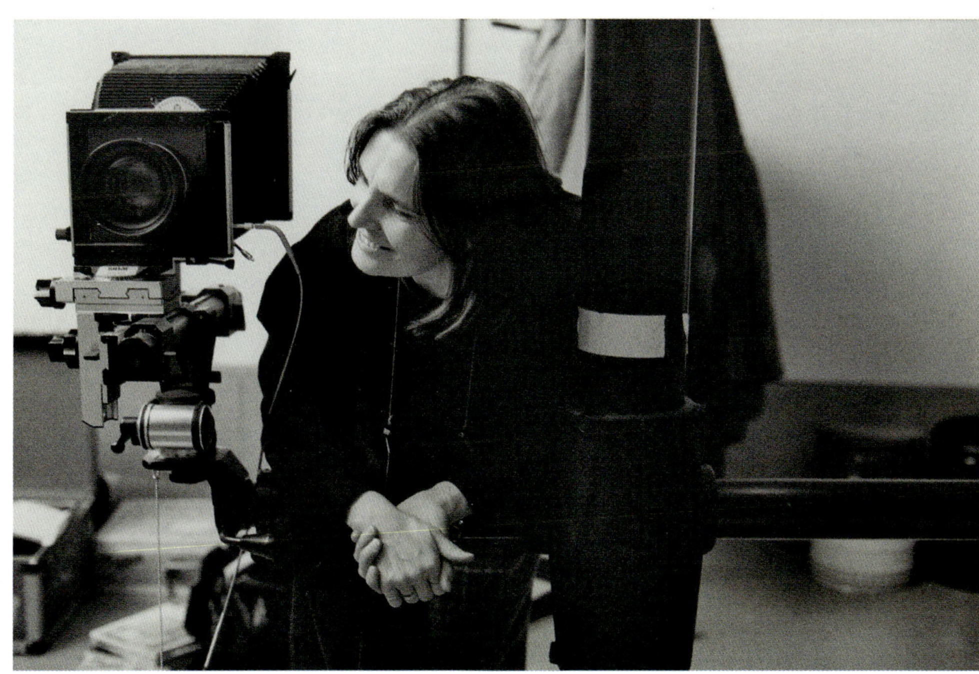

19. Carla Cerati, *Marirosa Toscani*, 1983

19. Carla Cerati, *Marirosa Toscani*, 1983

1989

Oliviero Toscani photographs all the members of the Studio, including the assistants from previous years.

1992

With the December 1992–January 1993 issue 247, editor Isa Tutino Vercelloni leaves *Casa Vogue*, thus ending the collaboration between the Ballos and the magazine.

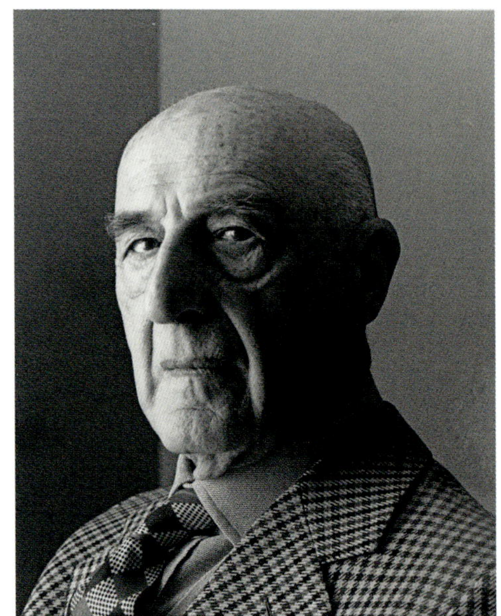

20. Aldo Ballo, *Gillo Dorfles,* 1985
20. Aldo Ballo, *Gillo Dorfles,* 1985

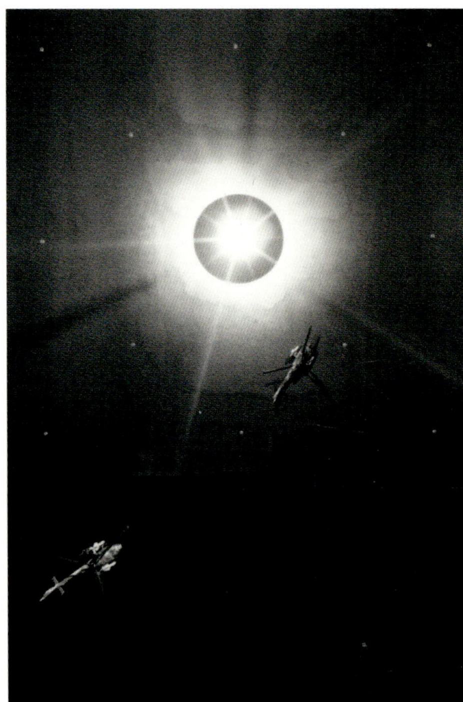

21. Aldo Ballo, *"Apocalipse now", tavolo di Carlo Forcolini per Alias. Fotografia commissionata da Salvatore Gregorietti per la realizzazione di un manifesto,* 1985
21. Aldo Ballo, *"Apocalipse now" table by Carlo Forcolini for Alias. Photograph commissioned by Salvatore Gregorietti for a poster,* 1985

studio, compresi gli assistenti degli anni precedenti.

1992

Con il numero 247 del dicembre 1992 - gennaio 1993 Isa Tutino Vercelloni lascia la direzione di "Casa Vogue" e termina anche la collaborazione tra i Ballo e la rivista.

1993

Il 18 febbraio Aldo apre lo studio al pubblico per un incontro a cura di Silvio Wolf, organizzato dal SIAF (Sindacato Italiano Artigiani Fotografi).

1994

Aldo Ballo muore a Milano il 16 ottobre.

1995

Il 4 dicembre si tiene in via Tristano Calco 2 l'incontro *Ballo e Ballo. Immagini per una vita,* a cura di Cesare Colombo con Marirosa, organizzato dall'Associazione Enzo Nocera.
La Galleria Bordone a Milano, in occasione della presentazione del libro *Le forme della ragione* di Marco Albini, Antonio Piva, Franca Helg, organizza la mostra, a cura di Marirosa, *Aldo Ballo per Albini, Helg, Piva, Albini Helg Piva per Aldo Ballo* con disegni e progetti dello Studio Albini e fotografie di Aldo.
La mostra *I Colombo,* a cura di Vittorio Fagone, alla Galleria d'Arte Moderna e Contemporanea dell'Accademia Carrara di Bergamo (19 febbraio - 14 maggio 1995) presenta una rassegna con fotografie di Aldo Ballo e Antonia Mulas su Joe e Gianni Colombo.

1996

Marirosa pubblica un *reportage* su Cuba nel numero 16 di luglio-agosto della rivista "Colors Magazine", edita da United Colors of Benetton.

2001

Marirosa chiude il grande studio in via Tristano Calco 2.

2002

Viene realizzato da Marirosa il servizio fotografico *Fior di caffè,* per l'azienda Miscela d'Oro.

2005

Marirosa esegue un servizio fotografico su Renzo Piano e il suo studio a Genova. Realizza inoltre i *Ritratti da mangiare* per i supermercati Pam.

2009

Il marchio d'impresa "Ballo+Ballo" viene registrato da Marirosa presso il Ministero dello Sviluppo Economico / Ufficio Italiano Brevetti e Marchi.
Si tiene al PAC - Padiglione d'Arte Contemporanea di Milano la mostra *Ballo + Ballo: il linguaggio dell'oggetto attraverso le fotografie di Aldo Ballo e Marirosa Toscani Ballo,* a cura di Giovanna Calvenzi e Salvatore Gregorietti.

2016-2017

Marirosa aderisce, come socia AFIP, alle prime due edizioni di *Archivi Aperti,* manifestazione organizzata dall'Associazione Rete Fotografia, aprendo il suo studio e l'archivio al pubblico.

2022

Il primo giugno Marirosa e la nipote Kate Ballo siglano l'atto notarile per la donazione al Civico Archivio Fotografico di Milano dell'intero archivio dello Studio Ballo+Ballo.

2023

Marirosa Toscani muore a Milano il 4 febbraio.
Il Civico Archivio Fotografico di Milano presenta un progetto di valorizzazione dell'Archivio Ballo+Ballo partecipando al Bando Strategia Fotografia 2023 promosso dalla Direzione Generale Creatività Contemporanea del Ministero della Cultura, risultando vincitore.

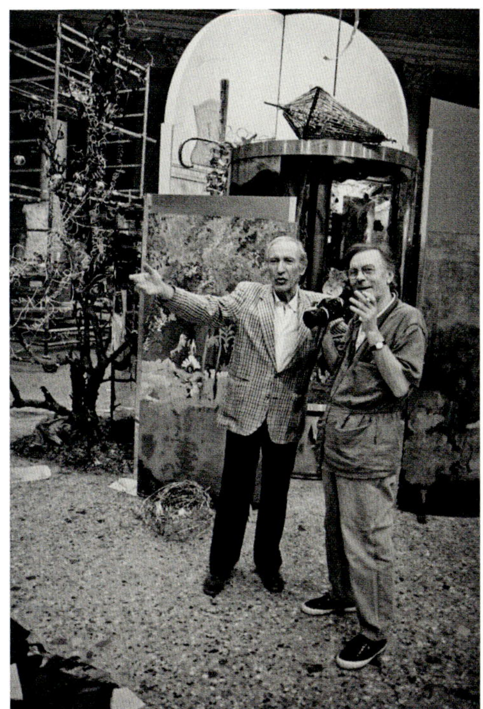

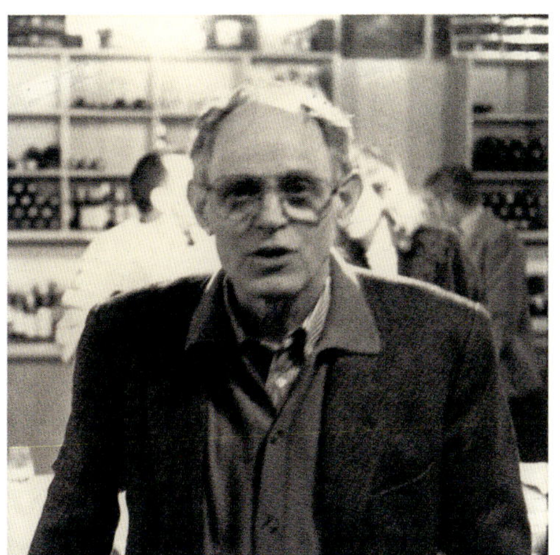

1993

On 8 February, Aldo opens the Studio to the public for a meeting hosted by Silvio Wolf, organised by SIAF (the Italian Union of Professional Photographers).

1994

On 16 October, Aldo Ballo dies in Milan.

1995

On 4 December, the event *Ballo e Ballo. Immagini per una vita* is held in Via Tristano Calco 2, curated by Cesare Colombo and Marirosa, organised by the Enzo Nocera Association.

On the occasion of the book launch for *Le forme della ragione* by Marco Albini, Antonio Piva and Franca Helg, the Galleria Bordone in Milan organises the exhibit, *Aldo Ballo per Albini, Helg, Piva, Albini Helg Piva per Aldo Ballo,* curated by Marirosa, with drawings and projects by Studio Albini and Aldo's photographs.

The exhibition, *I Colombo*, curated by Vittorio Fagone at the Galleria d'Arte Moderna e Contemporanea of the Accademia Carrara in Bergamo (19 February–14 May), presents a series of photographs on Joe and Gianni Colombo by Aldo and Antonia Mulas.

1996

Marirosa publishes a feature on Cuba in United Colors of Benetton's July–August issue of *Colors Magazine*.

2001

Marirosa closes the large Studio in Via Tristano Calco 2.

2002

Marirosa creates the photo shoot *Fior di caffè* for the company Miscela d'Oro.

2005

Marirosa carries out a photographic spread on Renzo Piano and his studio in Genova. She also creates *Ritratti da mangiare* for the chain of supermarkets Pam.

2009

Marirosa registers the trademark "Ballo+Ballo" with the Ministry of Economic Development / Italian Office for Patents and Trademarks.

The exhibition, *Ballo+Ballo: il linguaggio dell'oggetto attraverso le fotografie di Aldo Ballo e Marirosa Toscani Ballo*, curated by Giovanna Calvenzi and Salvatore Gregorietti, is held at the PAC - Padiglione d'Arte Contemporanea in Milan.

2016–2017

As a member of AFIP, Marirosa joins the first two editions of *Archivi Aperti*, an event organised by the Associazione Rete Fotografia, opening her studio and archive to the public.

2022

On 1 June, Marirosa and her niece Kate Ballo, sign the notary deed to gift the entire archive of Studio Ballo+Ballo to the Civico Archivio Fotografico of Milan.

2023

On 4 February, Marirosa Toscani dies in Milan. The Civico Archivio Fotografico of Milan presents a project to raise awareness of the Archivio Ballo+Ballo by participating and winning the 2023 Tender for Strategy Photography promoted by the Directorate-General for Contemporary Creativity of the Ministry of Culture.

L'ARCHIVIO BALLO+BALLO

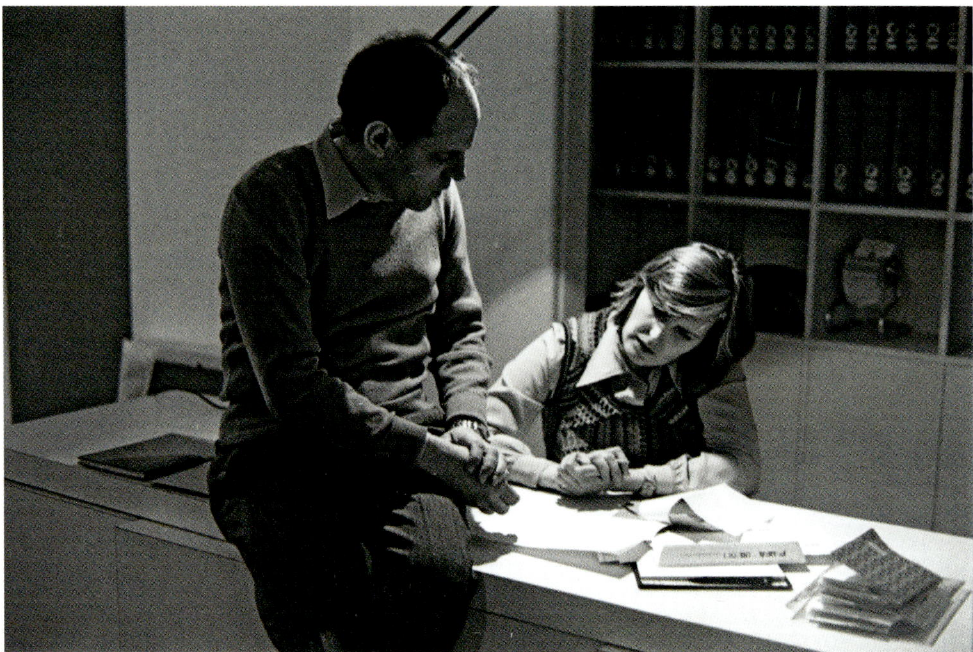

L'archivio dello Studio Ballo+Ballo è stato donato al Civico Archivio Fotografico di Milano nel 2022 da Marirosa Toscani Ballo e dalla nipote Kate Ballo.

Oltre ai materiali fotografici (119.456 negativi su pellicola e su vetro, 60.533 diapositive a colori e 11.852 stampe positive) l'archivio comprende 378 CD-ROM, 149 pubblicazioni e 14 arredi originali.

Si conservano inoltre schedari e quaderni di inventario, redatti dallo stesso Studio Ballo+Ballo per fini lavorativi. Essi consentono oggi di reperire e identificare le fotografie dell'archivio.

I negativi in bianco e nero di formato 13 × 18 cm sono inventariati, in ordine cronologico, in quattordici quaderni manoscritti e sette agende dattiloscritte che riportano gli stessi dati dei quaderni: numero del negativo, data della ripresa, nome del committente, brevi informazioni sul soggetto.

Sono inoltre presenti due schedari metallici organizzati in ordine alfabetico per cliente. I negativi in bianco e nero di formato 6 × 6 cm sono inventariati, in ordine cronologico, in due agende manoscritte e in un'agenda dattiloscritta. Quest'ultima è la trascrizione delle due agende manoscritte.

Le diapositive a colori sono inventariate in ordine cronologico, in un'agenda dattiloscritta e in due quaderni manoscritti, solo in parte corrispondenti, e in ordine alfabetico, per cliente, in tre agende dattiloscritte.

Sono inoltre presenti tre schedari metallici, ordinati alfabeticamente, che contengono informazioni sulle riprese in bianco e nero e a colori eseguite per ciascun cliente.

Si conservano anche documenti relativi a indirizzi e numeri di telefono, ricevute di consegna, inventari parziali per soggetto e appunti. Viene proposta qui di seguito una descrizione dettagliata dei materiali inventariali presenti nell'archivio Ballo+Ballo.

1. Studio Ballo+Ballo, *Aldo Ballo e Marirosa Toscani*, 1970 circa

1. Studio Ballo+Ballo, *Aldo Ballo and Marirosa Toscani*, c. 1970

THE ARCHIVIO BALLO+BALLO

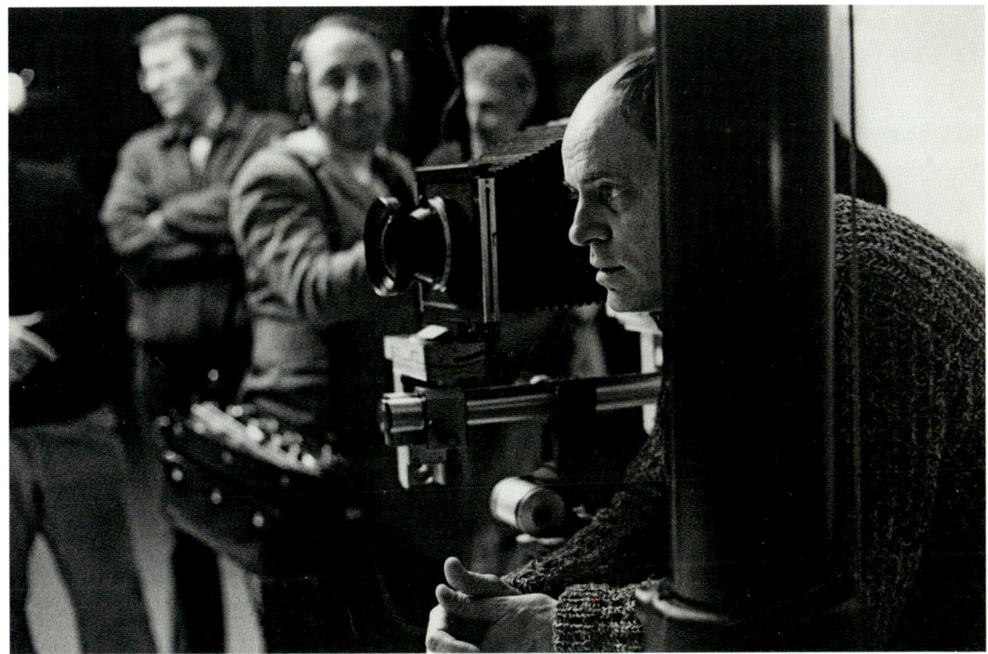

The Archivio Ballo+Ballo was donated to the Civico Archivio Fotografico of Milan in 2022 by Marirosa Toscani Ballo and her granddaughter, Kate Ballo. In addition to the photographic materials (119,456 film and glass plate negatives, 60,533 colour slides, and 11,852 positives), the archive includes 378 CD-ROMs, 149 publications, and 14 original furnishings.

Moreover, it preserves index cards and inventory notebooks, compiled by the Studio Ballo+Ballo for work purposes, that allow the photographs in the archive to be found and identified today.

The black and white negatives, measuring 13 × 18 cm, are inventoried chronologically in fourteen handwritten notebooks and seven typewritten diaries, which contain the same data as the notebooks: number of the negative, shooting date, client's name, and brief information about the subject.

There are also two metal file cabinets organised alphabetically by client. The black and white negatives, measuring 6 × 6 cm, are inventoried chronologically in two handwritten notebooks and one typewritten diary. The latter is a transcription of the two handwritten notebooks. The colour slides are inventoried chronologically in one typewritten notebook and two handwritten diaries, which only partially correspond to three typewritten diaries, organised alphabetically by client.

The above-mentioned metal file cabinets, organised alphabetically by client, contain data on both black and white and colour photos taken for each client. The archive also preserves documents related to addresses and phone numbers, delivery receipts, partial inventories by subject, and notes.

Below is a detailed description of the inventory materials in the Archivio Ballo+Ballo.

2. Carla Cerati, *Aldo Ballo*, 1983

2. Carla Cerrati, *Aldo Ballo*, 1983

INVENTARI BIANCO E NERO

NEGATIVI FORMATO 13 × 18 cm - Inventari numerici. Agende dattiloscritte

TITOLO	NEG. DESCRITTI (da – a)	DATE (da – a)
1 ANNO 1954/1959 *0100 AL 014452*	0100 - 014566	1954 - 04/01/1960
2 1959/62 *AL 014453*	014567 - 025255	05/01/1960 - 25/05/1962
3 ANNO 1962/1966 *DAL 025256 AL 035279*	025256 - 035279	25/05/1962 - 20/01/1966
4 ANNO 1966/1970 *dallo 035280 allo 043953 negativo b/n*	035280 - 043953	20/01/1966 - 22/10/1970
5 ANNO 1970-1976 *dallo 043954 allo 050828 negativo b/n*	043954 - 050828	22/10/1970 - 13/10/1976
6 ANNO 1976/1988 *dallo 050829 allo 063296 negativo b/n*	050829 - 063296	20/10/1976 - 23/05/1988
7 ANNO 1988/1994 *063997 - 068193*	063997 - 068193	25/05/1988 - 29/06/1994

NEGATIVI FORMATO 13 × 18 cm - Inventari numerici. Quaderni manoscritti

TITOLO	NEG. DESCRITTI (da – a)	DATE (da – a)
1 044476/047043 *FEB. 71 - GEN. 73*	044476 - 047043	08/02/1971 - 17/01/1973
2 ARCHIVIO B/N *GEN. 1973 - LUGLIO 1974 047044/048902*	047044 - 048902	19/01/1973 - 17/07/1974
3 048903/050371	048903 - 050371	20/07/1974 - 17/05/1976
4 050372/051888	050372 - 051888	18/05/1976 - 28/10/1977
5 051889/053937	051889 - 053937	07/11/1977 - 22/01/1980
6 053938/056050	053938 - 056050	22/01/1980 - 15/09/1981
7 056051/058035	056051 - 058035	16/09/1981 - 22/04/1983
8 058036/060031	058036 - 060031	27/04/1983 - 18/02/1985
9 060032/062065	060032 - 062065	19/02/1985 - 14/07/1986
10 062066/063477	062066 - 063477	16/07/1986 - 28/10/1987
11 063478/065021	063478 - 065021	28/10/1987 - 26/07/1989
12 065022/066455	065022 - 066455	28/07/1989 - 20/05/1991
13 066456/067355	066456 - 067355	23/05/1991 - 02/06/1992
14 067356	067356 - 69143	04/06/1992 - 05/2002

BLACK AND WHITE INVENTORIES

13 × 18 NEGATIVES - Numerical inventories. Typewritten diaries

TITLE	NEG. DESCRIPTION (from — to)	DATE (from — to)
1 1954–1959 *from 0100 to 014452*	0100–014566	1954–04/01/1960
2 1959–62 *to 014453*	014567–025255	05/01/1960–25/05/1962
3 1962–1966 *from 025256 to 035279*	025256–035279	25/05/1962–20/01/1966
4 1966–1970 *from 035280 to 043953 b/w negatives*	035280–043953	20/01/1966–22/10/1970
5 1970–1976 *from 043954 to 050828 b/w negatives*	043954–050828	22/10/1970–13/10/1976
6 1976–1988 *from 050829 to 063296 b/w negatives*	050829–063296	20/10/1976–23/05/1988
7 1988–1994 *063997–068193*	063997–068193	25/05/1988–29/06/1994

13 × 18 NEGATIVES - Numerical inventories. Handwritten notebooks

TITLE	NEG. DESCRIPTION (from — to)	DATE (from — to)
1 044476/047043 *FEB. 71–JAN. 73*	044476–047043	08/02/1971–17/01/1973
2 B/W ARCHIVE *JAN. 1973–JULY 1974 047044/048902*	047044–048902	19/01/1973–17/07/1974
3 048903/050371	048903–050371	20/07/1974–17/05/1976
4 050372/051888	050372–051888	18/05/1976–28/10/1977
5 051889/053937	051889–053937	07/11/1977–22/01/1980
6 053938/056050	053938–056050	22/01/1980–15/09/1981
7 056051/058035	056051–058035	16/09/1981–22/04/1983
8 058036/060031	058036–060031	27/04/1983–18/02/1985
9 060032/062065	060032–062065	19/02/1985–14/07/1986
10 062066/063477	062066–063477	16/07/1986–28/10/1987
11 063478/065021	063478–065021	28/10/1987–26/07/1989
12 065022/066455	065022–066455	28/07/1989–20/05/1991
13 066456/067355	066456–067355	23/05/1991–02/06/1992
14 067356	067356–69143	04/06/1992–05/2002

NEGATIVI FORMATO 13 × 18 cm - Alfabetici per cliente/ditta. Schedari metallici

TITOLO	DESCRIZIONE
[senza titolo]	Lettere AB - LA R.
[senza titolo]	Lettere LA R. - ZO

QUADERNO DEI NEGATIVI MANCANTI - Inventari numerici. Quaderno manoscritto

TITOLO	DESCRIZIONE
NEGATIVI MANCANTI	Elenco dei negativi mancanti, rotti o non esistenti; l'elenco parte con il numero 09314 e si conclude con il numero 042091

NEGATIVI FORMATO 6 × 6 cm - Inventari numerici. Agenda dattiloscritta

TITOLO	NEG. DESCRITTI (da - a)	DATE (da - a)
NEGATIVI B/N 24x36 e 6x6	100 - 47548	09/01/1954 - 08/2004

NEGATIVI FORMATO 6 × 6 cm - Inventari numerici. Quaderni manoscritti

TITOLO	NEG. DESCRITTI (da - a)	DATE (da - a)
A 39022/47393 archivio B/N misure 6x6	39022 a 47393	18/10/1967 - 1986
B 47394/ archivio B/N 6x6	47394 a 47571	1980 - 10/1997

INVENTARI COLORE

DIAPOSITIVE A COLORI - Inventari numerici. Agenda dattiloscritta

TITOLO	NEG. DESCRITTI (da - a)	DATE (da - a)
Indice numerico colore	1 - 21542	[data iniziale non presente] -11/1974

DIAPOSITIVE A COLORI - Inventari numerici. Quaderni manoscritti

TITOLO	NEG. DESCRITTI (da - a)	DATE (da - a)
ELENCO DIAPOSITIVE COLORE	1 - 4533	1959 - 1969 circa [numerazione non continua]
ELENCO DIAPOSITIVE COLORE	4534 - 4983	1967 - 1969 circa [numerazione non continua]

DIAPOSITIVE A COLORI - Inventari alfabetici per cliente/ditta. Agende dattiloscritte

TITOLO	DESCRIZIONE
[senza titolo]	Lettere A - D
COLORE DALLA E ALLA N	Lettere E - N
[senza titolo]	Lettere O - Z

13 × 18 NEGATIVES - Alphabetical inventories by client. Metal file cabinets

TITLE	DESCRIPTION
[untitled]	Letters AB–LA R.
[untitled]	Letters LA R.–ZO

NOTEBOOK OF MISSING NEGATIVES - Numerical inventories. Handwritten notebook

TITLE	DESCRIPTION
MISSING NEGATIVES	List of missing, damaged, or lost negatives; the list starts with No. 09314 and ends with No. 042091.

6 × 6 NEGATIVES - Numerical inventories. Typewritten diary

TITLE	NEG. DESCRIPTION (from – to)	DATE (from – to)
B/W NEGATIVES *24x36 e 6x6*	100–47548	09/01/1954–08/2004

6 × 6 NEGATIVES - Numerical inventories. Handwritten notebooks

TITLE	NEG. DESCRIPTION (from – to)	DATE (from – to)
A 39022/47393 *6x6 B/W archive*	39022 to 47393	18/10/1967–1986
B 47394/ *6x6 B/W archive*	47394 to 47571	1980–10/1997

COLOUR INVENTORIES

COLOUR SLIDES - Numerical inventories. Typewritten diary

TITLE	NEG. DESCRIPTION (from – to)	DATE (from – to)
Numerical colour index	1–21542	[initial date unknown] –11/1974

COLOUR SLIDES - Numerical inventories. Handwritten notebooks

TITLE	NEG. DESCRIPTION (from – to)	DATE (from – to)
LIST OF COLOUR SLIDES	1–4533	c. 1959–1969 [non-continuous numbering]
LIST OF COLOUR SLIDES	4534–4983	c. 1967–1969 [non-continuous numbering]

COLOUR SLIDES - Alphabetical inventories by client. Typewritten diaries

TITLE	DESCRIPTION
[untitled]	Letters A–D
COLOUR FROM E TO N	Letters E–N
[untitled]	Letters O–Z

INVENTARI MISTI COLORE E BIANCO E NERO

INVENTARI ALFABETICI PER CLIENTE/DITTA. SCHEDARI METALLICI

TITOLO	DESCRIZIONE
A / D	Inventari alfabetici per cliente/ditta organizzati in schede
E / M	dattiloscritte su cui è indicato il numero dei negativi/fotocolor corrispondenti ai lavori eseguiti per ciascun cliente; ogni segnatura
N / Z	è seguita dal soggetto e dalla data di ciascun negativo/fotocolor.

ALTRI MATERIALI

TITOLO	DESCRIZIONE
[senza titolo]	Tre rubriche da tavolo a schede rotanti con indicati i nomi di clienti, ditte, collaboratori e fornitori dello Studio Ballo+Ballo, ciascuno corredato di indirizzo e numero di telefono.
BALLO *schedario x soggetto fotografato*	Raccoglitore ad anelli con inventario per soggetto scritto a mano.
[senza titolo]	Schede di inventario sciolte, sia originali (Casa Vogue, Alik Cavaliere, Danese, Enzo Mari, La Rinascente) sia fotocopiate (Casa Vogue, Alberto Scarzella, Il Sestante).
[senza titolo]	Quaderno manoscritto con un elenco delle consegne (dal 30/10/1986 al 28/02/1991), in cui è indicata la data di consegna, il materiale consegnato e il destinatario.
35944-36097 Contardo-studio Negri-documentazione interni stabilimento di Uboldo (Varese) 21.12.1966	Fascicolo con fogli di provino rilegati. Sul verso sono indicati i numeri di negativo.
[senza titolo]	Quattro bloc-notes per le consegne.
[senza titolo]	Quaderno con appunti di un viaggio in Gran Bretagna del 1991 e appunti sulle fotografie scattate.
2001	Agenda dell'anno 2001 con appunti e polaroid.
[senza titolo]	Scatola contenente etichette autoadesive su fogli A4 divise in categorie (professionisti di Milano e provincia, produttori, stampa estera, PR moda, stampa Italia) con nomi e indirizzi.

L'archivio fotografico Ballo+Ballo è in via di catalogazione col sistema SIRBEC di Regione Lombardia che segue gli standard ICCD per la scheda F. Una parte delle schede catalografiche, corredate da immagini, è consultabile al sito www.fotografieincomune.it
Le pubblicazioni a stampa dell'archivio Ballo+Ballo sono tutte catalogate in SBN (Sistema Bibliotecario Nazionale).

MIXED COLOUR AND BLACK AND WHITE INVENTORIES

ALPHABETICAL INVENTORIES BY CLIENT/COMPANY. METAL FILE CABINETS

TITLE	DESCRIPTION
A / D	Alphabetical inventory by client/company organised in typewritten cards indicating the number of negatives/colour slide corresponding to the work carried out for each client; the numbers are followed by the subject and date of each negative/colour slide.
E / M	
N / Z	

OTHER MATERIALS

TITLE	DESCRIPTION
[untitled]	Three Rolodexes with the names of clients, companies, collaborators, and suppliers of the Studio Ballo+Ballo, each accompanied by an address and phone number.
BALLO *binder by photographed subject*	Ring binder with a handwritten inventory organised by subject.
[untitled]	Loose inventory cards, both originals (Casa Vogue, Alik Cavaliere, Danese, Enzo Mari, La Rinascente) and photocopies (Casa Vogue, Alberto Scarzella, Il Sestante).
[untitled]	Handwritten notebook with a list of deliveries (from 30/10/1986 to 28/02/1991), indicating the delivery date, the delivered material, and the recipient.
35944-36097 Contardo-studio Negri-documentation of the interiors of the plant in Uboldo (Varese) 21/12/1966	Folder with bound proof sheets. The number of the negatives are indicated on the reverse side.
[untitled]	Four notepads for deliveries.
[untitled]	Travel diary with notes from a trip to Great Britain in 1991 and notes on the photographs taken.
2001	Diary from the year 2001 with notes and Polaroids.
[untitled]	Box containing self-adhesive labels on A4 sheets divided into categories (professionals from Milan and its province, producers, foreign press, fashion PR, Italian press) with names and addresses.

The Ballo+Ballo photographic archive is currently being catalogued using the SIRBEC system of the Lombardy Region, which follows the ICCD standards for the F card. Part of the catalogue cards, accompanied by images, can be consulted at www.fotografieincomune.it
All printed publications from the Archivio Ballo+Ballo are catalogued in the SBN (the National Library System of Italy).

PRINCIPALI COMMITTENZE
MAIN COMMISSIONS

I seguenti dati sono tratti dagli inventari stesi da Aldo Ballo e Marirosa Toscani /
The following data are taken from the inventories by Aldo Ballo and Marirosa Toscani.

A.C.I. Automobile Club d'Italia 1960-1965
A.D.I. 1966-1968
Abitare (rivista/magazine) 1960-1987
Adelaide Acerbi 1970-1993
Acerbis 1973-1988
AEG 1967
Agfa 1966-1967
AGIP 1954-1967
Studio Albini Associati (Franco Albini, Franca Helg, Antonio Piva e/and Marco Albini) 1970-1993
Alcantara 1982-1983
Alessi 1962-1993
Alfa Romeo 1962-1968
Alias 1982-1992
Emilio Ambasz 1971-1982
Amica (rivista/magazine) 1961-1981
Amplifon 1963-1970
Anonima Castelli 1970-1977
Architetti Associati (Vittorio Gregotti, Lodovico Meneghetti, Giotto Stoppino) 1961-1969
Arflex 1957-1992
Arianna (rivista/magazine) 1957-1969
Ariston 1972-1974
Arnolfo di Cambio 1969-1980
Arteluce 1961-1970
Artemide 1962-1994
Artemide Litech 1985-1988
Sergio Asti 1964-1974
Gae Aulenti 1954-1993

BBPR (Gian Luigi Banfi, Lodovico Barbiano di Belgiojoso, Enrico Peressutti, Ernesto Nathan Rogers) 1958
Baleri Italia 1991-1994
Balzaretti Modigliani S.p.A. 1954-1962
Barilla 1956-1960
Bassetti 1961-1967
Mario Bellini 1962-1978
Roberto Beretta e Antonio Macchi Cassia 1977-1984
Bernini 1963-1970
Bialetti 1969
Biennale di Venezia 1970-1971
Biesse 1975-1987
Cini Boeri 1964-1985
Boffi 1961-1981
Bompiani 1957
Bonacina 1968-1982
Studio Bonetto 1961-1972
Bormioli 1988-1990
Borsalino 1971
Adriana Botti Monti 1967-1991
Braun 1967-1979

Brill 1956-1958
Brionvega 1960-1987
Bulgari 1986-1992

C&B, poi/then B&B Italia 1968-1991
Luigi Caccia Dominioni 1959
Candle 1968-1975
Canon 1967
Erberto Carboni 1956-1960
Carlo Erba 1955-1969
Casa Amica (rivista/magazine) 1972
Casa Vogue (rivista/magazine) 1967-1992
Andrea Cascella 1976-1980
Cassina 1960-1993
Castello Sforzesco di Milano 1975-1991
Achille Castiglioni 1956-1986
Romolo Castiglioni 1957-1968
Alik Cavaliere 1972-1992
Coin 1962-1973
Collettivo di Architettura 1954-1958
Joe Colombo 1966-1973
Gianni Colombo 1967-1976
Compagnia Italiana del Cristallo 1981-1985
Comune di Milano 1960-1994
Confalonieri e Negri 1960-1973
Continental 1964-1966

Danese 1959-1987
Delitala 1959-1962
De Maddalena 1967-1992
De Padova 1964-1994
Domus (rivista/magazine) 1953 -1993
Driade 1970-1993
Due più (rivista/magazine) 1968-1969

Elam 1956-1963
Eni 1958-1966
Epoca (rivista/magazine) 1959-1982
Esso 1967-1968

Feltrinelli 1967-1968
Ferrero 1966-1969
Fiat 1961-1978
Finn Form 1963-1974
Emilio Fioravanti 1968-1988
Flexform 1971-1977
Flos 1970-1981
Carlo Forcolini 1970-1990
Gianfranco Frattini 1962-1988
Enrico Freyrie 1959 -1973

G&R Associati 1969-1988
Gabbianelli 1966-1989
Gavina 1963-1967
Gioia (rivista/magazine) 1964-1966
Goppion 1986-1989
Studio GPA Monti 1957-1994
Grafiche Nava 1978-1988

Giuliana Gramigna 1967-1984
Grazia (rivista/magazine) 1958-1970
Salvatore Gregorietti 1964-1988
Vittorio Gregotti 1960-1994

House and Garden (rivista/magazine) 1970-1971
Max Huber 1955-1968

IBM 1969-1986
Ideal Standard 1963-1974
Il Saggiatore 1959-1982
Il Sestante 1966-1982
Giancarlo Iliprandi 1954-1981
INA 1967
Interni (rivista/magazine) 1980-1981
Italian Style (rivista/magazine) 1967

Kartell 1966-1971
Knoll 1959-1976
Krizia 1978-1993

Lagostina 1960
Lora Lamm 1956
Lancôme 1960
La Rinascente 1955-1971
Amneris Latis 1957-1960
Marta Latis 1961-1969
Linoleum 1972-1973
Longanesi 1966-1987
Loro Piana 1991
Italo Lupi 1960-1971

Vico Magistretti 1962-1978
Magneti Marelli 1961-1967
Angelo Mangiarotti 1966-1992
Marcatrè 1975-1978
Enzo Mari 1957-1989
Martinelli Luce 1966-1971
Maxalto 1975-1978
Sergio Mazza 1961-1976
Megalopoli (Agneta Holst) 1978-1991
Memphis 1981-1986
Franco Meneguzzo 1960-1972
Roberto Menghi 1968-1976
MM Metropolitana Milanese 1980
Molteni 1965-1981
Mondadori 1960-1975
Motta 1955-1974
Bruno Munari 1955-1991
Museum of Modern Art - MoMA (Emilio Ambasz) 1971-1972

Necchi 1961-1994
Nestlé 1955
Marcello Nizzoli 1963-1967
Ornella e Bob Noorda 1958-1972

Olivetti 1955-1993

Oluce 1974-1980
Ottagono (rivista/magazine) 1966-1994

PAF Studio 1987-1993
Pantene 1964-1968
Pedano 1979-1985
Peugeot 1962
Philips 1955-1972
Pirelli 1954-1972
Piretti 1976
Antonio Piva 1970-1980
Poltronova 1964-1972
Arnaldo Pomodoro 1963-1986
Prada 1991
Programmaluce 1983-1989
Provincia di Milano 1959-1966
Michele Provinciali 1962-1973
Pyrex 1964-1967

Quattrifolio 1977-1981

Rai 1955-1961
Remington 1957-1966
Rex 1968-1970
Richard Ginori 1967-1971
Rizzoli 1962-1994
Robots 1987-1994
Rosenthal 1960-1980
Rossana RB Cucine 1958-1981
Fratelli Rossetti 1971-1984

Salmoiraghi 1959-1963
Sambonet 1955-1973
San Lorenzo 1970-1992
Richard Sapper 1959-1993
Sawaya & Moroni 1989-1993
Tobia Scarpa 1970-1975
Schiffini 1965-1968
Siemens 1959-1961
Singer 1959-60
Skipper 1974-1982
Sma supermercati 1968-1969
Snam (Società Nazionale Metanodotti) 1956-1988
Solari 1966-1971
Ettore Sottsass 1960-1990
Standa 1964-1980
Stildomus 1967-1968
Stilnovo 1956-1973
The Sunday Times 1971

Tecno 1959-1969
Matteo Thun 1981
Tisettanta 1970-1986
Total 1967
Touring Club Italiano (T.C.I.) 1954-1967

L'Uomo Vogue (rivista/magazine) 1977-1988
Unimark International 1965-1974

Up&Up 1974-1986
Upim 1957-1970

Vallardi Editore 1963-1965
Venini 1957-1993
Isa Vercelloni 1968-1991
Versace 1986
Massimo e Lella Vignelli 1961-1979
Nanda Vigo 1971-1987
Villeroy & Boch 1982
Vimar 1986-1993
Vistosi 1977-1979
Vogue Sposa (rivista/magazine) 1981-1987

Zani&Zani 1978-1994
Zanotta 1969-1987
Marco Zanuso 1954-1994
Zerowatt 1957-1968
Zoppas 1965-1967
Zucchi 1988-1991

PERIODICI. SERVIZI FOTOGRAFICI
PERIODICALS. PHOTOGRAPHIC SERVICES

Si fornisce qui lo spoglio delle principali riviste alle quali Aldo Ballo e Marirosa Toscani hanno collaborato – "Abitare", "Casa Vogue", "Domus", "Ottagono" – e in cui compaiono servizi fotografici riconoscibili tramite crediti fotografici. Sono escluse dallo spoglio le menzioni nelle pubblicità. /
Here the main magazines where Aldo Ballo and Marirosa Toscani collaborated with – *Abitare, Casa Vogue, Domus, Ottagono* – and where photographic services recognizable through photographic credits appear. Mentions in advertisements are excluded from the count.

"Abitare"
Spoglio della rivista già denominata "Casa novità" poi "Abitare", dal n. 1, giugno 1961 al n. 240, dicembre 1985. /
Review of the magazine already called *Casa nuova* then *Abitare*, from no. 1, June 1961 to no. 240, December 1985.

"Casa novità", 1, giugno 1961
"Casa novità", 2, agosto 1961
"Casa novità", 3, settembre 1961
"Casa novità", 5, dicembre 1961
"Abitare", 6, gennaio-febbraio 1962
"Abitare", 18, luglio 1963
"Abitare", 19, agosto-settembre 1963
"Abitare", 21, novembre 1963
"Abitare", 22, dicembre 1963
"Abitare", 25, aprile 1964
"Abitare", 27, giugno-luglio 1964
"Abitare", 28, agosto-settembre 1964
"Abitare", 29, ottobre 1964
"Abitare", 30, novembre 1964
"Abitare", 31, dicembre 1964
"Abitare", 32, gennaio-febbraio 1965
"Abitare", 33, marzo 1965
"Abitare", 34, aprile 1965
"Abitare", 35, maggio 1965
"Abitare", 37-38, agosto-settembre 1965
"Abitare", 40, novembre 1965
"Abitare", 42, febbraio 1966
"Abitare", 44, aprile 1966
"Abitare", 46, giugno-luglio 1966
"Abitare", 49, ottobre 1966
"Abitare", 50, novembre 1966
"Abitare", 51, dicembre 1966
"Abitare", 57, luglio-agosto 1967
"Abitare", 58, settembre 1967
"Abitare", 62, gennaio-febbraio 1968
"Abitare", 63, marzo 1968
"Abitare", 64, aprile 1968
"Abitare", 65, maggio 1968
"Abitare", 66, giugno 1968
"Abitare", 69, ottobre 1968
"Abitare", 72, gennaio-febbraio 1969

"Abitare", 77, luglio-agosto 1969
"Abitare", 79, ottobre 1969
"Abitare", 82, gennaio-febbraio 1970
"Abitare", 87, luglio-agosto 1970
"Abitare", 92, gennaio-febbraio 1971
"Abitare", 93, marzo 1971
"Abitare", numero speciale: produzione per la casa 1971/72. Supplemento al n. 108, settembre 1972
"Abitare", numero speciale: produzione 1972/73. Supplemento al n. 117-118, agosto-settembre 1973
"Abitare", 141, dicembre 1975 - gennaio 1976
"Abitare", 173, aprile 1979
"Abitare", 199, novembre 1981
"Abitare", 200 bis, settembre 1982
"Abitare", 220, dicembre 1983
"Abitare", 239, novembre 1985

"Casa Vogue"
Spoglio della rivista dal n. 1, novembre 1968 al n. 247, dicembre 1992 - gennaio 1993. /
Review of the magazine from no. 1, November 1968 to no. 247, December 1992 – January 1993.

"Casa Vogue", supplemento al n. 208 di "Vogue", novembre 1968
"Casa Vogue", 2, giugno 1969
"Casa Vogue", 3, dicembre 1969
"Casa Vogue", 4, maggio 1970
"Casa Vogue", 5, novembre 1970
"Casa Vogue", 6, gennaio 1971
"Casa Vogue", 7, marzo 1971
"Casa Vogue", 8, maggio-giugno 1971
"Casa Vogue", 9, luglio-agosto 1971
"Casa Vogue", 10, settembre-ottobre 1971
"Casa Vogue", 11, novembre-dicembre 1971
"Casa Vogue", 12, gennaio-febbraio 1972
"Casa Vogue", 13, marzo-aprile 1972
"Casa Vogue", 14, maggio-giugno 1972
"Casa Vogue", 15, luglio-agosto 1972
"Casa Vogue", 16, settembre-ottobre 1972
"Casa Vogue", 17, novembre-dicembre 1972
"Casa Vogue", 18, gennaio-febbraio 1973
"Casa Vogue", 19, marzo 1973
"Casa Vogue", 20, aprile 1973
"Casa Vogue", 21, maggio 1973
"Casa Vogue", 22, giugno 1973
"Casa Vogue", 23-24, luglio-agosto 1973
"Casa Vogue", 25, settembre 1973
"Casa Vogue", 26, ottobre 1973
"Casa Vogue", 27, novembre 1973
"Casa Vogue", 28, dicembre 1973
"Casa Vogue", 29-30, gennaio-febbraio 1974
"Casa Vogue", 31, marzo 1974
"Casa Vogue", 32, aprile 1974
"Casa Vogue", 33, maggio 1974
"Casa Vogue", 34, giugno 1974
"Casa Vogue", 35-36, luglio-agosto 1974

"Casa Vogue", 37, settembre 1974
"Casa Vogue", 38, ottobre 1974
"Casa Vogue", 39, novembre 1974
"Casa Vogue", 40, dicembre 1974
"Casa Vogue", 41-42, gennaio-febbraio 1975
"Casa Vogue", 43, marzo 1975
"Casa Vogue", 44, aprile 1975
"Casa Vogue", 45, maggio 1975
"Casa Vogue", 46, giugno 1975
"Casa Vogue", 47, luglio-agosto 1975
"Casa Vogue", 49, settembre 1975
"Casa Vogue", 50, ottobre 1975
"Casa Vogue", 51, novembre 1975
"Casa Vogue", 52, dicembre 1975
"Casa Vogue", 53-54, gennaio-febbraio 1976
"Casa Vogue", 55, marzo 1976
"Casa Vogue", 56, aprile 1976
"Casa Vogue", 57, maggio 1976
"Casa Vogue", supplemento al n. 58, giugno 1976
"Casa Vogue", 59-60, luglio-agosto 1976
"Casa Vogue", 61, settembre 1976
"Casa Vogue", 62, ottobre 1976
"Casa Vogue", 63, novembre 1976
"Casa Vogue", 64, dicembre 1976
"Casa Vogue", 65-66, gennaio-febbraio 1977
"Casa Vogue", 67, marzo 1977
"Casa Vogue", 68, aprile 1977
"Casa Vogue", 69, maggio 1977
"Casa Vogue", 70/1, giugno 1977
"Casa Vogue", 71/2, giugno 1977
"Casa Vogue", 72-73, luglio-agosto 1977
"Casa Vogue", 74, settembre 1977
"Casa Vogue", 75, ottobre 1977
"Casa Vogue", 76, novembre 1977
"Casa Vogue", 77, dicembre 1977
"Casa Vogue", 78, gennaio 1978
"Casa Vogue", 79, febbraio 1978
"Casa Vogue", 80, marzo 1978
"Casa Vogue", 81, aprile 1978
"Casa Vogue", 82, maggio 1978
"Casa Vogue", 83, giugno 1978
"Casa Vogue", 84-85, luglio-agosto 1978
"Casa Vogue", 86, settembre 1978
"Casa Vogue", 87, ottobre 1978
"Casa Vogue", 88, novembre 1978
"Casa Vogue", 89, dicembre 1978
"Casa Vogue", 90, gennaio 1979
"Casa Vogue", 91, febbraio 1979
"Casa Vogue", 92, marzo 1979
"Casa Vogue", 93, aprile 1979
"Casa Vogue", 94, maggio 1979
"Casa Vogue", 95, giugno 1979
"Casa Vogue", 96-97, luglio-agosto 1979
"Casa Vogue", 98, settembre 1979
"Casa Vogue", 99, ottobre 1979
"Casa Vogue", 100, novembre 1979
"Casa Vogue", 101, dicembre 1979

"Casa Vogue", 102, gennaio 1980
"Casa Vogue", 103, febbraio 1980
"Casa Vogue", 104, marzo 1980
"Casa Vogue", 105, aprile 1980
"Casa Vogue", 106, maggio 1980
"Casa Vogue",107, giugno 1980
"Casa Vogue", 108-109, luglio-agosto 1980
"Casa Vogue", 110, settembre 1980
"Casa Vogue", 111, ottobre 1980
"Casa Vogue", 112, novembre 1980
"Casa Vogue", 113, dicembre 1980
"Casa Vogue", 114, gennaio 1981
"Casa Vogue", 115, febbraio 1981
"Casa Vogue", 116, marzo 1981
"Casa Vogue", 117, aprile 1981
"Casa Vogue", 118, maggio 1981
"Casa Vogue", 119, giugno 1981
"Casa Vogue", 120-121, luglio-agosto 1981
"Casa Vogue", 122, settembre 1981
"Casa Vogue", 123, ottobre 1981
"Casa Vogue", 124, novembre 1981
"Casa Vogue", 125, dicembre 1981
"Casa Vogue", 126, gennaio 1982
"Casa Vogue", 127, febbraio 1982
"Casa Vogue", 128, marzo 1982
"Casa Vogue", 129, aprile 1982
"Casa Vogue", 130, maggio 1982
"Casa Vogue", 131, giugno 1982
"Casa Vogue", 132, luglio-agosto 1982
"Casa Vogue", 133, settembre 1982
"Casa Vogue", 134, ottobre 1982
"Casa Vogue", 135, novembre 1982
"Casa Vogue", 136, dicembre 1982
"Casa Vogue", 137, gennaio 1983
"Casa Vogue", 138, febbraio 1983
"Casa Vogue", 139, marzo 1983
"Casa Vogue", 140, aprile 1983
"Casa Vogue", 141, maggio 1983
"Casa Vogue", 142, giugno 1983
"Casa Vogue", 143, luglio-agosto 1983
"Casa Vogue", 144, settembre 1983
"Casa Vogue", 145, ottobre 1983
"Casa Vogue", 146, novembre 1983
"Casa Vogue", 147, dicembre 1983
"Casa Vogue", 148, gennaio 1984
"Casa Vogue", 149, febbraio 1984
"Casa Vogue", 150, marzo 1984
"Casa Vogue", 151, aprile 1984
"Casa Vogue", 152, maggio 1984
"Casa Vogue", 153, giugno 1984
"Casa Vogue", 154, luglio-agosto 1984
"Casa Vogue", 155, settembre 1984
"Casa Vogue", 156, ottobre 1984
"Casa Vogue", 157, novembre 1984
"Casa Vogue", 158, dicembre 1984
"Casa Vogue", 159, gennaio 1985
"Casa Vogue", 160, febbraio 1985
"Casa Vogue", 161, marzo 1985

"Casa Vogue", 162, aprile 1985
"Casa Vogue", 163, maggio 1985
"Casa Vogue", 164, giugno 1985
"Casa Vogue", 165, luglio-agosto 1985
"Casa Vogue", 166, settembre 1985
"Casa Vogue", 167, ottobre 1985
"Casa Vogue", "Ambienti di studio, di lavoro, di svago", supplemento al n. 167, ottobre 1985
"Casa Vogue", 168, novembre 1985
"Casa Vogue", 169, dicembre 1985
"Casa Vogue", 170, gennaio 1986
"Casa Vogue", 171, febbraio 1986
"Casa Vogue", 172, marzo 1986
"Casa Vogue", 173, aprile 1986
"Casa Vogue", 174, maggio 1986
"Casa Vogue", 175, giugno 1986
"Casa Vogue", 176, luglio-agosto 1986
"Casa Vogue", 177, settembre 1986
"Casa Vogue", 178, ottobre 1986
"Casa Vogue", "Ambienti di studio, di lavoro, di svago", supplemento al n. 178, ottobre 1986
"Casa Vogue", 179, novembre 1986
"Casa Vogue", 180, dicembre 1986
"Casa Vogue", 181, gennaio 1987
"Casa Vogue", 182, febbraio 1987
"Casa Vogue", 183, marzo 1987
"Casa Vogue", 184, aprile 1987
"Casa Vogue", 185, maggio 1987
"Casa Vogue", 186, giugno 1987
"Casa Vogue", 187, luglio-agosto 1987
"Casa Vogue", 188, settembre 1987
"Casa Vogue", 189, ottobre 1987
"Casa Vogue", 190, novembre 1987
"Casa Vogue", 191, dicembre 1987
"Casa Vogue", 192, gennaio 1988
"Casa Vogue", 193, febbraio 1988
"Casa Vogue", 194, marzo 1988
"Casa Vogue", 195, aprile 1988
"Casa Vogue", 196, maggio 1988
"Casa Vogue", 197, giugno 1988
"Casa Vogue", 198, luglio-agosto 88
"Casa Vogue", 199, settembre 1988
"Casa Vogue", 200, settembre 1988
"Casa Vogue", 201, ottobre 1988
"Casa Vogue", "Ambienti di studio, di lavoro, di svago", supplemento al n. 201, ottobre 1988
"Casa Vogue", 202, novembre 1988
"Casa Vogue", 203, dicembre 1988
"Casa Vogue", 204, gennaio 1989
"Casa Vogue", 205, febbraio 1989
"Casa Vogue", 206, marzo 1989
"Casa Vogue", 207, aprile 1989
"Casa Vogue", 208, maggio 1989
"Casa Vogue", 209, giugno 1989
"Casa Vogue", 210, luglio-agosto 89
"Casa Vogue", 211, settembre 1989
"Casa Vogue", 212, ottobre 1989
"Casa Vogue", "Ambienti di studio, di lavoro, di

svago", supplemento al n. 212, ottobre 1989
"Casa Vogue", 213, novembre 1989
"Casa Vogue", 214, dicembre 1989
"Casa Vogue", 215, gennaio 1990
"Casa Vogue", 216, febbraio 1990
"Casa Vogue", 217, marzo 1990
"Casa Vogue", 218, aprile 1990
"Casa Vogue", 219, maggio 1990
"Casa Vogue", 220, giugno 1990
"Casa Vogue", 221, luglio-agosto 1990
"Casa Vogue", 222, settembre 1990
"Casa Vogue", 225, dicembre 1990
"Casa Vogue", 226, gennaio 1991
"Casa Vogue", 227, febbraio 1991
"Casa Vogue", 228, marzo 1991
"Casa Vogue", 229, aprile 1991
"Casa Vogue", 230, maggio 1991
"Casa Vogue", 231, giugno 1991
"Casa Vogue", 232, luglio-agosto 1991
"Casa Vogue", 233, settembre 1991
"Casa Vogue", 234, ottobre 1991
"Casa Vogue", 235, novembre 1991
"Casa Vogue", 236, dicembre 1991
"Casa Vogue", 237, gennaio 1992
"Casa Vogue", 238, febbraio 1992
"Casa Vogue", 239, marzo 1992
"Casa Vogue", 240, aprile 1992
"Casa Vogue", 242, giugno 1992
"Casa Vogue", 243, luglio-agosto 1992
"Casa Vogue", 244, settembre 1992
"Casa Vogue", 245, ottobre 1992
"Casa Vogue", 246, novembre 1992
"Casa Vogue", 247, dicembre 1992 - gennaio 1993

"Domus"
Spoglio della rivista dal n. 242, gennaio 1950
al n. 1074, dicembre 2022. /
Review of the magazine from no. 242,
January 1950 to no. 1074, December 2022.

"Domus", 280, marzo 1953
"Domus", 297, agosto 1954
"Domus", 303, febbraio 1955
"Domus", 305, aprile 1955
"Domus", 312, novembre 1955
"Domus", 325, dicembre 1956
"Domus", 332, luglio 1957
"Domus", 336, novembre 1957
"Domus", 338, gennaio 1958
"Domus", 341, aprile 1958
"Domus", 342, maggio 1958
"Domus", 354, maggio 1959
"Domus", 359, ottobre 1959
"Domus", 367, giugno 1960
"Domus", 368, luglio 1960
"Domus", 377, aprile 1961
"Domus", 386, gennaio 1962

"Domus", 389, aprile 1962
"Domus", 396, novembre 1962
"Domus", 399, febbraio 1963
"Domus", 409, dicembre 1963
"Domus", 430, settembre 1965
"Domus", 436, marzo 1966
"Domus", 446, gennaio 1967
"Domus", 463, giugno 1968
"Domus", 464, luglio 1968
"Domus", 467, ottobre 1968
"Domus", 478, settembre 1969
"Domus", 481, dicembre 1969
"Domus", 485, aprile 1970
"Domus", 494, gennaio 1971
"Domus", 495, febbraio 1971
"Domus", 496, marzo 1971
"Domus", 501, agosto 1971
"Domus", 508, marzo 1972
"Domus", 518, gennaio 1973
"Domus", 520, marzo 1973
"Domus", 529, dicembre 1973
"Domus", 532, marzo 1974
"Domus", 534, maggio 1974
"Domus", 538, settembre 1974
"Domus", 542, gennaio 1975
"Domus", 546, maggio 1975
"Domus", 553, dicembre 1975
"Domus", 557, aprile 1976
"Domus", 560, luglio 1976
"Domus", 563, ottobre 1976
"Domus", 566, gennaio 1977
"Domus", 572, luglio 1977
"Domus", 581, aprile 1978
"Domus", 583, giugno 1978
"Domus", 585, agosto 1978
"Domus", 589, dicembre 1978
"Domus", 590, gennaio 1979
"Domus", 592, marzo 1979
"Domus", 601, dicembre 1979
"Domus", 602, gennaio 1980
"Domus", 604, marzo 1980
"Domus", 607, giugno 1980
"Domus", 612, dicembre 1980
"Domus", 613, gennaio 1981
"Domus", 623, dicembre 1981
"Domus", 624, gennaio 1982
"Domus", 627, aprile 1982
"Domus", 629, giugno 1982
"Domus", 634, dicembre 1982
"Domus", 635, gennaio 1983
"Domus", 638, aprile 1983
"Domus", 642, settembre 1983
"Domus", 646, gennaio 1984
"Domus", 649, aprile 1984
"Domus", 651, giugno 1984
"Domus", 653, settembre 1984
"Domus", 658, febbraio 1985
"Domus", 659, marzo 1985
"Domus", 663, luglio 1985
"Domus", 666, novembre 1985
"Domus", 668, gennaio 1986
"Domus", 669, febbraio 1986
"Domus", 670, marzo 1986
"Domus", 674, luglio 1986
"Domus", 675, settembre 1986
"Domus", 676, ottobre 1986
"Domus", 677, novembre 1986

"Domus", 679, gennaio 1987
"Domus", 688, novembre 1987
"Domus", 691, febbraio 1988
"Domus", 695, giugno 1988
"Domus", 699, novembre 1988
"Domus", 700, dicembre 1988
"Domus", 708, settembre 1989
"Domus", 710, novembre 1989
"Domus", 712, gennaio 1990
"Domus", 713, febbraio 1990
"Domus", 715, aprile 1990
"Domus", 716, maggio 1990
"Domus", 717, giugno 1990
"Domus", 719, settembre 1990
"Domus", 720, ottobre 1990
"Domus", 724, febbraio 1991
"Domus", 726, aprile 1991
"Domus", 729, luglio 1991
"Domus", 730, settembre 1991
"Domus", 736, marzo 1992
"Domus", 741, settembre 1992
"Domus", 743, novembre 1992
"Domus", 741, settembre 1993
"Domus", 755, dicembre 1993
"Domus", 756, gennaio 1994
"Domus", 757, febbraio 1994
"Domus", 763, settembre 1994
"Domus", 766, dicembre 1994
"Domus", 767, gennaio 1995
"Domus", 775, ottobre 1995
"Domus", 787, novembre 1996
"Domus", 795, luglio 1997
"Domus", 809, novembre 1998
"Domus", 813, marzo 1999
"Domus", 821, dicembre 1999
"Domus", 841, ottobre 2001
"Domus", 843, dicembre 2001
"Domus", 892, maggio 2006
"Domus", 906, settembre 2007
"Domus", 909, dicembre 2007
"Domus", 965, gennaio 2013
"Domus", 993, luglio 2015
"Domus", 995, ottobre 2015
"Domus", 998, gennaio 2016
"Domus", 1000, marzo 2016
"Domus", 1001, aprile 2016
"Domus", 1010, febbraio 2017
"Domus", 1024, maggio 2018
"Domus", 1042, gennaio 2020

**"Ottagono. Rivista trimestrale di
architettura arredamento industrial design"**
Spoglio della rivista dal n. 1, aprile 1966
al n. 141, dicembre 2000. /
Review of the magazine from no. 1, April 1966
to no. 141, December 2000.

"Ottagono", 1, 1, aprile 1966
"Ottagono", 1, 2, luglio 1966
"Ottagono", 1, 3, ottobre 1966
"Ottagono", 2, 4, gennaio 1967
"Ottagono", 2, 5, aprile 1967
"Ottagono", 2, 6, luglio 1967
"Ottagono", 2, 7, ottobre 1967
"Ottagono", 3, 8, gennaio 1968
"Ottagono", 3, 9, aprile 1968

"Ottagono", 3, 10, luglio 1968
"Ottagono", 3, 11, ottobre 1968
"Ottagono", 4, 12, gennaio 1969
"Ottagono", 4, 13, aprile 1969
"Ottagono", 4, 14 luglio 1969
"Ottagono", 4, 15, ottobre 1969
"Ottagono", 5, 16, gennaio 1970
"Ottagono", 5, 17, maggio 1970
"Ottagono", 5, 18, settembre 1970
"Ottagono", 5, 19, dicembre 1970
"Ottagono", 6, 20, marzo 1971
"Ottagono", 7, 21, giugno 1971
"Ottagono", 7, 22, settembre 1971
"Ottagono", 7, 23, dicembre 1971
"Ottagono", 8, 24, marzo 1972
"Ottagono", 8, 25, giugno 1972
"Ottagono", 8, 26, settembre 1972
"Ottagono", 8, 27, dicembre 1972
"Ottagono", 9, 28, marzo 1973
"Ottagono", 9, 29, giugno 1973
"Ottagono", 9, 30, settembre 1973
"Ottagono", 9, 31, dicembre 1973
"Ottagono", 9, 32, marzo 1974
"Ottagono", 9, 33, giugno 1974
"Ottagono", 9, 34, settembre 1974
"Ottagono", 9, 35, dicembre 1974
"Ottagono", 10, 36, marzo 1975
"Ottagono", 10, 37, giugno 1975
"Ottagono", 10, 38, settembre 1975
"Ottagono", 10, 39, dicembre 1975
"Ottagono", 11, 40, marzo 1976
"Ottagono", 11, 41, giugno 1976
"Ottagono", 11, 42, settembre 1976
"Ottagono", 11, 43, dicembre 1976
"Ottagono", 12, 45, giugno 1977
"Ottagono", 12, 46, settembre 1977
"Ottagono", 12, 47, dicembre 1977
"Ottagono", 13, 48, marzo 1978
"Ottagono", 13, 49, giugno 1978
"Ottagono", 13, 50, settembre 1978
"Ottagono", 13, 51, dicembre 1978
"Ottagono", 14, 53, giugno 1979
"Ottagono", 14, 54, settembre 1979
"Ottagono", 14, 55, dicembre 1979
"Ottagono", 15, 56, marzo 1980
"Ottagono", 15, 57, giugno 1980
"Ottagono", 15, 59, dicembre 1980
"Ottagono", 16, 60, marzo 1981
"Ottagono", 16, 62, settembre 1981
"Ottagono", 16, 63, dicembre 1981
"Ottagono", 17, 66, settembre 1982
"Ottagono", 17, 67, dicembre 1982
"Ottagono", 18, 68, marzo 1983
"Ottagono", 18, 70, settembre 1983
"Ottagono", 18, 71, dicembre 1983
"Ottagono", 19, 72, marzo 1984
"Ottagono", 19, 73, giugno 1984
"Ottagono, 19, 75 dicembre 1984
"Ottagono", 20, 76 marzo 1985
"Ottagono", 20, 77, giugno 1985
"Ottagono", 20, 78, settembre 1985
"Ottagono", 20, 79, dicembre 1985
"Ottagono", 21, 83, dicembre 1986
"Ottagono", 22, 84, marzo 1987
"Ottagono", 22, 85, giugno 1987
"Ottagono", 22, 87, dicembre 1987
"Ottagono", 25, 94, marzo 1990

"Ottagono", 25, 95, giugno 1990
"Ottagono", 25, 97, dicembre 1990
"Ottagono", 26, 98, marzo 1991
"Ottagono", 26, 100, settembre 1991
"Ottagono", 26, 101, dicembre 1991
"Ottagono", 27, 103, giugno 1992
"Ottagono", 27, 104, settembre 1992
"Ottagono", 27, 105, dicembre 1992
"Ottagono", 28, 108, settembre 1993
"Ottagono", 28, 109, dicembre 1993
"Ottagono", 29, 111, giugno-agosto 1994
"Ottagono", 29, 113, dicembre 1994 - febbraio 1995
"Ottagono", 30, 114, marzo-maggio 1995
"Ottagono", 30, 115, giugno-agosto 1995

MOSTRE DI ALDO BALLO E MARIROSA TOSCANI
ALDO BALLO AND MARIROSA TOSCANI EXHIBITIONS

Mostre di fotografia, personali e collettive / Photography, solo and group exhibitions

1959
Rassegna della fotografia italiana, Sesto San Giovanni, Villa Zorn, 4-18 ottobre/October 1959.

1968
15 professionisti. Prima mostra colore su Cibachrome-Print. 20. Aldo Ballo, Franco Bottino, Vanni Burkhart, Giorgio Colombo, Angelo Cozzi, Mario De Biasi, Alberto dell'Orto, Serge Libiszewski, Edo Mari, Mauro Masera, Paolo Monti, Edgardo Nessi, Ferdinando Scianna, Gian Sinigaglia, Oliviero Toscani, Milano, Il Diaframma, Galleria dell'Immagine di Popular Photography Italiana, 20 dicembre/December 1968 - 8 gennaio /January 1969.

1977
Fotografia su commissione. Pratica / Milano '77, a cura di/curated by Gianni Berengo Gardin, Mario Carrieri, Oliviero Toscani, Milano, Studio Marconi, 25 giugno/June - 30 luglio/July 1977.

1978
Lodi al sole. Il margine di libertà. L'oggetto: interpretazioni a confronto. Fotocronaca. Paesaggio cercato, Lodi, Museo Civico, aprile-luglio/April-July 1978.

1980
Fotografia e immagine dell'architettura, a cura di/curated by Gabriele Basilico, Gaddo Morpurgo, Italo Zannier, Bologna, Galleria d'Arte Moderna, 27 gennaio/January - 29 febbraio/February 1980.

1985
Aldo Ballo Salvatore Gregorietti. L'arte è mobile. Proposta per dieci manifesti immaginari sul tema del mobile elaborati per Alias, Milano, Galleria Marconi, settembre/September 1985.

1986
Tra sogno e bisogno. 306 fotografie sull'evoluzione dei consumi in Italia 1940-1986, a cura di/ed. by Cesare Colombo, Milano, Palazzo Isimbardi, 9-19 settembre/September 1986.

1988
La fabbrica di immagini. L'industria italiana nella fotografia d'autore, progetto a cura di/project by Cesare Colombo, Firenze, 1988.

1992
25 anni di attività della Galleria Il Diaframma-Kodak Cultura, Milano, Galleria Il Diaframma-Kodak Cultura, 15 aprile/April - 2 maggio/May 1992.

1993
Fotografi italiani: diario immaginario di Lanfranco Colombo, a cura di/curated by Maria Cristina Rodeschini Galati, Bergamo, Accademia Carrara, 4 giugno/June - 18 luglio/July 1993.

1994
C'è ancora spazio per l'ottimismo? 100 fotografi per un'idea. Amnesty International, Sondrio, Galleria del Credito Valtellinese, 9-31 marzo/March 1994; Bari, Municipio, 16-25 aprile/April 1994.

1995
Aldo Ballo per Albini, Helg, Piva, Albini Helg Piva per Aldo Ballo, a cura di/curated by Marirosa Ballo, Milano, Galleria Bordone, 16 maggio/May - 30 giugno/June 1995.

Aldo Ballo: obiettivo sull'oggetto 1954-1994, a cura di/curated by Giuliana Gramigna, Milano, Design Gallery (IED - Istituto Europeo di Design), 6-21 aprile/April 1995.

L'io e il suo doppio. Un secolo di ritratto fotografico in Italia 1895-1995, a cura di/curated by Italo Zannier, Venezia, Giardini della Biennale, Padiglione Italia, 11 giugno/June - 15 ottobre/October 1995.

2001
Aldo Ballo. Mostra antologica. Ritratti di oggetti, Orvieto, Orvieto Fotografia, Palazzo dei Sette, 10-25 marzo/March 2001.

2002
Aldo Ballo. Fotografie & Design, Norimberga, Neues Museum, 12 novembre/November 2002 - 16 marzo/March 2003.

"Tulips". Immagini di Marirosa Toscani Ballo, Milano Showroom Baleri Italia, 8 marzo/March 2002 - 7 marzo/March 2003.

2003
Aldo Ballo, Gianni Berengo Gardin, Guido Cegani, Francesco Cito, Mario De Biasi, Ferruccio Fazio, Maurizio Galimberti, Gianfranco Gardoni, Mimmo Jodice, Giorgio Lotti, Claudio Marcozzi, Andrea Micheli, Occhio Magico, Carlo Orsi, Gianfranco Pardi, Ferdinando Scianna, Livio Senigalliesi, Milano, L'Arsenale Photoltalia, via Tortona 31, novembre/November-dicembre/December 2003.

2004-2005
The Ecstasy Of Things: From Functional Object To Fetish In 20th Century Photography, a cura di/curated by Thomas Seelig, Urs Stahel, Fotomuseum Winterthur / Fotostiftung Schweiz, 4 settembre/September - 14 novembre/November 2004; Cinisello Balsamo (Milano), Museo di Fotografia Contemporanea, e Milano, Spazio Oberdan, 22 marzo/March - 29 maggio/May 2005.

2005
AnniCinquanta. La nascita della creatività italiana, sezione di fotografia a cura di/curated by Cesare Colombo, Milano, Palazzo Reale, 4 marzo/March - 3 luglio/July 2005.

2009
Ballo+Ballo. Il linguaggio dell'oggetto attraverso le fotografie di Aldo Ballo e Marirosa Toscani Ballo, a cura di/curated by Giovanna Calvenzi, Salvatore Gregorietti, Milano, PAC - Padiglione d'Arte Contemporanea, 21 aprile/April - 7 giugno/June 2009.

2010
Cento anni di imprese per l'Italia. Immagini e sguardi d'autore raccontano lo sviluppo del nostro Paese, a cura di/curated by Cesare Colombo, Giovanna Calvenzi, Ludovico Pratesi, Milano, La Triennale, 5 maggio/May - 6 giugno/June 2010; Roma, Museo dell'Ara Pacis, 7 ottobre/October - 14 novembre/November 2010.

2011-2013
Zoom, Italian Design and the Photography of Aldo and Marirosa Ballo, a cura di/curated by Mathias Schwartz-Clauss, Weil am Rhein, Vitra Museum, 26 marzo/March - 3 ottobre/October 2011; Värnamo, Vandalorum Center for Art & Design, 22 novembre/November 2011 - 22 gennaio/January 2012; São Paulo, FAAP Museum, 19 maggio/May - 15 luglio/July 2012; Bellevue, Bellevue Arts Museum, 15 marzo/March - 16 giugno/June 2013.

2016-2018
L'altro sguardo. Fotografe italiane 1965-2015, a cura di/curated by Raffaella Perna, Milano, 5 ottobre/October 2016 - 8 gennaio/January 2017; Roma, Palazzo delle Esposizioni, 8 giugno/June - 2 settembre/September 2018.

Mostre di design e arte / Design and art exhibitions

(con fotografie di Aldo Ballo e di Marirosa Toscani in esposizione o con loro importanti collaborazioni al catalogo / with photographs by Aldo Ballo and Marirosa Toscani on show or with their important collaborations for the catalogue)

1972

Italy: The New Domestic Landscape. Achievements and problems of Italian Design, a cura di/curated by Emilio Ambasz, New York, The Museum of Modern Art, 26 maggio/May - 11 settembre/September 1972.

1995

I Colombo, a cura di/curated by Vittorio Fagone, Bergamo, Accademia Carrara, 19 febbraio/February - 14 maggio/May 1995.

2002

Fotografia e design. L'immagine Alessi, a cura di/curated by Claudia Zanfi, Modena, Sala Grande di Palazzo Santa Margherita, 17 marzo/March - 5 maggio/May 2002; Bruges, Le Beffroi, 10 maggio/May - 10 giugno/June 2002.

2004

Carlo Scarpa nella fotografia. Racconti di architetture 1950-2004, a cura di/curated by Guido Beltramini, Italo Zannier, Vicenza, Museo Palladio in Palazzo Barbaran da Porto, 24 settembre/September 2004 - 9 gennaio/January 2005.

2011

Megalopoli di Agneta Holst. Storia di una collezione tra arte e design, a cura di/curated by Mauro Lovi, Firenze, OTTO luogo dell'arte, 12 maggio/May - 31 luglio/July 2011.

2012

Sixties Design, a cura di/curated by Markus Laumann, Wien, Hofmobiliendepot - Möbel Museum Wien, 29 febbraio/February - 17 giugno/June 2012.

2024

Walter Albini. Il talento, lo stilista, a cura di/curated by Daniela Degl'Innocenti, Enrica Morini, Prato, Museo del Tessuto, 23 marzo/March - 22 settembre/September 2024.

BIBLIOGRAFIA
BIBLIOGRAPHY

**Fonti archivistiche /
Archives sources**

Archivi Storici d'Ateneo, Politecnico di Milano
AS - Segreteria - Studenti decaduti o cessati - B.278,
Fascicolo personale dello studente Aldo Ballo
Fondo GPA Monti, b. 153, fasc. 623
Fondo GPA Monti, b. 135, f. 483
Fondo GPA Monti, cartella 1102
Fondo GPA Monti, b. 19, fasc. 97
Fondo GPA Monti, b. 142, fasc. 549
Fondo GPA Monti, cartella 1099
Fondo GPA Monti, b. 137, fasc. 500

Archivio Andrea Piccardo, Pisa
Marcello Piccardo, *Monte Olimpino*, dattiloscritto,
1970 circa

**Archivio Ballo+Ballo,
Civico Archivio Fotografico di Milano (CAFMi)**
Inventari dell'Archivio Ballo+Ballo;
Isa Tutino Vercelloni, Salvatore Gregorietti, *Mostra sul
design italiano dagli anni '50 agli anni '90 attraverso
la fotografia di Aldo Ballo*, dattiloscritto, s.d.;
Lettera di Lanfranco Colombo ad Aldo Ballo,
dattiloscritto, novembre 1973;
Aldo Ballo. La foto con l'anima, intervista ad Aldo
Ballo, dattiloscritto, s.l. [1974];
Lettera di Sandro Mescola ad Aldo Ballo,
dattiloscritto, 3 settembre 1979;
Lettera di Maria Teresa Fiorio ad Aldo Ballo,
dattiloscritto, 23 ottobre 1980;
Lettera di Sandro Mescola ad Aldo Ballo,
dattiloscritto, 7 maggio 1981;
Lettera di Aldo Ballo all'amministrazione di Condé
Nast S.p.A., dattiloscritto, 23 gennaio 1985;
Aldo Ballo Fotografia-Milano [Listino Prezzi],
dattiloscritto, gennaio 1988;
Aldo Ballo Fotografia-Milano [Listino Prezzi],
dattiloscritto, 1 marzo 1990;
Lettera di Aldo Ballo a Sig.ra Morrone di
Occhiomagico, dattiloscritto, 27 novembre 1992;
Aldo Ballo, *Gli spazi della cultura. La cultura
degli spazi. Lo spazio della fotografia. Il rapporto
tra spazio e immagine*, dattiloscritto + 3 DVD
della conferenza tenuta durante il corso di Marco
Albini, Politecnico di Milano, 26 gennaio 1994;
Lettera di Fredi Drugman a Kristy e Oliviero
Toscani, dattiloscritto, 19 febbraio 1995;
Domanda di registrazione per Marchio d'Impresa
N° MI 2009 C 0002791, presentata in data 18 marzo
2009 al Ministero dello Sviluppo Economico / Ufficio
Italiano Brevetti e Marchi: Marchio Ballo+Ballo;
Domanda di registrazione per Marchio d'Impresa
N° MI 2009 C 0002792, presentata in data
18 marzo 2009 al Ministero dello Sviluppo
Economico / Ufficio Italiano Brevetti e Marchi:
Marchio Ballo+Ballo;

*La testimonianza di due outsiders. Brunella
Toscani, Giorgio Pecorini*, dattiloscritto, s.l. [2009];
Studio Azzurro, Intervista a Oliviero Toscani, 4
febbraio 2009, su supporto DVD, 45';
Aldo Ballo + Marirosa Toscani Ballo, dattiloscritto
redatto da Marirosa Toscani Ballo in occasione
dell'iniziativa *Archivi Aperti* (24-26 ottobre 2016)
organizzata dall'associazione Rete Fotografia s.l.
[2016]

**Archivio Camera di Commercio di Milano
Monza Brianza Lodi (ACCMi)**
Fondo Registro Ditte, Fascicolo n. 540760

**Archivio Paolo Monti, Civico Archivio
Fotografico di Milano (proprietà Fondazione
BEIC - Biblioteca Europea di Informazione
e Cultura)**
Cartella AFIP – [1972]

Archivio Storico, Accademia di Brera, Milano
Tea H I 20 (già Tea H IV 27), fascicolo personale
dello studente Aldo Ballo;
Tea H I 21 bis (già Tea H IV 29), fascicolo
personale della studentessa Marirosa Toscani

**Archivi /
Archives**

Archivio Ballo+Ballo, CAFMi - Civico Archivio
Fotografico di Milano
Archivi La Rinascente, consultazione online (www.
archives.rinascente.it)
Archivi Storici d'Ateneo, Politecnico di Milano
Archivio Andrea Piccardo, Pisa
Archivio Associazione Giancarlo Iliprandi, Milano
Archivio Camera di Commercio di Milano Monza
Brianza Lodi
Archivio Cesare Colombo, Milano
Archivio Paolo Monti, Civico Archivio Fotografico
di Milano (proprietà Fondazione BEIC – Biblioteca
Europea di Informazione e Cultura)
Archivio Storico Accademia di Brera, Milano
Archivio Storico ENI, consultazione online (www.
archiviostorico.eni.com)
Archivio Storico Fondazione Pirelli, consultazione
online (www.fondazionepirelli.org/it/archivio-
storico/)
Archivio Touring Club Italiano, consultazione
online (www.digitouring.it)
Fondazione Franco Albini, Milano
Fototeca dei Civici Musei di Storia e Arte del
Comune di Trieste, consultazione online (www.
fototecatrieste.it)
MUFOCO - Museo di Fotografia Contemporanea,
Biblioteca e Archivio, Cinisello Balsamo (Milano)

**Testi a stampa /
Printed texts**

1951

Guglielmo Ceroni, *L'alluvione ha creato una palude di cento chilometri per trenta*, in "Il Messaggero", 322, 21 novembre/November 1951, p. 3.

Floods Bring Disaster down the Po, in "Life", vol. 31, 23, 3 dicembre/December 1951, pp. 39-43.

1957

Renzo Biasion, *Vacanze sul fiume*, in "Pirelli. Rivista d'informazione e di tecnica", X, 5, settembre-ottobre/September-October 1957, pp. 50-57.

Le forchette parlanti di Munari, in "Domus", 332, luglio/July 1957, p. 37.

1958

Bruno Munari, *Supplemento al Dizionario Italiano*, [Rotocalco Dagnino], [Torino 1958].

Le forchette di Munari, La giostra edizioni, Milano 1958.

1959

Le forchette di Munari, Muggiani Editore, Milano 1959.

Rassegna della fotografia italiana, catalogo della mostra/exhibition catalogue (Sesto San Giovanni, Villa Zorn, Biblioteca Civica, 4-18 ottobre/October 1959), [Arti Grafiche G. Beveresco], [Sesto San Giovanni 1959].

1960

Aldo Ballo, Bruno Caizzi, *Milano dell'età spagnola*, collana "Italia nostra - Itinerari italiani", serie fotografica a cura di/photographic series by Lorenzo Camusso, 3, LEA L'editrice dell'Automobile - Automobile Club d'Italia, Roma 1960.

Il centro Pirelli, estratto da/abstract of "Edilizia Moderna. Periodico tecnico trimestrale", numero monografico speciale/monographic special issue, 71, Edizioni Tecniche Moderne, Milano, dicembre/December 1960.

1961

Cesare Colombo, *La fotografia pubblicitaria*, in *Atti del I Convegno Nazionale di Fotografia*, a cura di/ed. by "Photo Magazin" edizione italiana/Italian ed. (Sesto San Giovanni, Villa Zorn, 18 ottobre/October 1959), "Photo Magazin", Milano-Como 1961, pp. 51-60.

Interventi sulla relazione di Colombo: Monti, in *La fotografia pubblicitaria*, in *Atti del I Convegno Nazionale di Fotografia*, a cura di/ed. by "Photo Magazin", edizione italiana/Italian ed. (Sesto San Giovanni, Villa Zorn, 18 ottobre/October 1959), "Photo Magazin", Milano-Como 1961, pp. 61-70.

1962

Aldo Ballo, Ottorino Gurrieri, *Perugia*, collana/series "Italia nostra - Itinerari italiani", serie fotografica a cura di/photographic series by Lorenzo Camusso, 8, LEA L'editrice dell'Automobile - Automobile Club d'Italia, Roma 1962.

1963

Antonio Arcari, *Perugia e Milano spagnola di Aldo Ballo,* in "Foto Magazin", VIII, 1, gennaio/January 1963, pp. 16-30.

Guido Ballo, *From the poetics of the sign to continuous presence. Arnaldo and Giò Pomodoro*, Luigi Maestri Editore, Milano 1962.

Bruno Munari, *Supplemento al dizionario italiano*, Muggiani Editore, Milano 1963.

1964

Max Huber, Laura Micheletto, Luigi Montaini, Till Neuburg, Gino Sironi, Albe Steiner (a cura di/ed. by), *Due dimensioni. Grafici, Illustratori e Fotografi Pubblicitari Italiani*, Editype, Milano 1964.

Paolo Monti, *Notes on professional photography in Italy*, in "Camera Europhot", XLIII, 3, marzo/March 1964, ed. inglese/English ed., p. 10.

1965

Aldo Ballo, *Torino Barocca*, collana "Italia nostra - Itinerari italiani", serie fotografica a cura di/photographic series by Lorenzo Camusso, 14, LEA L'editrice dell'Automobile - Automobile Club d'Italia, Roma 1965.

Le civiltà. 6: L'età barocca e il secolo dei lumi, Vallardi edizioni periodiche, Milano 1965.

Le civiltà. 7: La civiltà industriale e il nuovo secolo, Vallardi edizioni periodiche, Milano 1965.

1966

Antonio Arcari, *L'impegno della professione,* in "Foto Magazin", XI, 8-9, agosto-settembre/August-September 1966, pp. 33-41.

Aldo Ballo, *Un ipotetico ritratto OP*, in "Popular Photography Italiana", VIII, 108, giugno/June 1966, p. 35.

Guido Ballo, *Posta per gli amici*, Cavallino, Venezia 1966.

Giancarlo Iliprandi, *Divertimento*, in "Popular Photography Italiana", VIII, 108, giugno/June 1966, pp. 36-39.

1968

15 professionisti. Prima mostra colore su Cibachrome-Print. 20. Aldo Ballo, Franco Bottino, Vanni Burkhart, Giorgio Colombo, Angelo Cozzi, Mario De Biasi, Alberto dell'Orto, Serge Libiszewski, Edo Mari, Mauro Masera, Paolo Monti, Edgardo Nessi, Ferdinando Scianna, Gian Sinigaglia, Oliviero Toscani, catalogo della mostra/exhibition catalogue (Milano, Il Diaframma, Galleria dell'Immagine di Popular Photography Italiana, 20 dicembre/December 1968 - 8 gennaio/January 1969), estratto da/abstract of "Popular Photography Italiana", X, 185, dicembre/December 1968.

Elementi. Quaderni di studi notizie ricerche, a cura di/ed. by Società ABET e/and La Rinascente, IV, 2, Studio Milani, Torino 1968.

Opere di Marcello Dudovich, catalogo della mostra/exhibition catalogue (Milano, Palazzo Reale, Sala delle Cariatidi, maggio-giugno/May-June 1968), Edizione Pubbliche Relazioni La Rinascente, Milano 1968.

Servizio Relazioni Pubbliche La Rinascente (a cura di/ed. by), *La Rinascente: cinquant'anni di vita italiana. Volume secondo. Le architetture*, [Edizione Pubbliche Relazioni La Rinascente], Milano 1968 (cit. 1968a).

Servizio Relazioni Pubbliche La Rinascente (a cura di/ed. by), *La Rinascente: cinquant'anni di vita italiana. Volume terzo. L'azienda e la sua storia*, [Edizione Pubbliche Relazioni La Rinascente], Milano 1968 (cit. 1968b).

1972

Italy: The New Domestic Landscape. Achievements and problems of Italian Design, a cura di/ed. by Emilio Ambasz, catalogo della mostra/exhibition catalogue (New York, The Museum of Modern Art, 26 maggio/May - 11 settembre/September 1972), The Museum of Modern Art, New York - Centro Di, Firenze 1972.

Mauro Raffini, *Aldo Ballo*, s.l., s.e., [1972] [opuscolo/brochure].

1973

Studio Sironi (a cura di/ed. by), *Due dimensioni. Chi sono e cosa fanno. Agenzie di pubblicità, studi di pubblicità e grafica, creativi, designers, grafici pubblicitari, produzione cine TV in Italia nel 1973*, Nava, Milano 1973.

I Toscani. Fedele-Marirosa-Oliviero, in "Il Diaframma. Fotografia Italiana", 186, ottobre/October 1973, pp. 21-48.

1975
Antonio Arcari, *Fotografia e industria / il design*, in "Rivista IBM", vol. XI, 3, 1975, pp. 6-13.

Guido Ballo, *Sicilia controcanti*, Guanda, Parma 1975.

1976
Agnoldomenico Pica, *Il design italiano dalla guerra a oggi, 1945-1975*, in "Fiera di Milano. Rassegna dell'Ente Autonomo Fiera", XXVIII, II serie/series, marzo/March 1976, pp. 53-76.

Maria Vittoria Carloni, *Nell'aureo spirito del Palladio. A villa Caldogno,* in "Casa Vogue",62, ottobre/October 1976, pp. 146-151.

1977
Giovanna Calvenzi, Paolo Lazzarin, *L'assistente. Apprendista fotografo o cenerentola di studio?*, in "Il Fotografo. Mensile di tecnica e immagine fotografica", I, 1, gennaio/January 1977, pp. 77-81.

Roberto Sanesi, *La terza tornata di "Pratica Milano '77". Sono tutti bravi ma i fotografi hanno poco spazio*, in "Corriere della Sera", 19 luglio/July 1977, p. 9.

1978
Giovanna Calvenzi, Paolo Lazzarin, *Le foto di arredamento*, in "Il Fotografo. Mensile di tecnica e immagine fotografica", II, 13, gennaio/January 1978, pp. 88-97.

Lodi al sole. Il margine di libertà. L'oggetto: interpretazioni a confronto. Fotocronaca. Paesaggio cercato, catalogo della mostra/exhibition catalogue (Lodi, Museo Civico, aprile-luglio/April-July 1978), Lodigraf, Lodi [1978].

1979
Gabriele Basilico, Giovanna Calvenzi, Alfredo Cella, Paolo Lazzarin (a cura di/ed. by), *L'arredamento*, in "Quaderno di fotografia", 3, primo semestre/first semester 1979, pp. 2-32 (cit. 1979a).

Gabriele Basilico, Giovanna Calvenzi, Alfredo Cella, Paolo Lazzarin (a cura di/ed. by), *Gli uomini e le cose*, in "Quaderno di fotografia", 3, primo semestre/first semester 1979, pp. 33-45 (cit. 1979b).

Paolo Bernardi, Biagio Claudio Muci, Maria Chiara Re, Paolo Camillo Sacchi, *Il fotografo diviso. Esperienze di giovani fotografi*, in *Fotografia: professione, mito e responsabilità*, a cura di/ed. by Angelo Seregni, catalogo della mostra/exhibition catalogue (Milano, Rotonda di via Besana, dicembre/December 1978 - gennaio/January 1979), AFIP, Milano 1979, pp. 89-94.

Maurizio Rebuzzini, *Ballo+Ballo*, in "Fotopratica", 127, maggio/May 1979, pp. 56-59.

Venezia '79 la Fotografia. June 16, 1979 - September 16, 1979. Exhibitions Lectures Workshops Symposia, International Center of Photography, New York 1979 [opuscolo/brochure].

1980
Aldo Ballo, *Uso scenografico dell'architettura nella fotografia applicata*, in *Fotografia e immagine dell'architettura*, a cura di/ed. by Gabriele Basilico, Gaddo Morpurgo, Italo Zannier, catalogo della mostra/exhibition catalogue (Bologna, Galleria d'Arte Moderna, 26 gennaio/January - 28 febbraio/February 1980), edizioni Comune di Bologna - Galleria d'Arte Moderna di Bologna, Bologna 1980, pp. 185-188.

Gabriele Basilico, *Il fotografo come testimone e critico visivo dello spazio*, in *Fotografia e immagine dell'architettura*, a cura di/ed. by Gabriele Basilico, Morpurgo Gaddo, Italo Zannier, catalogo della mostra/exhibition catalogue (Bologna, Galleria d'Arte Moderna, 26 gennaio/January - 28 febbraio/February 1980), Bologna, edizioni Comune di Bologna - Galleria d'Arte Moderna di Bologna, Bologna 1980, pp. 168-170.

1981
Bruna Bellino Weyler, *Il fotografo: un mestiere faticoso ma affascinante*, in "Corriere della Sera", 25 maggio/May 1981, p. 9.

1982
Fotografi, in "Abitare", 200 bis, settembre/September 1982, pp. 52-53.

1983
Alcantara. Progetti di Ambasz, Graves, Gregotti, Mendini, Rossi, Sottsass, Electa, Milano 1983.

Biagio Claudio Muci, *Ballo+Ballo*, in "Il Progresso Fotografico", 2, marzo/March 1983, pp. 36-45.

Giuseppe Turroni, *In tredici puntate "ciak" sui fotografi per svelare segreti e realtà dell'immagine*, in "Corriere della Sera", 21 luglio/July 1983, p. 19.

1984
Veha, Stampa Grafiche Mariano, Milano 1984.

1985
Isa Vercelloni, *L'arte di abitare secondo Casa Vogue*, Longanesi, Milano 1985.

Giuliana Gramigna, *1950/1980. Repertorio. Immagini e contributi per una storia dell'arredo italiano*, Mondadori, Milano 1985.

1986
Officina Alessi, *Tea & Coffee Piazza. 11 servizi da the e caffè disegnati da Michael Graves, Hans Hollein, Charles Jencks, Richard Meier, Alessandro Mendini, Paolo Portoghesi, Aldo Rossi, Stanley Tigerman, Oscar Tusquets, Robert Venturi, Kazumasa Yamashita*, Shakespeare & Company, Brescia [1986].

Tra sogno e bisogno. 306 fotografie sull'evoluzione dei consumi in Italia 1940-1986, a cura di/ed. by Cesare Colombo, catalogo della mostra/exhibition catalogue (Milano, Palazzo Isimbardi, Salone degli Affreschi, 9-19 settembre 1986), Coop-Longanesi & C., Milano 1986.

1987
Peter Pfeiffer (a cura di/ed. by), *Mario Botta. Designer*, CORUS Wohlen, Milano 1987.

1988
Stefano Casciani, *Industrial Art, Objects, Play and Thought in Danese Production*, Arcadia, Milano 1988.

La fabbrica di immagini. L'industria italiana nella fotografia d'autore, a cura di/ed. by Cesare Colombo, catalogo della mostra/exhibition catalogue (Firenze, 1988), Alinari, Firenze 1988.

Object Danese. Profil d'une production, catalogo della mostra/exhibition catalogue (Bordeaux, Musée des Arts Decoratifs, aprile-maggio/April-May 1988; Marsiglia, Centre International de Recherche sur le Verre, giugno-luglio/June-July 1988; Labège-Innopole, Centre Régional d'Art Contemporain Midi-Pyrénées, settembre-ottobre/September-October 1988; Nîmes, Musée du Vieux Nîmes, gennaio-febbraio/January-February 1989; Lione, Musée Historique des Tissus et des Arts Décoratifs, aprile-giugno/April-June 1989), Edition des Musées des Arts Décoratifs de Bordeax et de Lyon, du Centre d'Art Contemporain Midi-Pyrénées, du Musée du Vieux Nîmeset du Cirva de Marseille, 1988.

Isa Vercelloni, *La comunicazione*, in Renato De Fusco, *Il "gioco" del design. Vent'anni dell'attività della Driade,* Electa, Napoli 1988, pp. 199-203.

1989
Enzo Frateili, *Continuità e trasformazione: una storia del disegno industriale italiano 1928-1988*, Alberto Greco Editore, Milano 1989.

1990
Georges Perec, *Things. A Story of the Sixties*, (1965), William Collins Sons & Co., Glasgow 1990.

1991
Alina Kalczynska, *Presepi di Cracovia*, collana "Quaderni d'arte del pesce d'oro", 25, All'insegna del pesce d'oro, Milano 1991.

I mobili nel mirino. Still-life di Ballo & Ballo, in "Casamica", 5, 22 aprile/April 1991, p. 75.

1992
25 anni di attività della Galleria Il Diaframma-Kodak Cultura (Milano, Il Diaframma, 15 aprile/April - 2 maggio/May 1992) [opuscolo/brochure].

Gaetano Afeltra, *Fedele Toscani, la vita è tutta un clic*, in "Corriere della Sera", 20 luglio/July 1992, p. 8.

Roberto Mutti, *Fotografia: Il Diaframma compie 25 anni. La storia, i protagonisti, gli autori, le altre gallerie*, in "Tuttomilano", inserto di "la Repubblica", 9-15 aprile/April 1992, pp. 14-29.

Marcello Piccardo, *La collina del cinema*, Nodo libri, Como 1992.

1993
Fotografi italiani: diario immaginario di Lanfranco Colombo, catalogo della mostra/exhibition catalogue (Bergamo, Accademia Carrara, Galleria d'Arte Moderna e Contemporanea, 4 giugno/June - 18 luglio/July 1993), Bolis, Bergamo 1993.

1994
Giuliana Gramigna, *Aldo Ballo*, in "Ottagono. Trimestrale di disegno industriale", XXIX, 113, dicembre/December 1994 - febbraio 1995, p. 4.

Roberto Mutti, *Ballo, il fascino discreto della foto*, in "la Repubblica. Grande Milano", 22 ottobre/October 1994, p. 1.

1995
Luciana Baldrighi, *La sagra degli Albini. Una mostra e un libro per ricordare il famoso studio di architetti*, in "Il Giornale", 1 giugno/June 1995, p. 38.

Bruno Cesca, *Il prodotto industriale. Alla ricerca di un'immagine si affida al duo Calice e Falchi*, in "La Domenica del Messaggero", supplemento de "Il Messaggero Veneto", 23, 19 marzo/March 1995, p. 19.

Cesare Colombo, *Aldo Ballo, fotografo. 1928-1994*, in "Abitare", 336, gennaio/January 1995, pp. 72-74.

Oreste Del Buono, *Dal duce a Coppi nel clic di Toscani*, in "Tuttolibri", inserto di "La Stampa", 23 settembre/September 1995, p. 5 (cit. 1995a).

Oreste Del Buono, *Una Toscani in Polesine*, in "Tuttolibri", inserto di "La Stampa", 30 settembre/September 1995, p. 5 (cit. 1995b).

Giuliana Gramigna, *Obiettivo sull'oggetto*, in "Ottagono. Trimestrale di disegno industriale", XXX, 114, marzo-maggio/March-May 1995, pp. 65-77.

I Colombo: Joe Colombo (1930-1971) e Gianni Colombo (1937-1993), a cura di/ed. by Vittorio Fagone, catalogo della mostra/exhibition catalogue (Bergamo, Accademia Carrara, 19 febbraio/February - 14 maggio/May 1995), Mazzotta, Milano 1995.

L'io e il suo doppio. Un secolo di ritratto fotografico in Italia 1895-1995, a cura di/ed. by Italo Zannier, catalogo della mostra/exhibition catalogue (Venezia, Giardini della Biennale, Padiglione Italia, 11 giugno/June - 15 ottobre/October 1995), Fratelli Alinari, Firenze 1995.

Italo Lupi, *L'immagine comunicata*, in Fulvio Irace (a cura di/ed. by), *Driadebook*, Skira, Milano 1995, pp. 112-120.

Antonio Piva, *Un'intesa perfetta*, in "Ottagono. Trimestrale di disegno industriale", XXX, 114, marzo-maggio/March-May 1995, pp. 78-80.

Franca Santi Gualtieri, *Franca Santi Gualtieri, già direttore di Abitare, ricorda Aldo Ballo*, in "Abitare", gennaio/January 1995, p. 72.

Vita da bambino. Nelle immagini di 108 fotografi italiani, Arti Grafiche Friulane, Tavagnacco [Udine] 1995.

1996
A town/ Una città, in "Colors Magazine", 16, luglio-agosto/July-August 1996.

Andrea Branzi (a cura di/ed. by), *Il design italiano 1964-1990. Un museo del design italiano*, Electa, Milano 1996.

Giuseppe Turroni, *I fotografi pubblicitari: una nuova cultura*, in "Ferrania. Rivista mensile di fotografia e cinematografia", XX, 10, ottobre/October 1996, pp. 2-11.

1997
Emilio Ambasz, *Il design dell'immaginario*, in "Ottagono. Trimestrale di disegno industriale", XXXII, 122, 1997, pp. 26-27.

1998
Mario Trimarchi (a cura di/ed. by), *Olivetti 1908-1998*, Olivetti, Ivrea 1998.

Zani & Zani, [Grafiche Mariano], [Mariano Comense] 1998.

2000
Oreste Del Buono, *Toscani & Toscani. Dal Duce a Coppi nel clic di Fedele Toscani*, in Anna Lisa Carlotti (a cura di/ed. by), *Fotografia e fotografi a Milano dall'Ottocento a oggi*, Abitare Segesta, Milano 2000, pp. 151-153.

I molti modi di "Abitare". Obiettivo sull'oggetto. Aldo Ballo e il suo Studio, in Anna Lisa Carlotti (a cura di/ed. by), *Fotografia e fotografi a Milano dall'Ottocento a oggi*, Abitare Segesta, Milano 2000, pp. 198-199.

2001
Aldo Ballo. L'immagine del design, in Aldo Colonetti (a cura di/ed. by), *Grafica e design a Milano, 1933-2000*, Abitare Segesta cataloghi, Milano 2001, pp. 142-143.

Masayo Ave, Kazuo Hashiba, *Italian design, un atteggiamento obiettivo. Milano, Genova* [intervista a/interview with Marirosa Toscani Ballo], in "Living Design", vol. 18, luglio-agosto/July-August 2001, pp. 49-56.

Cesare Colombo (a cura di/ed. by), *Fotografia. Una difficile identità*, in Duccio Bigazzi, Marco Meriggi (a cura di/ed. by), *La Lombardia*, serie/seriess "Storia d'Italia: le regioni dall'Unità a oggi", Einaudi, Torino 2001, pp. 651-656.

Giuliana Gramigna, Sergio Mazza, *Milano: un secolo di architettura milanese dal Cordusio alla Bicocca*, U. Hoepli, Milano 2001.

F. C. International (a cura di/ed. by), *Merchandise Magazine. Catalogo prodotti ufficiali. Inter 2000/2001*, 3, 9, 2000/2001.

Le goût de la communication. Immagini dall'archivio storico della Danese 1957-1991, progetto di/project by Jacqueline Vodoz, catalogo della mostra/exhibition catalogue (Milano, Fondazione JVBD, 21 marzo/March - 11 aprile/April 2001), Fondazione Jacqueline Vodoz e Bruno Danese, Milano 2001.

2002
Claudia Zanfi, *Fotografia e design. Da Aldo Ballo allo Studio Azzurro*, in *Fotografia e design. L'immagine Alessi*, a cura di/ed. by Claudia Zanfi, catalogo della mostra/exhibition catalogue (Modena, Sala Grande Palazzo Santa Margherita, 17 marzo/March - 5 maggio/May 2002; Bruges, Le Beffroi, 10 maggio/May - 10 giugno/June 2002), Silvana Editoriale, Cinisello Balsamo 2002, pp. 16-23.

2003
Giovanni Odoni, *Aldo Ballo fotodesigner*, in "Casa Amica", mensile allegato a "Io Donna", distribuito con il "Corriere della Sera"/monthly attached to *Io Donna*, distributed with *Corriere della Sera*, 4, 5 aprile/April 2003, pp. 97-104.

2003-2004
Sofia Sfriso, *Aldo Ballo (1928-1994). Maestro della fotografia di design*, tesi di laurea/thesis, Università degli Studi di Perugia, Facoltà di Lettere e Filosofia, relatrice prof.ssa/ rapporteur prof Caterina Zappia, a.a./a.y. 2003-2004.

2004
Giovanna Calvenzi, *La geografia dei fotografi indipendenti*, in Uliano Lucas (a cura di/ed. by), *L'immagine fotografica 1945-2000*, serie/series "Storia d'Italia. Annali", 20, Einaudi, Torino 2004, pp. 648-666.

Carlo Scarpa nella fotografia. Racconti di architetture 1950-2004, a cura di/ed. by Guido Beltramini, Italo Zannier, catalogo della mostra/exhibition catalogue (Vicenza, Museo Palladio in Palazzo Barbaran da Porto, 24 settembre/September 2004 - 9 gennaio/January 2005), Marsilio, Venezia 2004.

Michael Frizot, *The photographic life of things,* in *The Ecstasy Of Things: From Functional Object To Fetish In 20th Century Photography*, a cura di/ed. by Thomas Seelig, Urs Stahel, catalogo della mostra/exhibition catalogue (Fotomuseum Winterthur /e Fotostiftung Schweiz, 4 settembre/September - 14 novembre/November 2004; Cinisello Balsamo, Museo di Fotografia Contemporanea e Milano, Spazio Oberdan, 22 marzo/March - 29 maggio/May 2005), Steidl Verlag, Göttingen 2004, pp. 10-15.

Antonio Somaini, *Percorsi della fotografia pubblicitaria,* in Uliano Lucas (a cura di/ed. by), *L'immagine fotografica 1945-2000*, serie/series "Storia d'Italia. Annali", 20, Einaudi, Torino 2004, pp. 581-597.

2005
Cesare Colombo, *Fotografia: nuovi linguaggi per un paese antico*, in *AnniCinquanta. La nascita del-*

la creatività italiana, catalogo della mostra/exhibition catalogue (Milano, Palazzo Reale, 4 marzo/March - 3 luglio/July 2005), Ed. Artificio Skira, Firenze 2005, pp. 323-328.

Bruno Pedretti, *Michele Reginaldi. Disegni e costruzioni. Oratorio della Passione, Basilica di Sant'Ambrogio, Milano*, a cura di/ed. by Ginette Caron, catalogo della mostra/exhibition catalogue (Milano, Museo della Basilica di Sant'Ambrogio, 8-24 aprile/April 2005), Bolis, Azzano San Paolo 2005.

2006
Artemide, concept creative Oliviero Toscani [Centre des Monuments Nationaux], [Poissy] 2006.

Silvia Lelli (a cura di/ed. by), *Anima. Aldo Ballo*, collana/series "Alinari FOCUS", Stamperia d'Arte Fratelli Alinari, Firenze 2006 [cartella di collotipie/collotype folder].

2007
99 Icone. Da segno a sogno, a cura di/ed. by Enrico Baleri, Luigi Baroli, catalogo della mostra/exhibition catalogue (Bergamo, Accademia Carrara, Galleria d'Arte Moderna e Contemporanea, 1 dicembre/December 2007 - 24 febbraio/February 2008), Lubrina Editore, Bergamo 2007.

Andrea Branzi, *Le 7 ossessioni del design italiano*, in "L'Europeo", VI, 6, dicembre/December 2007, pp. 45-52.

Federica Monetti (a cura di/ed. by), Giuliana Gramigna, *Le fabbriche del design. I produttori dell'arredamento domestico in Italia 1950-2000*, Umberto Allemandi & C., Torino 2007.

Ettore Sottsass, Marirosa Toscani Ballo, *Aldo Ballo. Ritratto del fotografo che ha inventato l'immagine del design italiano*, in "Domus", 906, settembre/September 2007, pp. 78-90.

2008
Accoglienza aziendale sportiva 2007-2008, F.C. Internazionale Milano S.p.A. - Leva S.p.A., Arti Grafiche, s.l., 2008 [opuscolo/brochure].

Gabriele Basilico, *Attraverso la camera oscura*, in "Domus", 911, febbraio/February 2008, pp. 105-107.

Olivier Lugon, *Lo stile documentario in fotografia. Da August Sander a Walker Evans 1920-1945*, Mondadori Electa, Milano 2008 (1a ediz. Éditions Macula, Paris 2001).

László Moholy-Nagy, *Pittura Fotografia Film*, vol. I, Scalpendi, Milano 2008.

Silvia Paoli, *Still life*, in *Photo20esimo. Maestri della fotografia del XX secolo*, a cura di/ed. by Marco Antonetto e Bruno Corà, catalogo della mostra/exhibition catalogue (Lugano, Museo d'Arte, 5 ottobre/October 2008 - 11 gennaio/January 2009), Silvana Editoriale, Cinisello Balsamo 2008, pp. 314-315.

2009
Domenico Aliperto, *La fucina delle immagini*, 10 maggio/May 2009, https://www.businesspeople.it/People/Protagonisti/La-fucina-delle-immagini-5399/ (ultima consultazione/last visit: 27/04/2024).

Ballo+Ballo: storia di una bottega di fotografia, Lucini officina d'arte grafica, Milano 2009 (cit. 2009a).

Ballo+Ballo: il linguaggio dell'oggetto attraverso le fotografie di Aldo Ballo e Marirosa Toscani Ballo / The language of the object through the photos of Aldo Ballo and Marirosa Toscani Ballo, a cura di/ed. by Giovanna Calvenzi, Salvatore Gregorietti, catalogo della mostra/exhibition catalogue (Milano, PAC Padiglione d'Arte Contemporanea, 21 aprile/April - 7 giugno/June 2009), Silvana Editoriale, Cinisello Balsamo 2009 (cit. 2009b).

Carlo Bertelli, *Un mobile è un progetto...*, in *Ballo+Ballo: il linguaggio dell'oggetto attraverso le fotografie di Aldo Ballo e Marirosa Toscani Ballo / The language of the object through the photos of Aldo Ballo and Marirosa Toscani Ballo*, a cura di/ed. by Giovanna Calvenzi, Salvatore Gregorietti, catalogo della mostra/exhibition catalogue (Milano, PAC Padiglione d'Arte Contemporanea, 21 aprile/April - 7 giugno/June 2009), Silvana Editoriale, Cinisello Balsamo 2009, pp. 52-53.

Fabio Cirifino, *Milano, 2 febbraio 1964 / Milan, 2 February 1964*, in *Ballo+Ballo: il linguaggio dell'oggetto attraverso le fotografie di Aldo Ballo e Marirosa Toscani Ballo / The language of the object through the photos of Aldo Ballo and Marirosa Toscani Ballo*, a cura di/ed. by Giovanna Calvenzi, Salvatore Gregorietti, catalogo della mostra/exhibition catalogue (Milano, PAC Padiglione d'Arte Contemporanea, 21 aprile/April - 7 giugno/June 2009), Silvana Editoriale, Cinisello Balsamo 2009, pp. 30-32.

Anna Detheridge, *Fotografia. Oggetti belli e con l'anima*, in "Arte. Mensile di Arte", 429, maggio/May 2009, pp. 124-127.

Bruno Munari, *Supplemento al dizionario italiano*, (1963), Corraini Editore, Mantova 2009.

Isa Tutino, *L'oggetto seduttivo. La fotografia di Aldo e Marirosa Ballo nel suo rapporto con l'editoria specializzata e con l'immagine aziendale / The captivating object. The photography of Aldo Ballo and Marirosa Ballo in its relationship with specialist publications and corporate image*, in *Ballo+Ballo: il linguaggio dell'oggetto attraverso le fotografie di Aldo Ballo e Marirosa Toscani Ballo / The language of the object through the photos of Aldo Ballo and Marirosa Toscani Ballo*, a cura di/ed. by Giovanna Calvenzi, Salvatore Gregorietti, catalogo della mostra/exhibition catalogue (Milano, PAC Padiglione d'Arte Contemporanea, 21 aprile/April - 7 giugno/June 2009), Silvana Editoriale, Cinisello Balsamo 2009, pp. 158-165.

2010
Antonio Arcari, *L'immagine degli oggetti. 1966*, in Diletta Zannelli (a cura di/ed. by), *Tra le carte di Antonio Arcari. Fotografia, educazione visiva 1950-1980*, Museo di Fotografia Contemporanea - Lupetti Editore, Milano 2010, pp. 194-210.

Cesare Colombo, *Tra i grandi archivi*, in *Cento anni di imprese per l'Italia. Immagini e sguardi d'autore raccontano lo sviluppo del nostro Paese*, a cura di/ed. by Giovanna Calvenzi, Cesare Colombo, Ludovico Pratesi, catalogo della mostra/exhibition catalogue (Milano, La Triennale, 5 maggio/May - 6 giugno/June 2010; Roma, Museo dell'Ara Pacis, 7 ottobre/October - 14 novembre/November 2010), Alinari 24ORE, Firenze 2010, pp. 25-29.

La grafica del Made in Italy. Comunicazione e aziende del design. 1950-1980, a cura di/ed. by Mario Piazza, catalogo della mostra/exhibition catalogue (Milano, Galleria Aiap, 13-23 aprile/April 2010), Aiap, collana/series "CDPG-Aiap", 1, Milano 2010.

Libro delle prenotazioni / reservation book 2010. Terra Moretti, [Stabilimento Poligrafico Fiorentino], [Calenzano] 2010.

Franca Squarciapino (a cura di/ed. by), *I rifugi di Ezio. Le case della vita di Ezio Frigerio e Franca Squarciapino*, Allemandi, Torino 2010.

2011
Maria Cristina Didero, *Aldo & Marirosa: a true love*, in "Apartamento. An everyday life interiors magazine", 7, primavera-estate/spring-summer 2011, pp. 112-125.

Megalopoli di Agneta Holst, a cura di/ed. by Mauro Lovì, catalogo della mostra/exhibition catalogue (Firenze, OTTO luogo dell'arte, 12 maggio/May - 31 luglio/July 2011), Otto luogo dell'arte, Firenze 2011.

Moretti S.p.a., *More. Readymade. Nuovo sistema di costruzione*, [Moretti], [Erbusco] 2011.

Georges Perec, *Le cose*, Einaudi, Torino (1965) 2011.

Zoom. Italian Design and the Photography of Aldo and Marirosa Ballo, a cura di/ed. by Mathias Schwartz-Clauss, catalogo della mostra/exhibition catalogue (Weil am Rhein, Vitra Design Museum, 26 marzo/March - 3 ottobre/October 2011; Värnamo, Vandalorum Center for Art & Design, 1 novembre/November - 30 dicembre/December 2011; San Paolo, FAAP Museum, 20 maggio/May - 15 luglio/July 2012; Bellevue, WA, Bellevue Arts Museum, 15 marzo/March - 16 giugno/June 2013), s.e., s.l. [2011].

2012
Tommaso Basilio, *L'anima delle cose*, in "Case da abitare", 155, marzo/March 2012, pp. 77-80.

2013
Eva Bellini, *Casa Vogue*, in Barbara Cinelli, Flavio Fergonzi, Maria Grazia Messina, Antonello Negri (a cura di/ed. by), *Arte moltiplicata. L'immagine del '900 italiano nello specchio dei rotocalchi*, Bruno Mondadori, Milano 2013, pp. 374-379 (cit. 2013a).

Eva Bellini, *"Vivere con l'arte": le case d'artista come modello per il collezionismo dagli interni*

fotografati di *"Casa Vogue", 1968-1980*, in "Studi di Memofonte. Rivista online semestrale", 11, 2013, pp. 203-226, https://www.memofonte.it/home/files/pdf/XI_2013_BELLINI.pdf (ultima consultazione/last visit 27/04/2024) (cit. 2013b).

Giovanna Chiti, Lucia Covi, *Parlando con voi: incontri con fotografe italiane*, Danilo Montanari, Ravenna 2013.

Flavio Fergonzi, *I quadri in casa d'altri. Sull'ambientazione delle opere moderne nelle riviste italiane di interni e di moda dagli anni cinquanta ai settanta,* in Barbara Cinelli, Flavio Fergonzi, Maria Grazia Messina, Antonello Negri (a cura di/ed. by), *Arte moltiplicata. L'immagine del '900 italiano nello specchio dei rotocalchi,* Bruno Mondadori, Milano 2013, pp. 301-320.

Libro delle prenotazioni / reservation book 2013. Terra Moretti, [Toccafondi], [Firenze] 2013.

Mario Piazza, *La grafica per il "Made in Italy"*, in "Ais/Design Journal: Storia e Ricerche", vol. 1, 1, marzo/March 2013, pp. 48-64, https://www.aisdesign.org/ser/index.php/SeR/issue/view/10 (ultima consultazione/last visit 27/04/2024).

Paola Proverbio, *Un laboratorio sperimentale per il design. Danese 1957-1991*, in "Ais/Design Journal. Storia e Ricerche", 1, gennaio/January 2013, pp. 65-80, disponibile in/available on http://www.aisdesign.org/ser/index.php/SeR/article/view/23/19. ISSN: 2281-7603 (ultima consultazione/last visit 3/05/2024) (cit. 2013a)

Paola Proverbio, *Fotografia d'industria e fotografia del prodotto industriale. Frammenti per una storia*, in "Ais/Design Journal: Storia e Ricerche", vol. 1, 2, 2013, pp. 126-134, https://www.aisdesign.org/ser/index.php/SeR/issue/view/9 (ultima consultazione/last visit 27/04/2024) (cit. 2013b).

2015
Angelo Pietro Desole, *La fotografia industriale in Italia: 1933-1965*, Quinlan, San Severino Marche 2015.

Giovanna Ginex (a cura di/ed. by), *Una musa tra le ruote. Pirelli: un secolo di arte al servizio del prodotto*, Corraini, Mantova 2015.

Giancarlo Iliprandi, *Note*, Hoepli, Milano 2015.

2016
Matteo Iannello, *Un matto delle giuncaie: Roberto Sambonet grafico e designer*, in Matteo Iannello (a cura di/ed. by), *Roberto Sambonet artista e designer*, collana/series "Quaderni del CASVA", 15, Comune di Milano-CASVA, Milano 2016, pp. 33-93.

L'altro sguardo. Fotografe italiane 1965-2015, a cura di/ed. by Raffaella Perna, catalogo della mostra/exhibition catalogue (Milano, Triennale, 5 ottobre/October 2016 - 8 gennaio/January 2017; Roma, Palazzo delle Esposizioni, 8 giugno/June - 2 set-tembre/September 2018), Silvana Editoriale, Cinisello Balsamo 2016.

2016-2017
Noemi Ceriani, *La fotografia di design a Milano dagli anni Cinquanta a oggi. Una lettura attraverso le esperienze dei suoi autori*, tesi di laurea/Thesis, Università Cattolica del Sacro Cuore, sede di Milano, Facoltà di Lettere e Filosofia, relatrice prof.ssa / rapporteur prof Paola Proverbio, a.a./a.y. 2016-2017.

2017
Elisabetta Andreis, *Scuola di fotografia con lo stile Toscani. "Vieterò ai bimbi l'uso del cellulare"*, in "Corriere della Sera", 21 luglio/July 2017, p. 6.

Ilaria Defilippo, *Catturare su pellicola l'essenza del design italiano. Conversazione con Marirosa Toscani Ballo*, 24 marzo/March 2017, https://alleyoop.ilsole24ore.com/2017/03/24/catturare-su-pellicola-lessenza-del-design-italiano-conversazione-con-marirosa-toscani-ballo/ (ultima consultazione/last visit 27/04/2024).

Fondazione Pirelli (a cura di/ed. by), *La Pubblicità con la P maiuscola. La comunicazione visiva Pirelli tra design d'autore e campagne globali, anni Settanta-Duemila*, Corraini, Mantova 2017.

Maria Luisa Ghianda, *Linus, La Rinascente, Milano / Gregorietti e la grafica*, in "Doppiozero", 22 dicembre/December 2017, https://www.doppiozero.com/gregorietti-e-la-grafica (ultima consultazione/last visit 27/04/2024).

Salvatore Gregorietti, *L'immagine di un grande magazzino*, in *IR100. Rinascente Stories of Innovation*, a cura di/ed. by Sandrina Bandera, Maria Canella, catalogo della mostra/exhibition catalogue (Milano, Palazzo Reale, 24 maggio/May - 24 settembre/September 2017), Skira - La Rinascente, Milano 2017 (cit. 2017a).

Salvatore Gregorietti, *Lavorare con il fotografo del design Aldo Ballo*, in Alberto Bassi, Fiorella Bulegato (a cura di/ed. by), con/with Matteo Gregorietti, *Salvatore Gregorietti. Un progetto lungo cinquant'anni / A fifty-year project*, Skira, Milano 2017, pp. 80-81 (cit. 2017b).

Mario Piazza, *La Rinascente, l'immagine disegnata e l'immagine progettata*, in Mario Piazza, Nicoletta Ossanna Cavadini (a cura di/ed. by), *La Rinascente. 100 anni di creatività d'impresa attraverso la grafica = 100 years of corporate creativity through graphic design*, Skira, Milano 2017, pp. 26-61.

Paola Proverbio, *Come Angelica e Bradamante. Antonia Astori e Adelaide Acerbi, le donne della Driade*, in Raimonda Riccini (a cura di/ed. by), *Angelica e Bradamante: le Donne del Design*, Il Poligrafo, Padova 2017, pp. 145-161.

2018
Maddalena Dalla Mura, *Immagini e immaginario: un percorso tra fotografia e riviste*, in *Storie. Il design italiano*, a cura di/ed. by Chiara Alessi, Mad-dalena Dalla Mura, Manolo De Giorgi, Vanni Pasca, Raimonda Riccini, catalogo della mostra/exhibition catalogue (Milano, La Triennale di Milano, 14 aprile/April 2018 - 20 gennaio/January 2019), Electa, Milano 2018, pp. 432-449.

Oliviero Toscani, *Prima di tutto devi osservare, ed è tutto una questione di linee e di architettura* [intervista a/interview with Marirosa Toscani Ballo], in Oliviero Toscani, *La famiglia*, RCS MediaGroup, collana/series "Oliviero Toscani. Lezioni di fotografia", 19, Milano 2018, pp. 97-109.

2020
Michele Galluzzo, *"Perché voi non sapete come sceglie una cucina la gente vera". La fotografia tra grafica e art direction nel Made in Italy*, in "Ais/Design Journal: Storia e Ricerche", vol. 7, 14, dicembre/December 2020, pp. 61-90, https://www.aisdesign.org/ser/index.php/SeR/issue/view/15 (ultima consultazione/last visit 27/04/2024).

Elena Gervasoni, Silvia Paoli (a cura di/ed. by), *Intervista a Marirosa Toscani Ballo*, registrazione audio/audio recording, Civico Archivio Fotografico, Milano, 27 aprile/April 2021.

Paola Proverbio, Noemi Ceriani, *La fotografia di design autoriale italiana tra gli anni settanta e ottanta. Dai maestri alle nuove generazioni*, in "Ais/Design Journal: Storia e Ricerche", vol. 7, 14, dicembre/December 2020, pp. 91-114, https://www.aisdesign.org/ser/index.php/SeR/issue/view/15 (ultima consultazione/last visit 27/04/2024) (cit. 2020a).

Paola Proverbio, Noemi Ceriani, *Lo stato dell'arte della fotografia di arredamento sul finire degli anni settanta,* in "Ais/Design Journal: Storia e Ricerche", vol. 7, 14, dicembre/December 2020, pp. 133-135, https://www.aisdesign.org/ser/index.php/SeR/issue/view/15 (ultima consultazione/last visit 27/04/2024) (cit. 2020b).

Paola Proverbio, Raimonda Riccini, *Fotografia e design. La costruzione dell'immagine del prodotto industriale*, in "Ais/Design Journal: Storia e Ricerche", vol. 7, 14, dicembre/December 2020, pp. 9-19, https://www.aisdesign.org/ser/index.php/SeR/issue/view/15 (ultima consultazione/last visit 27/04/2024).

Laura Riboldi, *L'avvenire della memoria per rafforzare la cultura d'impresa,* in *Storie del grattacielo: i 60 anni del Pirellone tra cultura industriale e attività istituzionali di Regione Lombardia*, Regione Lombardia - Fondazione Pirelli, Marsilio, Venezia 2020, pp. 75-79.

Raimonda Riccini, *Fotografia e design. Un rapporto non ancillare*, in "Ais/Design Journal: Storia e Ricerche", vol. 7, 14, dicembre/December 2020, pp. 117-123, https://www.aisdesign.org/ser/index.php/SeR/issue/view/15 (ultima consultazione/last visit 27/04/2024).

2022
Irene Caravita, *La fotografia nelle gallerie private*

di Milano (1967-1975), De Luca editori d'arte, Roma 2022.

Rosa Chiesa, *Alberto Rosselli e "Stile Industria". Unicità di un caso editoriale*, in "AIS / Design Journal. Storia e ricerche", vol. 9, 16, agosto/August 2022.

Susanne John, Giovanna Sparapani, *Messe a fuoco: storie e battaglie di 40 donne fotografe*, goWare, Firenze 2022.

Luigi Tomassini, *Fotografia industriale e memoria visuale ENI*, in *ENI, la storia di un'impresa. Passato presente e futuro del cane a sei zampe*, introduzione di/introducton by Luciano Segreto, Fondazione Giangiacomo Feltrinelli, Milano 2022, pp. 267-296.

Luigi Tomassini, Patrizia Caselli (a cura di/ed. by), *Eni per immagini. Selezione di immagini dall'Archivio storico Eni*, in *ENI, la storia di un'impresa. Passato presente e futuro del cane a sei zampe*, introduzione di/introducton by Luciano Segreto, Fondazione Giangiacomo Feltrinelli, Milano 2022, pp. I-XLVIII.

2022-2023

Beatrice Balbi, *Design e fotografia: lo Studio Ballo (1953-1994)*, tesi di specializzazione, Università Cattolica del Sacro Cuore, sede di Milano Facoltà di Lettere e Filosofia, relatrice prof.ssa/rapporteur prof. Paola Proverbio, correlatrice prof.ssa/co-rapporteur prof. Ornella Selvafolta, a.a./a.y. 2022-2023.

Valeria Bottasini, *Comunicare il design italiano: lo studio fotografico Ballo e la collaborazione con "Casa Vogue" (1968-1993)*, tesi di laurea/thesis, Corso di Laurea Magistrale in Storia e critica dell'arte, Facoltà di Studi Umanistici, Università degli Studi di Milano, a.a./a.y. 2022-2023.

Olivia Chimenti, *La fotografia di Aldo Ballo e Marirosa Toscani: il carattere dell'oggetto fino al MoMA di New York*, tesi di diploma/thesis, Accademia di Architettura di Mendrisio, MSc2, relatore prof./rapporteur prof Gabriele Neri, a.a./a.y. 2022-2023.

2023

Paola Antonelli, *Ancora Milano. Gucci prospettive*, Contrasto, Roma 2023.

Nicolas Ballario, *Addio a Marirosa Toscani Ballo, fotografa del grande design*, 7 febbraio/February 2023, https://www.ilgiornaledellarte.com/articoli/addio-a-marirosa-toscani-ballo-fotografadel-grande-design/141432.html (ultima consultazione/last visit 27/04/2024).

Giovanni Baule, *Giancarlo Iliprandi. L'occhio del grafico per la fotografia*, Maurizio Corraini Editore, Mantova 2023.

Rosa Chiesa, Paola Proverbio, *Il ruolo della fotografia nella narrazione del design italiano. Lo studio Ballo+Ballo per il catalogo della mostra "Italy:*

The New Domestic Landscape", in Enrico Cicalò, Valeria Menchetelli, Michele Valentino (a cura di/ed. by), *Linguaggi Grafici. FOTOGRAFIA*, Publica, 30 dicembre/December 2023, pp. 900-917, https://www.publicapress.it/index.php/book/linguaggi-grafici-fotografia/ (ultima consultazione/last visit 27/04/2024).

Adelaide Corbetta, *Morta Marirosa Toscani Ballo. Se ne va un pezzo di storia della fotografia*, 20 marzo 2023, https://www.artribune.com/arti-visive/fotografia/2023/03/marirosa-toscani-ballo-morte-2023-fotografia/ (ultima consultazione/last visit 27/04/2024).

Raissa D'Uffizi, *"Dentro l'oggetto". Aldo Ballo per "Italy: The New Domestic Landscape"*, in "Ais/Design Journal: Storia e Ricerche", vol. 10, 18, ottobre/October 2023, pp. 52-73, https://www.aisdesign.org/ser/index.php/SeR/issue/view/21 (ultima consultazione/last visit 27/04/2024).

Fotografia alla carriera. Omaggio della fotografia italiana ai maestri del Compasso d'Oro, catalogo della mostra/exhibition catalogue, a cura di/ed. by Giovanni Chiaramonte, Michele Nastasi (Milano, ADI Design Museum, ottobre/October 2023), ADI-per, Milano 2023.

Enrico Morteo, Orsina Simona Pierini, *Nelle case. Milan interiors 1928-1978*, Hoepli, Milano 2023.

Daniela Tartaglia (a cura di/ed. by), *Parlando con voi. Immagini e parole di trenta fotografe italiane*, Cartacanta, Civitanova Marche 2023.

2024

Monica Di Barbora, *Tra ombre e luce. Donne e fotografia nel Novecento*, collana della/series of Società italiana delle storiche, Viella, Roma 2024 (in corso di stampa/to be printed).

Lucia Miodini, *Il corpus fotografico di Walter Albini: immagine e immaginari di moda,* in *Walter Albini. Il talento, lo stilista*, a cura di/ed. by Daniela Degl'Innocenti, Enrica Morini, catalogo della mostra/exhibition catalogue (Prato, Museo del Tessuto, 23 marzo/March - 22 settembre/September 2024), Skira, Milano 2024, pp. 258-267.

Silvia Paoli, *Fotografia a Milano 1950-1970: professionismo, editoria e nuovi linguaggi*, in Giovanni Fiorentino, Monica Maffioli, Roberta Valtorta (a cura di/ed. by), *Storie della fotografia in Italia*, Pearson, Milano 2024, pp. 163-172.

**Filmati e audiovisivi /
Films and audiovisuals**

1972

Carosello *Facis. A ciascuno il suo guardaroba: fotografi 1*
Pubblicità del marchio di abbigliamento Facis, 1972, regia e produzione di Luciano Emmer, con Alfa Castaldi, Aldo Ballo, Serge Libis, Oliviero Toscani / Advertisement of the Facis clothing brand, 1972, directed and produced by Luciano Emmer, with Alfa Castaldi, Aldo Ballo, Serge Libis, Oliviero Toscani.
https://carosello.tv/serie/a-ciascuno-il-suo-guardaroba/fotografi-1/ (ultima consultazione/last visit 27/04/2024).

Carosello *Facis. A ciascuno il suo guardaroba: fotografi 2*
Pubblicità del marchio di abbigliamento Facis, 1972, regia e produzione di Luciano Emmer, musica di Ennio Morricone, con Alfa Castaldi, Aldo Ballo, Serge Libis e Oliviero Toscani / Advertisement of the Facis clothing brand, 1972, directed and produced by Luciano Emme, music by Ennio Morricone, with Alfa Castaldi, Aldo Ballo, Serge Libis and Oliviero Toscani.
https://carosello.tv/serie/a-ciascuno-il-suo-guardaroba/fotografi-2/ (ultima consultazione/last visit 27/04/2024).

Carosello *Facis. A ciascuno il suo guardaroba: fotografi 3*
Pubblicità del marchio di abbigliamento Facis, 1972, regia e produzione di Luciano Emmer, con Alfa Castaldi, Aldo Ballo, Serge Libis e Oliviero Toscani / Advertisement of the Facis clothing brand, 1972, directed and produced by Luciano Emmer, with Alfa Castaldi, Aldo Ballo, Serge Libis and Oliviero Toscani.
https://carosello.tv/serie/a-ciascuno-il-suo-guardaroba/fotografi-3/ (ultima consultazione/last visit 27/04/2024).

1983

Dietro l'obiettivo. Gli specialisti. Aldo e Marirosa, ovvero: Ballo e Ballo
di Carla Cerati, regia di Oliviero Sandrini, fotografia di Nevio Sivini, montaggio di Giancarlo Raineri, musica della sigla di Franco Cerri, RAI, 1983, colore, 15':31''/by Carla Cerati, directed by Oliviero Sandrini, photography by Nevio Sivini, editing by Giancarlo Raineri, theme song music by Franco Cerri, RAI, 1983, colour, 15':31''

2009

Studio Azzurro, *Ballo+Ballo*
interviste a designer, fotografi, architetti, videodocumento, colore, Milano 2009/interviews with designers, photographers, architects, video document, colour, Milan 2009

2011

Zepstudio, *Ballo&Ballo zoom*, 2011
https://www.youtube.com/watch?v=mlHEC3Gx8u8 (ultima consultazione/last visit3/05/2024)

2013

Marirosa Toscani. Il linguaggio dell'oggetto attraverso le foto di Ballo e Ballo
Lectio Magistralis di Fotografia e Dintorni (Milano, La Triennale, Sala Agorà, 12 dicembre 2013), con Marirosa Toscani Ballo, Giorgio Ginex, Paola Proverbio, Isa Tutino, introduzione di Giovanni Gastel / Lectio Magistralis of Photography and Surroundings (Milan, La Triennale, Sala Agorà, 12 December 2013), with Marirosa Toscani Ballo, Giorgio Ginex, Paola Proverbio, Isa Tutino Vercellon, introduction by Giovanni Gastel.
https://www.afipinternational.com/news/2013/12/19/marirosa-toscani-ballo-il-linguaggio-delloggetto-attraverso-le-foto-di-balloballo-video-e-foto/ (ultima consultazione/last visit 27/04/2024)

Paola Proverbio, *Fotografia di design. Il linguaggio dell'oggetto attraverso le fotografie di Ballo+Ballo,* in Marirosa Toscani Ballo, *Il linguaggio dell'oggetto attraverso le foto di Ballo+Ballo*
Lectio Magistralis di Fotografia e Dintorni (Milano, La Triennale, Sala Agorà, 12 dicembre 2013) / Lectio Magistralis of Photography and Surroundings (Milan, La Triennale, Sala Agorà, 12 December 2013).
https://www.afipinternational.com/news/2013/12/19/marirosa-toscani-ballo-il-linguaggio-delloggetto-attraverso-le-foto-di-balloballo-video-e-foto/ (ultima consultazione/last visit 3/05/2024).

2014

Chiacchiere Intorno all'Abitare
Intervista a Marirosa Toscani Ballo, a cura di More (Milano, Salone del Mobile, Showroom De Padova), 10 aprile 2014 / Interview with Marirosa Toscani Ballo, ed. by More (Milan, Salone del Mobile, Showroom De Padova), 10 aprile/April 2014.
https://youtu.be/m9mOv3IUps4?feature=shared (ultima consultazione/last visit 27/04/2024).

Parlando con voi
Installazione multimediale con interviste a trenta fotografe, tra cui Marirosa Toscani Ballo. Ideata da Giovanni Gastel e prodotta da AFIP International e Metamorphosi Editrice, esposta all'interno di Milano Image Art Fair (Milano, MIA, 23-25 maggio 2014) e della mostra *L'altro sguardo. Fotografe italiane 1965-2015*, a cura di Raffaella Perna (Milano, La Triennale, 5 ottobre 2016 - 8 gennaio2017). L'installazione trae ispirazione dal volume di Giovanna Chiti e Lucia Covi, *Parlando con voi: incontri con fotografe italiane*, Danilo Montanari, Ravenna 2013 / Multimedia installation with interviews with thirty photographers, including Marirosa Toscani Ballo. Conceived by Giovanni Gastel and produced by AFIP International e Metamorphosi Editrice, exhibited within the Milano Image Art Fair (Milan, MIA, 23–25 May 2014) and the exhibition *L'altro sguardo. Fotografe italiane 1965-2015*, curated by Raffaella Perna (Milan, La Triennale, 5 October 2016 - 8 January 2017). The installation draws inspiration from the volume by Giovanna Chiti and Lucia Covi, *Parlando con voi: incontri con fotografe italiane*, Danilo Montanari, Ravenna 2013.

Voices
Video installazione con oltre cinquanta voci, tra cui Marirosa Toscani Ballo, realizzata da Studio Azzur-
ro per "Domus", in occasione del Fuorisalone 2014 (Milano, Chiostro del Conservatorio Giuseppe Verdi, 8-13 aprile 2014) / Video installation with over fifty voices, including Marirosa Toscani Ballo, created by Studio Azzurro for *Domus*, on the occasion of the Fuorisalone 2014 (Milan, Chiostro del Conservatorio Giuseppe Verdi, 8–13 April 2014).

2018
Emilio Tremolada, *L'Adelaide*, 2018
https://www.audiovisiva.org/it/documentary/ladelaide (ultima consultazione/last visit 3/05/2024).

2021

10x10. 10 ritratti per 10 donne che hanno cambiato la storia della fotografia. Marirosa Toscani Ballo
V puntata, a cura di Nicolas Ballario, con la partecipazione di Fabio Cirifino, regia di Spucches, con Sebastiano Scala e Mario Zanetta, prodotto da MUDEC, da un'idea di 24Ore Cultura, 16 gennaio 2021 / V episode, curated by Nicolas Ballario, with the participation of Fabio Cirifino, directed by Spucches, with Sebastiano Scala and Mario Zanetta, produced by MUDEC, from an idea by 24Ore Cultura, 16 January 2021.
https://www.youtube.com/watch?v=xzhEwbq-vi8 (ultima consultazione/last visit 24/04/2024).

2024

Ballo+Ballo. I nuovi mondi della fotografia e del design a Milano
Ideazione e interviste a cura di Diletta Cerizzi e Marzia Cotugno, montaggio di Marzia Cotugno, con la collaborazione di Silvia Paoli. Interviste a Gianni Stucchi, Marco Craig, Sergio Chimenti, Luca Colombo, Armando Bertacchi, Elio Basso, Lella Moretti, Alvise Silenzi, Franco Chimenti, Gianni Basso. Video realizzato per Museocity 2024, 2 marzo 2024 / Ideation and interviews by Diletta Cerizzi and Marzia Cotugno, editing by Marzia Cotugno, with the collaboration of Silvia Paoli. Interviews with Gianni Stucchi, Marco Craig, Sergio Chimenti, Luca Colombo, Armando Bertacchi, Elio Basso, Lella Moretti, Alvise Silenzi, Franco Chimenti, Gianni Basso. Video made for Museocity 2024, 2 March 2024.
https://www.youtube.com/watch?v=9UHSYIkarIA (ultima consultazione/last visit 27/04/2024)

ELENCO DELLE DIDASCALIE COMPLETE

Un asterisco segnala le opere non esposte

Abbreviazioni
CAFMi   Milano, Civico Archivio Fotografico
ACCMi   Archivio Camera di Commercio
          di Milano Monza Brianza Lodi

SAGGIO SILVIA PAOLI

*1. Marirosa Toscani, *Alluvione del Polesine,* 1951, stampa alla gelatina bromuro d'argento, 13 × 18 cm, CAFMi, Archivio Ballo+Ballo, inv. BB 3732

*2. Aldo Ballo, *Arnaldo Pomodoro, "Rotante con sfera interiore",* 1969, stampa alla gelatina bromuro d'argento, 24 × 18 cm, CAFMi, Archivio Ballo+Ballo, inv. BB 264

*3. Aldo Ballo, *Bruno Munari, scultura dalla Serie "Tensione e Compressione",* 1990, stampa alla gelatina bromuro d'argento, 18 × 24 cm, CAFMi, Archivio Ballo+Ballo, inv. BB 269

*4. Aldo Ballo, *"Elasticità". Rosanna Armani posa per il lancio del mensile "Arianna" di Mondadori,* 1959, in *Rassegna della fotografia italiana* 1959, s.p.

*5. Aldo Ballo, *Milano, Torre Velasca,* 1958-1959, negativo su vetro ai sali d'argento, 12 × 9 cm, CAFMi, Archivio Ballo+Ballo, inv. BB 09313

*6. Aldo Ballo, *Bollitore "Pito" di Frank Gehry per Alessi,* 1992, diapositiva colore in busta per archiviazione, 18 × 13 cm, CAFMi, Archivio Ballo+Ballo, inv. C 67436

*7. *Quaderno d'inventario "5. Anno 1970-1976",* CAFMi, Archivio Ballo+Ballo, p.n.n.

I *gesti* e le *forchette parlanti* di Bruno Munari, 1956 - 1959

1. Aldo Ballo, *Le forchette parlanti di Bruno Munari,* 1956, stampa alla gelatina bromuro d'argento, 24 × 30 cm, CAFMi, Archivio Ballo+Ballo, inv. BB 10901_01_06 (foglio di provini da negativi 9 × 12 cm)

2. Aldo Ballo, *Le forchette parlanti di Bruno Munari,* 1956, stampa alla gelatina bromuro d'argento, 30 × 24 cm, CAFMi, Archivio Ballo+Ballo, inv. BB 10904

3 a-b. Aldo Ballo, *Bruno Munari: gesti per il "Supplemento al Dizionario Italiano",* 1956-1958, stampe alla gelatina bromuro d'argento, 22 × 24 cm e 24 × 18 cm, CAFMi, Archivio Ballo+Ballo, inv. BB 8214_01_08 (foglio di provini da negativi 6 × 6 cm), BB 10882

*4. Aldo Ballo, *Bruno Munari,* 1990, negativo ai sali d'argento, 6 × 6 cm, CAFMi, Archivio Ballo+Ballo, inv. BB 047547/16

Allo Studio Marconi, 1977

*1 a-f. Aldo Ballo, *Dalla serie "Polaroid": Aldo Ballo, Marirosa Toscani, Ritratto di gruppo (si riconoscono Duilio Bitetto, Gianni Basso, Elio Basso, Franco Chimenti), Gabriele Basilico, Serge Libiszewski, Carla Cerati con Enrico Cattaneo,* eseguite all'inaugurazione della mostra, a cura di Gianni Berengo Gardin, Mario Carrieri, Oliviero Toscani, *Fotografia su commissione. Pratica / Milano '77,* Milano, Studio Marconi, 25 giugno - 30 luglio 1977, con fotografie di Aldo Ballo, Gabriele Basilico, Gianni Berengo Gardin, Mario Carrieri, Serge Libiszewski, 1977, stampe ai sali d'argento, 10 × 8 cm, CAFMi, Archivio Ballo+Ballo, inv. BB 1601 bis, BB 1600, BB 1602 bis, BB 1631, BB 1607, BB 1636

SAGGIO ALBERTO SAIBENE

*1. Studio Ballo+Ballo, *Tavolo con calcolatrice, telescrivente e sedia "Synthesis" del gruppo BBPR per Olivetti,* 1957, stampa alla gelatina bromuro d'argento, 18 × 24 cm, CAFMi, Archivio Ballo+Ballo, inv. BB 285

*2. Studio Ballo+Ballo, *Appartamento progettato da Joe Colombo,* 1970, diapositiva a colori, 18 × 13 cm, CAFMi, Archivio Ballo+Ballo, inv. BB C 44171

*3. Studio Ballo+Ballo, *Calcolatrice elettronica con stampante "Logos 68" di Mario Bellini per Olivetti,* 1973, stampa alla gelatina bromuro d'argento, 30 × 40 cm, CAFMi, Archivio Ballo+Ballo, inv. BB 364

*4. Studio Ballo+Ballo, *Aldo Ballo e Salvatore Gregorietti alla mostra "Fotografia su commissione. Pratica / Milano '77" allo Studio Marconi a Milano,* 1977, stampa alla gelatina sali d'argento, 2,4 × 3,6 cm, CAFMi, Archivio Ballo+Ballo, inv. BB 8514

*5. Studio Ballo+Ballo, *Ettore Sottsass, mobile da soggiorno "Casablanca",* 1981, diapositiva a colori, 18 × 13 cm, CAFMi, Archivio Ballo+Ballo, inv. BB C 55820

*6. Studio Ballo+Ballo, *Bollitore con caffettiere di Aldo Rossi per Alessi,* 1986, diapositiva a colori, 18 × 13 cm, CAFMi, Archivio Ballo+Ballo, inv. BB C 62387

Guido Ballo, *Posta per gli amici,* Edizioni del Cavallino, Venezia 1966

1. Guido Ballo, *Posta per gli amici,* con 11 foto-immagini di Aldo Ballo, Edizioni del Cavallino, Venezia 1966, copertina, Milano, Collezione Marina e Francesco Ballo

2 a-d. Aldo Ballo, *Paesaggi [Sicilia, Milano], fotografie per Guido Ballo, "Posta per gli amici",* 1966, stampe alla gelatina bromuro d'argento, 24 × 18 cm, CAFMi, Archivio Ballo+Ballo, BB 7915, BB 7920, BB 7924, BB 7925

Gruppo OP, 1966

1 a-c. Aldo Ballo, *Modella e proiezioni luminose: campagna per Gruppo OP,* 1966, stampe alla gelatina bromuro d'argento, 18 × 13 cm, CAFMi, Archivio Ballo+Ballo, inv. BB 1, BB 2, BB 24

2. Giancarlo Iliprandi, *Divertimento,* in "Popular Photography Italiana", n. 108, giugno 1966, pp. 36-37, con fotografie di Aldo Ballo dedicate a proiezioni luminose del Gruppo OP, Milano-Cinisello Balsamo, Museo di Fotografia Contemporanea, Fondo Lanfranco Colombo courtesy Regione Lombardia, inv. LFC_RIV_C1966

3. Aldo Ballo, *Modella e proiezioni luminose: campagna per Gruppo OP,* 1966, stampa alla gelatina bromuro d'argento, Milano, Collezione Monica Fumagalli Iliprandi, inv. OP_8 (foglio di provini da negativi 6 × 6 cm)

SAGGIO PAOLA PROVERBIO

*1. Studio Ballo+Ballo, *Poltrona "Boborelax" di Cini Boeri per Arflex,* 1972, realizzata per il catalogo della mostra *Italy: The New Domestic Landscape* 1972, stampa alla gelatina bromuro d'argento, 23,9 × 17,7 cm (supporto primario), CAFMi, Archivio Ballo+Ballo, inv. BB 65

*2. Studio Ballo+Ballo, *Posacenere "Cubo" di Bruno Munari per Danese,* 1959, negativo alla gelatina bromuro d'argento su vetro, 13 × 18 cm, CAFMi, Archivio Ballo+Ballo. inv. BB_N_013912

*3. Studio Ballo+Ballo, foto per pagina pubblicitaria di Driade con la grafica curata da Adelaide Acerbi, 1981; nella foto compaiono il programma "Oikos due" (1980) di Antonia Astori e le sedie "Delfina" (1974) di Enzo Mari per Driade, CAFMi, Archivio Ballo+Ballo, inv. BB 129

LIST OF COMPLETE CAPTIONS

An asterisk indicates works not on show

Abbreviations
CAFMi   Milano, Civico Archivio Fotografico
ACCMi   Archivio Camera di Commercio
         di Milano Monza Brianza Lodi

SILVIA PAOLI ESSAY

*1. Marirosa Toscani, *The Polesine Flood*, 1951, silver bromide gelatine print, 13 × 18 cm, CAFMi, Archivio Ballo+Ballo, inv. no. BB 3732

*2. Aldo Ballo, *Arnaldo Pomodoro, "Rotante con sfera interiore"*, 1969, silver bromide gelatine print, 24 × 18 cm, CAFMi, Archivio Ballo+Ballo, inv. no. BB 264

*3. Aldo Ballo, *Bruno Munari, sculpture from the "Tensione e Compressione" series*, 1990, silver bromide gelatine print, 18 × 24 cm, CAFMi, Archivio Ballo+Ballo, inv. no. BB 269

*4. Aldo Ballo, *"Elasticità". Rosanna Armani poses for the launch of Mondadori's monthly magazine* Arianna, 1959, in *Rassegna della fotografia italiana* 1959, n.p.

*5. Aldo Ballo, *Milan, Velasca Tower*, 1958–1959, silver halide glass negative, 12 × 9 cm, CAFMi, Archivio Ballo+Ballo, inv. no. BB 09313

*6. Aldo Ballo, *"Pito" kettle by Frank Gehry for Alessi*, 1992, colour slide in archival envelope, 8 × 13 cm, CAFMi, Archivio Ballo+Ballo, inv. no. C 67436

*7. *Inventory notebook "5. Anno 1970-1976"*, CAFMi, Archivio Ballo+Ballo, n.p.

Gestures and *Talking Forks* by Bruno Munari, 1956–1959

1. Aldo Ballo, *Bruno Munari's Talking Forks*, 1956, silver bromide gelatine print, 24 × 30 cm, CAFMi, Archivio Ballo+Ballo, inv. no. BB 10901_01_06 (proof sheet from 9 × 12 cm negatives)

2. Aldo Ballo, *Bruno Munari's Talking Forks*, 1956, silver bromide gelatine print, 30 × 24 cm, CAFMi, Archivio Ballo+Ballo, inv. no. BB 10904

3 a–b. Aldo Ballo, *Bruno Munari: Gestures for the "Supplement to the Italian Dictionary"*, 1956–1958, silver bromide gelatine prints, 22 × 24 cm and 24 × 18 cm, CAFMi, Archivio Ballo+Ballo, inv. no. BB 8214_01_08 (proof sheet from 6 × 6 cm negatives), BB 10882

*4. Aldo Ballo, *Bruno Munari*, 1990, silver halide negative, 6 × 6 cm, CAFMi, Archivio Ballo+Ballo, inv. no. BB 047547/16

At Studio Marconi, 1977

*1 a–f. Aldo Ballo, *From the "Polaroid" series: Aldo Ballo, Marirosa Toscani, group portrait (including Duilio Bitetto, Gianni Basso, Elio Basso, Franco Chimenti), Gabriele Basilico, Serge Libiszewski, Carla Cerati with Enrico Cattaneo, taken at the opening of the exhibition*, curated by Gianni Berengo Gardin, Mario Carrieri, and Oliviero Toscani, *Fotografia su commissione. Pratica/ Milano '77*, Milan, Studio Marconi, 25 June – 30 July 1977, with photographs by Aldo Ballo, Gabriele Basilico, Gianni Berengo Gardin, Mario Carrieri, and Serge Libiszewski, 1977, silver halide prints, 10 × 8 cm, CAFMi, Archivio Ballo+Ballo, inv. nos. BB 1601 bis, BB 1600, BB 1602 bis, BB 1631, BB 1607, BB 1636

ALBERTO SAIBENE ESSAY

*1. Studio Ballo+Ballo, *Table with calculator, teletypewriter and "Synthesis" chair by the BBPR group for Olivetti*, 1957, silver bromide gelatine print, 18 × 24 cm, CAFMi, Archivio Ballo+Ballo, inv. no. BB 285

*2. Studio Ballo+Ballo, *Apartment designed by Joe Colombo*, 1970, colour slide, 18 × 13 cm, CAFMi, Archivio Ballo+Ballo, inv. no. BB C 44171

*3. Studio Ballo+Ballo, *Electronic printing calculator "Logos 68" by Mario Bellini for Olivetti*, 1973, silver bromide gelatine print, 30 × 40 cm, CAFMi, Archivio Ballo+Ballo, inv. no. BB 364

*4. Studio Ballo+Ballo, *Aldo Ballo and Salvatore Gregorietti at the exhibition* Fotografia su commissione. Pratica / Milano '77 *at Studio Marconi in Milan*, 1977, silver halide gelatine print, 2.4 × 3.6 cm, CAFMi, Archivio Ballo+Ballo, inv. no. BB 8514

*5. Studio Ballo+Ballo, *Ettore Sottsass, "Casablanca" living room furniture*, 1981, colour slide, 18 × 13 cm, CAFMi, Archivio Ballo+Ballo, inv. no. BB C 55820

*6. Studio Ballo+Ballo, *Kettle with coffee pot by Aldo Rossi for Alessi*, 1986, colour slide, 18 × 13 cm, CAFMi, Archivio Ballo+Ballo, inv. no. BB C 62387

Guido Ballo, *Posta per gli amici*, Edizioni del Cavallino, Venice, 1966

1. Guido Ballo, *Posta per gli amici*, with 11 photo-pictures by Aldo Ballo, Edizioni del Cavallino, Venice, 1966, cover, Milan, Marina and Francesco Ballo Collection

2 a–d. Aldo Ballo, *Landscapes [Sicily, Milan], photographs for Guido Ballo "Posta per gli amici"*, 1966, silver bromide gelatine prints, 24 × 18 cm, CAFMi, Archivio Ballo+Ballo, inv. nos. BB 7915, BB 7920, BB 7924, BB 7925

Gruppo OP, 1966

1 a–c. Aldo Ballo, *Model and light projections: campaign for the Gruppo OP*, 1966, silver bromide gelatine prints, 18 × 13 cm, CAFMi, Archivio Ballo+Ballo, inv. nos. BB 1, BB 2, BB 24

2. Giancarlo Iliprandi, "Divertimento", *Popular Photography Italiana* 108, June 1966, pp. 36–37, with photographs by Aldo Ballo dedicated to light projections of the Gruppo OP, Milan-Cinisello Balsamo, Museo di Fotografia Contemporanea, Fondo Lanfranco Colombo, courtesy Regione Lombardia, inv. LFC_RIV_C1966

3. Aldo Ballo, *Model and light projections: campaign for the Gruppo OP*, 1966, gelatine silver bromide print, Milan, Monica Fumagalli Iliprandi Collection, inv. no. OP_8 (proof sheet from 6 × 6 cm negatives)

PAOLA PROVERBIO ESSAY

*1. Studio Ballo+Ballo, *"Boborelax" armchair by Cini Boeri for Arflex*, 1972, taken for the exhibition catalogue *Italy: The New Domestic Landscape*, 1972, silver bromide gelatine print, 23.9 × 17.7 cm (backing), CAFMi, Archivio Ballo+Ballo, inv. no. BB 65

*2. Studio Ballo+Ballo, *Bruno Munari's "Cubo" ashtray for Danese*, 1959, silver bromide gelatine glass negative, 13 × 18 cm, CAFMi, Archivio Ballo+Ballo, inv. no. BB_N_013912

*3. Studio Ballo+Ballo, photo for advertising page for Driade with graphic design by Adelaide Acerbi, 1981; the photo shows the "Oikos due" series (1980) by Antonia Astori and the "Delfina" chairs (1974) by Enzo Mari for Driade, CAFMi, Archivio Ballo+Ballo, inv. no. BB 129

*4. Studio Ballo+Ballo, foto per la copertina di
"Casa Vogue", settembre 1983; allestimento con
elementi del programma "Oikos due" (1980) di
Antonia Astori, positivo, stampa alla gelatina
bromuro d'argento, 12,1 × 17,8 cm (supporto
primario), CAFMi, Archivio Ballo+Ballo, inv. BB 305

FOTOGRAFIE E DESIGN

1. Studio Ballo+Ballo, 1956
Secchio
*Roberto Menghi per Smalterie Meridionali,
Compasso d'Oro 1956*
stampa alla gelatina bromuro d'argento, 15 × 10 cm,
CAFMi, Archivio Ballo+Ballo, inv. BB 160

2. Studio Ballo+Ballo, 1957
Macchina per scrivere portatile "Lettera 22"
*Marcello Nizzoli per Olivetti, Compasso d'Oro
1954*
stampa alla gelatina bromuro d'argento, 40 × 30 cm,
CAFMi, Archivio Ballo+Ballo, inv. BB 363

3. Studio Ballo+Ballo, 1959
Divano "D70"
Osvaldo Borsani per Tecno
stampa alla gelatina bromuro d'argento, 18 × 24 cm,
CAFMi, Archivio Ballo+Ballo, inv. BB 8199

4. Studio Ballo+Ballo, 1969
Poltrona "Throw-Away"
Willie Landels per Zanotta
diapositiva a colori, 18 × 13 cm, CAFMi,
Archivio Ballo+Ballo, inv. BB C 42038

5. Studio Ballo+Ballo, 1965
Radio "TS502"
Richard Sapper e Marco Zanuso per Brionvega
negativo su pellicola ai sali d'argento, 13 × 18 cm,
CAFMi, Archivio Ballo+Ballo, inv. BB 034423

6. Studio Ballo+Ballo, 1965
Sedia per bambini "K 1340"
*Marco Zanuso con Richard Sapper per Kartell,
Compasso d'Oro 1964*
negativo su pellicola ai sali d'argento,
6 × 6 cm, CAFMi, Archivio Ballo+Ballo,
inv. BB 30032

7. Studio Ballo+Ballo, 1966
Orologio da tavolo "Cronotime"
Pio Manzù per Ritz Italora e poi Alessi
stampa alla gelatina bromuro d'argento, 30 × 40 cm,
CAFMi, Archivio Ballo+Ballo, inv. BB 347

8. Studio Ballo+Ballo, 1972
Lampade "Asteroide"
Ettore Sottsass per Poltronova
diapositiva a colori, 18 × 13 cm, CAFMi,
Archivio Ballo+Ballo, inv. BB C 45726

9. Studio Ballo+Ballo, 1968
Giradischi "GA 45 POP"
Mario Bellini per Minerva
diapositiva a colori, 18 × 13 cm, CAFMi,
Archivio Ballo+Ballo, inv. BB C 45732

10. Studio Ballo+Ballo, 1969
Sedie "Aprile"
Gae Aulenti per La Rinascente
diapositiva a colori, 18 × 13 cm, CAFMi,
Archivio Ballo+Ballo, inv. BB C 41827

11. Studio Ballo+Ballo, 1970
Poltrona "Tube Chair"
Joe Colombo per Flexform
diapositiva a colori, 13 × 18 cm, CAFMi,
Archivio Ballo+Ballo, inv. BB C 43813

12. Studio Ballo+Ballo, 1970
Contenitori "Tongareva"
Enzo Mari per Danese
stampa alla gelatina bromuro d'argento,
24 × 18 cm, CAFMi, Archivio Ballo+Ballo,
inv. BB 3169

13. Studio Ballo+Ballo, 1970
Divano componibile "Safari"
Archizoom per Poltronova
negativo su pellicola ai sali d'argento, 13 × 18 cm,
CAFMi, Archivio Ballo+Ballo, inv. BB 044049

14. Studio Ballo+Ballo, 1971
Divano componibile "Serpentone"
*Cini Boeri per Arflex, con statua "Robot" di Amelio
Roccamonte*
negativo su pellicola ai sali d'argento, 18 × 13 cm,
CAFMi, Archivio Ballo+Ballo, inv. BB 044873

15. Studio Ballo+Ballo, 1969
Led "Boalum"
Livio Castiglioni e Gianfranco Frattini per Artemide
stampa alla gelatina bromuro d'argento, 24 × 18 cm,
CAFMi, Archivio Ballo+Ballo, inv. BB 519

16. Studio Ballo+Ballo, 1970
Posate
Antonio Piva per San Lorenzo
stampa alla gelatina bromuro d'argento, 24 × 18 cm,
CAFMi, Archivio Ballo+Ballo, inv. BB 9446

17. Studio Ballo+Ballo, 1972
Cestino gettacarte "In Attesa"
Enzo Mari per Danese
negativo su pellicola ai sali d'argento, 18 × 13 cm,
CAFMi, Archivio Ballo+Ballo, inv. BB 045964

18. Studio Ballo+Ballo, 1970
Bicchiere "Smoke"
Joe Colombo per Arnolfo di Cambio
stampa alla gelatina bromuro d'argento, 24 × 18 cm,
CAFMi, Archivio Ballo+Ballo, inv. BB 621

19. Studio Ballo+Ballo, 1970
Poltrona "Fiocco"
Group G14 per Busnelli
diapositiva a colori, 18 × 13 cm, CAFMi, Archivio
Ballo+Ballo, inv. BB C 43775

*20. Studio Ballo+Ballo, 1971
Poltrona "Dondolo"
Cesare Leonardi e Franca Stagi per Elco
negativo su pellicola ai sali d'argento, 18 × 13 cm,
CAFMi, Archivio Ballo+Ballo, inv. BB 045477

21. Studio Ballo+Ballo, 1968
Sedia "Selene"
Vico Magistretti per Armchair
negativo su pellicola ai sali d'argento, 18 × 13 cm,
CAFMi, Archivio Ballo+Ballo, inv. BB 041004

*22. Studio Ballo+Ballo, 1971
Ciotole "Pannocchia"
Franco Albini e Franca Helg per San Lorenzo
stampa alla gelatina bromuro d'argento, 30 × 24 cm,
CAFMi, Archivio Ballo+Ballo, inv. BB 6351

23. Studio Ballo+Ballo, 1971
Pesciera
*Roberto Sambonet per Sambonet, Compasso
d'Oro 1970*
negativo su pellicola ai sali d'argento, 13 × 18 cm,
CAFMi, Archivio Ballo+Ballo, inv. BB 044425

24. Studio Ballo+Ballo, 1972
Lampada "Moloch"
Gaetano Pesce per Bracciodiferro
stampa alla gelatina bromuro d'argento, 24 × 18 cm,
CAFMi, Archivio Ballo+Ballo, inv. BB 4895

25. Studio Ballo+Ballo, 1972
Macchina per scrivere portatile "Valentine"
Ettore Sottsass per Olivetti
diapositiva a colori, 18 × 13 cm, CAFMi,
Archivio Ballo+Ballo, inv. BB C 45561

26. Studio Ballo+Ballo, 1972
Poltrona "Mies armchair"
Archizoom per Poltronova
stampa alla gelatina bromuro d'argento,
24 × 18 cm, CAFMi, Archivio Ballo+Ballo,
inv. BB 4896

27. Studio Ballo+Ballo, 1972
Tavoli e sedie "Locus Solus cromato"
Gae Aulenti per Poltronova
negativo su pellicola ai sali d'argento, 18 × 13 cm,
CAFMi, Archivio Ballo+Ballo, inv. BB 046240

28. Studio Ballo+Ballo, 1972
Posacenere "Cubo"
Bruno Munari per Danese
stampa alla gelatina bromuro d'argento, 30 × 24 cm,
CAFMi, Archivio Ballo+Ballo, inv. BB 4821

29. Studio Ballo+Ballo, 1972
Sedie "Follia"
Giuseppe Terragni per Zanotta
stampa alla gelatina bromuro d'argento, 18 × 13 cm,
CAFMi, Archivio Ballo+Ballo, inv. BB 202

30. Studio Ballo+Ballo, 1972
Apparecchio telefonico "Grillo"
*Richard Sapper e Marco Zanuso per Siemens,
Compasso d'Oro 1967*
negativo su pellicola ai sali d'argento, 18 × 13 cm,
CAFMi, Archivio Ballo+Ballo, inv. BB 045563

31. Studio Ballo+Ballo, 1972
Libera seduta "Pratone"
*Giorgio Ceretti, Pietro Derossi e Riccardo Rosso
per Gufram*

*4. Studio Ballo+Ballo, photo for the cover of *Casa Vogue*, September 1983; set-up with pieces from the "Oikos due" series (1980) by Antonia Astori, silver bromide gelatine print, 12.1 × 17.8 cm (backing), CAFMi, Archivio Ballo+Ballo, inv. no. BB 305

PHOTOGRAPHS AND DESIGN

1. Studio Ballo+Ballo, 1956
Bucket
Roberto Menghi for Smalterie Meridionali, Compasso d'Oro 1956
silver bromide gelatine print, 15 × 10 cm, CAFMi, Archivio Ballo+Ballo, inv. no. BB 160

2. Studio Ballo+Ballo, 1957
"Lettera 22" portable typewriter
Marcello Nizzoli for Olivetti, Compasso d'Oro 1954
silver bromide gelatine print, 40 × 30 cm, CAFMi, Archivio Ballo+Ballo, inv. no. BB 363

3. Studio Ballo+Ballo, 1959
"D70" sofa
Osvaldo Borsani for Tecno
silver bromide gelatine print, 18 × 24 cm, CAFMi, Archivio Ballo+Ballo, inv. no. BB 8199

4. Studio Ballo+Ballo, 1969
"Throw-Away" armchair
Willie Landels for Zanotta
colour slide, 18 × 13 cm, CAFMi, Archivio Ballo+Ballo, inv. no. BB C 42038

5. Studio Ballo+Ballo, 1965
"TS502" radio
Richard Sapper and Marco Zanuso for Brionvega
silver halide negative film, 13 × 18 cm, CAFMi, Archivio Ballo+Ballo, inv. no. BB 034423

6. Studio Ballo+Ballo, 1965
"K 1340" children's chair
Marco Zanuso with Richard Sapper for Kartell, Compasso d'Oro 1964
silver halide negative film, 6 × 6 cm, CAFMi, Archivio Ballo+Ballo, inv. no. BB 30032

7. Studio Ballo+Ballo, 1966
"Cronotime" table clock
Pio Manzù for Ritz Italora then Alessi
silver bromide gelatine print, 30 × 40 cm, CAFMi, Archivio Ballo+Ballo, inv. no. BB 347

8. Studio Ballo+Ballo, 1972
"Asteroide" lamps
Ettore Sottsass for Poltronova
colour slide, 18 × 13 cm, CAFMi, Archivio Ballo+Ballo, inv. no. BB C 45726

9. Studio Ballo+Ballo, 1968
"GA 45 POP" turntable
Mario Bellini for Minerva
colour slide, 18 × 13 cm, CAFMi, Archivio Ballo+Ballo, inv. no. BB C 45732

10. Studio Ballo+Ballo, 1969

"Aprile" chairs
Gae Aulenti for La Rinascente
colour slide, 18 × 13 cm, CAFMi, Archivio Ballo+Ballo, inv. no. BB C 41827

11. Studio Ballo+Ballo, 1970
"Tube Chair" armchair
Joe Colombo for Flexform
colour slide, 13 × 18 cm, CAFMi, Archivio Ballo+Ballo, inv. no. BB C 43813

12. Studio Ballo+Ballo, 1970
"Tongareva" storage units
Enzo Mari for Danese
silver bromide gelatine print, 24 × 18 cm, CAFMi, Archivio Ballo+Ballo, inv. no. BB 3169

13. Studio Ballo+Ballo, 1970
"Safari" sectional sofa
Archizoom for Poltronova
silver halide negative film, 13 × 18 cm, CAFMi, Archivio Ballo+Ballo, inv. no. BB 044049

14. Studio Ballo+Ballo, 1971
"Serpentone" sectional sofa
Cini Boeri for Arflex, with "Robot" sculpture by Amelio Roccamonte
silver halide negative film, 18 × 13 cm, CAFMi, Archivio Ballo+Ballo, inv. no. BB 044873

15. Studio Ballo+Ballo, 1969
"Boalum" LED
Livio Castiglioni and Gianfranco Frattini for Artemide
silver bromide gelatine print, 24 × 18 cm, CAFMi, Archivio Ballo+Ballo, inv. no. BB 519

16. Studio Ballo+Ballo, 1970
Cutlery
Antonio Piva for San Lorenzo
silver bromide gelatine print, 24 × 18 cm, CAFMi, Archivio Ballo+Ballo, inv. no. BB 9446

17. Studio Ballo+Ballo, 1972
"In Attesa" waste bin
Enzo Mari for Danese
silver halide negative film, 18 × 13 cm, CAFMi, Archivio Ballo+Ballo, inv. no. BB 045964

18. Studio Ballo+Ballo, 1970
"Smoke" glass
Joe Colombo for Arnolfo di Cambio
silver bromide gelatine print, 24 × 18 cm, CAFMi, Archivio Ballo+Ballo, inv. no. BB 621

19. Studio Ballo+Ballo, 1970
"Fiocco" armchair
Group G14 for Busnelli
colour slide, 18 × 13 cm, CAFMi, Archivio Ballo+Ballo, inv. no. BB C 43775

*20. Studio Ballo+Ballo, 1971
"Dondolo" armchair
Cesare Leonardi and Franca Stagi for Elco
silver halide negative film, 18 × 13 cm, CAFMi, Archivio Ballo+Ballo, inv. no. BB 045477

21. Studio Ballo+Ballo, 1968
"Selene" chair
Vico Magistretti for Armchair
silver halide negative film, 18 × 13 cm, CAFMi, Archivio Ballo+Ballo, inv. no. BB 041004

*22. Studio Ballo+Ballo, 1971
"Pannocchia" bowls
Franco Albini and Franca Helg for San Lorenzo
silver bromide gelatine print, 30 × 24 cm, CAFMi, Archivio Ballo+Ballo, inv. no. BB 6351

23. Studio Ballo+Ballo, 1971
Fish kettle
Roberto Sambonet for Sambonet, Compasso d'Oro 1970
silver halide negative film, 13 × 18 cm, CAFMi, Archivio Ballo+Ballo, inv. no. BB 044425

24. Studio Ballo+Ballo, 1972
"Moloch" lamp
Gaetano Pesce for Bracciodiferro
silver bromide gelatine print, 24 × 18 cm, CAFMi, Archivio Ballo+Ballo, inv. no. BB 4895

25. Studio Ballo+Ballo, 1972
"Valentine" portable typewriter
Ettore Sottsass for Olivetti
colour slide, 18 × 13 cm, CAFMi, Archivio Ballo+Ballo, inv. no. BB C 45561

26. Studio Ballo+Ballo, 1972
"Mies armchair"
Archizoom for Poltronova
silver bromide gelatine print, 24 × 18 cm, CAFMi, Archivio Ballo+Ballo, inv. no. BB 4896

27. Studio Ballo+Ballo, 1972
"Locus Solus cromato" table and chairs
Gae Aulenti for Poltronova
silver halide negative film, 18 × 13 cm, CAFMi, Archivio Ballo+Ballo, inv. no. BB 046240

28. Studio Ballo+Ballo, 1972
"Cubo" ashtray
Bruno Munari for Danese
silver bromide gelatine print, 30 × 24 cm, CAFMi, Archivio Ballo+Ballo, inv. no. BB 4821

29. Studio Ballo+Ballo, 1972
"Follia" chairs
Giuseppe Terragni for Zanotta
silver bromide gelatine print, 18 × 13 cm, CAFMi, Archivio Ballo+Ballo, inv. no. BB 202

30. Studio Ballo+Ballo, 1972
"Grillo" telephone set
Richard Sapper and Marco Zanuso for Siemens, Compasso d'Oro 1967
silver halide negative film, 18 × 13 cm, CAFMi, Archivio Ballo+Ballo, inv. no. BB 045563

31. Studio Ballo+Ballo, 1972
"Pratone" seat
Giorgio Ceretti, Pietro Derossi, and Riccardo Rosso for Gufram

diapositiva a colori, 13 × 18 cm, CAFMi, Archivio
Ballo+Ballo, inv. BB C 45779

32. Studio Ballo+Ballo, 1971
Poltrona "Joe"
Jonathan De Pas, Donato D'Urbino,
Paolo Lomazzi per Poltronova
negativo su pellicola ai sali d'argento, 13 × 18 cm,
CAFMi, Archivio Ballo+Ballo, inv. BB 044430

33. Studio Ballo+Ballo, 1973
Tavoli "Quaderna"
Superstudio per Zanotta
negativo su pellicola ai sali d'argento, 13 × 18 cm,
CAFMi, Archivio Ballo+Ballo, inv. BB 046992

*34. Studio Ballo+Ballo, 1973
Caraffa trilobata "Trinidad"
Enzo Mari per Danese
negativo su pellicola ai sali d'argento, 18 × 13 cm,
CAFMi, Archivio Ballo+Ballo, inv. BB 047573

35. Studio Ballo+Ballo, 1979
Sgabello "Mezzadro"
Achille Castiglioni per Zanotta
diapositiva a colori, 18 × 13 cm, CAFMi,
Archivio Ballo+Ballo, inv. BB C 53701

36. Studio Ballo+Ballo, 1980
Specchio "Cosmos"
Nanda Vigo per Glass Design, con scultura
"Preludio VI" di Fausto Melotti
diapositiva a colori, 18 × 13 cm, CAFMi,
Archivio Ballo+Ballo, inv. BB C 55021

37. Studio Ballo+Ballo, 1976
Tavolo "Eros"
Angelo Mangiarotti per Skipper
diapositiva a colori, 18 × 13 cm, CAFMi,
Archivio Ballo+Ballo, inv. BB C 50035

38. Studio Ballo+Ballo, 1977
Vasi
Ettore Sottsass per Vistosi
diapositiva a colori, 13 × 18 cm, CAFMi,
Archivio Ballo+Ballo, inv. BB C 51284

*39. Studio Ballo+Ballo, 1979
Caffettiera espresso "9090"
Richard Sapper per Alessi, Compasso d'Oro 1979
diapositiva a colori, 18 × 13 cm, CAFMi,
Archivio Ballo+Ballo, inv. BB C 53096

40. Studio Ballo+Ballo, 1979
"La Poltrona di Proust"
Alessandro Mendini per Alchimia
diapositiva a colori, 18 × 13 cm, CAFMi,
Archivio Ballo+Ballo, inv. BB C 53708

41. Studio Ballo+Ballo, 1983
Servizio da caffè e tè in una teca con orologio
Aldo Rossi per Alessi
diapositiva a colori, 18 × 13 cm, CAFMi,
Archivio Ballo+Ballo, inv. BB C 58480

42. Studio Ballo+Ballo, 1981
Lampade da tavolo "Gibigiana"

Achille Castiglioni per Flos
stampa alla gelatina bromuro d'argento, 18 × 13 cm,
CAFMi, Archivio Ballo+Ballo, inv. BB 8993

43. Studio Ballo+Ballo, 1981
"La nuova tavolozza, tutti i colori in campo"
Adriana Botti Monti per "Casa Vogue",
Salone del Mobile 1981
diapositiva a colori, 13 × 18 cm, CAFMi,
Archivio Ballo+Ballo, inv. BB C 56139

44. Studio Ballo+Ballo, 1985
Fruttiera "Murmansk"
Ettore Sottsass per Memphis
diapositiva a colori, 18 × 13 cm, CAFMi,
Archivio Ballo+Ballo, inv. BB C 60995

45. Studio Ballo+Ballo, 1983
Bollitore "9091"
Richard Sapper per Alessi
stampa alla gelatina bromuro d'argento, 24 × 18 cm,
CAFMi, Archivio Ballo+Ballo, inv. BB 679

46. Studio Ballo+Ballo, 1985
Sedia "Lassù"
Alessandro Mendini per Alchimia
diapositiva a colori, 18 × 13 cm, CAFMi,
Archivio Ballo+Ballo, inv. BB C 60197

47. Studio Ballo+Ballo, 1982
Sedia "Seconda"
Mario Botta per Alias
stampa alla gelatina bromuro d'argento, 24 × 18 cm,
CAFMi, Archivio Ballo+Ballo, inv. BB 4156

48. Studio Ballo+Ballo, 1983
Calici "Paro"
Achille Castiglioni per Danese
stampa alla gelatina bromuro d'argento, 18 × 12 cm,
CAFMi, Archivio Ballo+Ballo, inv. BB 140

49. Studio Ballo+Ballo, 1982
Sedia "Rosacamuna"
Achille Castiglioni per Zanotta
diapositiva a colori, 18 × 13 cm, CAFMi,
Archivio Ballo+Ballo, inv. BB C 57284

50. Studio Ballo+Ballo, 1981
Libreria "Carlton"
Ettore Sottsass per Memphis
diapositiva a colori, 18 × 13 cm, CAFMi,
Archivio Ballo+Ballo, inv. BB C 55826

*51. Studio Ballo+Ballo, 1983
Teiera della serie "Tea & Coffee Piazza"
Richard Meier per Alessi, Compasso d'Oro 1984
negativo su pellicola ai sali d'argento, 18 × 13 cm,
CAFMi, Archivio Ballo+Ballo, inv. BB 058496

52. Studio Ballo+Ballo, 1981
"La nuova tavolozza, tutti i colori in campo"
Adriana Botti Monti per "Casa Vogue",
Salone del Mobile 1981
diapositiva a colori, 13 × 18 cm,
CAFMi, Archivio Ballo+Ballo, inv. BB C 56138

53. Studio Ballo+Ballo, 1986

"Mi piace molto veramente"
Ugo Marano per Megalopoli
diapositiva a colori, 18 × 13 cm, CAFMi,
Archivio Ballo+Ballo, inv. BB C 62310

54. Studio Ballo+Ballo, 1986
Oliera "Opasis"
Enzo Mari per Zani&Zani
stampa alla gelatina bromuro d'argento, 30 × 24 cm,
CAFMi, Archivio Ballo+Ballo, inv. BB 5682

55. Studio Ballo+Ballo, 1986
Cavallo
Arnaldo Pomodoro per "La tragedia di Didone"
diapositiva a colori, 13 × 18 cm, CAFMi, Archivio
Ballo+Ballo, inv. BB C 62027

*56. Studio Ballo+Ballo, 1981
"La nuova tavolozza, tutti i colori in campo"
Adriana Botti Monti per "Casa Vogue", Salone
del Mobile 1981
diapositiva a colori, 13 × 18 cm, CAFMi, Archivio
Ballo+Ballo, inv. BB C 56137

57. Studio Ballo+Ballo, 1989
Imbuto "Pascal Smith"
Enzo Mari per Zani&Zani
negativo su pellicola ai sali d'argento, 18 × 13 cm,
CAFMi, Archivio Ballo+Ballo, inv. BB 065182

58. Studio Ballo+Ballo, 1991
Poltrona "Fiorenza"
Franco Albini per Arflex
diapositiva a colori, 18 × 13 cm, CAFMi,
Archivio Ballo+Ballo, inv. BB C 66814

59. Studio Ballo+Ballo, 1991
Cocotte "La cubica"
Aldo Rossi per Alessi
diapositiva a colori, 18 × 13 cm, CAFMi,
Archivio Ballo+Ballo, inv. BB C 66494

*60. Studio Ballo+Ballo, 1989
Shaker
Sylvia Stave per Alessi
negativo su pellicola ai sali d'argento, 18 × 13 cm,
CAFMi, Archivio Ballo+Ballo, inv. BB 064500

61. Studio Ballo+Ballo, 1991
Posate del servizio "Nuovo Milano"
Ettore Sottsass per Alessi, Compasso d'Oro 1989
diapositiva a colori, 9 × 6 cm, CAFMi,
Archivio Ballo+Ballo, inv. BB C 66128

62. Studio Ballo+Ballo, 1991
Sedie "Café chair"
Philippe Starck per Baleri
diapositiva a colori, 10 × 13 cm, CAFMi,
Archivio Ballo+Ballo, inv. BB C 66664

63. Studio Ballo+Ballo, 1991
Spremiagrumi "Juicy Salif"
Philippe Starck per Alessi
diapositiva a colori, 18 × 13 cm, CAFMi,
Archivio Ballo+Ballo, inv. BB C 66493

64. Studio Ballo+Ballo, 1992

colour slide, 13 × 18 cm, CAFMi,
Archivio Ballo+Ballo, inv. no. BB C 45779

32. Studio Ballo+Ballo, 1971
"Joe" armchair
Jonathan De Pas, Donato D'Urbino, and Paolo
Lomazzi for Poltronova
silver halide negative film, 13 × 18 cm,
CAFMi, Archivio Ballo+Ballo, inv. no. BB 044430

33. Studio Ballo+Ballo, 1973
"Quaderna" tables
Superstudio for Zanotta
silver halide negative film, 13 × 18 cm,
CAFMi, Archivio Ballo+Ballo, inv. no. BB 046992

*34. Studio Ballo+Ballo, 1973
"Trinidad" trefoil jug
Enzo Mari for Danese
silver halide negative film, 18 × 13 cm,
CAFMi, Archivio Ballo+Ballo, inv. no. BB 047573

35. Studio Ballo+Ballo, 1979
"Mezzadro" stool
Achille Castiglioni for Zanotta
colour slide, 18 × 13 cm, CAFMi,
Archivio Ballo+Ballo, inv. no. BB C 53701

36. Studio Ballo+Ballo, 1980
"Cosmos" mirror
Nanda Vigo for Glass Design, with "Preludio VI"
sculpture by Fausto Melotti
colour slide, 18 × 13 cm, CAFMi,
Archivio Ballo+Ballo, inv. no. BB C 55021

37. Studio Ballo+Ballo, 1976
"Eros" table
Angelo Mangiarotti for Skipper
colour slide, 18 × 13 cm, CAFMi,
Archivio Ballo+Ballo, inv. no. BB C 50035

38. Studio Ballo+Ballo, 1977
Vases
Ettore Sottsass for Vistosi
colour slide, 13 × 18 cm, CAFMi,
Archivio Ballo+Ballo, inv. no. BB C 51284

*39. Studio Ballo+Ballo, 1979
"9090" espresso coffee maker
Richard Sapper for Alessi, Compasso d'Oro 1979
colour slide, 18 × 13 cm, CAFMi, Archivio
Ballo+Ballo, inv. no. BB C 53096

40. Studio Ballo+Ballo, 1979
"La Poltrona di Proust" armchair
Alessandro Mendini for Alchimia
colour slide, 18 × 13 cm, CAFMi,
Archivio Ballo+Ballo, inv. no. BB C 53708

41. Studio Ballo+Ballo, 1983
Coffee and tea set in a display case with clock
Aldo Rossi for Alessi
colour slide, 18 × 13 cm, CAFMi,
Archivio Ballo+Ballo, inv. no. BB C 58480

42. Studio Ballo+Ballo, 1981
"Gibigiana" table lamps

Achille Castiglioni for Flos
silver bromide gelatine print, 18 × 13 cm, CAFMi,
Archivio Ballo+Ballo, inv. no. BB 8993

43. Studio Ballo+Ballo, 1981
"La nuova tavolozza, tutti i colori in campo"
Adriana Botti Monti for Casa Vogue,
Salone del Mobile 1981
colour slide, 13 × 18 cm, CAFMi,
Archivio Ballo+Ballo, inv. no. BB C 56139

44. Studio Ballo+Ballo, 1985
"Murmansk" fruit bowl
Ettore Sottsass for Memphis
colour slide, 18 × 13 cm, CAFMi,
Archivio Ballo+Ballo, inv. no. BB C 60995

45. Studio Ballo+Ballo, 1983
"9091" kettle
Richard Sapper for Alessi
silver bromide gelatine print, 24 × 18 cm, CAFMi,
Archivio Ballo+Ballo, inv. no. BB 679

46. Studio Ballo+Ballo, 1985
"Lassù" chair
Alessandro Mendini for Alchimia
colour slide, 18 × 13 cm, CAFMi,
Archivio Ballo+Ballo, inv. no. BB C 60197

47. Studio Ballo+Ballo, 1982
"Seconda" chair
Mario Botta for Alias
silver bromide gelatine print, 24 × 18 cm, CAFMi,
Archivio Ballo+Ballo, inv. no. BB 4156

48. Studio Ballo+Ballo, 1983
"Paro" goblets
Achille Castiglioni for Danese
silver bromide gelatine print, 18 × 12 cm, CAFMi,
Archivio Ballo+Ballo, inv. no. BB 140

49. Studio Ballo+Ballo, 1982
"Rosacamuna" chair
Achille Castiglioni for Zanotta
colour slide, 18 × 13 cm, CAFMi,
Archivio Ballo+Ballo, inv. no. BB C 57284

50. Studio Ballo+Ballo, 1981
"Carlton" bookcase
Ettore Sottsass for Memphis
colour slide, 18 × 13 cm, CAFMi,
Archivio Ballo+Ballo, inv. no. BB C 55826

*51. Studio Ballo+Ballo, 1983
Teapot from the "Tea & Coffee Piazza" series
Richard Meier for Alessi, Compasso d'Oro 1984
silver halide negative film, 18 × 13 cm, CAFMi,
Archivio Ballo+Ballo, inv. no. BB 058496

52. Studio Ballo+Ballo, 1981
"La nuova tavolozza, tutti i colori in campo"
Adriana Botti Monti for Casa Vogue,
Salone del Mobile 1981
colour slide, 13 × 18 cm, CAFMi,
Archivio Ballo+Ballo, inv. no. BB C 56138

53. Studio Ballo+Ballo, 1986

"Mi piace molto veramente"
Ugo Marano for Megalopoli
colour slide, 18 × 13 cm, CAFMi,
Archivio Ballo+Ballo, inv. no. BB C 62310

54. Studio Ballo+Ballo, 1986
"Opasis" cruet
Enzo Mari for Zani&Zani
silver bromide gelatine print, 30 × 24 cm, CAFMi,
Archivio Ballo+Ballo, inv. no. BB 5682

55. Studio Ballo+Ballo, 1986
Horse
Arnaldo Pomodoro for "La tragedia di Didone"
colour slide, 13 × 18 cm, CAFMi,
Archivio Ballo+Ballo, inv. no. BB C 62027

*56. Studio Ballo+Ballo, 1981
"La nuova tavolozza, tutti i colori in campo"
 Adriana Botti Monti for Casa Vogue,
Salone del Mobile 1981
colour slide, 13 × 18 cm, CAFMi, Archivio
Ballo+Ballo, inv. no. BB C 56137

57. Studio Ballo+Ballo, 1989
"Pascal Smith" funnel
Enzo Mari for Zani&Zani
silver halide negative film, 18 × 13 cm, CAFMi,
Archivio Ballo+Ballo, inv. no. BB 065182

58. Studio Ballo+Ballo, 1991
"Fiorenza" armchair
Franco Albini for Arflex
colour slide, 18 × 13 cm, CAFMi,
Archivio Ballo+Ballo, inv. no. BB C 66814

59. Studio Ballo+Ballo, 1991
"La cubica" cocottes
Aldo Rossi for Alessi
colour slide, 18 × 13 cm, CAFMi,
Archivio Ballo+Ballo, inv. no. BB C 66494

*60. Studio Ballo+Ballo, 1989
Shaker
Sylvia Stave for Alessi
silver halide negative film, 18 × 13 cm, CAFMi,
Archivio Ballo+Ballo, inv. no. BB 064500

61. Studio Ballo+Ballo, 1991
Cutlery from the "Nuovo Milano" set
Ettore Sottsass for Alessi, Compasso d'Oro 1989
colour slide, 9 × 6 cm, CAFMi, Archivio Ballo+Ballo,
inv. no. BB C 66128

62. Studio Ballo+Ballo, 1991
"Café chair" chairs
Philippe Starck for Baleri
colour slide, 10 × 13 cm, CAFMi,
Archivio Ballo+Ballo, inv. no. BB C 66664

63. Studio Ballo+Ballo, 1991
"Juicy Salif" juicer
Philippe Starck for Alessi
colour slide, 18 × 13 cm, CAFMi,
Archivio Ballo+Ballo, inv. no. BB C 66493

64. Studio Ballo+Ballo, 1992

Bollitore "Pito"
Frank Gehry per Alessi
diapositiva a colori, 18 × 13 cm, CAFMi,
Archivio Ballo+Ballo, inv. BB C 67436

*65. Studio Ballo+Ballo, 1993
Oliera e acetiera
Enzo Mari per Zani&Zani
stampa alla gelatina bromuro d'argento, 24 × 18 cm,
CAFMi, Archivio Ballo+Ballo, inv. BB 69

*66. Studio Ballo+Ballo, 1993
Macchina per scrivere "ET 1250"
Mario Bellini e Alessandro Chiarato per Olivetti
diapositiva a colori, 13 × 18 cm, CAFMi,
Archivio Ballo+Ballo, inv. BB C 67725/01

67. Studio Ballo+Ballo, 1994
Modulo abitabile "Abitacolo"
Bruno Munari per Robots, Compasso d'Oro 1979
stampa alla gelatina bromuro d'argento, 24 × 18 cm,
CAFMi, Archivio Ballo+Ballo, inv. BB 8106

68. Studio Ballo+Ballo, 1994
Parete divisoria "Cartoons"
Luigi Baroli per Baleri Italia, Compasso d'Oro 1994
negativi su pellicola ai sali d'argento, 10 × 13 cm,
CAFMi, Archivio Ballo+Ballo, inv. BB 067930,
BB 067931

69. Studio Ballo+Ballo, 1993
Sedia "Superleggera"
Gio Ponti per Cassina
diapositiva a colori, 10 × 13 cm, CAFMi,
Archivio Ballo+Ballo, inv. BB C 67765 bis

70. Studio Ballo+Ballo, 1969
Lampade "Eclisse"
Vico Magistretti per Artemide, Compasso
d'Oro 1967
diapositiva a colori, 18 × 13 cm, CAFMi,
Archivio Ballo+Ballo, inv. BB C 42720

71. Studio Ballo+Ballo, 1979
Gae Aulenti, tavolo con ruote per FontanaArte
diapositiva a colori, 18 × 13 cm, CAFMi, Archivio
Ballo+Ballo, inv. BB C 53651

72. Studio Ballo+Ballo, 1979
Cini Boeri, poltrona e divano "Pecorelle" per Arflex
diapositiva a colori, 18 × 13 cm, CAFMi,
Archivio Ballo+Ballo, inv. BB C 53637

73. Studio Ballo+Ballo, 1979
Enzo Mari, divano "Pecorella", tavolo modulabile
della serie "Bric" per Driade
diapositiva a colori, 18 × 13 cm, CAFMi, Archivio
Ballo+Ballo, inv. BB C 53591

74. Studio Ballo+Ballo, 1981
Ettore Sottsass, lampada "Treetops" per Memphis
diapositiva a colori, 18 × 13 cm, CAFMi, Archivio
Ballo+Ballo, inv. BB C 56335

75. Studio Ballo+Ballo, 1979
Achille Castiglioni, sedile "Allunaggio", tavolo
"Cumano", libreria "Eta Beta" per Zanotta

diapositiva a colori, 18 × 13 cm, CAFMi,
Archivio Ballo+Ballo, inv. BB C 53599

76. Studio Ballo+Ballo, 1981
Alessandro Mendini, tavolo- sedia "Zabro"
per Alchimia
diapositiva a colori, 18 × 13 cm, CAFMi,
Archivio Ballo+Ballo, inv. BB C 60203

77. Marirosa Toscani, 2005
"Ritratti da mangiare", per supermercati Pam
fotografie digitali, CAFMi, Archivio Ballo+Ballo

CRONOLOGIA

1. Aldo Ballo, *Cesti di paglia,* 28 marzo 1956,
stampa alla gelatina cloruro d'argento, 18 × 24 cm,
Milano, Collezione Monica Fumagalli Iliprandi,
inv. ILI_56_RIN_ITE_019_0001

*2. Aldo Ballo, *Cesti di paglia,* 28 marzo 1956,
stampa alla gelatina cloruro d'argento, 24 × 18 cm,
Milano, Collezione Monica Fumagalli Iliprandi,
inv. ILI_56_RIN_ITE_023_0001

3 a-b. Giancarlo Iliprandi, *Pieghevole per la mostra*
"La Rinascente - Italia espone", 1956, Milano,
Collezione Monica Fumagalli Iliprandi, inv. ILI_56_
RIN_ITE_011_0001, ILI_56_RIN_ITE_011_0002

*4. Aldo Ballo, *Gio' e Arnaldo Pomodoro nel loro*
studio, 1960 circa, stampa alla gelatina bromuro
d'argento, 18 × 12 cm, CAFMi, Archivio Ballo+Ballo,
inv. BB 4714

*5. Aldo Ballo, *Gio' e Arnaldo Pomodoro nel loro*
studio, 1960 circa, stampa alla gelatina bromuro
d'argento, 24 × 18 cm, CAFMi, Archivio Ballo+Ballo,
inv. BB 6009

*6. *Rinascente Scuola,* manifesto
di Salvatore Gregorietti e Adriana Botti Monti
per La Rinascente con fotografia di Aldo Ballo,
1966

*7. Foto Giancolombo, *I fondatori dell'AFIP (da*
sinistra a destra, dall'alto in basso): Giancolombo,
Gianni Della Valle, Fedele Toscani, Alfredo
Pratelli, Luciano Ferri, Gian Greguoli, Mario
Dainesi, Roberto Zabban, Aldo Ballo, Italo Pozzi,
Davide Clari, Edoardo Mari, Gian Sinigaglia, 1963,
stampa alla gelatina bromuro d'argento, 13 × 18 cm,
CAFMi, Archivio Ballo+Ballo, inv. BB 3737

*8 a-b. Aldo Ballo, *Lo studio Ballo,* 1970 circa,
stampe alla gelatina bromuro d'argento, 21 × 31 cm,
CAFMi, Archivio Ballo+Ballo, inv. BB 1135, BB 1137

*9. Aldo Ballo, *Studio Albini-Helg-Piva, Stazione*
"Centrale F.S." della Linea 2 della Metropolitana
di Milano, 1971, stampa alla gelatina bromuro
d'argento, 18 × 24 cm, Milano, Fondazione Franco
Albini, inv. 284-128

*10. Studio Ballo+Ballo, *Aldo Ballo, Salvatore*
Gregorietti, Fabio Cirifino, Gianni Basso, Armando

Bertacchi, Jürgen Beker, Walter Grazzani, 1971,
stampa alla gelatina d'argento, Milano, Studio
Azzurro

*11. *La Biennale di Venezia. 32a mostra*
internazionale d'arte cinematografica,
25 agosto - 6 settembre 1971, manifesto
di Salvatore Gregorietti con fotografia di Aldo
Ballo, 1971

*12. Studio Ballo+Ballo, *Studio Ballo: costruzione*
del set per un servizio fotografico per "Casa
Vogue" (n. 32, aprile 1974) con divano "Le
Bambole" di Mario Bellini e opere di Giuseppe
Capogrossi, Allen Jones, Carmelo Cappello,
1974, stampa alla gelatina bromuro d'argento,
18 × 24 cm, CAFMi, Archivio Ballo+Ballo, inv. BB 1141

*13. Aldo Ballo, *Set per un servizio fotografico per*
"Casa Vogue" (n. 32, aprile 1974) con divano "Le
Bambole" di Mario Bellini e opere di Giuseppe
Capogrossi, Allen Jones, Carmelo Cappello, 1974,
stampa alla gelatina bromuro d'argento, 24 × 30 cm,
CAFMi, Archivio Ballo+Ballo, inv. BB 3872

*14. Aldo Ballo, *Gio Ponti nella sua casa in via*
Dezza a Milano: alle spalle, quadro di Massimo
Campigli "La famiglia dell'architetto Ponti" (1934),
1978, stampa alla gelatina bromuro d'argento,
30 × 24 cm, CAFMi, Archivio Ballo+Ballo, BB 11319

15 a-b. Locandine "IMaestri. Rietveld, Le Corbusier",
per Cassina, 1978

*16. Aldo Ballo, *Studio Albini-Helg-Piva,*
allestimento della Pinacoteca del Castello
Sforzesco di Milano, 1980, stampa alla gelatina
bromuro d'argento, 24 × 18 cm, CAFMi,
inv. AM 501_B

*17. Studio Ballo+Ballo, *La redazione di "Casa*
Vogue" con Aldo Ballo, Marirosa Toscani, Isa
Tutino Vercelloni, Salvatore Gregorietti, 1980 circa,
stampa alla gelatina bromuro d'argento, 6 × 6 cm,
CAFMi, Archivio Ballo+Ballo, inv. BB 8432_12

18. "Casa Vogue", n. 125, dicembre 1981, copertina,
fotografia di Aldo Ballo con opere di Cini Boeri,
Ettore Sottsass, Alessandro Mendini,
Aldo Rossi, Milano, Condé Nast Edizioni

*19. Carla Cerati, *Marirosa Toscani,* 1983, stampa
alla gelatina bromuro d'argento, 24 × 30 cm,
CAFMi, Archivio Ballo+Ballo, inv. BB 10728

*20. Aldo Ballo, *Gillo Dorfles,* 1985, stampa
alla gelatina bromuro d'argento, 30 × 24 cm,
CAFMi, Archivio Ballo+Ballo, inv. BB 4357

*21. Aldo Ballo, *"Apocalipse now", tavolo di Carlo*
Forcolini per Alias. Fotografia commissionata
da Salvatore Gregorietti per la realizzazione
di un manifesto, 1985, stampa alla gelatina
bromuro d'argento, 18 × 12 cm, CAFMi,
Archivio Ballo+Ballo, inv. BB 734

*22. Aldo Ballo, *Alik Cavaliere ed Enrico Cattaneo*

"Pito" kettle
Frank Gehry for Alessi
colour slide, 18 × 13 cm, CAFMi,
Archivio Ballo+Ballo, inv. no. BB C 67436

*65. Studio Ballo+Ballo, 1993
Oil and vinegar cruet
Enzo Mari for Zani&Zani
silver bromide gelatine print, 24 × 18 cm,
CAFMi, Archivio Ballo+Ballo, inv. no. BB 69

*66. Studio Ballo+Ballo, 1993
"ET 1250" typewriter
Mario Bellini and Alessandro Chiarato for Olivetti
colour slide, 13 × 18 cm, CAFMi,
Archivio Ballo+Ballo, inv. no. BB C 67725/01

67. Studio Ballo+Ballo, 1994
"Abitacolo" living module
Bruno Munari for Robots, Compasso d'Oro 1979
silver bromide gelatine print, 24 × 18 cm,
CAFMi, Archivio Ballo+Ballo, inv. no. BB 8106

68. Studio Ballo+Ballo, 1994
"Cartoons" partition
Luigi Baroli for Baleri Italia, Compasso d'Oro 1994
silver halide negative films, 10 × 13 cm, CAFMi,
Archivio Ballo+Ballo, inv. no. BB 067930,
BB 067931

69. Studio Ballo+Ballo, 1993
"Superleggera" chair
Gio Ponti for Cassina
colour slide, 10 × 13 cm, CAFMi,
Archivio Ballo+Ballo, inv. no. BB C 67765 bis

70. Studio Ballo+Ballo, 1969
"Eclisse" lamps
Vico Magistretti for Artemide, Compasso
d'Oro 1967
colour slide, 18 × 13 cm, CAFMi,
Archivio Ballo+Ballo, inv. no. BB C 42720

71. Studio Ballo+Ballo, 1979
Gae Aulenti, table with wheels for FontanaArte
colour slide, 18 × 13 cm, CAFMi,
Archivio Ballo+Ballo, inv. no. BB C 53651

72. Studio Ballo+Ballo, 1979
Cini Boeri, "Pecorelle" armchair and sofa for Arflex
colour slide, 18 × 13 cm, CAFMi,
Archivio Ballo+Ballo, inv. no. BB C 53637

73. Studio Ballo+Ballo, 1979
Enzo Mari, "Pecorella" sofa, modular table from
the "Bric" series for Driade
colour slide, 18 × 13 cm, CAFMi,
Archivio Ballo+Ballo, inv. no. BB C 53591

74. Studio Ballo+Ballo, 1981
Ettore Sottsass, "Treetops" lamp for Memphis
colour slide, 18 × 13 cm, CAFMi,
Archivio Ballo+Ballo, inv. no. BB C 56335

75. Studio Ballo+Ballo, 1979
Achille Castiglioni, "Allunaggio" seat, "Cumano"
table, and "Eta Beta" bookcase for Zanotta

colour slide, 18 × 13 cm, CAFMi,
Archivio Ballo+Ballo, inv. no. BB C 53599

76. Studio Ballo+Ballo, 1981
Alessandro Mendini, "Zabro" table and chairs for
Alchimia
colour slide, 18 × 13 cm, CAFMi, Archivio
Ballo+Ballo, inv. no. BB C 60203

77. Marirosa Toscani, 2005
"Ritratti da mangiare", for Pam supermarkets
digital photographs, CAFMi, Archivio Ballo+Ballo

CHRONOLOGY

1. Aldo Ballo, Straw baskets, 28 March 1956, silver
chloride gelatine print, 18 × 24 cm, Milan,
Monica Fumagalli Iliprandi Collection,
inv. no. ILI_56_RIN_ITE_019_0001

*2. Aldo Ballo, Straw baskets, 28 March 1956,
silver chloride gelatine print, 24 × 18 cm, Milan,
Monica Fumagalli Iliprandi Collection,
inv. no. ILI_56_RIN_ITE_023_0001

3 a–b. Giancarlo Iliprandi, Leaflet for the exhibition
"La Rinascente - Italia espone", 1956, Milan,
Monica Fumagalli Iliprandi Collection,
inv. nos. ILI_56_RIN_ITE_011_0001, ILI_56_RIN_
ITE_011_0002

*4. Aldo Ballo, Gio' and Arnaldo Pomodoro in their
studio, c. 1960, silver bromide gelatine print,
18 × 12 cm, CAFMi, Archivio Ballo+Ballo,
inv. no. BB 4714

*5. Aldo Ballo, Gio' and Arnaldo Pomodoro in their
studio, c. 1960, silver bromide gelatine print,
24 × 18 cm, CAFMi, Archivio Ballo+Ballo,
inv. no. BB 6009

*6. Rinascente Scuola, poster by Salvatore
Gregorietti and Adriana Botti Monti for
La Rinascente with photograph by Aldo Ballo, 1966

*7. Foto Giancolombo, The founders of AFIP
(left to right, from top to bottom): Giancolombo,
Gianni Della Valle, Fedele Toscani, Alfredo
Pratelli, Luciano Ferri, Gian Greguoli, Mario
Dainesi, Roberto Zabban, Aldo Ballo, Italo
Pozzi, Davide Clari, Edoardo Mari, and Gian
Sinigaglia, 1963, silver bromide gelatine print,
13 × 18 cm, CAFMi, Archivio Ballo+Ballo, inv. no.
BB 3737

*8 a–b. Aldo Ballo, The Studio Ballo, c. 1970,
silver bromide gelatine prints, 21 × 31 cm, CAFMi,
Archivio Ballo+Ballo, inv. no. BB 1135, BB 1137

*9. Aldo Ballo, Studio Albini-Helg-Piva, "Centrale
F.S." station of Line 2 of the Milan Underground,
1971, silver bromide gelatine print, 18 × 24 cm,
Milan, Fondazione Franco Albini, inv. no. 284-128

*10. Studio Ballo+Ballo, Aldo Ballo, Salvatore
Gregorietti, Fabio Cirifino, Gianni Basso, Armando

Bertacchi, Jürgen Beker, and Walter Grazzani,
1971, silver bromide gelatine print, Milan,
Studio Azzurro

*11. Venice Biennale. 32nd International Film
Festival, 25 August – 6 September 1971, poster by
Salvatore Gregorietti with photograph by
Aldo Ballo, 1971

*12. Studio Ballo+Ballo, Studio Ballo: arrangement
of the set for a photo shoot for Casa Vogue
(no. 32, April 1974) with "Le Bambole" sofa by
Mario Bellini and works by Giuseppe Capogrossi,
Allen Jones, and Carmelo Cappello, 1974,
silver bromide gelatine print, 18 × 24 cm, CAFMi,
Archivio Ballo+Ballo, inv. no. BB 1141

*13. Aldo Ballo, Set for a photo shoot for Casa
Vogue (no. 32, April 1974) with "Le Bambole"
sofa by Mario Bellini and works by Giuseppe
Capogrossi, Allen Jones, and Carmelo
Cappello, 1974, silver bromide gelatine print,
24 × 30 cm, CAFMi, Archivio Ballo+Ballo,
inv. no. BB 3872

*14. Aldo Ballo, Gio Ponti in his house in Via
Dezza in Milan; behind him, painting by Massimo
Campigli, "La famiglia dell'architetto Ponti" (1934),
1978, silver bromide gelatine print, 30 × 24 cm,
CAFMi, Archivio Ballo+Ballo, inv. no. BB 11319

*15 a–b. "iMaestri. Rietveld, Le Corbusier", poster
for Cassina, 1978

*16. Aldo Ballo, Studio Albini-Helg-Piva, set-up of
the Pinacoteca del Castello Sforzesco in Milan,
1980, silver bromide gelatine print, 24 × 18 cm,
CAFMi, inv. no. AM 501_B

*17. Studio Ballo+Ballo, The Editorial Staff of
Casa Vogue with Aldo Ballo, Marirosa Toscani,
Isa Tutino Vercelloni, and Salvatore Gregorietti,
c. 1980, silver bromide gelatine print, 6 × 6 cm,
CAFMi, Archivio Ballo+Ballo, inv. no. BB 8432_12

18. Casa Vogue, no. 125, December 1981,
photograph by Aldo Ballo with works by
Cini Boeri, Ettore Sottsass, Alessandro Mendini,
Aldo Rossi, Milan, Condé Nast Edizioni

*19. Carla Cerati, Marirosa Toscani, 1983, silver
bromide gelatine print, 24 × 30 cm, CAFMi,
Archivio Ballo+Ballo, inv. no. BB 10728

*20. Aldo Ballo, Gillo Dorfles, 1985, silver bromide
gelatine print, 30 × 24 cm, CAFMi,
Archivio Ballo+Ballo, inv. no. BB 4357

*21. Aldo Ballo, "Apocalipse now" table by Carlo
Forcolini for Alias. Photograph commissioned
by Salvatore Gregorietti for a poster, 1985, silver
bromide gelatine print, 18 × 12 cm, CAFMi,
Archivio Ballo+Ballo, inv. no. BB 734

*22. Aldo Ballo, Alik Cavaliere and Enrico
Cattaneo at the exhibition featuring Cavaliere
and Vincenzo Ferrari, "Le leggi eterne dell'arte",

*alla mostra di Cavaliere e Vincenzo Ferrari,
"Le leggi eterne dell'arte", Sala Napoleonica,
Accademia di Brera, Milano, maggio 1993,* stampa
alla gelatina bromuro d'argento, 30 × 24 cm,
CAFMi, Archivio Ballo+Ballo, inv. BB 10763

*23. Marina Ballo Charmet, *Aldo Ballo alla festa
di compleanno per gli ottant'anni di Guido Ballo,
12 aprile 1994*, 1994, stampa alla gelatina bromuro
d'argento, 17 × 17 cm, CAFMi, Archivio Ballo+Ballo,
inv. BB 3736

L'ARCHIVIO BALLO+BALLO

*1. Studio Ballo+Ballo, *Aldo Ballo e Marirosa
Toscani*, 1970 circa, stampa alla gelatina bromuro
d'argento (provino 24 × 36 mm), CAFMi, Archivio
Ballo+Ballo, inv. BB 1251_05

*2. Carla Cerati, *Aldo Ballo*, 1983, stampa alla
gelatina bromuro d'argento, 24 × 30 cm, CAFMi,
Archivio Ballo+Ballo, inv. BB 10748

*Sala Napoleonica, Accademia di Brera, Milan,
May 1993*, silver bromide gelatine print,
30 × 24 cm, CAFMi, Archivio Ballo+Ballo,
inv. no. BB 10763

*23. Marina Ballo Charmet, *Aldo Ballo at Guido
Ballo's 80th birthday party, 12 April 1994*, 1994,
silver bromide gelatine print, 17 × 17 cm, CAFMi,
Archivio Ballo+Ballo, inv. no. BB 3736

THE ARCHIVIO BALLO+BALLO

*1. Studio Ballo+Ballo, *Aldo Ballo and Marirosa
Toscani, c.* 1970, silver bromide gelatine print
(proof 24 × 36 mm), CAFMi, Archivio Ballo+Ballo,
inv. BB 1251_05

*2. Carla Cerati, *Aldo Ballo*, 1983, silver bromide
gelatine print, 24 × 30 cm, CAFMi,
Archivio Ballo+Ballo, inv. BB 10748

ELENCO DEI PRESTITI IN MOSTRA NON RIPRODOTTI NEL VOLUME

Collezione privata
Cini Boeri per Arflex, *Divano "Pecorelle"*, 1979

Collezione Mario Gorni
Ingranditore Durst, modello Laborator 3S color
13 × 18

Collezione Oliviero Toscani
Banchi ottici e obiettivi originali dello Studio Ballo + Ballo

Mantova, Collezione Corraini
Bruno Munari, *Supplemento al dizionario italiano*, Rotocalco Dagnino, Torino 1958

Bruno Munari, *Supplemento al dizionario italiano*, Muggiani Editore, Milano 1963

Milano, Archivio Cesare Colombo
Antonio Arcari, *Perugia e Milano spagnola di Aldo Ballo*, in "Foto Magazin", VIII, n. 1, gennaio 1963, pp. 16-30

Fotografi, in "Abitare", n. 200 bis, settembre 1982, pp. 52-53

Milano, Civica Biblioteca d'Arte
Le forchette parlanti di Munari, in "Domus", n. 332, luglio 1957, p. 37, inv. PER F 0 30

Un alloggio in condominio. Architetti Gianemilio Piero e Anna Monti, in "Abitare", n. 32, gennaio febbraio 1965, pp. 20-29, inv. PER G 77

Marco Albini, Franca Helg, Antonio Piva, *Museografia. Civica Pinacoteca del Castello Sforzesco di Milano*, in "Ottagono", n. 59, dicembre 1980, pp. 114-117, inv. PER O 0 65

Milano, Civica Raccolta delle Stampe A. Bertarelli
Aldo Ballo, Bruno Caizzi, *Milano dell'età spagnola*, collana "Italia nostra" Itinerari italiani, Serie fotografica dell'Automobile Club d'Italia a cura di Lorenzo Camusso, 3, impaginazione Max Huber, LEA, Roma 1960, inv. CONS VOL S 358

Milano, Civiche Raccolte d'Arte Applicata
Gio Ponti per Cassina, *Sedia "Superleggera"*, 1957, inv. Mobili 1934, dono M.G. Mazzocchi, 2004

Philippe Starck per Alessi, *Spremiagrumi "Juicy Salif"*, 1990, inv. Design 25, dono Museo Alessi, 2002

Milano, Civico Archivio Fotografico, Archivio Ballo+Ballo
Aldo Ballo, *Le forchette parlanti di Bruno Munari*, 1956, stampa alla gelatina bromuro d'argento, BB 10905, BB 10908

Aldo Ballo, *Bruno Munari: gesti per il "Supplemento al Dizionario Italiano"*, 1956-1958, stampa alla gelatina bromuro d'argento, provino da negativo 9 × 12 cm, inv. BB 8213

Aldo Ballo, *Modella e proiezioni luminose: campagna per Gruppo OP*, 1966, stampa alla gelatina bromuro d'argento, inv. no. BB 8, BB 14, BB 28

Aldo Ballo, *Paesaggi [Sicilia, Milano], fotografie per Guido Ballo "Posta per gli amici"*, 1966, stampa alla gelatina bromuro d'argento, inv. BB 7911

Milano, Collezione Monica Fumagalli Iliprandi
Aldo Ballo, *Modella e proiezioni luminose: campagna per Gruppo OP*, 1966, stampa alla gelatina bromuro d'argento (provini), OP_7, OP_9

Pieghevole per il Gruppo OP, 1966, inv. 1966_pieghevole_OP

Aldo Ballo, *Cesti di paglia,* 28 marzo 1956, stampa alla gelatina cloruro d'argento, 18 × 24 cm, inv. ILI_56_RIN_ITE_022

Milano, Condé Nast Edizioni
Isa Vercelloni, *Sul lago di Zurigo. Una villa ricostruita da un architetto poeta,* in "Casa Vogue", n. 27, novembre 1973, pp. 106-113

Giuliana Corsini (a cura di), *Incontro con Gio Ponti: l'architettura è fatta per essere guardata,* in "Casa Vogue", n. 88, novembre 1978, pp. 138-147

Lionello Puppi, *Il Teatro Olimpico a Vicenza. Metafora e rappresentazione*, in "Casa Vogue", n. 111, ottobre 1980, pp. 192-193

Spremiagrumi "Juicy Salif", Philippe Starck per Alessi, su tavolo "More", Angelo Mangiarotti per Fucina, copertina con fotografia di Aldo Ballo per "Casa Vogue", n. 219, maggio 1990

Milano, Fondazione ADI - Collezione Storica Compasso d'Oro
Jonathan De Pas, Donato D'Urbino, Paolo Lomazzi per Zanotta, *Appendiabiti "Sciangai"*, 1973, Premio Compasso d'Oro 1979, inv. 79-P175B

Marcello Nizzoli per Ing. C. Olivetti & C. [Olivetti], *Macchina da scrivere portatile "Lettera 22"*, 1950, Premio Compasso d'Oro 1954, inv. 54-P022A

Richard Sapper per Lorenz, *Orologio da tavolo "Static"*, 1960, Premio Compasso d'Oro 1960, Milano, inv. 60-P083A

Marco Zanuso con Richard Sapper per Società Italiana Telecomunicazioni Siemens [Italtel], *Apparecchio telefonico "Grillo"*, 1966, Premio Compasso d'Oro 1967, inv. 67-P111A

Vico Magistretti per Artemide, *Lampada da tavolo "Eclisse"*, 1966-1967, Premio Compasso d'Oro 1967, inv. 67-P110A

Joe Colombo per O-Luce Luce [Oluce], *Lampada "Spider"*, 1965, Premio Compasso d'Oro 1967, inv. 67-P113A

Roberto Sambonet per Sambonet, *Pesciera,* 1957-1966, Premio Compasso d'Oro 1970, inv. 70-P134A

Richard Sapper per Alessi, *Caffettiera espresso "9090"*, 1978, Premio Compasso d'Oro 1979, Milano, inv. 79-P157B

Michele de Lucchi, Giancarlo Fassina per Artemide, *Lampada "Tolomeo"*, 1987, Premio Compasso d'Oro 1989, inv. 89-P003D

Marco Zanuso con Richard Sapper per Brionvega, *Radioricevitore portatile "Ts 502"*, 1964, Menzione d'Onore 1970, inv. 70-S017

Marco Zanuso con Richard Sapper per Kartell, *Seggiolina per asili e scuole "K 1340 [K 4999]"*, 1964, Premio Compasso d'Oro 1964, inv. 64-P099A

Achille Castiglioni per Zanotta, *Tavolino "Cumano"*, 1979, Menzione d'Onore 1981, inv. 81-S078

Enzo Mari per Zanotta, *Sedia "Tonietta"*, 1985, Premio Compasso d'Oro 1987, inv. 87-P016C

Milano-Cinisello Balsamo, Museo di Fotografia Contemporanea, Fondo Lanfranco Colombo courtesy Regione Lombardia
15 professionisti. 1a mostra colore su Cibachrome-print, catalogo della mostra, Milano, Il Diaframma, Galleria dell'Immagine di Popular Photography Italiana, 20 dicembre 1968 - 8 gennaio 1969, inv. LFC_DIA_1969.

LIST OF LOANS ON SHOW
NOT REPRODUCED IN THE CATALOGUE

Private Collection
Cini Boeri for Arflex, *"Pecorelle" sofa*, 1979

Mario Gorni Collection
Durst enlarge, Laborator 3S colour model
13 × 18

Oliviero Toscani Collection
View cameras and original lenses from the
Studio Ballo + Ballo

Mantua, Corraini Collection
Bruno Munari, *Supplemento al dizionario italiano*,
Rotocalco Dagnino, Turin, 1958

Bruno Munari, *Supplemento al dizionario italiano*,
Muggiani Editore, Milan, 1963

Milan, Archivio Cesare Colombo
Antonio Arcari, "Perugia e Milano spagnola di Aldo
Ballo", *Foto Magazin*, VIII, no. 1, January 1963,
pp. 16–30

"Fotografi", *Abitare* 200 bis, September 1982,
pp. 52–53

Milan, Civica Biblioteca d'Arte
"Le forchette parlanti di Munari", *Domus* 332,
July 1957, p. 37, inv. no. PER F 0 30

"Un alloggio in condominio. Architetti Gianemilio
Piero e Anna Monti", *Abitare* 32, January-February
1965, pp. 20–29, inv. no. PER G 77

Marco Albini, Franca Helg, Antonio Piva,
"Museografia. Civica Pinacoteca del Castello
Sforzesco di Milano", *Ottagono* 59, December
1980, pp. 114–117, inv. no. PER O 0 65

Milan, Civica Raccolta delle Stampe A. Bertarelli
Aldo Ballo, Bruno Caizzi, *Milano dell'età spagnola*,
in the "Italia Nostra" series of Italian Itineraries,
photography collection of the Automobile Club of
Italy, edited by Lorenzo Camusso, 3, layout by Max
Huber, LEA, Rome, 1960, inv. no. CONS VOL S 358

Milan, Civic Collections of Applied Arts
Gio Ponti for Cassina, *"Superleggera" chair*, 1957,
inv. Mobili 1934, gift M.G. Mazzocchi, 2004

Philippe Starck for Alessi, *"Juicy Salif" juicer*, 1990,
inv. Design 25, gift Museo Alessi, 2002

**Milan, Civico Archivio Fotografico, Archivio
Ballo+Ballo**
Aldo Ballo, *Le forchette parlanti di Bruno Munari*,
1956, silver bromide gelatine print,
inv. nos. BB 10905, BB 10908

Aldo Ballo, *Bruno Munari: Gestures for the
"Supplement to the Italian Dictionary"*, 1956–1958,
silver bromide gelatine print, CAFMi,
Archivio Ballo+Ballo, inv. no. BB 8213

Aldo Ballo, *Model and light projections:
campaign for the Gruppo OP*, 1966, silver
bromide gelatine print, CAFMi, Archivio
Ballo+Ballo, inv. no. BB 8, BB 14, BB 28

Aldo Ballo, *Landscapes [Sicily, Milan],
photographs for Guido Ballo "Posta per gli amici"*,
1966, silver bromide gelatine print, inv. no. BB 7911

Milan, Monica Fumagalli Iliprandi Collection
Aldo Ballo, *Model and light projections:
campaign for the Gruppo OP*, 1966, silver bromide
gelatine print (proofs), Milan, Monica Fumagalli
Iliprandi Collection, inv. no. OP_7, OP_9

Leaflet for the OP Group, 1966, Milan, Monica Fumagalli
Iliprandi Collection, inv. no. 1966_pieghevole_OP

Aldo Ballo, *Straw baskets*, 28 March 1956, silver
chloride gelatine print, 18 × 24 cm, inv. no. ILI_56_
RIN_ITE_022

Milan, Condé Nast Edizioni
Isa Vercelloni, "Sul lago di Zurigo. Una villa
ricostruita da un architetto poeta", *Casa Vogue* 27,
November 1973, pp. 106–113

Giuliana Corsini (ed.), "Incontro con Gio Ponti:
l'architettura è fatta per essere guardata", *Casa
Vogue* 88, November 1978, pp. 138–147

Lionello Puppi, "Il Teatro Olimpico a Vicenza.
Metafora e rappresentazione", *Casa Vogue* 111,
October 1980, pp. 192–193

*"Juicy Salif" juicer by Philippe Starck for Alessi on
"More" table by Angelo Mangiarotti for Fucina*,
cover with photograph by Aldo Ballo for *Casa
Vogue* 219, May 1990

**Milan, ADI Foundation - Compasso d'Oro
Historic Collection**
Jonathan De Pas, Donato D'Urbino, Paolo Lomazzi
for Zanotta, *"Sciangai" coat stand*, 1973, Premio
Compasso d'Oro 1979, inv. no. 79-P175B

Marcello Nizzoli for Ing. C. Olivetti & C. [Olivetti],
"Lettera 22" portable typewriter, 1950,
Premio Compasso d'Oro 1954, inv. no. 54-P022A

Richard Sapper per Lorenz, *Orologio da tavolo
"Static"*, 1960, Premio Compasso d'Oro 1960,
Milano, inv. no. 60-P083A

Marco Zanuso with Richard Sapper for Società
Italiana Telecomunicazioni Siemens [Italtel], *"Grillo"
telephone set*, 1966, Premio Compasso d'Oro
1967, inv. no. 67-P111A

Vico Magistretti for Artemide, *"Eclisse" table lamp*,
1966–1967, Premio Compasso d'Oro 1967,
inv. no. 67-P110A

Joe Colombo for O-Luce Luce [Oluce], *"Spider"
lamp*, 1965, Premio Compasso d'Oro 1967,
inv. no. 67-P113A

Roberto Sambonet for Sambonet, *Fish kettle*,
1957–1966, Premio Compasso d'Oro 1970,
inv. no. 70-P134A

Richard Sapper for Alessi, *"9090" espresso coffee
maker*, 1978, Premio Compasso d'Oro 1979,
inv. no. 79-P157B

Michele de Lucchi, Giancarlo Fassina for Artemide,
"Tolomeo" lamp, 1987, Premio Compasso d'Oro
1989, inv. no. 89-P003D

Marco Zanuso with Richard Sapper for Brionvega,
"Ts 502" portable radio receiver, 1964,
Honourable Mention 1970, Milan, ADI Foundation -
Compasso d'Oro Historic Collection,
inv. no. 70-S017

Marco Zanuso with Richard Sapper for Kartell,
*"K 1340 [K 4999]" chair for kindergartens and
schools*, 1964, Premio Compasso d'Oro 1964,
inv. no. 64-P099A

Achille Castiglioni for Zanotta, *"Cumano" coffee
table*, 1979, Honourable Mention 1981,
inv. no. 81-S078

EEnzo Mari for Zanotta, *"Tonietta" chair*, 1985,
1985, Premio Compasso d'Oro 1987,
inv. no. 87-P016C

**Milan-Cinisello Balsamo, Museo di Fotografia
Contemporanea, Lanfranco Colombo Collection,
courtesy of Regione Lombardia**
*15 professionisti. 1a mostra colore su Cibachrome-
print*, exhibition catalogue, Milan, Il Diaframma,
Image Gallery of Italian Popular Photography,
20 December 1968 – 8 January 1969,
inv. no. LFC_DIA_1969

INDICE DEI NOMI
NAMES INDEX

I numeri in corsivo rimandano alle occorrenze nel testo inglese, quando diverse dall'italiano
The numbers in italics refer to occurrences in the English text, when different from Italian

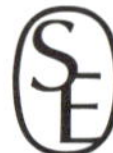

Silvana Editoriale

Direttore generale / Chief Executive
Michele Pizzi

Direttore editoriale/ Editorial Director
Sergio Di Stefano

Art Director
Giacomo Merli

Coordinamento redazionale / Editorial Coordinator
Maria Chiara Tulli

*Progetto grafico e impaginazione /
Graphic Design and layout*
Annamaria Ardizzi

Redazione / Copy Editing
Natalia Grilli, Sara Tedesco

Traduzione / Translation
Contextus. We Translate Design (Lucian Comoy,
Flavia Frauzel, Christine Guthry, Karen Turnbull)

Coordinamento di produzione / Production Coordinator
Antonio Micelli

Segreteria di redazione / Editorial Assistant
Giulia Mercanti

Ufficio iconografico / Photo Editor
Silvia Sala

Ufficio stampa / Press Office
Alessandra Olivari, press@silvanaeditoriale.it

ISBN 9788836658053

Silvana Editoriale S.p.A.
via dei Lavoratori, 78
20092 Cinisello Balsamo, Milano
tel. 02 453 951 01
www.silvanaeditoriale.it

Le riproduzioni, la stampa e la rilegatura
sono state eseguite in Italia
Reproductions, printing and binding
in Italy
Stampato da / Printed by Giuseppe Lang
Arti grafiche S.r.l., Genova
Finito di stampare nel mese di giugno 2024
Printed June 2024

Copertina
Studio Ballo+Ballo, 1971
Poltrona "Joe"
Jonathan De Pas, Donato D'Urbino,
Paolo Lomazzi per Poltronova (cat. 32)

Cover
Studio Ballo+Ballo, 1971
"Joe" armchair
Jonathan De Pas, Donato D'Urbino,
and Paolo Lomazzi for Poltronova (cat. 32)

Pagina 2
*Studio Ballo+Ballo, *Aldo, Marirosa, Tobia*, 1975,
stampa alla gelatina bromuro d'argento,
13 × 18 cm, CAFMi, Archivio Ballo+Ballo, inv. BB 1193

Page 2
*Studio Ballo+Ballo, *Aldo, Marirosa, Tobia*, 1975,
silver bromide gelatine print, 13 × 18 cm,
CAFMi, Archivio Ballo+Ballo, inv. no. BB 1193

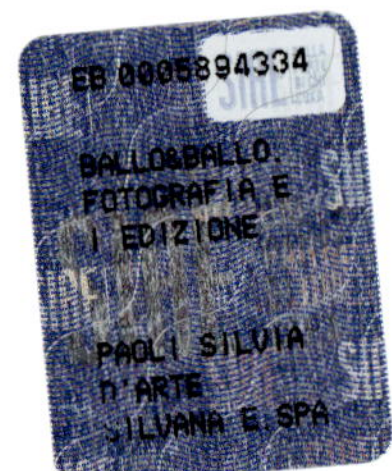